高等职业教育改革创新教材

# 行业会计比较

HANGYE KUAIJI BIJIAO

新准则 新税率

主　编　丁增稳　王　芳
副主编　曹方林　郑兴东　叶昕柔

新形态教材

本书另配：教学课件
习题答案

中国教育出版传媒集团
高等教育出版社·北京

## 内容提要

本书是高等职业教育改革创新教材。

本书针对我国国民经济中主要行业的典型经济业务，阐述其特殊经济业务会计核算使用的基本知识、基本方法、基本理论和会计处理方法。本书内容基本反映了我国主要行业中典型经济业务会计理论与实务的新成果，同时充分体现了我国现行企业会计准则、具体会计准则及相关财务会计制度，遵循知识够用、难度适中、繁简结合、拓展能力的基本原则，力求满足实际会计岗位对知识的需要。

全书共分10个项目，分别是：商品流通企业会计核算、连锁企业会计核算、建筑施工企业会计核算、房地产开发企业会计核算、对外贸易企业会计核算、交通运输企业会计核算、旅游餐饮服务企业会计核算、商业银行会计核算、农业农村组织会计核算和民间非营利组织会计核算。每个项目均有知识目标、能力目标、素养目标、思考题和实训题。

本书可作为高职院校大数据与会计、大数据与审计、大数据与财务管理、会计信息管理等专业的选修课教材，也适合其他财经类专业作为选修课教材，还可供管理干部培训与自学使用。

**图书在版编目(CIP)数据**

行业会计比较 / 丁增稳，王芳主编. —北京：高等教育出版社，2023.6（2024.12重印）

ISBN 978-7-04-059798-1

Ⅰ. ①行… Ⅱ. ①丁… ②王… Ⅲ. ①部门经济—会计—对比研究—高等职业教育—教材 Ⅳ. ①F235-03

中国国家版本馆CIP数据核字(2023)第026900号

**策划编辑** 毕颖娟 钱力颖 **责任编辑** 钱力颖 **封面设计** 张文豪 **责任印制** 高忠富

| | | | |
|---|---|---|---|
| **出版发行** | 高等教育出版社 | **网　　址** | http://www.hep.edu.cn |
| **社　　址** | 北京市西城区德外大街4号 | | http://www.hep.com.cn |
| **邮政编码** | 100120 | **网上订购** | http://www.hepmall.com.cn |
| **印　　刷** | 上海新艺印刷有限公司 | | http://www.hepmall.com |
| **开　　本** | 787mm×1092mm 1/16 | | http://www.hepmall.cn |
| **印　　张** | 20.5 | | |
| **字　　数** | 496千字 | **版　　次** | 2023年6月第1版 |
| **购书热线** | 010-58581118 | **印　　次** | 2024年12月第2次印刷 |
| **咨询电话** | 400-810-0598 | **定　　价** | 45.00元 |



**物 料 号** 59798-00

# 前 言

“行业会计比较”是大数据与会计、大数据与财务管理、大数据与审计、会计信息管理、资产评估和财政、税务等专业的选修课程。我们按照全新的高等职业教育理念，采取全新的编写模式，在分析十个主要行业典型业务的基础上，通过对会计科目设置、会计核算内容和会计核算方法等方面的相互比较，了解各行业的经营管理和会计核算特点，熟悉各行业典型业务的会计处理。本书旨在拓展学生对行业领域的认识，满足学生在不同行业从事会计工作的需要，拓宽学生的就业面，增强学生对岗位的适应能力和行业会计处理的应变能力。

本书在中级会计实务的基础上，根据我国主要行业经济业务活动的特殊性，全面阐述行业典型经济业务会计基本核算方法与基本理论，以及行业会计核算方法的横向比较。内容基本反映了我国主要行业中典型经济业务会计理论与实务的新成果，同时充分体现了我国企业会计准则、具体会计准则、农业农村财务会计制度、非营利组织会计制度；遵循高等职业教育的针对性和适用性原则，难度适中、繁简适中，力求满足实际会计岗位对知识的需要。

全书共分十个项目，分别是：商品流通企业会计核算、连锁企业会计核算、建筑施工企业会计核算、房地产开发企业会计核算、对外贸易企业会计核算、交通运输企业会计核算、旅游餐饮服务企业会计核算、商业银行会计核算、农业农村组织会计核算和民间非营利组织会计核算。在每一个项目中，结合各行业会计核算的具体要求，突出技能型和应用型人才培养，将各行业会计核算中共性的部分作为已知的知识予以省略，详细介绍分行业典型业务的会计核算方法，满足学生综合运用会计专业知识、切实增强实际动手操作能力、提高综合素质的目的。为了落实立德树人根本任务，贯彻落实党的二十大精神，每个项目前设有“素养目标”，阐明各项目育人理念；每个项目末尾设有“思政园地”，以拓展案例呈现思政元素，力求切实提升学生思想素质、政治素养和道德品质。为了方便教师教学和使用，全书另配有教学课件、课程标准、教案、实训答案等资料。

本书可作为高职院校大数据与会计、大数据与财务管理、大数据与审计、会计信息管理、资产评估等专业的选修课教材，也适合其他财经类专业作为选修课教材，还可供管理干部培训与自学使用。

本书由安徽商贸职业技术学院丁增稳教授拟定提纲，并对全书进行总纂定稿。丁增稳、铜陵职业技术学院王芳担任主编，安徽商贸职业技术学院曹方林、郑兴东、叶昕柔担任副主编。具体编写分工为：丁增稳编写项目一、项目二、项目四和项目九，王芳编写项目三，曹方林编写项目五和项目六，郑兴东编写项目七和项目八，叶昕柔编写项目十。

在本书编写过程中，我们参考、借鉴了很多专家、教授的论著，在此一并致谢。

我们在编写中虽尽可能地作了力所能及的努力，但书中不妥、疏漏，甚至错误之处一定难免，敬请广大读者批评指正，以便于修订时进一步完善内容。

编 者

2023年3月

# 目 录

# 项目一 商品流通企业会计核算

【知识目标】

- 熟悉商品流通企业会计核算的特点。
- 熟悉商品流通企业库存商品的核算方法。
- 掌握批发企业库存商品购销存的核算方法。
- 掌握零售企业库存商品购销存的核算方法。

【能力目标】

- 能够根据批发企业的规模和经营特点选择正确的库存商品核算方法。
- 能够根据零售企业的规模和经营特点选择正确的库存商品核算方法。
- 会进行商品批发企业库存商品购销存的核算。
- 会进行商品零售企业库存商品购销存的核算。

【素养目标】

- 充分认识商品流通在社会再生产过程中的中介地位，商品流通决定了它对工农业生产的发展、人民生活水平的提高、地区经济联系的加强、工农联盟的巩固、全国各民族大团结的增强、市场物价的稳定等各个方面都具有非常重要的作用。因此，做好商品流通企业会计核算，对保证商品流通顺畅、丰富人民生活、提高经济效益、助推小康社会发展至关重要。

## 任务一 商品流通企业会计核算认知

### 一、商品流通企业概念

商品流通企业是指组织商品流通的独立经济实体，在现代经济社会中，主要包括商业、粮食、物资供销、连锁经营、医药、石油、烟草和图书发行等企业。其最主要的经济活动就是组织各类商品源源不断地从生产领域转移到消费领域，满足消费者的需要，实现商品的价值，从而获取盈利。

## 二、商品流通企业会计核算特点

商品流通企业作为现代企业类型之一，其会计核算具有一般企业会计的基本特征。同时，因其经济活动内容的特殊性，又决定其会计核算有不同于其他行业会计的特点。

### （一）核算对象不同

商品流通企业将生产者的产品转移到消费者手中，要经历购进、储存、销售三个环节，通过若干次买卖活动才能最终实现。每经历一次买卖活动，就是一个经营环节。在由这若干个环节构成的链条中，存在着两种基本类型的企业：批发企业和零售企业。

批发企业，是指向生产企业或其他企业购进商品，供应其他生产企业或零售企业以及其他批发企业用以转售，或供应给其他企业用以加工后销售的商品流通企业。批发企业处于商品流转环节的起点或中间环节。它在城乡之间、地区之间、生产企业与零售企业之间组织批发商品流转，具有组织货源、储备商品、调节供求等功能。与零售企业相比，其主要特征是进行大宗商品买卖。

零售企业，是指向批发企业或生产企业购进商品，销售给消费者，或销售给企事业单位用以生产消费和非生产消费的商品流通企业。零售企业处于商品流转环节的末端，直接担负着为生产和人民生活服务的重要任务。零售企业按其经营商品种类的多少，可分为专业零售商店和综合性零售商店。专业零售商店是指专门经营某一类或几类商品的零售企业，如销售家用电器、照相器材、钟表、眼镜、金银首饰、品牌服装的商店。综合性零售商店是指经营商品类别繁多的零售商店，如销售百货、食品、服装鞋帽、五金、日用杂货的商店。

除上述两种类型外，在实际工作中，还存在一些混合经营的行为，如批零兼营、连锁经营、网络销售等。

由于批发企业和零售企业业务有着较大的区别，因此，其会计核算也会随核算对象类型的不同而有所不同。

### （二）核算内容不同

商品流通企业以商品流转为核心，主要包括商品购进、商品储存和商品销售三个环节，如图 1-1 所示。

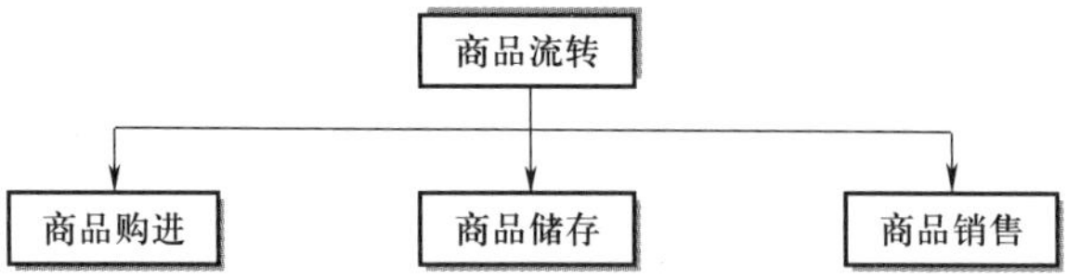


**图 1-1　商品流通企业核算内容**

商品购进，是指商品流通企业为了销售或加工后销售，通过货币结算取得商品所有权的交易行为。商品购进环节，也就是货币资金转变为商品资金的过程。凡是不通过货币结算而收入的商品，或者不是为销售而购进的商品，都不属于商品购进的范围，如收回委托加工的商品、盘点溢余的商品、收回销售退回的商品。

商品储存，是指商品流通企业购进的商品在销售以前在企业中的停留状态。它以商品资金的形态存在于企业之中。商品储存是商品购进和商品销售的中间环节，也是商品流转的重要环节。商品储存包括库存商品、受托代销商品、分期收款发出商品和购货方拒收的代管商品等。

商品销售，是指商品流通企业通过货币结算而售出商品的行为。商品销售的过程就是商品资金转变为货币资金的过程。凡是不通过货币结算而发出的商品，都不属于商品销售的范围，如发出委托加工的商品、盘点损耗和短缺的商品、进货退出的商品。

无论是批发企业还是零售企业，商品流转的购、销、存三个环节都是主要业务内容，也是会计核算的核心内容。

### （三）核算方法不同

不同类型的商品流通企业有着各自的经营特点和管理要求，对会计核算方法要求也不相同。总的来说，商品流通企业的会计核算方法可分为进价核算和售价核算两种。这两种方法按是否进行数量核算又可进一步分为数量进价金额核算法、进价金额核算法、数量售价金额核算法和售价金额核算法四种，如图 1-2 所示。

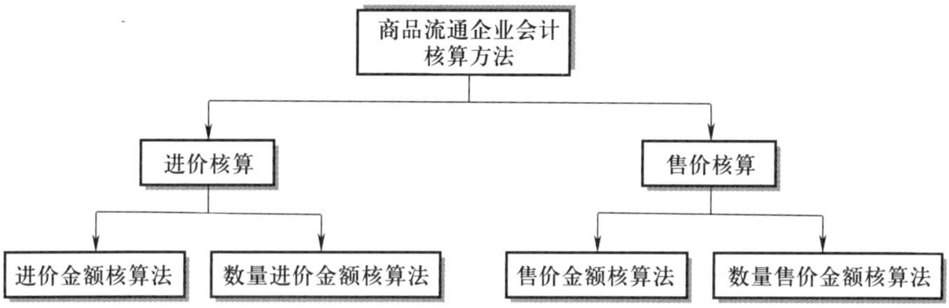


**图 1-2　商品流通企业会计核算方法**

## 三、商品流通企业库存商品核算方法

### （一）进价核算

进价核算是指对库存商品购进、销售和储存一律按购进价格来记账和控制的一种核算方法。这种方法又可分为数量进价金额核算法和进价金额核算法两种。

1. 数量进价金额核算法

数量进价金额核算法是指库存商品的明细分类账除按进价核算外，还必须反映实物数量的一种核算，即按进价和实物数量两个方面对库存商品进行核算。采用这种核算方法，可以根据已销商品的数量按进价结转商品销售成本。其基本要点是：

（1）库存商品总分类账和明细分类账一律按购进商品的进价记账。总分类账只记金额，不记数量。明细分类账既记金额，又记数量。通过库存商品总账和明细账的记载，既总括又具体地反映库存商品的增减变动和结存情况。

（2）对于经营品种较多的企业，可在库存商品总账与明细账之间，按照商品类别设置库存商品类别账。类别账只记金额，不记数量，从而实现库存商品总账、类别账和明细账之间的层层控制。这样还能提供大类商品的核算资料，便于加强商品管理。

（3）在会计、业务、仓库各部门之间，建立商品账体系。即会计部门的商品明细账对业务部门的商品调拨账和仓库部门商品保管账要保持控制、核对和监督的关系，以加强商品管理。

（4）商品的销售成本，应根据经营商品的不同特点，分别采用不同的方法予以计算和结转。例如，考虑商品削价因素，采用毛利率法。

这种核算方法的优点是：能够按商品的品名、规格来反映和控制每种商品的进、销、存数量和进价金额的变动情况，有利于加强对库存商品的管理和控制。缺点是：每笔销售业务都必须填制销售凭证，并按商品的品名、规格登记商品明细账，记账工作量大。这种方法适用于工业品批发企业和农副产品收购企业、部分专业性零售商店及贸易中心等企业。

2. 进价金额核算法

进价金额核算法是建立在实物负责制的基础之上，对库存商品的总分类账和明细分类账进行核算，只反映商品的进价金额不反映实物数量的一种核算方法。采用这种核算方法，由于缺乏实物数量记载，必须对库存商品进行实地盘点，计算出期末结存金额后，才能倒挤出商品的销售成本，所以也称为“进价记账，盘存计销”法。其基本要点是：

（1）各实物管理人点验商品时，按进价金额记账，商品售出交回货款时，只记销售收入，不记销售数量。

（2）月终盘点存货，按最后一次进货单价计算确定结存商品金额，然后根据期初库存，本期进货与期末库存等倒挤出已销商品的销售进价。

这种核算方法的优点是：记账手续最为简便，工作量小。缺点是：平时不能反映商品进、销、存的数量，由于月末采用盘存计销的方法，将商品销售成本、商品损耗和差错事故混在一起，容易产生弊端，不易发现企业经营管理中存在的问题，所以这种核算只适用于容易腐烂变质、损耗量大、在数量上不易掌握的商品的核算。

### （二）售价核算

售价核算是指对库存商品的购进、销售和储存一律按销售价格记账和控制的一种核算方法。这种方法又可分为数量售价金额核算法和售价金额核算法。

1. 数量售价金额核算法

数量售价金额核算法是指对库存商品除总分类账和明细分类账均按售价反映外，同时明细分类账还须反映商品实物数量的一种核算方法。这种方法与“数量进价金额核算法”基本相同，仅记账价格不同，其基本要点是：

（1）库存商品总账、类别账均用售价金额记账，并据以相互对账；库存商品明细账既核算商品的实物数量，又核算其售价金额。

（2）在总账和明细分类账中设置“库存商品”科目的调整科目“商品进销差价”。汇集库存商品售价与进价之间的差额，每月终了时按商品存销比例分摊已销售商品应负担的商品进销差价，正确计算已销商品进价成本。

这种核算方法的优点是：能够按商品的品名、规格来反映和监督每种商品的进、销、存数量和售价金额的变动情况，便于加强对库存商品的管理和控制。由于按售价记账，对商品销售收入的管理与控制也较为严密。缺点是：在进货时既要复核商品的进价，又要计算每一种商品的售价和进销差价，每一笔销售业务都要填制销售凭证或销售记录，并按商品的品名、规格登记商品明细账，记账的工作量较大。这种核算方法主要适用于大件商品、贵重商品与业务上需要掌握数量的商品。

2. 售价金额核算法

售价金额核算法是指库存商品总分类账和明细分类账都只反映商品的售价金额,不反映商品实物数量的一种核算方法。采用这种核算方法,库存商品的结存数量只能通过实地盘点来掌握,其商品明细分类账则按其经营商品的营业柜组或门市部设置。营业柜组或门市部对其经营的商品承担经济责任。财会部门通过商品的售价来控制营业柜组或门市部的全部商品。由于这种方法是建立在实物负责制的基础之上的,所以也称为“售价记账,实物负责制”法。其基本要点是:

(1) 按照经营商品柜组或门市部的责任建立实物负责制,并确立实物负责人。

(2) 财会部门在“库存商品”总分类科目下,按各实物负责人分设明细分类账,库存商品总账和明细账按售价金额进行核算,以反映和控制商品的收付存情况。

(3) 设置“商品进销差价”总账及其明细账,汇集相应库存商品售价金额与进价金额的差额,用以在编制会计报表时将库存商品售价金额调整为进价金额。

(4) 月末通过实地盘点确定实存商品的售价金额,并与账面结存数进行核对,揭示账实的差额。

(5) 月末按规定的方法计算分摊已销商品应负担的进销差价,确定库存和已销商品的进价成本。

这种核算方法的优点是:控制了商品的售价,一般不必为每笔销售业务填制销售凭证,也不必登记大量的实物数量明细账,记账较为简便。缺点是:由于明细分类账核算不反映和控制商品的数量,平时不易发现商品的溢缺,只有经过定期盘点才能发现,因而难以分清溢缺商品的品种与数量,也难以分析溢缺商品的原因和责任。因此,这种核算方法适用于综合性零售商店和经营小商品的部分专业性零售商店。

下面主要对数量进价金额核算法和售价金额核算法进行阐述,其他两种方法不再赘述。

# 任务二　批发企业商品流转核算

## 一、批发商品购进的会计核算

批发企业是指经营大宗商品购销活动的企业。其交易次数较少,每次的成交额都较大,且每次交易都必须填制各种有关凭证,以反映和控制商品的交易活动。同时,批发企业因其经营特点需要储备一定数量的商品,并随时掌握各种商品的进销存数量和金额。因此,一般采用数量进价金额核算。

### (一) 购进商品入账价值的确定

(1) 商品的采购成本,一般包括购买价款、相关税费、运输费、装卸费、保险费以及其他可归属于存货采购成本的费用。

其中,存货的购买价款是指企业购入的材料或商品的发票账单上列明的价款,但不包括按规定可以抵扣的增值税额。存货的相关税费是指企业购买存货发生的进口关税、消费税、资源税和不能抵扣的增值税进项税额以及相应的教育费附加等应计入存货采购成本的税费。

1

其他可归属于存货采购成本的费用是指采购成本中除上述各项以外的可归属于存货采购的费用，如在存货采购过程中发生的仓储费、包装费、运输途中的合理损耗、入库前的挑选整理费用。运输途中的合理损耗，是指商品在运输过程中，因商品性质、自然条件及技术设备等因素，所发生的自然的或不可避免的损耗。

商品流通企业在采购商品过程中发生的运输费、装卸费、保险费以及其他可归属于存货采购成本的费用等进货费用，应当计入存货采购成本，也可以先进行归集，期末根据所购商品的存销情况进行分摊。对于已售商品的进货费用，计入当期损益；对于未售商品的进货费用，计入期末存货成本。企业采购商品的进货费用金额较小的，可以在发生时直接计入当期损益（销售费用）。

（2）企业进口的商品的成本，包括进口商品的国外进价和进口环节的各种税费。进口商品的国外进价，一律以到岸价格（CIF）为基础。如对外合同以离岸价格（FOB）成交的，商品离开对方口岸后，应由我方负担的运杂费，保险费、佣金等费用，计入商品的进价；商品到达我国口岸目的港后发生的费用也应计入商品成本。

（3）企业委托其他单位代理进口商品，以实际支付给代理单位的全部价款为入账价格。

（4）企业收购的农副产品，其采购成本包括支付的收购价款扣除可以抵扣的增值税进项税额、收购费用和其他税费等。

### （二）商品购进一般业务的核算

1. 同城商品购进的核算

同城商品购进是指购销双方在同一城镇内的商品购进业务。其进货、付款一般均能在一天内完成，做到钱货两清。

**【工作实例 1-1】** 长江公司购进甲商品一批，进价金额 10 000 元，增值税 1 300 元，购进过程中发生运费 1 000 元，增值税 90 元，款项均由银行存款支付，商品同时验收入库。作会计处理如下：

① 财会部门根据业务部门转来的发货票转账支票存根入账时：

| | | |
|---|---|---|
| 借：在途物资——× × 公司 | 11 000 | |
| 　　应交税费——应交增值税（进项税额） | 1 390 | |
| 　贷：银行存款 | | 12 390 |

② 根据部门转来的收货单入库时：

| | | |
|---|---|---|
| 借：库存商品——甲商品 | 11 000 | |
| 　贷：在途物资——× × 公司 | | 11 000 |

2. 异地商品购进的核算

异地商品购进是指购销双方不在同一地的商品购进业务。由于结算方式的不同，结算单证与商品到达购货单位的时间不可能完全一致，有时两者同时到达；有时结算付款单证先到而商品后到；有时商品先到而结算单证后到。所以，应分不同情况进行账务处理：

（1）单货同时到达的核算。

**【工作实例 1-2】** 长江公司开户银行转来外地某公司委托收款的结算凭证，购入甲商品货款 50 000 元，增值税 6 500 元，代垫运杂费 500 元，增值税 45 元，经审核无误，同意付款。

同日商品到达并验收入库，作会计处理如下：

| | | |
|---|---|---|
| 借：库存商品——甲商品 | 50 500 | |
| 　　应交税费——应交增值税（进项税额） | 6 545 | |
| 　贷：银行存款 | | 57 045 |

（2）单先到货后到的核算。

**【工作实例 1-3】** 长江公司 3 月 2 日银行转来异地某公司托收承付结算凭证，购入乙商品货款 30 000元，增值税 3 900 元，运输费 600 元，增值税 54 元，根据收到的结算凭证及所附单据，支付货款。当月 20 日商品到达，并验收入库。

作会计处理如下：

① 支付货款时：

| | | |
|---|---|---|
| 借：在途物资——××× 公司 | 30 600 | |
| 　　应交税费——应交增值税（进项税额） | 3 954 | |
| 　贷：银行存款 | | 34 554 |

② 商品验收入库时：

| | | |
|---|---|---|
| 借：库存商品——乙商品 | 30 600 | |
| 　贷：在途物资——××× 公司 | | 30 600 |

（3）货先到单后到的核算。

**【工作实例 1-4】** 长江公司 3 月 22 日收到异地某公司发来的甲商品一批，单据未到。由于此项进货尚未收到结算凭证，未支付货款，暂不入账，待有关单证到达时再核算。如果月末有关单证仍未到达，则应按暂估价入账，到下月月初再用红字冲回。

作会计处理如下：

① 3 月 31 日，商品暂估入账：

| | | |
|---|---|---|
| 借：库存商品——甲商品 | 20 000 | |
| 　贷：应付账款——暂估应付款 | | 20 000 |

② 下月月初对上述业务用红字冲回：

| | | |
|---|---|---|
| 借：库存商品——甲商品 | [20 000] | |
| 　贷：应付账款——暂估应付款 | | [20 000] |

### （三）在途物资的明细核算

为了掌握在途物资的详细情况，加强对商品采购的管理，并促使在途物资尽快验收入库，及时投放市场，就必须对商品采购进行明细核算。批发企业在途物资明细分类核算主要采用横线登记法和抽单核对法。

1. 横线登记法

横线登记法，又称平行登记法，就是采用两栏式账页，对于同一批次购进的商品，将支付货款和验收商品分别记入账页同一行次的“借方栏”和“贷方栏”。通过借贷方的相互对照，逐一核销，以反映商品采购的动态，有利于检查和监督购进商品的结算和入库情况。由于同一批次购进的商品可能分批到达，因此，在账页每一行次的贷方，可以根据各单位的具体需要，再增加若干小行，以便反映商品分批到达并验收入库的情况。“在途物资”明细分类账的格式如表 1-1 所示。

**表 1-1　在途物资明细分类账**

| 批次 | 供货单位 | 借方 | | | | | 贷方 | | | | | 核销 |
|---|---|---|---|---|---|---|---|---|---|---|---|---|
| | | 2022 年 | | 凭证号 | 摘要 | 金额 / 元 | 2022年 | | 凭证号 | 摘要 | 金额 / 元 | |
| | | 月 | 日 | | | | 月 | 日 | | | | |
| 1 | 美菱冰箱 | 3 | 5 | 05 | 购买冰箱 50 件 | 125 000 | 3 | 8 | 05 | 验收入库 30 件 | 75 000 | √ |
| | | | | | | | 3 | 15 | 022 | 验收入库 20件 | 50 000 | |
| 2 | 格力电饭煲 | 3 | 9 | 013 | 购买电饭煲 100 件 | 30 000 | 3 | 12 | 018 | 验收入库 50 件 | 15 000 | |
| | | | | | | | | | | | | |
| 3 | 苏珀尔不粘锅 | 3 | 15 | 025 | 购买不粘锅 80 件 | 12 000 | | | | | | |
| | | | | | | | | | | | | |

2. 抽单核对法

抽单核对法就是不设置“在途物资”明细分类账，而是充分利用自制的两联“收货单”，即“结算联”和“入库联”来代替“在途物资”明细账的一种简化的核算方法。

企业在购进商品时，财会部门应根据业务部门转来的“收货单”（结算联）支付货款后，在“收货单”（结算联）上加盖付款日期的戳记，以代替“在途物资”明细账借方发生额的记录；根据储运部门转来的“收货单”（入库联）作商品入库的核算后，在“收货单”（入库联）上加盖入库日期的戳记，以代替“在途物资”明细账贷方发生额的记录。

在“收货单”中，表示“在途物资”明细账借方发生额和贷方发生额的两套凭证应用专门的账夹或账箱应分别存放。每日通过核对后，将供货单位名称、凭证号数、商品的数量和金额均相符的“收货单”（结算联）和“收货单”（入库联）从账夹或账箱中抽出，表示这批购进业务已经钱账两清，予以转销，并将抽出的凭证按抽出的日期，分别装订成册，同其他会计账簿一样归入会计档案。期末结账时，检查账夹或账箱，将尚存的“收货单”（结算联）的金额汇总，表示“在途物资”明细账的借方余额；将尚存的“收货单”（入库联）的金额汇总，表示“在途物资”明细账贷方余额。

### （四）购进商品中异常业务的核算

1. 购进商品短缺的核算

购进商品发生短缺时，在未查明原因前，按商品短缺金额借记“待处理财产损溢”科目，贷记“在途物资”科目。如果是供货单位少发商品，经联系后，可由其补发商品或作进货退出处理；如果是由运输单位和责任人造成的责任事故，作“其他应收款”处理；如果是自然损耗或无法挽回的其他损失，应列作“库存商品”；属于自然灾害造成的损失，作“营业外支出”处理。税法规定：对于非正常损失购进的货物及相关的应税劳务，其进项税额不得从销项税额中抵扣。非正常损失，是指因管理不善造成被盗、丢失、霉烂变质的损失。

**【工作实例 1-5】** 长江公司从外地购进丙商品 5 000 千克，单价 6 元，增值税 3 900 元，根据收到的相关结算凭证，支付货款。根据上述业务，作会计处理如下：

支付货款时：

借：在途物资——× × 公司　　30 000
　　应交税费——应交增值税（进项税额）　　3 900
　贷：银行存款　　33 900

商品到达验收入库时发现该商品短缺 200 千克，计价 1 200 元，原因待查。储运部门填制“商品购进短缺溢余报告单”，如表 1-2 所示。

表 1-2　商品购进短缺溢余报告单

| 货号 | 品名 | 单位 | 应收数量 | 实收数量 | 单价 | 短缺 | | 溢余 | |
|---|---|---|---|---|---|---|---|---|---|
| | | | | | | 数量 | 金额 | 数量 | 金额 |
| 2205 | 丙商品 | 千克 | 5 000 | 4 800 | 6 | 200 | 1 200 | | |
| | | | | | | | | | |
| | | | | | | | | | |
| 合计 | | | | | | 200 | 1 200 | | |
| 销货单位：老才臣食品有限公司<br>增值税专用发票号码：00125983 | | | 处理意见： | | | 溢余或短缺原因：待查 | | | |

财会部门根据有关单证作会计处理如下：

借：库存商品——丙商品　　28 800
　　待处理财产损溢　　1 200
　贷：在途物资——× × 公司　　30 000

上述短缺商品有 100 千克是自然损耗，列作“库存商品”，100 千克由运输单位承担责任，列作“其他应收款”。作会计处理如下：

借：库存商品　　600
　　其他应收款　　678

1

贷：待处理财产损溢 1 200
应交税费——应交增值税（进项税额转出） 78

2. 购进商品溢余的核算

商品购进中发生溢余，在查明原因前，应通过“待处理财产损溢”科目核算。查明原因后，如果属于自然升溢，应冲减库存商品成本；如果是供货单位多发商品，可与对方联系，由其补来发货票后，作为商品购进处理。

**【工作实例 1-6】** 长江公司从外地购进甲商品 10 000 千克，每千克单价 4 元。增值税 5 200 元，运杂费 200 元（进货费用较小，直接列入当期损益），增值税 18 元，货款采用委托收款方式结算。

接到银行转来的托收凭证、发货票和运杂费凭证，经审核无误后予以承付。作会计处理如下：

借：在途物资——××公司 40 000
应交税费——应交增值税（进项税额） 5 218
销售费用 200
贷：银行存款 45 418

商品到达验收入库时发现甲商品溢余 120 千克，计价款 480 元，原因待查。财会部门根据“收货单”及“商品购进短缺溢余报告单”审核无误后，结转入库在途物资成本，对商品当前任务进行核算，作会计处理如下：

借：库存商品——甲商品 40 480
贷：在途物资——×公司 40 000
待处理财产损溢 480

经查明，上项溢余有 100 千克系供货方多发，经协商同意补作购进，另补付增值税 52 元，另外 20 千克系自然升溢，作会计处理如下：

借：待处理财产损溢 480
贷：库存商品 80
在途物资——××公司 400

同时：

借：在途物资——××公司 400
应交税费——应交增值税（进项税额） 52
贷：银行存款 452

3. 购进商品退出的核算

进货退出是指商品购进验收入库后，因质量、品种、规格不符将商品退回原供货单位。

企业购进商品验收入库时，由于数量较多不可能全部拆包检验，只能作抽样检查。因此，入库后发现品种、质量、规格、数量不符时，应及时与供货单位联系。经供货单位同意后，作进货退出处理。发生进货退出业务时，由供货单位开红字发票和由本企业业务部门填制红字收货单，通知仓库退货，财会部门据以进行退出核算。

**【工作实例 1-7】** 3 月 1 日，长江公司向 A 公司购进乙商品 10 000 千克，每千克 2 元，日后发现有 1 000 千克质量不符合要求，经联系 A 公司同意退货。

① 3 月 5 日收到该厂退货的红字发货票，金额为 2 000 元。增值税 260 元，同时办理退货，作会计处理如下：

借：应收账款——A 公司　　2 260

　　应交税费——应交增值税（进项税额）　　[260]

　贷：库存商品——乙商品　　2 000

② 3 月 10 日，收到 A 公司退还的货款，作会计处理如下：

借：银行存款　　2 260

　贷：应收账款——A 公司　　2 260

4. 购进商品退补价的核算

购进商品已验收入库和结算付款后，由于供货单位的疏忽，会发生价格计算错误，或者发货时是试销，按暂定价格结算，后又正式定价等情况，需要进行价款调整。因此，就产生了商品购进退价和补价。在购进商品退补价核算前，应由供货单位填制更正发票，经业务部门审核后，交财会部门据以进行退补价核算。

（1）购进商品退价的核算。购进商品退价是指已付款的进价高于实际进价，应由供货单位将高于实际进价的价款退给购货单位。发生退价时，由供货单位填制红字发货票交购货单位，并退付货款。进货退出应分别不同情况进行处理：如果退价时，购进商品尚未售出，或虽已出售，但尚未结转销售成本，收到供货方开具的红字增值税发票和销货更正单，按退回的货款，借记“银行存款”科目，贷记“库存商品”“应交税费——应交增值税（进项税额转出）”科目。如果退价时，购进商品已出售，并已结转销售成本，收到供货方开具的红字增值税发票和销货更正单，按退回的货款，借记“银行存款”科目，贷记“主营业务成本”“应交税费——应交增值税（进项税额转出）”科目。

**【工作实例 1-8】** 长江公司购进丁商品 200 件，每件单价 50 元，货款已付讫。商品已入库，尚未售出。今接该厂开来的更正发票，每件应为 40 元，应退货款 2 000 元，增值税 260 元。该批商品尚未售出。

作会计处理如下：

① 收到供货方开具的红字增值税发票和销货更正单时：

借：库存商品——丁商品　　[2 000]

　　应交税费——应交增值税（进项税额转出）　　[260]

　贷：应付账款——×× 公司　　[2 260]

② 收到退价时：

借：银行存款 2 260

　贷：应付账款——××公司 2 260

（2）购进商品补价的核算。购进商品补价是指已付款的进价低于实际进价，应由购货单位将低于实际进价的差额补付给供货单位，发生补价时，供货单位填制补价发货票交购货单位。

购货单位财会部门收到供货单位补价发货票凭以补付货款。如果补价时，购进商品尚未售出，或虽已出售，但尚未结转销售成本，应调整库存商品账面价值；如果补价时，购进商品已出售，并已结转销售成本，应调整主营业务成本。

**【工作实例1-9】** 上例中，长江公司购进丁商品200件，每件单价50元，货款已付讫。今收到该厂开来的更正发票，每件应为60元，应补货款2 000元，增值税260元。

作会计处理如下：

① 增加库存商品账面价值时：

借：库存商品——丁商品 2 000

　　应交税费——应交增值税（进项税额） 260

　贷：应付账款——××公司 2 260

② 补付货款时：

借：应付账款——××公司 2 260

　贷：银行存款 2 260

③ 如果补价的商品已经全部售出：

借：主营业务成本 2 000

　　应交税费——应交增值税（进项税额） 260

　贷：银行存款 2 260

5. 购货折让的核算

购货折让是指企业购进的商品，因品种、规格和质量等原因，从供货单位所取得的价格上的减让。当商品流通企业发生购货折让时，应按取得的购货折让冲减库存商品成本。

**【工作实例1-10】** 长江公司购进乙商品5 000千克，每千克3元，增值税1 950元，价款已经支付，商品已经到达。

① 商品到达以转账支票支付货款，作会计处理如下：

借：库存商品 15 000

　　应交税费——应交增值税（进项税额） 1 950

　贷：银行存款 16 950

② 商品在验收入库时，发现质量不符合要求，与供货方联系后，同意给予10%的购货折让，收到销货单位的销货折让单和折让款1 695元存入银行。作会计处理如下：

借：银行存款　　1 695
　贷：库存商品——乙商品　　1 500
　　应交税费——应交增值税（进项税额转出）　　195

6. 进货折扣的核算

进货折扣，又称现金折扣，是指企业在赊购商品时，从供货方取得的折扣优惠。商品流通企业在商品销售过程中为尽快收回货款，对客户在折扣期内付款而给予价款一定比例的优惠。其表现形式为：2/10，n/30等。其含义为企业允许客户购货后延期付款30天。对于在10天内付款的客户，则对其应付价款给予2%的优惠，即客户实际只需付原价款的98%即可。而在10天之后付款的客户则需要支付全部价款。

**【工作实例1-11】** 佳华公司向中成公司购入商品一批，已入库，价款100 000元，增值税款13 000元，该项附有的现金折扣为：2/10，$n$/30，折扣中不含增值税。

① 采购商品时，作会计处理如下：

借：库存商品　　100 000
　应交税费——应交增值税（进项税额）　　13 000
　贷：应付账款——中成公司　　113 000

② 若企业在10天内付款，则可以享受现金折扣：100 000×2%=2 000元，乙公司支付的价款为111 000元，作会计处理如下：

借：应付账款——中成公司　　113 000
　贷：银行存款　　111 000
　　财务费用　　2 000

③ 若企业在10天后付款，则不享受现金折扣，作会计处理如下：

借：应付账款——中成公司　　113 000
　贷：银行存款　　113 000

## 二、批发商品销售的会计核算

批发企业的商品销售，是指根据与购货单位签订的购销合同，有计划地组织商品的供应业务。商品销售按照地区的不同，可分为同城销售和异地销售。

### （一）商品销售的科目设置

“主营业务收入”是损益类科目，用来核算企业商品销售的主要业务收入，包括接受其他

1

单位委托代销商品的收入。贷方登记销售收入的发生数；借方登记销售退回和期末转入“本年利润”科目的数额。结转后月末应无余额。

“主营业务成本”是损益类科目，用来核算商品销售的成本。借方登记结转商品销售成本数，贷方登记销售成本冲减数和期末转入“本年利润”科目之数。结转后月末应无余额。

### （二）商品销售一般业务的核算

1. 同城销售业务的核算

同城商品销售一般采用转账支票和商业汇票结算，也有采用银行本票和现金结算的。批发企业在销售商品后，应按增值税专用发票注明的合计数收款，若收取的是转账支票、银行本票，在存入银行时，借记“银行存款”科目；若收取的是商业汇票，借记“应收票据”科目；若收取的是现金，借记“库存现金”科目；若未收取货款的，借记“应收账款”科目，贷记“主营业务收入”“应交税费——应交增值税（销项税额）”科目。

**【工作实例 1-12】** 长江公司销售甲商品 5 000 千克，单价 5 元，货款总计 25 000 元，增值税专用发票注明的增值税额 3 250 元，收到转账支票一张，存入银行。根据上述业务，作会计处理如下：

| | | |
|---|---|---|
| 借：银行存款 | 28 250 | |
| 贷：主营业务收入 | | 25 000 |
| 应交税费——应交增值税（销项税额） | | 3 250 |

企业按合同发出商品，合同约定客户只有在商品售出取得价款后才支付货款。企业向客户转让商品的对价未达到“很可能收回”的收入确认条件。企业在发出商品时，不应确认收入，应将发出的商品成本记入“发出商品”科目，借记“发出商品”科目，贷记“库存商品”科目。如已发出的商品被客户退回，应编制相反的会计分录。当收到货款或取得收取价款权利时，确认收入，借记“银行存款”“应收账款”等科目，贷记“主营业务收入”“应交税费——应交增值税（销项税额）”科目。同时结转已销售商品成本，借记“主营业务成本”科目，贷记“发出商品”科目。

2. 异地商品销售业务的核算

异地商品销售一般采用托收承付或委托收款结算方式，商品需委托运输单位运往购货单位。支付给运输单位的运费，根据购销合同的规定，一般由购货单位负担。销货单位在垫付运费时，应通过“应收账款”科目进行核算，连同销货款、增值税额一并通过银行向购货单位办理托收。

**【工作实例 1-13】** 长江公司销售给外地 C 公司甲商品 8 000 千克，每千克单价 5 元，货款总计 40 000 元，增值税额 5 200 元。代垫运费 981 元（含增值税），发票及运单均交开户行办理托收。

① 办理托收手续时，作会计处理如下：

| | | |
|---|---|---|
| 借：应收账款——C 公司 | 46 181 | |
| 　贷：商品销售收入 | | 40 000 |
| 　　应交税费——应交增值税（销项税额） | | 5 200 |
| 　　银行存款 | | 981 |

② 接到银行收款通知时，作会计处理如下：

| | | |
|---|---|---|
| 借：银行存款 | 46 181 | |
| 　贷：应收账款——C 公司 | | 46 181 |

### （三）商品销售特殊业务的核算

1. 委托代销商品的核算

企业代销商品涉及到委托方和受托方两个方面，从委托方的角度来看，委托方在发出商品时通常不确认销售商品收入，而在收到受托方开出的代销清单时确认收入，确认的手续费列入“销售费用”科目。从受托方角度来看，代销的商品不属于企业的商品，收到受托代销商品时确认为一项负债，列为“受托代销商品款”；企业在商品销售后，按合同或协议约定的方法计算确定的手续费确认为收入。

（1）委托代销业务的核算。

企业委托其他单位代销商品，先与受托单位签订“商品委托代销合同”。注明代销商品的品种、数量、售价、代销手续费、结算方式、货款清偿时间、商品保管要求及双方承担的责任等。

**【工作实例 1-14】** 根据双方签订的商品委托代销合同，华兴公司将丙商品 200 件委托蓝海公司代销，该商品进价每件 70 元，售价每件 120 元，增值税税率 13%。委托代销合同规定代销手续费为销售额的 10%，委托方收到代销清单时确认收入。

① 发出代销商品时：

| | | |
|---|---|---|
| 借：发出商品——丙商品 | 14 000 | |
| 　贷：库存商品——丙商品 | | 14 000 |

② 收到蓝海公司的代销清单，当月售出 100 件时：

| | | |
|---|---|---|
| 借：应收账款——蓝海公司 | 13 560 | |
| 　贷：主营业务收入 | | 12 000 |
| 　　应交税费——应交增值税（销项税额） | | 1 560 |
| 借：商品销售成本 | 7 000 | |
| 　贷：发出商品——丙商品 | | 7 000 |
| 借：销售费用 | 1 200 | |
| 　贷：应收账款——蓝海公司 | | 1 200 |

③ 收到蓝海公司的货款时,作会计处理如下:

借:银行存款 12 360

贷:应收账款——蓝海公司 12 360

(2)受托代销业务的核算。

受托方根据双方签订的“商品委托代销合同”,在收到商品并已验收入库时,虽然企业尚未取得商品的所有权,但是企业对代销商品有支配权,可以开展商品的销售业务。受托单位为了加强对代销商品的管理和核算,在收到商品时,应借记“受托代销商品”科目,贷记“受托代销商品款”科目。

“委托代销商品”是资产类科目,用以核算企业接受其他单位委托代销或寄销的商品。企业收到代销或寄销商品时,借记本科目;接受代销商品销售后,结转其销售成本时,贷记本科目;余额在借方,表示企业尚未销售的代销商品数额。该科目应按委托单位进行明细分类核算。

“受托代销商品款”是负债类科目,用以核算企业接受其他单位委托代销或寄销商品的货款。企业收到代销或寄销商品时,贷记本科目;销售代销商品时,借记本科目;余额在贷方,表示企业尚未销售的代销商品的货款。该科目应按委托单位进行明细分类核算。

企业根据合同规定向委托方结算的代销手续费,作为主营业务收入(代购代销收入)处理。

**【工作实例 1-15】** 按工作实例 1-14,蓝海公司的财会部门对上述业务处理如下:

① 收到华兴公司委托代销商品时:

借:受托代销商品——华兴公司 20 000

贷:受托代销商品款——华兴公司 20 000

② 当月对外销售 100 件商品时:

借:银行存款 13 560

贷:受托代销商品——华兴公司 12 000

应交税费——应交增值税(销项税额) 1 560

③ 收到华兴公司开来的增值税专用发票时:

借:受托代销商品款——华兴公司 12 000

应交税费——应交增值税(进项税额) 1 560

贷:应付账款——华兴公司 13 560

④ 支付货款与手续费时:

借:应付账款——华兴公司 13 560

贷:其他业务收入 1 200

应交税费——应交增值税(销项税额) 72

银行存款 12 288

2. 销售退回的核算

批发企业在商品销售后，购货单位因发现商品的品种、规格、质量等与合同不符等原因而提出退货时，经批发企业业务部门同意后，由其填制红字增值税发票送各有关部门办理退货手续，财会部门根据储运部门转来的发票结算货款，并进行账务处理。

**【工作实例 1-16】** 华兴公司月初销售给蓝海公司甲商品 100 件，每件售价 200 元，增值税税率 13%。现蓝海公司发现其中 10 件存在质量问题，要求退货。经业务部门同意，商品已退回并验收入库，悉数退回货款和增值税，财会部门据此作会计处理如下：

| | | |
|---|---|---|
| 借：主营业务收入 | 2 000 | |
| 　应交税费——应交增值税（销项税额） | 260 | |
| 　贷：银行存款 | | 2 260 |

3. 销售商品退补价的核算

批发企业在商品销售后，由于发现商品的规格和等级错发、货款计算错误或先按暂定价格结算后又正式定价等原因，需要向购货单位退还或补收货款。

实际销售价格低于已经结算货款的价格是销货退价，销货单位应将多收的差额退还给购货单位。实际销售价格高于已经结算货款的价格是销货补价，销货单位应向购货单位补收少算的差额。销售商品发生退价时，先由业务部门填制增值税专用发票予以更正，财会部门审核无误后，据以结算退补价并进行账务处理。

**【工作实例 1-17】** 华兴公司 3 月 8 日销售给蓝海公司乙商品 300 件，单价 50 元，增值税税率 13%。价款已收妥入账。3 月 20 日发现该商品售价应为 40 元，当即开出红字增值税专用发票和转账支票，退还给蓝海公司货款 3 000 元，增值税 540 元。财会部门的会计处理如下：

| | | |
|---|---|---|
| 借：主营业务收入 | 3 000 | |
| 　应交税费——应交增值税（销项税额） | 390 | |
| 　贷：银行存款 | | 3 390 |

若发生销货补价，则应借记“银行存款”科目，贷记“主营业务收入”和“应交税费”科目。

4. 购货单位拒付货款和拒收商品的核算

批发企业在异地商品销售业务中，一般采用发货制，并采用托收承付或委托收款结算方式，在商品已发运，并向银行办妥托收手续后，即作为商品销售处理。当购货单位收到托收凭证时，发现内附增值税专用发票开列的商品与合同不符，或者与收到的商品数量、品种、规格、质量等不符时，就会拒付货款或拒收商品。当批发企业财会部门接到银行转来的购货单位“拒绝付款理由书”时，暂不作账务处理，但应立即通知业务部门，及时查明原因，并尽快与购货单位协商，然后根据不同的情况作出相应会计处理。

对于商品少发的处理有两种情况：如果补发商品，在商品发运后，收到购货单位货款、增值税额及垫付运费时，借记“银行存款”科目，贷记“应收账款”科目。如果不再补发商品，则由业务部门填制红字增值税发票，作销货退回处理。

对于货款开错的，也应由业务部门填制红字增值税发票，财会部门据以作销货退回处理。

当因为商品质量不符要求，或因商品品种、规格发错而退回时，应由储运部门验收入库，财会部门根据转来的红字增值税发票作销货退回处理，退回商品的运费列入“销售费用”科目。

对于商品短缺的情况，先要冲减“主营业务收入”“应交税费”和“应收账款”科目，再根据具体情况进行财务处理。如属于本企业储运部门责任，应由其填制“财产损失报告单”，将商品短缺金额转入“待处理财产损溢”科目，待领导批准后，再转入“营业外支出”科目。

如果购货单位支付了部分货款，而又拒付了部分款项，应将收到的款项借记“银行存款”科目，对于尚未收到的款项，则仍保留在“应收账款”科目内，在与对方协商解决后，再予以转销。

**【工作实例1-18】** 华兴公司7月10日销售给蓝海公司甲商品80套，每套售价400元，增值税税率13%，代垫运费545元（含增值税45元），商品已发运，款项已办理托收。7月22日接到银行收款通知，蓝海公司因商品损坏拒付5套甲商品的货款，其余货款和增值税及代垫运费全部承付。根据上述业务作以下会计处理：

① 商品发出，办妥托收手续后：

| | | |
|---|---|---|
| 借：应收账款——蓝海公司 | 36 705 | |
| 　贷：主营业务收入 | | 32 000 |
| 　　　应交税费——应交增值税（销项税额） | | 4 160 |
| 　　　银行存款 | | 545 |

② 接到银行通知，为损坏商品向有关部门索赔：

| | | |
|---|---|---|
| 借：银行存款 | 34 445 | |
| 　　其他应收款 | 2 260 | |
| 　贷：应收账款——蓝海公司 | | 36 705 |

5. 直运商品销售的核算

直运商品销售是指批发企业购进商品后，不经过本企业仓库储备，直接从供货单位发运给购货单位的一种销售方式。开展直运商品销售可以减少商品出入库保管环节，加速商品流转，降低商品损耗，节约流通费用。

直运商品销售涉及批发、供货单位和购货单位三方，并且三方企业不在同一地点。因此，批发企业一般都有采购员入驻供货单位，当供货单位根据购销合同发运商品时，由派驻地的采购员填制“直运商品收发货单”，一式数联。其中发货联随货同行，作为购货单位的收货凭证，其余各联寄交批发企业。供货单位在商品发运后，即可向批发企业收取款项。批发企业支付货款后反映为商品购进。企业凭采购员寄回的“直运商品收发货单”，向购货单位收取货款，反映为商品销售。

批发企业为了尽快地收回结算资金，在征得银行同意后，由采购员在供货单位所在地委托银行向购货单位办理托收，由购货单位开户银行将货款直接划拨到批发企业。采购员办妥托收后，将托收凭证回单联寄回批发企业，作商品销售处理。

直运商品销售，商品可以不通过批发企业仓库，所以可以不通过“库存商品”科目，直接在“在途物资”科目中进行核算。由于在直运商品收发货单上已经列明商品的购进金额和销售金额，因此，可以结转商品销售成本。

**【工作实例 1-19】** 大强公司从 A 地购进商品一批，进价为 30 000 元，增值税为 3 900 元，商品直运 B 地的超顺公司，售价为 35 000 元，增值税为 4 550 元。

① 根据银行转来的某厂托收凭证及发货票、运单等承付货款，作会计处理如下：

借：在途物资　　30 000

　　应交税费——应交增值税（进项税额）　　3 900

　贷：银行存款　　33 900

② 根据采购员寄回的直运商品收发货单向超顺公司办理托收手续时，作会计处理如下：

借：应收账款——超顺公司　　39 550

　贷：主营业务收入　　35 000

　　　应交税费——应交增值税（销项税额）　　4 550

③ 结转商品销售成本时，作会计处理如下：

借：主营业务成本　　30 000

　贷：在途物资　　30 000

## 三、批发商品储存的会计核算

商品储存是指商品流通企业已经购进尚未销售的商品，主要包括库存商品、委托代销商品、受托代销商品、分期收款发出商品等。

库存商品在销售之前，可能因管理不善或其他原因而发生数量的变化（如库存商品短缺、溢余、毁损或被盗）、质量的变化（如商品的霉烂变质、包装破损），也可能因市场物价变化及企业经营活动的需要而发生价格的调整（如商品的削价）。为了加强对商品储存的核算与管理，批发企业财会部门必须与有关部门密切配合，及时对库存商品的数量和价格的变化进行核算，定期盘点，做到库存商品结构合理、商品保管完好、收发制度严密，以实现账实相符的目标，并正确计算和结转商品销售成本，以保证企业利润核算的准确性。

### （一）商品盘点短缺和溢余的核算

为了确保库存商品账实相符，批发企业应定期或不定期地对库存商品进行盘点。对于盘点结果，应如实填写盘存单，并由盘点人和实物保管人员签字或盖章，以明确经济责任。盘存单既是记录盘点结果的书面证明，也是反映财产物资实存数的原始凭证。盘存单的格式如表 1-3 所示。

表 1-3　　　　盘存单

单位名称：　　　　盘点时间：　　　　编号：

财产类别：　　　　存放地点：

| 编号 | 名称 | 计量单位 | 数量 | 单价 | 金额 | 备注 |
|---|---|---|---|---|---|---|
| | | | | | | |
| | | | | | | |
| | | | | | | |
| | | | | | | |
| | | | | | | |

如果盘点发现库存商品发生溢余或短缺，应填制一式多联的“商品盘点溢余短缺报告单”，如表 1-4 所示，其中一联转交财会部门，财会部门据以将商品短缺或溢余的金额分别转入“待处理财产损溢”科目，以做到账实相符。待查明原因后，再区别情况转入各有关科目。

表 1-4　　　　商品盘点溢余短缺报告单

2022 年 4 月 30 日

| 品名 | 计量单位 | 账存数量 | 实存数量 | 短缺 | | 溢余 | | 原因 |
|---|---|---|---|---|---|---|---|---|
| | | | | 数量 | 金额 | 数量 | 金额 | |
| 黑木耳 | 千克 | 230 | 232 | | | 2 | 120 | 自然升溢 |
| 茶树菇 | 千克 | 180 | 160 | 20 | 600 | | | 待查 |
| 笋干 | 千克 | 100 | 95 | 5 | 150 | | | 待查 |
| | | | | | | | | |
| | | | | | | | | |

库存商品发生溢余或短缺时，根据收回的残料价值以及可收回的保险赔偿和过失人赔偿，借记“原材料”“其他应收款”等科目。剩余净损失，属于非常损失的部分，列入“营业外支出”科目；属于一般经营损失的部分，列入“管理费用”科目。

**【工作实例 1-20】** 黄山干货批发公司月末盘点，根据盘点结果发生的溢余或短缺情况填制“商品盘点溢余短缺报告单”（如上表 1-4）。

① 财会部门收到报告单时，会计处理如下：

借：库存商品——黑木耳　　　　120

　贷：待处理财产损溢　　　　　　120

借：待处理财产损溢　　　　750

　贷：库存商品——茶树菇　　　　600

　　　　　　——笋干　　　　　　150

② 经查黑木耳溢余的原因属于自然升溢，冲减管理费用：

| | | |
|---|---|---|
| 借：待处理财产损溢 | 120 | |
| 　贷：管理费用 | | 120 |

③ 经查茶树菇短缺属于保管人员责任，应予以赔偿；笋干短缺是计量差错导致的：

| | | |
|---|---|---|
| 借：其他应收款 | 600 | |
| 　　管理费用 | 150 | |
| 　贷：待处理财产损溢 | | 750 |

### （二）商品削价的核算

商品削价主要包括残损变质商品削价和冷背呆滞商品削价两种。残损变质商品是指商品在进销存环节，因运输装卸不慎、保管不当、包装破损等原因，而造成的残次损坏或霉烂变质的商品。冷背呆滞商品是指花色、品种、质量不适应当地消费市场需要的商品。对于这两类商品，企业营运部门应及时填制“商品削价报告单”，并按照规定的审批权限，报经单位领导进行处理，及时回收资金，减少企业损失。

商品削价不同于商品调价。商品调价只是对商品的售价进行调整，即调高或调低商品售价，调整后新售价不低于商品原进价，不会造成企业实际损失。而商品削价一般是指削价商品的新售价低于原进价，因而会造成企业净损失。

1. 采用备抵法，建立存货跌价准备制度

为了防止企业的短期行为，体现会计谨慎性原则，避免因大批商品削价对企业经营利润造成波动，企业应建立商品削价准备金制度，按月、按季计提存货跌价准备。提取时，借记“资产减值损失”科目，贷记“存货跌价准备”科目。当削价商品新售价低于原购进价格时，借记“主营业务成本”“存货跌价准备”科目，贷记“库存商品”科目。

**【工作实例 1-21】** 由于中秋节已过，中联食品有限公司对尚未售出但仍在保质期的月饼进行削价处理。每盒原进价 120 元，原售价 258 元，新售价 80 元，当日出售 400 盒，收到价税款 36 160 元存入银行。

① 削价销售商品时：

| | | |
|---|---|---|
| 借：银行存款 | 36 160 | |
| 　贷：主营业务收入 | | 32 000 |
| 　　　应交税费——应交增值税（销项税额） | | 4 160 |

② 结转销售成本，对已计提的存货跌价准备一并结转时：

| | | |
|---|---|---|
| 借：主营业务成本 | 32 000 | |
| 　　存货跌价准备 | 16 000 | |
| 　贷：库存商品 | | 48 000 |

2. 采用直接转销法,采用实报实销制度

对于不采用商品削价准备金制度的企业,当削价销售商品时,按新售价确认销售收入,按原进价确认销售成本,将损益体现在当期的损益中。

**【工作实例 1-22】** 根据上例,假定中联食品有限公司不采用商品削价准备金制度,当日出售 400 盒,收到价税款 36 160 元存入银行。

① 削价销售商品时:

借:银行存款　　36 160

　贷:主营业务收入　　32 000

　　应交税费——应交增值税(销项税额)　　4 160

② 按原进价结转销售成本时:

借:主营业务成本　　48 000

　贷:库存商品　　48 000

由于销售收入为 32 000 元,销售成本为 48 000 元,因削价导致的经营损失 16 000 元直接体现在当期损益中。按照《企业会计准则第 1 号——存货》的要求,企业应当采用备抵法核算资产减值损失,建立存货跌价准备金制度。

## 四、库存商品明细科目的设置与登记方法

### (一)库存商品明细账设置的必要性

在采用数量进价金额核算法时,批发商品的核算既要反映库存商品的数量,又要反映其进价金额。在商业批发企业中,由于各个部门的职责任务不同,所需库存资料的计算口径不一致,分为"业务库存""保管库存"和"会计库存"。业务部门销售商品,只要开出发货单,就减少库存;商品验收入库时库存商品增加,按照这个口径核算的库存称为"业务库存"。保管部门在商品验收入库时确认库存商品增加,根据销售部门的发货单发货时库存商品减少,按照这个口径计算的库存称为"保管库存"。会计部门以商品购销入账时间为依据,按照这个口径计算的库存称为"会计库存"。由此可见,批发企业的业务、保管、财会三个部门为了各自的管理需要,必须设置相应的商品账,对库存商品进行明细核算。

### (二)库存商品明细账的设置方法

批发企业在设置库存商品明细账时,既要满足各部门经营管理的需要,又要符合保护商品安全和简化核算手续的要求。采用数量进价金额核算法的批发企业,库存商品明细账的设置一般有以下三种方法。

1. 三账分设

"三账"是指设置"业务库存""保管库存"和"会计库存"三套明细账。业务部门设置一套商品调拨账,在商品销售时使用;仓库部门设置一套商品保管账,在记录商品出入库及控制实存数量时使用;财会部门设置一套库存商品明细账。前两套账只记数量不记金额,财

会部门库存商品明细账全面登记商品的数量、单价及金额。三账分设的优点是各部门都有一套库存商品明细账，用账比较方便，便于核对。缺点是账簿重叠、记账重复、人手多、核对工作量大。三账分设一般适用于规模较大、业务量多的批发企业。

2. 两账合一

两账合一是指“业务库存”和“会计库存”合并设置一套库存商品明细账，仓库单独设置一套保管账。业务部门和财会部门合并的一套库存商品明细账，一般由业务部门安排专职核算员进行数量进价金额核算。两账合一的优点是减少一套账簿，节省人力物力。缺点是业务部门和财会部门合并的一套账，使用起来不方便。这种方法一般适用于中小批发企业。

3. 三账合一

“三账合一”是指“业务库存”“保管库存”和“会计库存”合并设置一套库存商品明细账，一般由仓库部门安排专职核算员进行数量进价金额核算。三账合一的优点是账不重设，既节省人力物力，又可避免由于重复记账造成的差错。缺点是账账之间不能相互牵制核对，一旦产生差错无法查明原因。这种方法一般适用于批仓合一的小型批发企业。

### （三）库存商品明细账的登记方法

财会部门的库存商品明细账应根据编制的记账凭证和所附的原始凭证，定期或逐日逐笔登记。其登记方法如表 1-5 所示。

**表 1-5　　库存商品明细账**

编号：　　品名：甲商品　　规格：　　单位：件

| 2022 年 | | 凭证字号 | 摘要 | 收入 | | | | 发出 | | | | 结存 | | | 存放地点 |
|---|---|---|---|---|---|---|---|---|---|---|---|---|---|---|---|
| 月 | 日 | | | 购进数量 | 其他数量 | 单价 | 金额 | 销售数量 | 其他数量 | 单价 | 金额 | 数量 | 单价 | 金额 | |
| 4 | 1 | | 上月结存 | | | | | | | | | 2 000 | 5 | 10 000 | |
| | 5 | 略 | 购进 | 1 500 | | 5.50 | 8 250 | | | | | 3 500 | | | |
| | 8 | | 销售 | | | | | 1 200 | | | | 2 300 | | | |
| | 14 | | 销货退回 | | | | | 100 | | | | 2 400 | | | |
| | 28 | | 拨付加工 | | | | | | 400 | 5 | 2 000 | 2 000 | | | |
| | | | | | | | | | | | | | | | |

（1）商品购进数量记入明细账中收入栏的“购进数量”专栏，相应登记单价和金额。

（2）不属于购进而增加的库存商品，如加工商品收回、商品溢余，记入收入栏“其他数量”专栏，相应登记单价和总金额。

（3）商品销售数量记入明细账中收入栏的“销售数量”专栏，采用个别计价法、先进先出法结转成本的，应登记单价和金额。采用月末一次加权平均法、移动加权平均法的，按照相应的方法计算销售成本。销货退回应在“销售数量”专栏用红字登记。

1

（4）不属于因销售而减少的库存商品，如加工商品发出、商品短缺，记入发出栏“其他数量”专栏，相应登记单价和总金额。

（5）随时计算登记结存数量。

### （四）库存商品类目账的设置

对于经营规模较大、经营品种较多的企业，为了掌握各类库存商品的增减变化情况，除了对库存商品进行总分类核算和明细分类核算外，还要按商品大类设置商品类目账（如家电类、服装类、日化用品类），进行大类商品的分类核算。库存商品类目账一般只核算金额，根据进货凭证分类汇总登记增加金额；月末采用毛利率法计算该类商品本期的销售成本时，登记减少金额；月末库存商品类目账的余额表示该类商品进价总价值。库存商品类目账的格式如表 1-6 所示。

**表 1-6　　库存商品类目账**

类别：家电类

| 2022 年 | | 凭证字号 | 摘要 | 收入金额 | 发出金额 | 借或贷 | 期末余额 |
|---|---|---|---|---|---|---|---|
| 月 | 日 | | | | | | |
| 4 | 1 | | 月初库存 | | | 借 | 589 000 |
| | 6 | 略 | 购入 | 26 000 | | 借 | 615 000 |
| | 19 | | 购入 | 19 000 | | 借 | 634 000 |
| | 30 | | 结转销售成本 | | 280 000 | 借 | 354 000 |

## 五、商品销售成本的计算和结转

在采用数量进价金额核算法时，批发企业计算商品销售成本的方法，可以分为个别计价法、先进先出法、加权平均法、移动加权平均法和毛利率法。由于个别计价法、先进先出法、加权平均法、移动加权平均法在基础会计、初级会计实务等课程中已经进行了说明，在这里只介绍毛利率法。

毛利率法是指根据本期销售净额乘以上期实际（或本期计划）毛利率匡算本期销售毛利，并据以计算发出存货和期末结存存货成本的一种方法。其计算公式如下：

销售净额＝主营业务收入－销售折扣与折让

毛利率＝销售毛利÷销售净额×100%

销售成本＝销售净额×（1－毛利率）

期末存货成本＝期初存货成本＋本期购货成本－本期销售成本

**【工作实例 1-23】** 某商业企业 10 月初“库存商品——服装类”账户余额为 20 万元，本月购进服装 60 万元，本月销售服装 92 万元，销售折让 2 万元。上月毛利率为 30%，则 10 月份服装类商品销售成本和期末结存成本各为多少？

销售净额＝920 000－20 000＝900 000（元）

销售成本＝900 000×（1－30%）＝630 000（元）

期末存货成本＝200 000＋600 000－630 000＝170 000（元）

编制结转商品销售成本会计分录如下：

借：主营业务成本　　630 000

　贷：库存商品——服装类　　630 000

这一方法是商品流通企业，尤其是商业批发企业常用的计算本期商品销售成本和期末库存商品成本的方法。由于商品流通批发企业经营商品的品种繁多，如果分品种计算商品成本，工作量将大大增加，而且一般来讲，批发企业同类商品的毛利率大致相同，采用这种存货计价方法既能减轻工作量，又能满足存货管理的需要。

但是，同一类商品的毛利率不尽相同，如果仅采用毛利率法计算结转商品销售成本，往往会导致计算的结果不准确，有可能出现有库存数量，但没有库存金额，或者无库存数量，但有库存金额的怪现象。为了既准确计算商品销售成本，又减少计算工作量，提高工作效率，可以将毛利率法与先进先出法、加权平均法结合运用，即在每个季度的前两个月采用毛利率法匡算出本期商品销售成本，第 3 个月采用先进先出法、加权平均法在各个库存商品明细账中计算出季末商品销售成本，将同一类内所有商品的销售成本汇总，减去本季度前两个月已经结转的商品销售成本，就是本季度第 3 个月的商品销售成本。

# 任务三　零售企业商品流转核算

## 一、零售企业商品流转的基本会计核算方法

### （一）零售企业商品流转特点

零售企业从批发企业或生产企业购进商品，再按零售价格出售，是商品流转的最终环节。经过零售环节，商品由流通领域进入消费领域。零售企业商品流转有以下特点：

（1）实行综合经营。一般品种繁多，规格复杂，进货频繁。

（2）销售对象主要是个人消费者。交易频繁，数量零星，交易额小。多数商品采取一手钱、一手货的销售方式。

（3）经营灵活，购销关系不稳定。

（4）不具备按商品的品名、规格、等级设置库存商品明细账的条件，难以做到既控制商品数量，又控制商品金额。

针对上述特点，为了适应零售企业商品的经营业务，充分发挥营业部门的作用，一般采用售价金额核算。

### （二）售价金额核算的基本内容

售价金额核算法也称“售价记账、实物负责制”。它不仅是零售商品流转核算的基本方法，还是零售企业的一种商品管理制度。基本内容如下：

（1）建立实物负责制。按商品大类或地点分设实物负责人，将商品拨付给实物负责人经营，并由各实物负责人对经营的商品按售价承担全部经济责任。一般按柜台或柜组实行。

（2）库存商品按售价记账。财会部门对库存商品的总分类核算和明细分类核算，都以售价记账。明细分类账按实物负责小组（或实物负责人）分户设置，以商品的售价金额反映控制实物小组所经营商品的增减变动和结存情况。

（3）设置“商品进销差价”科目。由于库存商品按售价记账，在商品购进时，“库存商品”科目反映的是商品售价，为了掌握库存商品的实际进价，需要设置“商品进销差价”科目，以反映商品进价与售价之间的差额，并对库存商品的售价金额进行调整。

（4）加强商品的盘点。实行售价金额核算的企业，由于库存商品明细账只反映和控制库存商品的售价指标，不反映数量和进价金额指标，因此，每月必须进行一次盘点，以确定各实物负责人经营的库存商品实有额，及时发现溢缺，查明原因，进行处理，以使账实相符，保护企业财产安全和完整。如果实物负责人变动或商品调价、削价，也应及时盘点，以分清责任。

## 二、零售企业商品购进的核算

### （一）商品购进一般业务的核算

**【工作实例 1-24】** 华联自选商场购进甲商品一批，进价 10 000 元，增值税专用发票注明税款为 1 300 元，售价总额为 20 340 元，进销差价为 10 340 元，货款及增值税以银行存款支付，商品由百货组实物负责人验收入库，财会部门根据凭证审核无误后，作会计处理如下：

| | | |
|---|---|---|
| 借：在途物资——××公司 | 10 000 | |
| 　　应交税费——应交增值税（进项税额） | 1 300 | |
| 　贷：银行存款 | | 11 300 |

同时：

| | | |
|---|---|---|
| 借：库存商品——百货组 | 20 340 | |
| 　贷：在途物资——××公司 | | 10 000 |
| 　　　商品进销差价——百货组 | | 10 340 |

如果商品先到，结算凭证未到，在未付款之前，为简化核算手续，可先不进行账务处理，待付款后，再按收到商品与付款在同一时间的方式进行核算。但若月末发货凭证与结算凭证仍未到达，为在资产负债表上全面反映企业已经拥有的该批商品及其负债，就应先按合同规定入账价格，或随货同行发货票估价入账，下月月初再用红字冲回，以便在付款时，通过“在途物资”科目进行核算。

【工作实例 1-25】 华联自选商场购进甲商品一批，食品组将商品验收入库，到月末发票及结算凭证仍未到达。根据随货同行发货票，该商品进价为5 000元，零售价为8 000元。

根据有关凭证作会计处理如下：

① 入库时：

借：库存商品——食品组　8 000

　贷：商品进销差价——食品组　3 000

　　应付账款　5 000

② 下月月初，用红字冲回估价入账的会计分录：

借：库存商品——食品组　[8 000]

　贷：商品进销差价——食品组　[3 000]

　　应付账款　[5 000]

次月收到结算凭证付款时，按取得的增值税专用发票借记“应交税费”科目，按实付金额贷记“银行存款”科目，按售价借记“库存商品”科目；按进价和售价的差额贷记“商品进销差价”科目。

### （二）商品购进中异常业务的核算

1. 购进商品溢余短缺的核算

在商品购进过程中由于各种因素造成差错事故，会使购进商品发生溢余或短缺。如在本市进货发生短缺，应由业务部门向供货方查询处理，可暂不通过财会部门；如果发生的溢缺是在外地，或本市进货发生溢缺一时不能查明原因，应根据溢缺情况，填制“商品溢缺报告单”，随同“发货票”“商品验收单”送交财会部门进行账务处理。

（1）商品购进溢余的核算。购进商品发生溢余，应按溢余商品的售价借记“库存商品”科目，按其进价贷记“待处理财产损溢”科目；溢余商品进价与售价之间的差额贷记“商品进销差价”科目。

【工作实例 1-26】 华联自选商场购进丙商品800千克，每千克进价20元，总进价为16 000元，增值税为2 080元，价税款18 080元以网银支付，另以现金支付对方代垫的运费545元（含增值税45元）。根据相关凭证，作会计处理如下：

① 付款时：

借：在途物资　16 500

　　应交税费——应交增值税（进项税额）　2 125

　贷：银行存款　18 080

　　库存现金　545

② 上项商品到货，百货组实际验收时，发现溢余10千克，属于自然升溢，根据“商品验收单”及“商品溢余（短缺）报告单”。该商品每千克零售价45元。作会计处理如下：

借：库存商品——百货组 36 450
  贷：在途物资 16 500
    商品进销差价——百货组 19 950

（2）商品购进短缺的核算。商品购进发生短缺，在未查明原因前，应按实收商品的售价金额借记“库存商品”科目，按实收商品售价与进价之间的差额，贷记“商品进销差价”科目，按原进价贷记“在途物资”科目，短缺部分按进价借记“待处理财产损溢”科目，对于短缺商品应认真查明原因后再作处理。

**【工作实例1-27】** 华联自选商场购进A商品1 000千克，每千克进价12元，总进价为12 000元，增值税为1 560元，价税款以网银支付，另以现金支付对方代垫的运费327元（含增值税27元）。商品验收入库时发现短缺50千克，原因待查。该商品每千克零售价30元。

① 承付货款时，作会计处理如下：

借：在途物资 12 300
  应交税费——应交增值税（进项税额） 1 587
  贷：银行存款 13 560
    库存现金 327

② 上项商品到货，食品组实际验收时，发现短缺50千克，原因待查，根据“商品验收单”及“商品溢余（短缺）报告单”，作会计处理如下：

借：库存商品——食品组 28 500
  待处理财产损溢 600
  贷：在途物资 12 300
    商品进销差价——食品组 16 800

③ 经查明，上述短缺商品，其中30千克系供货方少发，经联系对方已补来商品，并如数验收入库，其余系自然损耗。财会部门根据相关凭证支付货款，作会计处理如下：

借：库存商品——食品组 900
  贷：待处理财产损溢 600
    商品进销差价——食品组 300

2. 进货退出的核算

企业所购进的商品入库后，发现商品的品种、规格与发货单所列不符，或质量有问题，应及时与供货单位联系，经同意后，由供货单位开出退货的红字“发货票”和由本单位开出红字“收货单”，办理退货手续，仓库或柜组将商品退还供货单位，作进货退出处理。

【工作实例 1-28】 华联自选商场购进甲商品600件，质量不符合规定，经与供货单位联系，同意退货，该商品每件进价为22元，售价为60元。商品退出后，根据柜组转来的红字收货单，作会计处理如下：

借：库存商品——百货组 36 000（红字）

　　应交税费——应交增值税（进项税额） 1 716（红字）

　贷：银行存款 14 916（红字）

　　　商品进销差价——百货组 22 800（红字）

3. 商品购进退补价的核算

零售企业购进商品后，有时由于供货方价格计算上的错误，或者先按暂估价付款等原因，会发生退补价的情况。退补价有两种情况：一种是只更正购进价格，另一种是购进价、零售价同时更正。

（1）只更正购进价格的核算。只更正购进价格，不影响商品的售价，因此，只调整进销差价科目，不调整库存商品科目。

【工作实例 1-29】 华联自选商场购进丙商品800千克，每千克进价25元，每千克售价28元，商品已验收入库，现收到供货单位红字"发货票"，该商品单价应为20元，应退货款4 000元，增值税520元。

① 冲减在途物资额，作会计处理如下：

借：在途物资——××公司 4 000（红字）

　　应交税费——应交增值税（进项税额） 520（红字）

　贷：应付账款——××公司 4 520（红字）

② 同时调整商品进销差价，作会计处理如下：

借：商品进销差价——百货组 4 000（红字）

　贷：在途物资——××公司 4 000（红字）

（2）购进价和销售价同时更正的核算。由于供货单位将商品品种、规格记错而开错价格，需同时更正购进价和零售价，将会出现下列两种情况：

如果购进的商品全部未销售，除调整库存商品售价金额和进价成本外，还需要调整增值税（进项税额），按其差额补付价款或应收购货款。

【工作实例 1-30】 华联自选商场购进甲商品1 000件，每件暂估价32元，建议零售价60元，商品已验收入库。现收到供货单位销货更正发票，甲商品每件单价应为40元，建议零售价70元。华联自选商场以银行存款补付价款8 000元，增值税额1 040元。根据有关凭证，会计处理如下：

借:库存商品——百货组 10 000
　应交税费——应交增值税(进项税额) 1 040
　贷:银行存款 9 040
　　商品进销差价——百货组 2 000

**【学中做】** 在上例中,如果甲商品进价每件调整为25元,建议零售价58元。请你完成上述业务处理。

如果商品已有部分出售,当供货单位因更正价格而退补价时,对已经出售商品的价款一般无法收回少收货款或退回多收货款。为了维护自身的经济利益,对未销售部分应进行盘点,按实有数量与供货单位结算,并调整库存商品账面价值。

**【工作实例1-31】** 华联自选商场上月购进B商品500件,每件购进单价26元,售价60元。由于供货单位弄错规格,开来更正发货票,每件购进价格应为30元,销售单价应为65元,经百货组盘点该商品已销售200件。供货方同意按尚存300件补付货款1 200元,增值税156元。根据有关凭证,会计处理如下:

借:库存商品——百货组 1 500
　应交税费——应交增值税(进项税额) 156
　贷:应付账款 1 356
　　商品进销差价——百货组 300

## 三、零售企业商品销售的核算

### (一)零售商品销售的一般业务程序

零售企业的商品一般按营业柜组或门市部组织销售。商品销售的业务程序,根据企业的规模、经营商品的特点以及经营管理的需要而有所不同。

零售企业的商品销售收入,除少数企事业单位通过转账结算外,主要通过现金结算。收款的方式有分散收款和集中收款两种。分散收款,是指营业员直接收款。其手续简便,交易迅速,但销货与收款由营业员一人经手,容易发生差错和作弊行为。集中收款是指设立收款台,由营业员填制销货凭证,消费者据以向收款台交款,然后由消费者凭盖有收款台"现金收讫"印章的销货凭证向营业员领取商品。如果采用集中收款的形式,每日营业结束后,营业员应根据销货凭证计算出销货总金额,并与收款台实收金额进行核对,以检查收款是否正确。这种方式钱货分管,职责分明,因此不易发生差错,但手续繁琐。

不论采用哪一种收款方式,均应在当天解缴货款。解缴的方式有分散解缴和集中解缴两种。若采取分散收款形式,则由各营业柜组或门市部安排专人负责解缴;若采取集中收款形式,则由收款员负责解缴。分散解缴在每天营业结束后,由解缴负责人按其所收的销货款填制解缴单，将现金直接交存银行，取得交款单回单后，将其送存财会部门。集中解缴在每天营业结束后，解缴负责人若采取分散收款，则由各营业柜组或门市部安排专人负责；若采取集中收款，则由收款员负责，按其所收的销货款，填制“商品销售收入缴款单”。

### （二）零售商品销售的核算程序

1. 主营业务收入的核算方法

零售企业取得销售收入都是含税销售额，且大多数顾客不需要开具增值税发票。为了简化核算手续，企业于平时直接将取得的收入全部确认为“主营业务收入”，期末再将含税销售额换算为不含税销售额，冲减已经确认的销售收入，同时确认“应交税费——应交增值税（销项税额）”（增值税一般纳税人）或“应交税费——应交增值税”（增值税小规模纳税人），借记“主营业务收入”科目，贷记“应交税费——应交增值税（销项税额）”（增值税一般纳税人）或“应交税费——应交增值税”科目（增值税小规模纳税人）。

2. 按零售价随时结转主营业务成本

商品销售后，为了能及时反映商品实物负责小组库存商品的购销动态和结存情况，便于各实物负责小组随时掌握其经管商品的价值，明确其所承担的经济责任，应该按库存商品原零售价转销已销库存商品的成本，此时，主营业务收入一般与主营业务成本相等。如果存在价格优惠、让利促销等情形，则主营业务成本大于主营业务收入。

3. 期末结转已销商品的进销差价

为了减轻会计核算工作量，企业一般在月末计算商品进销差价率，据此确认当月已销商品应分摊的商品进销差价，借记“商品进销差价”科目，贷记“主营业务成本”科目，将商品销售成本还原为进价成本。

### （三）商品销售一般业务的核算

商品销售一般业务在取得销售收入时，借记“银行存款”等科目，贷记：“主营业务收入”科目；同时结转销售成本，借记“主营业务成本”科目，贷记“库存商品”科目。

期末，分解含税销售额。其计算公式如下：

不含税销售额＝含税销售额÷（1＋增值税税率或征收率）

**【工作实例 1-32】** 万可龙自选商场下设四个实物负责人，2022 年 4 月 1 日取得含税商品销售收入为 168 483 元，其中，第一组 51 641 元，第二组 39 550 元，第三组 62 828 元，第四组 14 464 元，财会部门根据报来的“商品进销存日报表”和“银行进账单”回单，经审核无误后，予以入账。

① 计算每日销售额：

| | | |
|---|---|---|
| 借：银行存款 | 168 483 | |
| 　贷：主营业务收入——第一组 | | 51 641 |
| 　　　　　　　　——第二组 | | 39 550 |

1

——第三组 62 828
——第四组 14 464

② 结转销售成本:

借:主营业务成本——第一组 51 641
——第二组 39 550
——第三组 62 828
——第四组 14 464
贷:库存商品——第一组 51 641
——第二组 39 550
——第三组 62 828
——第四组 14 464

**【工作实例1-33】** 万可龙自选商场(属于增值税一般纳税人,适用的增值税税率为13%),2022年4月30日汇总销售收入为4 730 000元,其中,第一组1 510 000元,第二组902 500元,第三组920 800元,第四组1 396 700元,经审核无误后,予以调整增值税。

不含税销售额=4 730 000÷(1+13%)=4 185 840.71(元)

增值税销项税额=4 185 840.71×13%=544 159.29(元)

会计处理如下:

借:主营业务收入——第一组 173 716.81
——第二组 103 827.43
——第三组 105 932.74
——第四组 160 682.31
贷:应交税费——应交增值税(销项税额) 544 159.29

**【学中做】** 如果万可龙自选商场属于增值税小规模纳税人,适用的增值税征收率为3%,请你计算应交增值税,并编制会计分录。

### (四)已销商品进销差价的计算和结转

采用售价核算的企业,已销商品进销差价计算是否正确,直接关系到企业期末库存商品价值是否真实,企业经营成果是否正确。因此,它是一项细致而重要的工作,企业应根据经营管理的特点和核算的要求,选择适当的计算方法。目前计算已销商品进销差价的方法主要有综合差价率计算法、分类差价率推算法和实际进销差价计算法三种。

1. 综合差价率计算法

综合差价率计算法是月末按全部库存商品的存销比例分摊商品进销差价的一种方法。

运用这种方法，是先根据全月库存商品计算出综合差价率，然后计算当月已销商品和期末库存商品已实现和应保留的进销差价数额。计算公式如下：

$$综合差价率=\frac{结转前“商品进销差价”账户余额}{期末库存商品账户余额+期末受托代销商品账户余额+本月商品销售收入}\times100\%$$

$$本月已销商品应分摊进销差价=本月已销商品销售收入\times综合差价率$$

**【工作实例 1-34】** 万可龙自选商场本月月末“商品进销差价”科目余额为 107 065 元，本月“主营业务收入”科目贷方净发生额为 159 100 元，月末“库存商品”科目余额为 110 900 元，“受托代销商品”科目余额为 36 800 元，根据上述资料，计算本月已销商品应分摊的进销差价如下：

综合差价率 =107 065÷（159 100+110 900+36 800）×100%=35%

本月已销商品应分摊的进销差价 =159 100×35%=55 685（元）

根据上述计算结果，作会计处理如下：

借：商品进销差价　　55 685

　贷：主营业务成本　　55 685

这种方法计算比较简单，但由于不同类别商品的进销差价率不完全相同，有的甚至相差很大，计算结果准确性较差，会影响已销商品实现的进销差价和库存商品应保留的进销差价的准确性。

**【小思考】** 如果企业采用折扣销售，期末主营业务收入和主营业务成本科目余额不相等，此时如何计算已销商品应分摊的商品进销差价？

2. 分类（或分柜组）差价率计算法

分类（或分柜组）差价率计算法是按各类商品或按各营业柜组商品的存销比例，计算本期销售商品应摊进销差价的一种方法。这种计算方法与综合差价率法相同，只不过缩小了计算差价率的范围，计算结果较综合差价率计算法更准确。

采用分类（或分柜组）差价率计算法，应按照商品的类别（或柜组）实物负责人设置“库存商品”“主营业务收入”“主营业务成本”和“商品进销差价”科目进行明细核算。

**【工作实例 1-35】** 万可龙自选商场 2022 年 4 月 30 日如表 1-7 所示。

**表 1-7　各类商品的销售数据**　　单位：元

| 商品大类 | 月末进销差价余额 | 库存商品余额 | 委托代销商品余额 | 商品销售收入额 |
|---|---|---|---|---|
| 第一组 | 56 810 | 48 000 | 8 000 | 93 500 |
| 第二组 | 37 056 | 36 900 | 7 500 | 71 400 |

1

续 表

| 商品大类 | 月末进销差价余额 | 库存商品余额 | 委托代销商品余额 | 商品销售收入额 |
|---|---|---|---|---|
| 第三组 | 42 587 | 41 800 | 6 400 | 66 900 |
| 第四组 | 25 632 | 29 400 | — | 41 800 |
| 合计 | 162 085 | 156 100 | 21 900 | 273 600 |

根据上述资料，编制“已销商品进销差价计算表”，如表1-8所示，并计算各类商品（或柜组）本月已销商品应分摊的进销差价。

表1-8 已销商品进销差价计算表

2022年4月30日 单位：元

| 商品类别 | 月末商品进销差价科目余额 | 按售价计算全部商品 | | | | 差价率/% | 商品进销差价 | |
|---|---|---|---|---|---|---|---|---|
| | | 月末库存商品余额 | 受托代销商品余额 | 本月商品销售总额 | 合计 | | 已销商品应摊差价 | 库存商品应摊差价 |
| 第一组 | 56 810 | 48 000 | 8 000 | 93 500 | 149 500 | 38 | 35 530 | 21 280 |
| 第二组 | 37 056 | 36 900 | 7 500 | 71 400 | 115 800 | 32 | 22 848 | 14 208 |
| 第三组 | 42 587 | 41 800 | 6 400 | 66 900 | 115 100 | 37 | 24 753 | 17 834 |
| 第四组 | 25 632 | 29 400 | — | 41 800 | 71 200 | 36 | 15 048 | 10 584 |
| 合计 | 162 085 | 156 100 | 21 900 | 273 600 | 451 600 | — | 98 179 | 63 906 |

根据以上计算结果，作会计处理如下：

借：商品进销差价——第一组 35 530
——第二组 22 848
——第三组 24 753
——第四组 15 048
贷：主营业务成本——第一组 35 530
——第二组 22 848
——第三组 24 753
——第四组 15 048

3. 实际进销差价计算法

实际进销差价计算法是计算期末商品的进销差价，进而逆算已销商品进销差价的一种方法。虽然分类（或分柜组）差价率计算法计算结果较综合差价率更准确，但与实际比较，仍有一定的差距，因此，为了正确反映库存商品结存金额和已销商品的进销差价，正确计算经营成果，企业会计制度规定，凡采用售价核算的企业，在年决算前还应对商品的进销差价，运用“盘点商品实际进销差价计算法”进行一次核实调整。

实际进销差价计算法一般在年末进行，并与商品盘存相结合。具体做法是：

（1）各实物负责人在对商品盘存的基础上，填制“商品盘点表”，列出各种商品的实际库存量。

（2）用实际库存量乘以每种商品的原进价和零售价，逐一计算出各种商品的进价金额和售价金额。

（3）汇总各种商品的进价金额和售价金额，计算出各类库存商品的进价总额和售价总额。

（4）用库存商品售价总金额减去库存商品进价总金额，即为年末库存商品应保留的进销差价。

（5）以“商品进销差价”科目年终调整前的余额减去年末库存商品应保留的进销差价，其差额即为应转账调整全部商品进销差价数。如果“商品进销差价”科目余额大于年末库存商品应保留的进销差价，说明平时少转了进销差价，应借记“商品进销差价”科目，贷记“主营业务成本”科目，予以补转；反之，说明平时多转了进销差价，应借记“主营业务成本”科目，贷记“商品进销差价”科目，予以转回。

**【工作实例 1-36】** 万可龙自选商场平时采用分类差价计算已销商品应分摊的进销差价，2022 年年终盘点根据“商品盘点表”计算的库存商品应进价总额为 67 150 元，售价总额为 93 601 元，“商品进销差价”调整前科目余额为 58 080 元。会计处理如下：

年末库存商品应保留的进销差价 =93 601−67 150=26 451（元）

年末已销商品应分摊的进销差价 =58 080−26 451=31 629（元）

编制会计分录如下：

借：商品进销差价　　　31 629

　贷：主营业务成本　　　　31 629

可以看出，采用盘点商品实际进销差价计算法，消除了已销商品中各种不同差价率和商品销售结构比重对进销差价的影响，不会出现进销差价偏高或偏低的现象。因而，销售成本和商品进销差价计算结果准确，但工作量非常大，平时不便使用，一般在年末会计决算前，结合库存商品全面清查一并完成。

## 四、零售企业库存商品盘点的核算

在实行“售价金额核算”的零售企业中，各营业柜组除了对经营的一些贵重商品和大件商品以及业务上需要掌握数量的商品分别设立商品数量收付备查簿外，一般商品是没有数量账的。会计部门有的虽设有“库存商品”明细账，并根据各实物负责小组报来的“商品进销存日报表”和有关凭证进行记载核对，但这只是账、单之间的核对。账实是否相符，必须通过实地盘点，进行核对后才能证实。通过商品盘点，核对账实是否相符、商品保管是否完善、商品结构和商品摆放是否合理，防止和揭发贪污盗窃等不法行为，都有重要意义。所以说，商品盘点实际上是对商品物资管理的一项重要措施。

### （一）商品盘点发生溢余的核算

造成零售商品发生溢余的原因很多，为了及时反映库存商品的增减变动情况，库存商品盘点发生溢余，在未查明原因前，应按溢余商品的含税售价，借记“库存商品”科目，按进货原价，贷记“待处理财产损溢”科目，同时调整“商品进销差价”科目，待查明原因并经有关部门批准后，再从“待处理财产损溢”科目转入有关科目。

**【工作实例 1-37】** 某零售企业百货组月末库存商品账面余额为 49 670 元，盘点的库存商品金额为 49 820 元，商品溢余 150 元，上月百货组差价率为 34%，原因待查。经过核对，溢余商品是由于计量误差导致的。根据有关凭证，会计处理如下：

① 商品发生溢余时：

| | | |
|---|---|---|
| 借：库存商品——百货组 | 150 | |
| 　贷：商品进销差价——百货组 | | 51 |
| 　　　待处理财产损溢 | | 99 |

② 处理溢余商品时：

| | | |
|---|---|---|
| 借：待处理财产损溢 | 99 | |
| 　贷：管理费用 | | 99 |

### （二）商品盘点发生短缺的核算

造成零售商品盘点发生短缺的原因有商品自然损耗，人为的少收多付、计算差错以及保管不善等。商品盘点发生短缺，在未查明原因前，应按短缺商品的进货原价，借记“待处理财产损溢”科目，按短缺商品的差价，借记“商品进销差价”科目，按短缺商品的含税售价，贷记“库存商品”科目，待查明原因、决定处理办法后，再从“待处理财产损溢”科目转入有关科目。

**【工作实例 1-38】** 东湖商场食品组月末库存商品账面余额为 61 600 元，盘点的库存商品金额为 61 320 元，商品短缺 280 元，上月百货组差价率为 35%，原因待查。经过核对，短缺商品系定额内误差。根据有关凭证，会计处理如下：

① 商品发生溢余时：

| | | |
|---|---|---|
| 借：待处理财产损溢 | 182 | |
| 　　商品进销差价——食品组 | 98 | |
| 　贷：库存商品——食品组 | | 280 |

② 处理溢余商品时：

| | | |
|---|---|---|
| 借：管理费用 | 182 | |
| 　贷：待处理财产损溢 | | 182 |

# 任务四　网络业态销售核算

## 一、网络购物的产生

网络购物，是指通过互联网检索商品信息，并通过电子订购单发出购物请求，填上支付账号，厂商通过邮购的方式发货，或是通过快递公司送货上门。网络购物突破了时空的限制，成为了一种新兴的销售模式。作为数字经济新业态的典型代表，网络购物交易规模保持持续增长，是推动消费扩容的重要力量。

1997 年，网上书店开始出现，网上购物及中国商品订货系统初现端倪。1998 年 3 月 6 日，国内第一笔网上电子商务交易成功。一位王先生通过中国银行的网上银行服务，从某公司购买了 10 小时的上网机时。由此开始，因特网电子商务在中国从概念走入应用。1998 年 7 月，中国商品交易与市场网站正式运行，北京、上海启动了电子商务工程。1999 年底，正值互联网高潮来临的时候，国内诞生了 300 多家从事 B2C（企业对个人开展电子商务活动）的网络公司。2000 年，这些网络公司增加到近 700 家。但随着纳斯达克指数的下挫，到 2001 年人们还有印象的只剩下三四家。随后网络购物经历了一个“寒冬时期”。

2003 年，面对非典的袭击，多数人被困在屋内，要想不出门就买到自己所需的东西可以通过网络，许多防范意识很强的人也试着网上购物。至此，越来越多的人认识到“网上订货、送货上门”的便捷性，开始接受网上购物。非典过后，越来越多的人开始参与网络购物。网络购物借助快递配送和货到付款的交易流程，开始逐步建立市场基础，在度过互联网寒冬之后获得了快速的发展。

随着经济的发展，网络购物逐渐大放异彩。

## 二、我国网络购物行业发展现状

### （一）网络购物交易规模扩大

随着互联网发展的高潮来临，网络购物日益成为中国网民一种重要的购物形式。网络购物能够提供不受时间和空间限制、更加便捷的购买体验，扩大了可供消费者选择的品类范围，便于消费者挑选出更物美价廉的产品，因此网络购物越来越受消费者青睐，用户规模持续扩大。截至 2021 年 12 月，我国网络购物用户规模达 8.42 亿人，较 2020 年 12 月增长 5 968 万人，占网民总数的 81.6%。

大数据显示，2021 上半年 37 家零售电商上市公司营收总额为 13 171.24 亿元，平均营收 355.98 亿元。其中营收“千亿级”以上的有：京东 4 570 亿元、阿里巴巴 3 931.4 亿元、小米集团 1 646.89 亿元；“百亿级”以上的有：苏宁易购 936.06 亿元、唯品会 580 亿元、拼多多 452.17 亿元、国美零售 343.33 亿元；50 亿～100 亿元：叮咚买菜 84.48 亿元、乐信 62 亿元、1 药网 56.24 亿元；20 亿～50 亿元为：三只松鼠 44.21 亿元、良品铺子 43.25 亿元、宝尊电商 42.82 亿元、优趣汇 42.82 亿元、每日优鲜 34.24 亿元、万物新生 33.82 亿元、水羊股份 21.191 亿元、达达集团 32 亿元、华米科技 29.82 亿元、逸仙电商 29.69 亿元、寺库 26.803；10 亿～20 亿元：丽人丽妆 18.55 亿元、南极电商 16.22 亿元、小熊电器 16.34 亿元、云集 12.46 亿元。

2021上半年36家零售电商上市公司总市值达69 489.98亿元，占电商上市公司总市值的66.35%，相较于2020年上半年30家零售电商上市公司总市值63 126.43亿元，同比增长10.08%。零售电商中，进入“万亿俱乐部”的有2家，进入“千亿俱乐部”的有2家，进入“百亿俱乐部”的有18家。

### （二）网络购物用户规模增加

2021年中国网络购物用户规模及交易规模进一步扩大，消费升级趋势明显、国产品牌网购消费意识增强。展望未来，网络替代率有望进一步提高，行业监管趋于严格，这些将进一步推动网络购物行业的发展。

从网络购物用户结构来看，中国互联网络信息中心（CNNIC）数据显示，1980—1995年间出生的“80—90后”网民群体网购使用率最高，达93%；1995年以后出生的“95后”群体网购消费潜力最大，41.9%的“95后”网购用户网上消费额占日常消费总额3成以上，网购消费占比高于其他年龄网购群体。

### （三）消费升级趋势明显

健康、绿色、高品质的商品越来越受到消费者青睐。如智能家居、智能穿戴、智能家电消费，呈现高速增长态势。家居智能设备销售额同比增长90.5%；智能腕表、智能眼镜等智能穿戴用品销售额同比分别增长36.3%、26.8%。户外用品销售额同比增长30.8%，其中帐篷、滑雪装备、冲浪潜水产品销售额同比增长57.0%、55.2%、39.2%。有机蔬菜、有机奶、有机食用油销售额同比增长127.6%、24.1%和21.8%。不少体现中华优秀传统文化的非遗特色产品成为新的国潮商品，销售额同比增长39%。

### （四）国产品牌网购消费意识增强

在文化自信和品牌升级的推动下，国产品牌网购消费热潮高涨，国产品牌广泛受到网购用户青睐。有数据显示，支持国货，网购国产品牌的用户占网购整体用户的65.4%。在该群体中，购买的国产品牌主要为运动服饰、美妆护肤、家用电器、手机数码等，购买比例分别为57.5%、38.7%、37.7%和36.2%。

网络交易的迅猛发展，不仅为商家带来了可观的利润空间，还拓展了国家的税源。2010年7月1日实施的《网络商品交易及有关服务行为管理暂行办法》规范了网络的交易行为，但作为税源基础的会计核算却缺乏相关的政策依据，交易收入的确认存在较多的分歧，如何规范和统一网购交易的会计核算成为急需解决的问题。

## 三、网络销售的交易模式

网络销售是指借助网络实现商品或服务从卖家转移到消费者的过程，它是电子商务的一个重要组成部分。网络销售主要有B2C（企业对个人开展电子商务活动）和C2C（个人对个人开展电子商务活动）两种形式。网络销售的交易模式主要分为三种：一是有担保方的先付款后发货模式，二是无担保方的先付款后发货模式，三是先发货后付款模式。

### （一）有担保方的先付款后发货模式

有担保方的先付款后发货模式，是客户先付款至担保方，担保方收款后通知商家发货，客户确认收货后通知担保方付款。

### （二）无担保方的先付款后发货模式

无担保方的先付款后发货模式，是客户通过相关支付方式付款至商家，商家收款后发货的销售模式。

### （三）先发货后付款模式

先发货后付款模式，是指商家根据订单先发货，客户收货后同时付款的销售模式。

## 四、网络销售的核算

### （一）有担保方的先付款后发货模式的核算

在有担保方的先付款后发货销售模式下，其交易流程及会计处理如下：

1. 接受买家订单

此步为交易协调阶段，买卖双方交流沟通，协商确定交易价格，无需进行会计核算。

2. 买家付款至担保方

由于网购交易的不确定性，此款项是否最终流入企业存在未知数，故在买家付款至担保方时，购物网站不作会计处理。

3. 组织发货

虽然货物已经发出，但由于网购交易的不确定性，不能确认收入和成本。发货时，先将库存商品转为发出商品处理，借记“发出商品”科目，贷记“库存商品”科目；货物由物流公司配送，支付的物流费用，借记“销售费用”科目，贷记“应付账款”或“库存现金”科目。

4. 买家确认收货

该步骤标志交易成功，此时可以进行收入和成本的确认。确认收入时，借记“应收账款”科目，贷记“主营业务收入”“应交税费——应交增值税（销项税额）”科目；结转销售成本时，借记“主营业务成本”科目，贷记“发出商品”科目。

5. 担保方清算货款

客户确认付款，收到经担保方扣除手续费后的货款时，借记“银行存款”“财务费用”科目，贷记“应收账款”科目。

6. 销货退回

在交易过程中，若客户不收货并取消交易，则作退货、退款处理。退货时，借记“库存商品”科目，贷记“发出商品”科目；退款时，借记“预收账款”科目，贷记“银行存款”或其他科目。

**【工作实例 1-39】** 某客户网购 A 商品 5 件，协商价格为每件 565 元（含税），客户通过购物网站订货后，付款至第三方支付平台。第三方支付平台通知网店配发货物，网店通过甲物流公司将货物发出(发生物流费用30元)。客户验货,发现商品有问题只收取4件,另1件退货。客户通知第三方支付平台支付4件的货款(第三方支付平台按货款的0.5%收取手续费),余款退回。A商品每件成本为80元,增值税税率为13%。

① 从有担保方的先付款后发货业务模式看,购物网站以发货作为会计核算的起点,在网站发货时,将库存商品由在库改为发出,并按商品成本进行计量,故发出商品时,作会计处理如下:

借:发出商品——A商品 400

贷:库存商品——A商品 400

② 商品通过物流公司进行配送,购物网站需要向物流公司支付物流运输等费用,若以现金支付,作会计处理如下:

借:销售费用 30

贷:库存现金 30

③ 商品运达,客户验货,根据客户对货物的接收情况,进行会计处理。客户接收的4件商品,确认销售收入,并结转销售成本;拒收的1件商品,作退货处理,并进行退款处理。

确认收入时,作会计处理如下:

借:应收账款 452

贷:主营业务收入 400

应交税费——应交增值税(销项税额) 52

确认销售成本时,作会计处理如下:

借:主营业务成本 320

贷:发出商品 320

收到退货时,作会计处理如下:

借:库存商品 80

贷:发出商品 80

④ 购货网站收到第三方支付平台支付的货款,确认收到经担保方扣除手续费后的货款时,作会计处理如下:

借:银行存款 429.40

财务费用 22.60

贷:应收账款 452

### (二)无担保方的先付款后发货模式的核算

在无担保方的先付款后发货销售模式下,其交易流程及会计处理如下:

1. 接受买家订单

此步骤不作会计处理。

2. 客户付款到账

款项流入企业，作为预收账款处理，如有结算手续费，应作为费用处理，借记“银行存款”“财务费用”等科目，贷记“预收账款”科目。

3. 组织发货

发货时，先将库存商品转为发出商品处理，借记“发出商品”科目，贷记“库存商品”科目；货物由物流公司配送，支付的物流费用，借记“销售费用”科目，贷记“应付账款”或“库存现金”科目。

4. 买家确认收货

该步骤标志交易成功，此时可以进行收入和成本的确认。确认收入时，借记“预收账款”科目，贷记“主营业务收入”“应交税费——应交增值税（销项税额）”科目；结转销售成本时，借记“主营业务成本”科目，贷记“发出商品”科目。

5. 销货退回并退款

在交易过程中，若客户不收货并取消交易，则作退货、退款处理。退货时，借记“库存商品”科目，贷记“发出商品”科目；退款时，借记“预收账款”科目，贷记“银行存款”或其他科目。

**【工作实例 1-40】** 某客户网购 A 商品 2 件，协商价格为每件 226 元（含税），客户通过购物网站订货后，直接付款至购物网站。购物网站收到货款后配发货物，通过甲物流公司将货物发出，发生物流费用 30 元。客户验货，发现商品有问题只收取 1 件，另外 1 件退货。A 商品每件成本为 150 元，增值税税率为 13%。

① 收到货款时，作会计处理如下：

| | | |
|---|---|---|
| 借：银行存款 | 452 | |
| 　贷：预收账款 | | 452 |

② 购物网站发货时，只是改变商品的状态，由在库改为发出，并按商品成本进行计量，故发出商品时，作会计处理如下：

| | | |
|---|---|---|
| 借：发出商品——A 商品 | 300 | |
| 　贷：库存商品——A 商品 | | 300 |

③ 商品通过物流公司进行配送，购物网站需要向物流公司支付物流运输费等费用，若以现金支付，作会计处理如下：

| | | |
|---|---|---|
| 借：销售费用 | 30 | |
| 　贷：库存现金 | | 30 |

④ 商品运达，客户验货，根据客户对货物的接收情况，进行会计处理。客户接收的 1 件商品，确认销售收入，并结转销售成本；拒收的 1 件商品，作退货处理，并需进行退款处理。

确认收入时，作会计处理如下：

| | | |
|---|---|---|
| 借：预收账款 | 226 | |
| 　贷：主营业务收入 | | 200 |
| 　　应交税费——应交增值税（销项税额） | | 26 |

确认销售成本时,作会计处理如下:

| | | |
|---|---|---|
| 借:主营业务成本 | 150 | |
| 贷:发出商品 | | 150 |

收到退货时,作会计处理如下:

| | | |
|---|---|---|
| 借:库存商品 | 150 | |
| 贷:发出商品 | | 150 |

退回货款时,作会计处理如下:

| | | |
|---|---|---|
| 借:预收账款 | 226 | |
| 贷:银行存款 | | 226 |

### (三)先发货后付款模式的核算

在先发货后付款销售模式下,其交易流程及会计处理如下:

1. 组织发货

虽然货物已经发出,但由于网购交易的不确定性,不能确认收入和成本。发货时,先将库存商品转为发出商品处理,借记“发出商品”科目,贷记“库存商品”科目;货物由物流公司配送货,支付的物流费用,借记“销售费用”科目,贷记“应付账款”或“库存现金”科目。

2. 买家确认收货并付款

该步骤标志交易成功,此时可以进行收入和成本的确认。确认收入时,借记“银行存款”或“库存现金”科目,若为物流公司代收,则借记“应收账款”科目,贷记“主营业务收入”“应交税费——应交增值税(销项税额)”科目。结转销售成本时,借记“主营业务成本”科目,贷记“发出商品”科目。

3. 担保方清算货款

客户确认付款,收到经担保方扣除手续费后的货款时,借记“银行存款”“财务费用”科目,贷记“应收账款”科目。

4. 销货退回

在交易过程中,若客户不收货并取消交易,则作退货处理,借记“库存商品”科目,贷记“发出商品”科目。

## 五、网购促销的核算

“红包”是网络支付平台为卖家提供的一项增值服务,也是网络商家的一种促销方式。它是指由卖家批量发送给用户,用于网络支付平台交易的虚拟优惠券。红包所抵用的金额,由发送红包的卖家承担。

### (一)商家发行红包的核算

商家发行促销红包以网络支付科目为平台,其发行方式有三种:定向发行、红包按钮发行、获取码发行。为了便于账务管理,将发行红包冻结的金额纳入专户管理,借记“其他货币资金——红包冻结款”科目，贷记“银行存款”科目。

【工作实例 1-41】 某购物平台商家2022年10月1日发行100个50元的促销红包，用于回馈本月在店铺购物的客户。买家使用第三方支付平台单笔消费满200元送50元的红包，客户可以使用红包购买本商铺的任何一款商品，赠送的红包也可以合并使用。红包自发行之日起7天内有效，过期作废。商家发行红包后，作会计处理如下：

借：其他货币资金——红包冻结款 5 000

贷：银行存款 5 000

（二）商家赠送红包的核算

商家在销售商品或提供劳务的同时，按其金额授予买家一定数额的促销红包。商家红包销售所收取的款项包含两部分：一部分是该项交易所售出的商品的价值；另一部分是促销红包的价值。顾客将收到的与该项交易相关的那部分价款确认为收入，而赠送的红包是买家为下一次以优惠的价格购买商品或服务预先支付的款项，即商家收取红包款在先、提供商品或服务在后。因此，与红包相关的部分收入应予以递延，待买家实际使用时再确认，借记“银行存款”科目，贷记“主营业务收入”“递延收益”等科目，同时结转售出商品的实际成本。

【工作实例 1-42】 沿用工作实例1-41的资料，2022年10月2日该商家销售各类商品共计2 000元，成本1 400元（不包括顾客使用红包购买的商品），送出的红包10个共计500元，不考虑增值税及其他因素，作会计处理如下：

借：银行存款 2 000

贷：主营业务收入 1 500

递延收益 500

借：主营业务成本 1 400

贷：库存商品 1 400

（三）买家兑换红包的核算

持有促销红包的买家满足商家规定的兑付条件时，有权利取得授予商家的商品或服务。在买家兑换促销红包时，授予商家应将原计入递延收益、与所兑换红包相关的部分确认为收入，确认收入的金额为此次消耗的红包数额，借记“递延收益”科目，贷记“主营业务收入”等科目；同时，解冻与所兑换红包相关的部分金额，解冻金额为实际付出的红包数额，借记“销售费用”科目，贷记“其他货币资金——红包冻结款”科目。

【工作实例 1-43】 沿用工作实例1-41和1-42的资料，截至2022年10月7日共送出的红包80个，共计4 000元，该商家销售各类商品共计16 000元，不考虑增值税及其

他因素,作会计处理如下:

借:递延收益　4 000

　贷:主营业务收入　4 000

借:销售费用　4 000

　贷:其他货币资金——红包冻结款　4 000

### (四) 未兑换红包的核算

失效的红包结转计入当期损益,借记"递延收益"科目,贷记"主营业务收入"科目。同时,根据网络支付平台红包的使用规则,发行红包时被冻结的资金如果交易失败(买家在有效期内未使用红包),则对应的红包金额将退还给红包使用者(商家),借记"银行存款"科目,贷记"其他货币资金——红包冻结款"科目。

**【工作实例 1-44】** 沿用工作实例 1-41 至 1-43 的资料,截至 2022 年 10 月 8 日尚有 20 红包 80 个共计 1 000 元失效,失效红包的资金退回。作会计处理如下:

借:递延收益　1 000

　贷:主营业务收入　1 000

借:银行存款　1 000

　贷:其他货币资金——红包冻结款　1 000

### (五) 网络团购的核算

网络团购借助互联网,将具有相同购买意向的零散消费者集合起来,向商家大批量购买,以求得最优惠的价格。网络团购的交易一般涉及三方当事人:团购网站、商户和消费者。

网络团购根据团购标的物的不同,分为实物和电子券两种方式。

实物团购,即消费者以团购的方式购买实物,主要涉及有形商品的交易。在这一过程中,团购网站从商品的货款中获取一定比例的佣金收入。

电子券团购,主要应用于餐饮、娱乐等服务行业。在这一过程中,团购网站除了从商品的货款中获取一定比例的佣金收入外,还从消费者团购开始到实际消费的这一段时间内获取了资金沉淀的收益。

1. 实物团购的会计核算

实物团购收入本质上是商品的销售,可以商品销售收入确认条件为参考依据。对商户而言,实物团购方式与传统商品销售方式基本相同,都会经历的过程为:合约—交货—收款—售后。

**【工作实例 1-45】** 某团购网站有一款团购旅行背包产品,原价每件 200 元,团购价每件 160 元。A 公司提供背包 1 000 件,每件成本 100 元。A 公司要求团购数量最少为

100件。截至团购活动结束时，已有680人参加了团购，有200人参与了评价返利活动，团购网站给予评价者每人5元的抵用券供下一次团购使用。团购网站收到消费者交付款项共计108 800元，商家与团购网站约定的佣金率为3%。（假定不考虑增值税等相关税费。）

① 团购网站的会计处理如下：

收到消费者在线支付的购货款：

借：银行存款　　108 800
　贷：应付账款——A公司　　108 800

团购网站扣除佣金后，将余款支付给A公司：

借：应付账款——A公司　　108 800
　贷：银行存款　　105 536
　　　主营业务收入　　3 264

团购活动结束，给予消费者返利：

借：销售费用　　1 000
　贷：递延收益　　1 000

② A公司的会计处理如下：

发出团购商品，视同委托代销：

借：委托代销商品　　68 000
　贷：库存商品——旅行背包　　68 000

消费者收到旅行背包后，A公司收到扣除佣金后的价款：

借：银行存款　　105 536
　　销售费用　　3 264
　贷：主营业务收入　　108 800

结转销售成本：

借：主营业务成本　　68 000
　贷：委托代销商品　　68 000

2. 电子券团购的会计核算

电子券团购收入可以提供劳务收入为参考依据。对于电子券团购方式，其经历的过程为：合约—订单—提供服务—收款。

**【工作实例1-46】** 某团购网站推出一款自助餐团购，市场价每人150元，团购价每人100元。B餐饮公司限量提供300份。C公司开展活动，为其员工团购该自助餐200份。商家与团购网站约定的佣金率为2%。（假定不考虑增值税等相关税费。）

① 团购网站的会计处理如下：

1

收到C公司在线支付的购货款：

| | | |
|---|---|---|
| 借：银行存款 | 30 000 | |
| 贷：应付账款——C公司 | | 30 000 |

团购网站扣除佣金后，将余款支付给C公司：

| | | |
|---|---|---|
| 借：应付账款——C公司 | 30 000 | |
| 贷：银行存款 | | 29 400 |
| 主营业务收入 | | 600 |

② B餐饮公司的会计处理如下：

待C公司员工消费后，确认收入：

| | | |
|---|---|---|
| 借：应收账款 | 30 000 | |
| 贷：主营业务收入 | | 30 000 |

收到团购网站扣除佣金后的价款：

| | | |
|---|---|---|
| 借：银行存款 | 29 400 | |
| 销售费用 | 600 | |
| 贷：应收账款 | | 30 000 |

## 思考与实训

### 一、思考题

1. 商品流通企业会计核算有哪些特点？
2. 数量进价金额核算法有哪些基本要点？
3. 采用毛利率法是如何计算商品销售成本的？
4. 数量进价金额核算法的优缺点有哪些？
5. 进价金额核算法的优缺点有哪些？
6. 售价金额核算法的基本要点有哪些？
7. 采用进销差价率法是如何计算商品销售成本的？
8. 盘点商品实际进销差价计算法可用来解决什么问题？
9. 网络销售的交易模式有哪些，分别适用于哪些产品？
10. 如何采用发行红包方式进行促销？

### 二、实训题

#### 实 训 一

**【目的】** 实训批发企业商品购进的核算。

**【资料】** 飞飞鞋帽有限责任公司是增值税一般纳税人，2023年4月份发生下列经济业务：

（1）1日，业务部转来庆宜制帽厂开来的增值税专用发票，开列童帽370箱，每箱400元，货款共计 1 480 000 元，增值税额 192 400 元，经审核无误，当即签发转账支票付讫。

（2）4 日，向大连运动鞋厂订购运动鞋 3 000 双，每双 69 元，合同规定先预付货款的 40%，15 天后再支付剩余的 60%。今签发转账支票，预付大连运动鞋厂运动鞋货款 82 800 元。

（3）6 日，公司储运部门转来收货单（入库联），向庆宜制帽厂购进童帽 370 箱，每箱 400 元，已全部验收入库，结转童帽的采购成本。

（4）16 日，银行转来福州运动鞋厂托收凭证，增值税专用发票上注明 23 厘米运动鞋 1 000 双，每双 80 元，25 厘米运动鞋 1 500，每双 70 元，全部货款共计 185 000 元，增值税额 24 050 元，运费 1 500 元，增值税额 135 元。经审核无误，当即承付货款。

（5）18 日，业务部门转来洁洁毛巾厂开来的增值税专用发票，开列毛巾 50 箱，每箱 400 元，货款 20 000 元，增值税额 2 600 元，价税款签发并承兑商业汇票支付。

（6）22 日，业务部门转来大连运动鞋厂开来的增值税专用发票，订购的 3 000 双运动鞋已经验收入库，签发转账支票，付清剩余 60% 的货款及全部增值税额。

（7）25 日，仓库部门转来洁洁毛巾厂发来的毛巾 50 箱，经验收发现其中有一箱毛巾受潮有霉点，要求退货，其余 49 箱验收入库。

（8）28 日，经与洁洁毛巾厂沟通，对方同意降价 30% 出售，降价差价尚未收到。

**【要求】**根据上述经济业务作相关会计分录。

## 实 训 二

**【目的】**实训批发企业商品进货退出及购进商品退补价的核算。

**【资料】**五州交电有限责任公司是增值税一般纳税人，2023 年 5 月份发生下列有关的经济业务：

（1）5 日，开箱复验商品，发现入库的华华牌台扇有 10 台质量不符合要求，每台 200 元，与佳佳电扇厂联系后同意退货，收到其退货的红字增值税专用发票，应退货款 2 000 元，增值税额 260 元，并收到业务部门转来的进货退出单（结算联）。

（2）9 日，储运部门转来进货退出单（出库联），将 10 台质量不符合要求的华华牌电扇退还厂方，并收到对方退还货款及增值税额的转账支票 2 260 元，存入银行。

（3）20 日，储运部门转来收货单（入库联），向光明灯具厂购进书写台灯 200 箱，每箱 240 元，已全部验收入库，结转台灯的采购成本。

（4）23 日，业务部门转来光明灯具厂的更正增值税专用发票，更正本月 20 日发票错误，列明书写台灯，每箱应为 220 元，应退货款 4 000 元，增值税 520 元。

（5）25 日，收到光明灯具厂转账支票一张，金额 4 520 元，系付来退价款及增值税额，转账支票已存入银行。

（6）27 日，业务部门转来沪阳自行车厂增值税专用发票，开列 28 式永骑牌自行车 100 辆，每辆 300 元，货款共计 30 000 元，增值税额 3 900 元，并收到自行填制的收货单（结算联），款项尚未支付。

（7）30 日，业务部门转来沪阳自行厂更正增值税专用发票，更正本月 27 日，发票错误，列明 28 式永骑牌自行车每辆应为 310 元，补收货款 1 000 元，增值税 130 元，经审核无误，今连同前欠款项一并转账支票付讫。

**【要求】**根据上述经济业务作相关会计分录。

## 实 训 三

**【目的】**实训批发企业商品销售成本的计算和结转。

**【资料】**茂昌有限公司是增值税一般纳税人,每季度第 1、2 月采用上季度毛利率法匡算发出商品的销售成本,一季度毛利率为 10%;季末采用月末一次加权平均法核实调整已销商品的销售成本。2022 年第 2 季度有关业务如下。

(1)4 月初“库存商品——日化类”科目期初余额为 29 万元,本月购进服装 90 万元,本月销售服装 112 万元,销售折让 2 万元。

(2)5 月购进服装 110 万元,本月销售服装 130 万元。

(3)6 月购进服装 105 万元,本月销售服装 104 万元。

(4)库存商品类目账资料如表 1-9 所示。

**表 1-9　　库存商品类目账**

类别:日化类　　单位:元

| 2022 年 | | 凭证字号 | 摘要 | 收入金额 | 发出金额 | 借或贷 | 期末余额 |
|---|---|---|---|---|---|---|---|
| 月 | 日 | | | | | | |
| 4 | 1 | | 月初库存 | | | 借 | 300 000 |
| | 30 | 略 | 购入 | 900 000 | | 借 | 1 200 000 |
| | 30 | 略 | 结转销售成本 | | | | |
| 5 | 31 | 略 | 购入 | 1 100 000 | | | |
| | 31 | 略 | 结转销售成本 | | | | |
| 6 | 30 | 略 | 购入 | 1 050 000 | | | |
| | 30 | 略 | 结转销售成本 | | | | |
| | | | 合计 | | | | |

(5)假定日化类包括甲商品和乙商品两种商品,甲、乙两种商品的资料如表 1-10 和表 1-11 所示。

**表 1-10　　库存商品明细账**

编号:　　品名:甲商品　　规格:　　单位:箱　　金额单位:元

| 2022 年 | | 凭证字号 | 摘要 | 收入 | | | 发出 | | | 结存 | | |
|---|---|---|---|---|---|---|---|---|---|---|---|---|
| 月 | 日 | | | 购进 | 单价 | 金额 | | 单价 | 金额 | 数量 | 单价 | 金额 |
| 4 | 1 | | 上月结存 | | | | | | | 700 | 150 | 105 000 |
| | 5 | 略 | 购进 | 900 | 165 | 148 500 | | | | 1 600 | | |
| | 12 | 略 | 购进 | 1 300 | 160 | 208 000 | | | | 2 900 | | |
| | 30 | 略 | 销货 | | | | 2 600 | | | 300 | | |
| 5 | 8 | 略 | 购进 | 1 600 | 158 | 252 800 | | | | 1 900 | | |

续 表

| 2022年 | | 凭证字号 | 摘要 | 收入 | | | 发出 | | | 结存 | | |
|---|---|---|---|---|---|---|---|---|---|---|---|---|
| 月 | 日 | | | 购进 | 单价 | 金额 | | 单价 | 金额 | 数量 | 单价 | 金额 |
| | 16 | 略 | 购进 | 1 300 | 152 | 197 600 | | | | 3 200 | | |
| | 31 | 略 | 销货 | | | | 3 000 | | | 200 | | |
| 6 | 6 | 略 | 购进 | 2 000 | 160 | 320 000 | | | | 2 200 | | |
| | 12 | 略 | 购进 | 1 400 | 165 | 231 000 | | | | 3 600 | | |
| | 30 | 略 | 销货 | | | | 2 400 | | | 800 | | |

**表 1-11　　库存商品明细账**

编号：　　品名：乙商品　　规格：　　单位：箱　　金额单位：元

| 2022年 | | 凭证字号 | 摘要 | 收入 | | | 发出 | | | 结存 | | |
|---|---|---|---|---|---|---|---|---|---|---|---|---|
| 月 | 日 | | | 购进 | 单价 | 金额 | | 单价 | 金额 | 数量 | 单价 | 金额 |
| 4 | 1 | | 上月结存 | | | | | | | 1 000 | 185 | 185 000 |
| | 5 | 略 | 购进 | 2 500 | 217.4 | 543 500 | | | | 3 500 | | |
| | 30 | | 销售 | | | | 2 800 | | | 700 | | |
| 5 | 11 | 略 | 购进 | 1 600 | 210 | 336 000 | | | | 2 300 | | |
| | 19 | 略 | 购进 | 1 400 | 224 | 313 600 | | | | 3 700 | | |
| | 31 | 略 | 销货 | | | | 3 200 | | | 500 | | |
| 6 | 9 | 略 | 购进 | 2 500 | 199.6 | 499 000 | | | | 3 000 | | |
| | 30 | 略 | 销货 | | | | 2 400 | | | 600 | | |
| | | | | | | | | | | | | |

**【要求】**

（1）根据资料（1）计算4月日化类主营业务成本及期末库存商品结存金额登记库存商品类目账，并编制结转销售成本的会计分录。

（2）根据资料（2）计算5月日化类主营业务成本及期末库存商品结存金额登记库存商品类目账，并编制结转销售成本的会计分录。

（3）根据资料（3），采用季末一次加权平均法计算6月末日化类库存商品结存金额登记库存商品明细账，倒挤出主营业务成本，登记库存商品类目账并编制结转销售成本的会计分录（加权平均单价保留整数）。

## 实 训 四

**【目的】**实训零售企业商品销售成本和主营业务收入的调整，并编制相关会计分录。

**【资料】**丰丰商厦为增值税一般纳税人，货物增值税税率为13%，有关业务如下。

（1）丰丰商厦12月31日有关科目余额如表1-12所示。

表 1-12　　有关总分类科目和明细科目余额　　单位：元

| 总分类科目 | 科目余额 | 所属明细科目 | 科目余额 |
|---|---|---|---|
| 库存商品 | 329 800 | 百货柜组 | 123 400 |
| | | 服装柜组 | 88 500 |
| | | 食品柜组 | 117 900 |
| 受托代销商品 | 61 000 | 百货柜组 | 25 000 |
| | | 服装柜组 | 36 000 |
| 主营业务收入 | 392 100 | 百货柜组 | 139 600 |
| | | 服装柜组 | 121 200 |
| | | 食品柜组 | 131 300 |
| 主营业务成本 | 392 100 | 百货柜组 | 139 600 |
| | | 服装柜组 | 121 200 |
| | | 食品柜组 | 131 300 |
| 商品进销差价 | 292 041 | 百货柜组 | 119 620 |
| | | 服装柜组 | 101 868 |
| | | 食品柜组 | 70 553 |

（2）月末各营业柜组编制商品盘存表，分别计算出实际结存商品（包括受托代销商品）的进价金额，百货柜组为 80 750 元，服装柜组为 78 045 元，食品柜组为 88 918 元。

**【要求】**

（1）根据表 1-12，分别用综合差价率推算法和分柜组差价率推算法调整商品销售成本。

（2）根据表 1-12，用分柜组差价率推算法调整本月主营业务收入。

（3）根据表 1-12，用实际进销差价计算法调整商品销售成本（计算结果均保留整数）。

## 实 训 五

**【目的】**综合实训商品流通企业批零兼营商品流转的核算。

**【资料】**新华联百货公司是一个批零兼营企业，批发企业采用数量进价金额核算法，零售柜台采用售价金额核算法。本月发生商品流通业务如下：

（1）从本地购入商品一批，增值税专用发票注明的价款 100 000 元，增值税额 13 000 元，进货运杂费用等 500 元。货物已验收入库，货款已开出转账支票付讫。

（2）从外地购进 A 商品一批，增值税专用发票注明的价款 50 000 元，增值税额 6 500 元，进货费用 1 000 元，增值税额 90 元。款项已支付，货物尚未到达企业。

（3）从外地购进丙商品 10 000 千克，单价 2 元，增值税专用发票注明税款 2 600 元，运杂费 800 元，根据收到的相关结算凭证，支付货款。货物尚未到达企业。

（4）丙商品到达企业，在验收入库时，发现短缺 100 千克，经查短缺原因为自然损耗。

（5）上月从外地购进 B 商品一批，共 1 000 件，每件单价 100 元，货款已付讫。今接该厂开来的更正发票，每件价格应为 120 元，该企业按差价补开一张转账支票。

（6）销售给某零售企业一批商品，增值税专用发票载明销售额 300 000 元，销项税额 39 000 元。销售当天收到该零售企业开出的转账支票。

（7）根据商品委托代销合同，委托乙企业代销商品 200 件，每件成本 150 元，双方确定每件代销价格 320 元，按销售额的 10% 支付手续费。商品已经发出。

（8）收到乙企业代销商品清单，本期委托代销的商品已全部出售，价款尚未收到。

（9）零售柜台购进一批商品，买价 200 000 元，进项税额 26 000 元，含税零售价 429 400 元。商品验收入库，价款以银行存款支付。

（10）零售柜台月末调整前“商品进销差价”科目余额为 18 000 元，本月商品销售总额为 400 000 元，月末库存商品余额为 200 000 元，请用综合差价率计算已销商品进销差价和月末商品进销差价余额。

**【要求】**根据上述经济业务作相关会计分录。

## 实 训 六

**【目的】**实训网络销售的会计核算。

**【资料】**某客户网购 A 商品 10 件，协商价格为每件 33.9 元（含税），客户通过购物网站订货后，付款至网络支付平台。网络支付平台通知网店配发货物，网店通过甲物流公司将货物发出（发生物流费用 30 元）。客户验货，发现商品有问题，收取 9 件，退货 1 件。客户通知网络支付平台支付 9 件的货款（网络支付平台按货款的 0.5% 收取手续费），余款退回。A 商品每件成本为 20 元，增值税税率为 13%。

**【要求】**根据上述经济业务作相关会计分录。

## 实 训 七

**【目的】**实训网络促销的会计核算。

**【资料】**

（1）某购物平台 2023 年 5 月 1 日发行 100 个 20 元的促销红包，用于回馈本月在店铺购物的客户。买家使用第三方支付平台单笔消费满 200 元送 20 元的红包，客户可以使用红包购买本商铺的任何一款商品，赠送的红包也可以合并使用。红包自发行之日起 10 天内有效，过期作废。

（2）红包发行期满，共送出红包 90 个，共计 1 800 元，该商家销售各类商品共计 9 000 元，不考虑增值税及其他因素。

（3）失效 10 个红包，失效红包的资金退回。

**【要求】**根据上述经济业务作相关会计分录。

## 思政园地

# 生活用品极大丰富，百姓生活显著改善

### 关键词

商品；改革开放；消费；生活质量

### 内容

中华人民共和国成立初期，用品类支出比较平稳。1955—1965 年，北京市职工家庭平均每人年用品类支出在 20～30 元波动。

改革开放后，我国居民收入持续增加，消费能力不断增强。同时，经济体制改革大大激发了市场活力，商品的供给量大大增加，种类大大丰富。

1981 年，北京市城镇居民家庭每百户彩色电视机、洗衣机、电冰箱、电风扇和照相机分别增长了 84.6 倍、7.4 倍、62.2 倍、2.3 倍和 6.2 倍。洗衣机、彩色电视机、电冰箱和照相机等耐用消费品进入千家万户后渐趋饱和。

随着规模化生产水平的提高和技术升级的加快，产品价格不断下降，原来少数人拥有的高端消费产品逐渐走进寻常百姓生活。至 2011 年，北京市城镇居民家庭每百户拥有计算机、移动电话和家用汽车分别为 104 台、215 部和 38 辆，与 1997 年相比分别增长了 7.5 倍、178.2 倍和 46.5 倍，年均分别增长 16.5%、44.9% 和 31.8%。

基于互联网技术的云计算、物联网、大数据等新一代信息技术逐步渗透到各行各业，移动支付更加便利化、快捷化、易操作化，互联网消费规模迅速扩张。2021 年北京市限额以上批发零售业、住宿餐饮业实现网上零售额 5 392.7 亿元，比上年增长 19.0%，两年平均增长 24.5%。居民消费方式发生了巨大变化，由线下消费逐步转为线上线下同步消费，且线上消费趋势越来越明显。

### 启示

中华人民共和国成立 70 多年来，我国居民生活发生了翻天覆地的变化。居民生活用品从满足基本生活需求向智能化、个性化和健康化发展，从品类单一向多样化发展；消费渠道从计划经济凭票购买到市场经济选择多样化发展；高端消费品从“少数人拥有”到“飞入寻常百姓家”；同时居民消费需求不断增加，购买能力显著增强。生活用品的发展彰显了居民生活品质的提升。中国的改革开放不仅让中国人过上了好日子，还让世界各国的老百姓从中受益，越来越多价廉物美的中国产品提升了人们的生活质量。

# 项目二　连锁企业会计核算

【知识目标】

● 熟悉连锁企业会计核算组织和核算特点。
● 掌握连锁企业采购与付款的核算。
● 掌握连锁企业库存商品配送和调拨的核算。
● 掌握连锁企业门店业务的核算。

【能力目标】

● 能够根据连锁企业的规模和经营特点选择正确的会计核算方法。
● 能够根据商品购销存信息，及时完成库存商品配送和调拨，满足市场需求。
● 能够正确组织门店会计核算，提供真实、准确的会计信息。
● 能够保持连锁企业的经营特点，实现公司战略目标。

【素养目标】

● 认识连锁企业在我国商品流通企业中的地位，用自己的知识和能力服务于连锁企业，发挥连锁企业在满足人民需求、丰富人民生活、提供物美价廉的商品、助推小康社会发展等方面的积极作用，积极参与创新创业，打造中国连锁企业新品牌。

## 任务一　连锁企业会计核算认知

### 一、连锁企业的经营类型和特征

连锁企业属于商业零售环节的一种经营方式。连锁经营于1859年出现，经过160多年的发展，已经成为企业普遍采用的一种商业组织形式和经营模式。连锁经营通常是以企业的“总部”“配送中心”和若干数量“连锁分店”的组织机构为基础，在统一店名、统一店貌、统一采购、统一配送、统一财务、统一经营、统一价格、统一服务、统一管理等若干个“统一”的管理方式下，由一定数量的连锁分店构成一个规范的、统一的、规模化的、连锁化的销售网络体系，从事商品或者服务销售的一种商业企业经营模式。

### （一）国内外连锁经营发展的现状

在当代发达的市场经济国家中，连锁经营已经成为占主流地位的、最具发展活力的商业企业模式之一。从经营领域看，连锁经营模式已经渗透到零售业、餐饮业、旅馆业和其他更广阔的服务领域（包括美容、健身、汽车加油等）中。从销售额所占的比重看，由连锁经营企业实现的销售额已占全社会零售商品销售总额的50%以上，有些国家已达到70%左右。许多连锁经营企业的大型化和跨国化趋势越来越明显。同时，这些连锁经营企业基本上都采用了以互联网、信息技术、人工智能为代表的现代化管理手段。

我国的连锁经营始于改革开放初期，当时只有沿海少数城市引进了几个外资连锁经营企业，也有极少数中资的民营连锁经营企业在探索经营。业界普遍认为，中国最早的连锁经营是1984年在北京落户的皮尔·卡丹专卖店。1986年，天津利达集团公司成立的天津利达国际商场是我国首家本土连锁经营企业。1987年肯德基连锁店进入中国。1991年，上海联华超市成立。自此连锁企业在我国零售业中迅速发展。从1995年开始，当时的国家国内贸易部正式在全国推广实施连锁经营模式。

我国的连锁经营虽然起步较晚，但在经济全球化的背景下，发展很快。目前，我国连锁经营企业的年销售总额不但已经超过原来在零售业占据"老大"地位的单店大型百货商场企业，而且已经占整个社会消费品零售总额的20%左右。

### （二）连锁经营的类型

根据连锁经营企业在资产所有权与合作方式方面的不同，其经营类型可以分为直营连锁、特许连锁和自愿连锁。

1. 直营连锁

直营连锁一般是指同一个资本所有者直接投资连锁分店，这些分店是在同一总部管理机构统一领导下，统一经营同类商品或服务的零售业或服务业。

直营连锁的显著特征体现在两个方面：第一，所有连锁分店都是由同一法人主体投资开办的。第二，连锁企业对各分店具有直接、全面的管理权和控制权。连锁经营企业一般都设有"总部"，每个分店都是由该连锁企业直接投资的，因此除了这些连锁分店的资产都属于该连锁企业法人所有之外，连锁企业的总部对各分店在"店名、店貌、采购、配送、经营、价格、人事、财务"等方面有着直接的、全面的管理权和控制权。

2. 特许连锁

特许连锁又称"特许加盟连锁"。特许连锁的主导企业把自己开发的商品、服务和营业系统（包括商标、商号、经营技术、经营区域等），以营业合同的形式授予加盟店在规定区域内的经销权和营业权。加盟店则缴纳一定的营业权使用费，承担规定的义务。与直营连锁经营形式相比，特许连锁经营形式的主要特征表现在四个方面：

第一，必须有一个主导企业（总部）。该主导企业自己开发的商品、服务和营业系统（统称为知识产权）等是"特许"的资本，吸引其他企业通过支付特许加盟费用的方式，成为主导企业连锁经营体系中的一个特许加盟分店。

第二，特许连锁经营体系的构成是：总部＋若干直营连锁分店＋若干特许连锁分店。这是因为，拥有知识产权的主导企业只有通过投资和经营的若干直营连锁分店，才能显示

"特许"的资本,也才能以契约关系吸引其他企业特许加盟成为特许加盟分店。

第三,该连锁经营体系内存在多个企业法人。在特许连锁经营体系下,总部及下属的若干直营连锁店属于一个企业法人,但每个特许加盟分店都具有独立的企业法人资格。但在我国,由于工商管理和税款征收的需要,直营连锁分店也必须办理企业法人资格。

第四,总部对特许加盟分店不具有全面的管理权。由于特许加盟连锁分店分别都具有各自独立的法人资格,所以,特许加盟连锁分店拥有本分店的财产权、财务权和人事权,盈亏也由各加盟分店自主承担。但这些加盟分店的店名、店貌、采购、经营、价格、服务和管理等方面,必须完全服从主导企业的统一规范管理。

3. 自愿连锁

自愿连锁,又称"自愿加盟连锁"。自愿加盟连锁一般是指一些经营业务相同的商业企业,在激烈的商业竞争环境中,为了达到降低经营成本、提高商品采购规模、增强市场竞争能力的目的,以某个有实力的企业为主导,联合若干其他企业或若干地位相等的企业,共同协商、自愿联合、签订合同,在保持各自企业法人地位独立、财产独立、财务独立、人事独立的前提下,在店名、店貌、采购、进货、配送、经营、销售和服务等方面实行统一、规范的管理,组成一个连锁经营体系,共同经营同类业务的连锁形式。

自愿连锁经营体系的构成是:总部 + 若干自愿连锁分店(都是独立的企业法人)。总部是自愿连锁体系的最高管理机关,一般由实力较强的主导企业担任总部角色,也可以由自愿连锁体系中的企业共同平等协商、共同出人出资,构建一个总部。

在自愿连锁经营体系下,每个分店一般都是业务相同的企业,它们必须在总部所规定的"统一店名、统一店貌、统一采购、统一配送、统一经营、统一价格、统一管理"方式下从事经营活动。但各自愿加盟连锁分店的"财产权""财务权"和"人事权"属于各自愿加盟分店所有,总部企业无权管理。当然,各自愿加盟连锁分店的盈亏也由各分店自主承担,总部没有分享和分担的权利和义务。

### (三)连锁企业的经营特征

连锁经营企业与传统的商业组织形式相比,其突出的经营特征是标准化、专业化、简单化、规模化。

1. 标准化

标准化是指连锁经营企业在经营管理的重要环节和方面实行统一的、规范的、制度化的管理。例如,店容店貌的标准化,连锁经营企业所属的所有分店(包括直营店和加盟店)都要统一店容店貌。标准化、一致化的店容店貌不但使人容易记住,而且有利于提高市场信誉度。再如,经营的标准化要求连锁经营的各个分店商品的采购渠道、流程,以及商品销售的价格、销售方式、服务方式、营销方式等都应该是标准化的。

2. 专业化

专业化是指连锁经营企业将采购、库存、配送、销售、收银等环节和主要工作内容进行规范的专业化细分,形成由专门技能、专门操作方式和专门工作内容构成的专业化工作岗位。这不但有利于全面提升企业的管理质量和盈利能力,而且可以针对不同岗位的员工进行标准化的培训和管理。

3. 简单化

标准化和专业化分工的有效性，使每个环节、每个岗位的管理都规范化和制度化，遇事按制度要求进行管理即可。管理的规范化可以通过“工作岗位手册”来实现，员工只要按手册要求操作即可。这使员工的工作和领导的管理都简单化，能减少错误，提高经营效率。



4. 规模化

规模化是指连锁经营企业通过设立分布在不同市场区域的众多分店来扩大市场占有率、提高销售额。连锁经营是一对多的关系，连锁企业总部向外面对众多的供应商，向内面对众多的连锁店。总部负责集中进货和配送，分店负责销售。集中进货奠定了低成本的优势，深入消费腹地的门店的分散销售能最大限度地扩大商品销售额。

## 二、连锁企业的内部组织机构

由于连锁经营企业在类型、分店规模和网点分布等方面存在差别，所以它们的组织结构类型也不尽相同。目前，根据其发展规模的扩大程度，连锁经营企业的组织结构类型可以分为以下三种类型。

### （一）不设配送中心的连锁经营组织结构

不设配送中心的连锁经营组织结构是：总部—分店。连锁经营的总部是企业法人机构以及职能管理部门的所在地，分店是由总部直接投资（直营连锁）或者通过合同关系形成（特许或者自愿加盟连锁），并按总部的若干统一要求进行标准化管理的连锁经营分店。

采取这种组织结构的连锁经营企业主要有三类：一是连锁经营企业在发展初期，分店的数量很少，设置商品配送中心不经济；二是连锁经营企业专门经营某个知名品牌商品的专卖店，经营商品的种类比较少，不需要设置配送中心；三是某些专门经营服务项目的连锁经营企业，如美容、洗浴，主要销售的是“服务”，不是“商品”，在“服务”过程中主要是员工的劳动技能和劳动付出，不需要原材料或者需要的原材料很少，故不需要配送中心。在这种组织结构下，商品直接由供应商送到分店。

### （二）设置配送中心的连锁经营组织结构

当经营“商品”而不是经营“服务”的连锁经营企业的分店数量发展到一定规模时，连锁经营企业就要设立自己的配送中心了。设立配送中心的连锁经营企业的组织结构是：总部—配送中心—分店。这种配送中心是由连锁企业的总部直接投资的，是总部的一个下属机构。

采取“总部—配送中心—分店”组织结构的连锁经营企业，由总部向各供应商统一采购商品并送入配送中心。配送中心按各连锁分店的销售需求重新加工、集配与组合商品，再分别配送到各分店进行销售。

### （三）跨地区、跨国界的连锁经营组织结构

如果连锁企业的分店网点分布已发展到跨地区甚至跨国界的范围和规模，一个总部已无法管理分布在不同地区和不同国家的连锁分店了，这时连锁经营企业的组织结构便要设计成“总部—地区（或国家）分总部—配送中心—分店”。这时的“地区（或国家）分总部”可以视同“总部”看待。例如，某连锁企业的总部设在中国上海，负责全国的物资配送，当江苏的

连锁分店数量发展到足够多时，就要在南京设立一个分总部，同时设立一个配送中心，负责江苏的物资配送。

## 三、连锁企业的会计核算组织和特点



### （一）连锁企业的会计核算组织

连锁企业内部组织机构的确立是连锁企业发展的重要环节，也是影响企业内部会计核算组织形式选择最重要的因素。本书主要以“总部—配送中心—分店”组织结构为主，分析连锁企业会计核算的组织形式。

1. 业务往来核算组织形式的选择

连锁企业的经营业务，包括门店开发和装修、商品采购、商品运送和加工、商品销售、工资发放、期末各项计提、现金收支等。这些业务中，有的业务由总部专设的部门来完成；有的业务由门店和其他基层单位完成；有的业务需要总部和门店及其他基层单位共同或分别完成。另外，在大部分连锁企业中，除了占主导地位的直营店以外，还有相当一部分加盟店，它们的管理体制与直营店的管理体制有本质上的差别。所以，连锁企业在明确总部和基层单位之间的组织管理形态的同时，其财务部门必须根据本企业的组织结构和内部管理体制及要求选择总部和门店等基层单位之间的核算组织形式。

一般说来，连锁企业可以从独立核算、非独立核算两种会计核算组织中选择并确定总部与基层单位之间业务往来的核算关系。

2. 独立核算形式

独立核算形式是指总店实行独立的、部分统一的会计核算，基层单位实行相对独立的会计核算。在这一核算组织形式下，总店和基层单位都应独立设置会计机构。在商品销售上，核算完整的销售收入和销售成本，月末将完成的商品销售收入和与此相关的销售成本结转至总部，未销售的商品成本保留在基层门店。

在独立核算形式下，总部与基层单位之间业务往来采用往来制。连锁企业的基层单位，不管是门店还是配送中心、加工厂、运输队等，都应该是连锁企业总部所属的一级组织，所以都是一个基层会计单位。这些基层单位会计核算中所包括的内容及核算的难易程度，由连锁企业内部的管理体制决定。以门店会计核算为例，连锁企业门店会计核算的主要内容是对商品销售情况进行记录和反映，包括销售收入、销售成本及相关的营业费用等。由于门店内部组织机构比较简单，经营业务比较单一，所以其会计核算组织形式也比较简单，规模较大的门店可以设置独立的财务组，专门负责门店相关经济业务的会计核算；规模较小的门店只设置专门的财务会计人员或者核算员即可。

3. 非独立核算形式

非独立核算形式，也称报账制，是指总部实行独立的、统一的会计核算，基层单位不单独进行会计核算，经营中发生的各项经营费用，均向总部报账核销。在这一核算组织形式下，总部应独立设置会计机构，对各基层单位的经营过程实行内部会计核算，以考核其经营成果，确定劳动报酬，根据经营需要为各基层单位建立定额备用金。基层单位实行报账制，不设会计机构只设会计员，可以设置部分辅助会计账簿。

在这一核算形式下，基层单位没有完整的科目组织，没有完整的成本核算。其主要工作是按月编制销售额计算表、销售成本计算表和销售费用计算表，领取和转销人员工资，保管本基层单位使用的备用金等，对低值易耗品、包装物等也是采取领取转销的形式。总店对经营所需商品实行集中统一采购，并按需要为下属的基层单位统一配送。库存商品实物转移时，只记录转移商品的实物数量，不对其进行价值核算。基层单位取得销售收入时，全部上缴总部。总部期末统一计算缴纳各项税金、计提盈余公积金、分配利润、编制报表等。

### （二）连锁企业的会计核算特点

1. 采购的集中性和销售的分散性

连锁企业与传统商业企业最大的区别在于，商品采购都集中在总部统一进行，而商品销售是通过数十、数百甚至数千家门店来实现的。为了实现总部采购和门店销售之间的连接，在连锁企业必须设置一个配送中心，专门负责商品采购、储存、分拣、运输和发送等工作。

2. 总部核算的统一性和基层核算的独立性

一个完整的连锁企业是由门店、配送中心、运输队、加工厂等各种不同类型的基层单位组成的。这些基层单位都必须严格遵守总部统一的会计核算制度，不得各自为政，确保资金往来、商品购销渠道畅通，营业收入、营业成本和营业费用核算口径一致。但是，各基层单位又是一个相对独立的经营单位，必须设置自己的会计核算体系，实现独立核算、自负盈亏，确保基层管理目标与总部战略目标一致。

3. 建立科学合理的会计核算形式

不同类型的连锁企业，由于经营的商品、服务不同，其会计核算形式是不同的。企业应根据经营特点和管理要求，确定会计科目设置、内部原始凭证格式和联次、商品配送交接程序、销售回款缴存方法、纳税登记和税款缴纳等各个方面，确保目标一致、政令畅通、责任明确，加快商品和资金周转，获得最大经济效益。

## 四、连锁企业往来制下科目的设置

总部和各个基层单位为了履行其职责，行使其权力，应该分别设置各自的会计科目、记账凭证、科目、账簿、报表体系等。就会计科目而言，不论是总部还是各个基层单位，都要设置库存现金、银行存款、销售费用等科目，但为了反映总部和各个基层单位之间的经济关系，应设置它们之间的往来科目。与一般商业企业之间的应收应付科目不同，连锁企业总部与基层单位之间的往来科目，用于核算它们之间的所有业务往来，包括商品、现金、固定资产、低值易耗品、包装物、销售费用等。基于这种考虑，一般在总部设置“基层往来”科目，相应地在基层单位设置“总部往来”科目。

### （一）“基层往来”科目

“基层往来”科目，是连锁企业总部用来核算总部与基层单位资金往来的科目。该科目借方记录和反映总部拨付给基层单位的资金和代付的各种费用，具体记载内容有：拨付给门店的商品；拨付给门店和其他基层单位的现金（银行存款）；拨付给门店和其他基层单位的固定资产和其他资产；代门店和其他基层单位支付的各种费用等。该科目贷方记录和反映总部从基层单位收回的资金，具体记载内容有：由门店交来的营业款、门店退回总部的商品、从门店和其他基层单位调回的固定资产和其他资产等。“基层往来”应按基层单位名称或者编号进行明细科目核算。

### （二）“总部往来”科目

“总部往来”科目，是连锁企业基层单位用来核算基层单位与总部资金往来的科目，是“基层往来”科目对应科目。该科目借方记录和反映基层单位退还或者转给总部的资金以及通过总部调拨给其他基层单位的各种资产，具体内容有：向总部退回商品或者向其他门店调拨商品；将营业款送交总部；总部从本单位调出的固定资产和其他资产；通过总部调拨给其他基层单位的商品、资金、固定资产或者其他资产等。该科目贷方记录和反映总部拨给基层单位的资金、通过总部从其他基层单位调入的各种资产等以及总部代基层单位支付的各种费用等，具体内容有：收到总部拨来的商品；收到总部拨来的现金（银行存款）；收到总部拨来的固定资产和其他资产；通过总部从其他基层单位调入的商品、资金、固定资产或者其他资产；总部代基层单位支付的各种费用等。

2

### （三）“基层往来”和“总部往来”科目之间的对应关系

总部财务部门的“基层往来”科目和基层单位的“总部往来”科目所记录的内容完全相同，只是记账的方向相反。总部财务部门的“基层往来”科目统驭基层单位的“总部往来”科目。总部财务部门通过“基层往来”科目控制总部与各个基层单位之间、基层单位与基层单位之间的资金往来关系。需要注意的是，由于“基层往来”科目和“总部往来”科目所记载的内容是完全一致的，所以期末总部和基层单位应分别计算“基层往来”和“总部往来”科目的余额并进行互相核对，如果核对不符，再通过基层单位编制的总部往来报告表逐项核对，差错在下期进行调整。同时，总部在汇总编制企业会计报表时，应当将这两个科目的余额予以抵消，以免重复计算。

# 任务二　连锁企业采购与付款核算

## 一、连锁企业商品采购业务流程

连锁企业商品采购的业务环节及各个环节的具体内容如表 2-1 所示。

**表 2-1　　连锁企业商品采购的业务环节及内容**

| 业务环节 | 具体组成内容 |
|---|---|
| 请购单 | （1）门店或配送中心相关人员根据商品库存情况，填写请购单，通过网络系统自动生成“商品请购单”；<br>（2）采购部门审核“商品请购单”，确定采购数量，寻找合适的供应商；<br>（3）经过预算主管人员签字后，转交财务部门筹集资金 |
| 订货 | （1）发出采购商品的请求；<br>（2）审核采购请求，确定采购数量，寻找合适的供应商；<br>（3）向认可的供应商发出订货单 |

2

续 表

| 业务环节 | 具体组成内容 |
| --- | --- |
| 收货，登记库存商品账 | （1）发出商品验收通知书，由收货部门准备验收商品，登记收货单；<br>（2）实收商品与商品验收通知书、收货单核对，编制验收不符报告单；<br>（3）将已经收到的商品送到储存位置，或者直接送到相关门店；<br>（4）登记库存商品卡片、库存商品明细账等有关科目 |
| 登记应付账款明细账 | （1）验收供应商开具的发票、送货单；<br>（2）仔细审查发票的内容，将发票的内容与送货单核对相符；<br>（3）将验收单、收货单上实际验收的商品与发票、送货单核对；<br>（4）按照承付金额登记应付账款明细账 |
| 支付应付账款 | （1）审核应当支付应付账款的有关原始单据；<br>（2）签发付款通知书，并根据付款通知书签发支票或其他付款凭证 |
| 退货、折让等 | 根据拒付通知书，由采购部门与供应商进行交涉 |
| 对账 | （1）将应付账款明细账与应付账款总账核对相符；<br>（2）将库存商品明细账与库存商品总账核对相符 |

## 二、连锁企业商品采购的会计核算

连锁企业商品采购业务集中在总部进行，这个环节不仅涉及库存商品的计量、入库、记录等商品实物形态的流转环节，还涉及与供应商的货款、支付货款等资金流转环节。加强商品采购环节的会计核算和监督，使连锁企业商品采购的整个业务流程都置于会计的监控之下，确保连锁企业采购工作的规范化和程序化。

### （一）总部会计核算

1. 收到发票和送货单

供应商出具的发票和送货单应当由配送中心和采购部门先行审核后转交总部财务部门，财务部门将供应商提供的发票和送货单，与采购订单核对无误后，对于应当购进的部分，借记“商品采购”“应交税费——应交增值税（进项税额）”科目，贷记“应付账款”科目；同时登记商品采购明细账。

2. 商品验收入库

（1）由配送中心统一配销的商品。

配送中心统一配销的商品，由供应商按照配送中心的指令送到指定仓库，配送中心仓库将商品验收入库以后，总部财务根据配送中心送来的“商品验收入库单”，借记“基层往来——配送中心”科目，贷记“商品采购——某供应商”科目。

（2）供应商直送直营店的商品。

供应商按照总部的指令直接送到指定直营店，直营店仓库将商品验收入库以后，总部财务根据直营店送来的“商品验收入库单”，借记“基层往来——某直营店”科目，贷记“商品采购——某供应商”科目。

（3）供应商直送加盟店的商品。

供应商按照总部的指令直接送到指定加盟店，事实上是连锁企业将商品直销给了加盟店，这项业务既是商品购进，又是商品销售。总部财务根据加盟店送来的“商品验收入库单”，借记“商品采购”“应交税费——应交增值税（进项税额）”科目，贷记“应付账款”科目。按照调拨价向加盟店开具增值税专用发票，同时确认销售收入和销售成本，借记“基层往来——某加盟店”科目，贷记“主营业务收入”“应交税费——应交增值税（销项税额）”科目，同时借记“主营业务成本”科目，贷记“商品采购——某供应商”科目。

### （二）直营门店会计核算

1. 按照进价金额核算

直营门店收到配送中心统一配销的商品，根据“商品验收入库单”，按照进价金额借记“库存商品”科目，贷记“总部往来”科目。

2. 按照售价金额核算

直营门店收到配送中心统一配销的商品，根据“商品验收入库单”，按售价金额借记“库存商品——某柜组”科目，按进价金额贷记“总部往来”科目，按其差额贷记“商品进销差价——某柜组”科目。

### （三）加盟店会计核算

1. 按照进价金额核算

加盟店收到配送中心统一配销的商品，根据“商品验收入库单”，按内部调拨价金额借记“库存商品”科目，贷记“总部往来”科目。

2. 按照售价金额核算

加盟店收到配送中心统一配销的商品，根据“商品验收入库单”，按售价金额借记“库存商品——某柜组”科目，按内部调拨价金额贷记“总部往来”科目，按其差额贷记“商品进销差价——某柜组”科目。

**【工作实例 2-1】** 2023 年 1 月 10 日，茂昌连锁超市向浙江爱斯集团采购鸟牌洗衣粉 100 箱，每箱 20 包，每包进价 8元，内部调拨价 10 元，零售价 12.50 元。其中 60 箱送到配送中心仓库，30 箱直接送到甲直营店，10 箱送往丁加盟店。发票账单已经收到，商品由有关部门验收入库，分别按照商品进价和零售价作出配送中心、门店、总部财务部门的会计分录。

① 按照商品进价金额核算。

连锁企业按照商品进价金额核算，总部财务、配送中心、直营店和加盟店会计处理如表 2-2 所示。

② 按照商品售价金额核算。

连锁企业按照商品售价金额核算，总部财务、配送中心、直营店和加盟店会计处理如表 2-3 所示。

2

**表 2-2 总部财务、配送中心、直营店和加盟店按商品进价金额核算**

| 业务内容 | 总部核算 | 配送中心、直营店或加盟店核算 |
| --- | --- | --- |
| 采购商品 | 借：商品采购 16 000<br>应交税费——应交增值税（进项税额）<br>2 080<br>贷：应付账款——爱斯集团 18 080 | |
| 送到配送中心 | 借：基层往来——配送中心 9 600<br>贷：商品采购——爱斯集团 9 600 | 借：库存商品——洗衣粉 9 600<br>贷：总部往来 9 600 |
| 送到直营店 | 借：基层往来——甲直营店 4 800<br>贷：商品采购——爱斯集团 4 800 | 借：库存商品——洗衣粉 4 800<br>贷：总部往来 4 800 |
| 送到加盟店 | 借：基层往来——丁加盟店 2 260<br>贷：主营业务收入 2 000<br>应交税费——应交增值税（销项税额）<br>260<br>同时：<br>借：主营业务成本 1 600<br>贷：商品采购——爱斯集团 1 600 | 借：库存商品——洗衣粉 2 000<br>应交税费——应交增值税（进项税额）<br>260<br>贷：总部往来 2 260 |

**表 2-3 总部财务、配送中心、直营店和加盟店按商品售价金额核算**

| 业务内容 | 总部核算 | 配送中心、直营店或加盟店核算 |
| --- | --- | --- |
| 采购商品 | 借：商品采购 16 000<br>应交税费——应交增值税（进项税额）<br>2 080<br>贷：应付账款——爱斯集团 18 080 | |
| 送到配送中心 | 借：基层往来——配送中心 9 600<br>贷：商品采购——爱斯集团 9 600 | 借：库存商品——日化组 15 000<br>贷：总部往来 9 600<br>商品进销差价——日化组 5 400 |
| 送到直营店 | 借：基层往来——甲直营店 4 800<br>贷：商品采购——爱斯集团 4 800 | 借：库存商品——日化组 7 500<br>贷：总部往来 4 800<br>商品进销差价——日化组 2 700 |
| 送到加盟店 | 借：基层往来——丁加盟店 2 260<br>贷：主营业务收入 2 000<br>应交税费——应交增值税（销项税额）<br>260<br>同时：<br>借：主营业务成本 1 600<br>贷：商品采购——爱斯集团 1 600 | 借：库存商品——日化组 2 500<br>应交税费——应交增值税（进项税额）<br>260<br>贷：总部往来 2 260<br>商品进销差价——日化组 500 |

从表 2-2 和表 2-3 的会计处理可以看出，总部财务部门无论采用进价金额核算法还是售价金额核算法，其会计处理都是一致的。不同的是配送中心、直营店和加盟店要按照进价或售价进行会计核算。

## 三、确定连锁企业的应付账款政策

### （一）连锁企业应付账款的特点

相对于一般商业企业来说，连锁企业应付账款的管理有其特殊性，因为连锁企业拥有大量的门店直接销售商品，市场占有率高。其从供应商那儿一次进货的批量往往非常大，许多供应商也希望依靠连锁企业巨大的、稳定的商品吞吐能力来扩大自己产品的销路，因此供应商对连锁企业提出的一些付款要求一般来说都会予以考虑。正因为如此，在连锁企业会计核算中会有大量的供应商应付账款积累和沉淀，这实际上是连锁企业可以长期无偿占用的资金，降低资金使用成本。如何在管好用好这笔资金的同时，提升连锁企业的付款信誉度，是连锁企业财务部门应付账款管理所需解决的重点问题。

### （二）连锁企业付款政策的制定

1.“九段标准九”付款政策

在连锁企业中，不仅要根据付款管理的一般要求与方法对应付账款进行管理与控制，还要根据供应商所提供商品的周转情况确定不同的还款政策。“九段标准九”付款政策就是一个典型的管理手段。

九段标准九付款政策的核心是根据不同供应商提供的商品对连锁企业所做贡献（$P$ 值）大小不同分成九个段落给予相应的分值和等级，不同的等级给予不同的付款信用期限，如表 2-4 所示。

**表 2-4　　九段标准九的分类及相关的付款期限表**

| 商品评价值 $P$ | 标准九分数 | 付款方式 | 级别 | 付款天数 |
|---|---|---|---|---|
| $P>8.5$ | 9 | A 类 | AAA | 0 |
| $7.5<P\leqslant 8.5$ | 8 | | AA | 15 |
| $6.5<P\leqslant 7.5$ | 7 | | A | 30 |
| $5.5<P\leqslant 6.5$ | 6 | B 类 | BBB | 45 |
| $4.5<P\leqslant 5.5$ | 5 | | BB | 60 |
| $3.5<P\leqslant 4.5$ | 4 | | B | 75 |
| $2.5<P\leqslant 3.5$ | 3 | C 类 | CCC | 90 |
| $1.5<P\leqslant 2.5$ | 2 | | CC | 105 |
| $P\leqslant 1.5$ | 1 | | C | 120 |

九段标准九将商品评价值分为九个段落，每个段落都确定一个相应的 $P$ 值范围，每一个 $P$ 值范围对应相应的付款期限，据此确定给予不同商品的现金折扣政策。

$P$ 值计算公式如下：

$$P\text{值}=\frac{\text{单品标准贡献率}+\text{单品标准周转率}}{2}$$

2

可以看出，影响 $P$ 值的因素包括单品标准贡献率和单品标准周转率。

2. 单品标准贡献率

$$单品贡献率 = 单品毛利率 \times 单品销售比重$$

$$平均贡献率 = 单品贡献率之和 \div 单品数量之和$$

$$贡献率标准差 = \sqrt{\frac{\sum(单品贡献率 - 平均贡献率)}{单品数量}}$$

$$单品贡献离散系数 = \frac{单品贡献率 - 平均贡献率}{贡献率标准差}$$

$$单品标准贡献率 = 2\times 单品贡献离散系数 + 5$$

单品标准贡献率是指从商品毛利角度考察供应商所供应的商品对连锁企业贡献的大小，这种贡献由两个因素决定。第一个因素是每种商品毛利率的大小，很显然，供应商提供的商品的单品毛利率越大，那么该种商品对连锁企业的贡献也就越大；第二个因素是这种商品在同类商品中的销售比重。与单品毛利率相同，某一单品在同类商品中的销售比重越大，那么这一商品对连锁企业所作的贡献也越大。

3. 单品标准周转率

$$单品周转率 = 单品月销售额 \div 单品月平均库存$$

$$平均周转率 = 单品周转率之和 \div 单品数量$$

$$周转率标准差 = \sqrt{\frac{\sum(单品周转率 - 平均周转率)}{单品数量}}$$

$$单品周转离散系数 = \frac{单品周转率 - 平均周转率}{周转率标准差}$$

$$单品标准周转率 = 2\times 单品周转离散系数 + 5$$

单品标准周转率是从资金周转速度考察某一商品对连锁企业所做的贡献。商品的周转速度越快，意味着这一商品在市场上受到了消费者的喜爱。由于商品周转速度快，减少连锁企业库存，在降低储存成本的同时，也给企业带来丰厚的利润，实现了“薄利多销”的营销策略。

## 四、连锁企业应付账款的支付

连锁企业支付应付账款意味着商品交易完成，现金流出企业，因此，加强应付款项的支付管理，防止在支付过程中发生不应有的损失，显得尤为重要。《内部会计控制规范——采购和应付（试行）》第二十二条规定：“单位应当加强应付账款和应付票据的管理，由专人按照约定的付款日期、折扣条件等管理应付款项。已到期的应付款项须经有关授权人员审批后方可办理结算与支付。”

应付账款的支付方法一般有“余额支付法”和“一票一付法”。

### （一）余额支付法

1. 余额支付法的含义

余额支付法是指直接根据每个供应商应付账款明细账上的余额支付款项的方法。采用这种方法的最大优点是简单明了,高效快捷。但是,由于支付货款时不再检查供应商发票、送货单、入库单等原始凭证,容易发生应付账款支付过多的现象,还可能导致相关人员舞弊,以虚假的交易骗取资金。

2. 余额支付法的应用

采用余额支付法,负责管理应付账款的会计人员在准备支付应付账款时,应当事先编制一份应付账款支付明细表,将所有支付的供应商对象和相关的供货发票情况罗列清楚。该明细表一式二份,一份送交出纳员,另一份送交有权签名支付货款的授权人员。

出纳员对付款明细表的内容审核无误后填写支票,但是无权签名付款;随后,出纳员将准备就绪的支票再送交至有关授权人员,该授权人员对付款明细单审核无误后,在出纳员准备就绪的发票上签名支付货款。

整个付款的控制过程,实际上由三个当事人组成:管理应付账款的会计人员负责提出付款请求,并准备证明付款合理性的相关文件;随后进入双重审查,由出纳员审查付款的准确性,并准备好付款的支票;由授权人员审查付款的合理性,并在支票上签名付款。这种控制程序中会计人员、出纳员和授权人员的责任分工有利于减少工作中可能出现的差错,也有利于防止付款过程中舞弊行为的发生。

### （二）一票一付法

1. 一票一付法的含义

一票一付法是指采用“多证相符、一票一账、逐行登记、同行注销”的应付账款明细分类账体系支付款项的方法。

（1）多证相符,是指发票、送货单、验收通知单、验收入库单、验收不符记录单等多种原始凭证相符的采购业务,才符合登记应付账款明细账的条件。

（2）一票一账,是指对每一个供应商发生的每一笔采购业务,在上述多证相符的情况下,编制一张记账凭证,据此在应付账款明细账中登记一笔。

（3）逐行登记,是指对每一个供应商因商品采购而发生的应付账款在该供应商的应付账款明细账中逐行序时登记。

（4）同行注销,是指在多证相符的情况下,签发“应付账款支付单”,经授权批准后予以支付。支付应付账款后,根据应付账款支付单等原始凭证,编制记账凭证,登记应付账款明细账,在同一行内予以注销。每一行借方登记的应付账款金额不得超过同行贷方登记的应付账款发生额。

2. 一票一付法下的应付账款明细账格式

为了满足一票一付法的核算要求,应付账款明细账的格式要作相应的调整,具体格式如表 2-5 所示。

目前,连锁企业都采用会计信息系统进行会计处理。月末,在会计信息系统中,所有已经支付的应付账款,其发票,送货单、验收通知书、入库单、付款通知书等应当另外形成“已经付

表 2–5 **应付账款明细账**

供应商名称：

| 借方 | | | | 贷方 | | | | | | | | | 余额 |
|---|---|---|---|---|---|---|---|---|---|---|---|---|---|
| 年 | | 凭证编号 | 支付金额 | 年 | | 凭证编号 | 发票编号 | 发票金额 | 通知书号 | 入库单号 | 拒收金额 | 承付金额 | |
| 月 | 日 | | | 月 | 日 | | | | | | | | |
| | | | | | | | | | | | | | |
| | | | | | | | | | | | | | |
| | | | | | | | | | | | | | |

款文件”。未支付的应付账款，其发票、送货单、验收通知书、入库单等应当另外形成“未经付款文件”，他们的合计应当与应付账款总分类账中的金额核对相符。

可以看出，这种方法克服了余额支付法的弊端。所有与应付账款有关的单据实际上要进行两次审核：即应付账款入账时审核一次，应付账款支付时又审核一次。而且，应付账款借方登记的实际支付金额不能大于同行贷方实际发生额，这样就能够充分保证应付账款记录和支付的准确性，同时也防止支付过程中的舞弊行为。

**【工作实例 2–2】** 2023 年 2 月 10 日，茂昌连锁超市向浙江爱斯集团采购鸟牌洗衣粉 100 箱，每箱 160 元，零售价 200 元；鸟牌透明皂 200 箱，每箱进价 100 元，零售价 130 元。发票账单已经收到，商品由配送中心验收入库。由于爱斯集团系列产品深受顾客信任，对连锁企业所做贡献 *P* 值高，双方约定付款条件为 2/10、1/20、*n*/30。企业于 2023 年 2 月 20 日准时付款。假定现金折扣不考虑增值税。

① 2023 年 2 月 10 日，编制的会计分录为：

借：库存商品——鸟牌洗衣粉　　3 600

　　　　　　——鸟牌透明皂　　2 600

　　应交税费——应交增值税（进项税额）　　806

　贷：应付账款——爱斯集团　　　　7 006

② 2023 年 2 月 20 日，编制的会计分录为：

借：应付账款——爱斯集团　　7 006

　贷：银行存款　　　　6 882

　　　财务费用　　　　124

# 任务三　连锁企业库存商品调拨核算

## 一、门店之间商品调拨的原因

在下列情况下，可能产生门店之间的商品调拨业务：

### （一）临时需要

下属的各个门店中，某个门店因为顾客临时下大量订单等原因使销售急剧扩大，但是本店库存不足以解决客户需求，且配送中心或供应商无法及时送货，这时候就会产生向其他门店调拨商品的业务。

### （二）余缺调剂

因为门店所处地理位置消费者的不同消费特点，所以往往会有某种商品在某个门店脱销，而在其他门店却积压的现象。为了加速商品资金的周转，提高商品资金的使用效率，降低库存积压，节约储存管理费用，此时就需要在不同的门店之间进行商品余缺调剂。

## 二、门店之间商品调拨的核算

门店之间商品调拨主要有直营店之间调拨、直营店调加盟店、加盟店调直营店和加盟店之间调拨四种情形，下面分别予以说明。

### （一）直营店之间商品调拨的核算

直营店之间商品调拨核算，涉及总部财务和两个门店会计部门。调出部门填写“商品调拨单”，一式五联，第一联和第五联分别由调入和调出单作为登记库存商品明细账的依据；第二联和第四联与月份商品调拨汇总表和内部转账通知书一起分别作为调入门店和调出门店登记库存商品明细账和往来账的依据；第三联与月份商品调拨汇总表和内部转账通知书一起留存总部财务部门，作为门店之间往来账核算的依据。

直营店之间商品调拨核算如表 2-6 所示。

**表 2-6　　直营店之间商品调拨的会计核算**

| 业务内容 | 进价金额核算 | 售价金额核算 |
|---|---|---|
| 总部核算 | 借：基层往来——调入门店<br>　贷：基层往来——调出门店 | 借：基层往来——调入门店　（进价）<br>　贷：基层往来——调出门店　（进价） |
| 调出门店 | 借：总部往来——商品调拨<br>　贷：库存商品 | 借：总部往来——商品调拨　（进价）<br>　商品进销差价<br>　贷：库存商品　（售价） |
| 调入门店 | 借：库存商品<br>　贷：总部往来——商品调拨 | 借：库存商品　（售价）<br>　贷：总部往来——商品调拨　（进价）<br>　　商品进销差价 |

**【工作实例 2-3】** 2023 年 1 月 10 日，茂昌连锁超市下属长春路直营店向中山路直营店调出鸟牌透明皂 30 箱，每箱进价 100元，零售价 130 元。总部财务和两个门店会计部门根据“商品调拨单”及有关凭证进行会计处理，如表 2-7 所示（按照商品进价金额核算）。

2

表 2-7　　直营店之间商品调拨的会计核算

| 业务内容 | 进价金额核算 |
|---|---|
| 总部核算 | 借：基层往来——中山路直营店　3 000<br>　贷：基层往来——长春路直营店　3 000 |
| 长春路直营店（调出） | 借：总部往来——商品调拨　3 000<br>　贷：库存商品——鸟牌透明皂　3 000 |
| 中山路直营店（调入） | 借：库存商品——鸟牌透明皂　3 000<br>　贷：总部往来——商品调拨　3 000 |

【学中做】 请你采用售价金额核算法完成总部财务和两个门店会计处理。

### （二）直营店调加盟店的会计核算

与直营店之间商品调拨会计核算不同之处在于：加盟店的“财产权”“财务权”和“人事权”属于各自愿加盟店所有，所以直营店调加盟店应该作为两个独立法人之间的商品交易，总部财务作商品销售核算，加盟店作商品购进核算。直营店调加盟店会计核算如表 2-8 所示。

表 2-8　　直营店调加盟店的会计核算

| 业务内容 | 进价金额核算 | 售价金额核算 |
|---|---|---|
| 总部核算 | 借：基层往来——加盟店　（调拨价 + 增值税）<br>　贷：主营业务收入　（调拨价）<br>　　应交税费——应交增值税（销项税额）　（增值税销项税额）<br>同时：<br>借：主营业务成本　（进价）<br>　贷：基层往来——某直营店　（进价） | |
| 调出直营店 | 借：总部往来——商品调拨<br>　贷：库存商品 | 借：总部往来——商品调拨　（进价）<br>　商品进销差价<br>　贷：库存商品　（售价） |
| 调入加盟店 | 借：库存商品<br>　应交税费——应交增值税　（进项税额）<br>　贷：总部往来——商品调拨 | 借：库存商品　（售价）<br>　应交税费——应交增值税（进项税额）<br>　贷：总部往来——商品调拨　（调拨价 + 增值税）<br>　　商品进销差价 |

【工作实例 2-4】 2023 年 1 月 10 日，茂昌连锁超市下属长春路直营店向北京路加盟店调出恒江香醋 30 箱，每箱 12 瓶，每箱进价 84 元，调拨价 96 元，零售价 108 元。总部财务、直营店和加盟店会计部门根据“商品调拨单”及有关凭证进行会计处理，如表 2-9 所示（按照商品进价金额核算）。

**表 2-9　　直营店调加盟店的会计核算**

| 业务内容 | 进价金额核算 | | |
|---|---|---|---|
| 总部核算 | 借：基层往来——北京路加盟店 | 3 254.40 | |
| | 　贷：主营业务收入 | | 2 880 |
| | 　　应交税费——应交增值税（销项税额） | | 374.4 |
| | 同时： | | |
| | 借：主营业务成本 | 2 520 | |
| | 　贷：基层往来——长春路直营店 | | 2 520 |
| 长春路直营店（调出） | 借：总部往来——商品调拨 | 2 520 | |
| | 　贷：库存商品——恒江香醋 | | 2 520 |
| 北京路加盟店（调入） | 借：库存商品——恒江香醋 | 2 880 | |
| | 　应交税费——应交增值税（进项税额） | 374.40 | |
| | 　贷：总部往来——商品调拨 | | 3 254.4 |

**【学中做】**　请你采用售价金额核算法完成总部财务、长春路直营店和北京路加盟店的会计处理。

### （三）加盟店调直营店的会计核算

与直营店调加盟店相比，其会计核算方向虽然相反，但会计处理方法不同。加盟店调给直营店商品，总部财务应作为原来连锁企业销售给加盟店的商品销售退回，冲减原先确认的销售收入和增值税销项税额。加盟店应将原先购进入库的商品作购货退回，其负担的增值税进项税额一并转出。加盟店调直营店会计核算如表 2-10 所示。

**表 2-10　　加盟店调直营店会计核算**

| 业务内容 | 进价金额核算 | 售价金额核算 |
|---|---|---|
| 总部核算 | 借：主营业务收入 | （调拨价） |
| | 　应交税费——应交增值税（销项税额） | （增值税销项税额） |
| | 　贷：基层往来——某加盟店 | （调拨价 + 增值税） |
| | 同时： | |
| | 借：基层往来——某直营店 | （进价） |
| | 　贷：主营业务成本 | （进价） |
| 调出加盟店 | 借：总部往来——商品调拨<br>　贷：库存商品<br>　　应交税费——应交增值税<br>　　　（进项税额转出） | 借：总部往来——商品调拨　（进价）<br>　商品进销差价<br>　贷：库存商品　（售价）<br>　　应交税费——应交增值税（进项税额转出） |
| 调入直营店 | 借：库存商品<br>贷：总部往来——商品调拨 | 借：库存商品　（售价）<br>　贷：总部往来——商品调拨　（进价）<br>　　商品进销差价 |

2

【工作实例 2-5】 2023年3月15日，茂昌连锁超市北京路加盟店向长春路直营店调拨恒江香醋10箱，每箱12瓶，每箱进价84元，调拨价96元，零售价108元。总部财务、直营店和加盟店会计部门根据“商品调拨单”及有关凭证进行会计处理如表2-11所示（按照商品售价金额核算）。

**表 2-11　　加盟店调直营店的会计核算**

| 业务内容 | 售价金额核算 |
| --- | --- |
| 总部核算 | 借：主营业务收入　960<br>应交税费——应交增值税（销项税额）　124.80<br>贷：基层往来——北京路加盟店　1 084.80<br>同时：<br>借：基层往来——长春路直营店　840<br>贷：主营业务成本　840 |
| 北京路加盟店（调出） | 借：总部往来——商品调拨　1 084.80<br>商品进销差价　120<br>贷：库存商品——恒江香醋　1 080<br>应交税费——应交增值税（进项税额转出）　124.80 |
| 长春路直营店（调入） | 借：库存商品——恒江香醋　1 080<br>贷：总部往来——商品调拨　840<br>商品进销差价　240 |

【学中做】 请你采用进价金额核算法完成总部财务、长春路直营店、北京路加盟店的会计处理。

### （四）加盟店之间商品调拨的会计核算

虽然加盟店都是独立经营的法人，与连锁企业不存在产权隶属关系，但是，他们之间的商品调拨也应当在总部的统一安排和监控下有序进行，决不允许出现加盟店私下进行交易的情况。因此，总部财务要记录加盟店之间商品调拨核算的全过程。加盟店之间商品调拨不作为商品购销处理，视同为商品存放在不同的仓库。加盟店之间商品调拨会计核算如表2-12所示。

**表 2-12　　加盟店之间商品调拨的会计核算**

| 业务内容 | 进价金额核算 | 售价金额核算 |
| --- | --- | --- |
| 总部核算 | 借：基层往来——调入加盟店　（调拨价）<br>应交税费——应交增值税（进项税额）　（调拨价 × 税率）<br>贷：基层往来——调出加盟店　（调拨价）<br>应交税费——应交增值税（进项税额转出）　（调拨价 × 税率） | |

续　表

| 业务内容 | 进价金额核算 | 售价金额核算 |
| --- | --- | --- |
| 调出加盟店 | 借：总部往来——商品调拨<br>　贷：库存商品<br>　　应交税费——应交增值税<br>　　　　（进项税额转出） | 借：总部往来——商品调拨　（进价）<br>　商品进销差价<br>　贷：库存商品　（售价）<br>　　应交税费——应交增值税（进项税额转出） |
| 调入加盟店 | 借：库存商品　（调拨价）<br>　应交税费——应交增值税<br>　　　（进项税额）<br>　贷：总部往来——商品调拨 | 借：库存商品　（售价）<br>　应交税费——应交增值税　（进项税额）<br>　贷：总部往来——商品调拨（调拨价＋税金）<br>　　商品进销差价 |

**【工作实例 2-6】** 2023 年 3 月 15 日，茂昌连锁超市北京路加盟店向南京路加盟店调拨 A 商品 20 箱，每箱进价 100 元，调拨价 110 元，零售价 120 元。总部财务、北京路加盟店和南京路加盟店会计部门根据“商品调拨单”及有关凭证进行会计处理，如表 2-13 所示（按照商品售价金额核算）。

**表 2-13　　加盟店之间商品调拨的会计核算**

| 业务内容 | 进价金额核算 | 借方 | 贷方 |
| --- | --- | --- | --- |
| 总部核算 | 借：基层往来——调入加盟店 | 2 200 | |
| | 　应交税费——应交增值税（进项税额） | 286 | |
| | 　贷：基层往来——调出加盟店 | | 2 200 |
| | 　　应交税费——应交增值税（进项税额转出） | | 286 |
| 北京路加盟店（调出） | 借：总部往来——商品调拨 | 2 486 | |
| | 　贷：库存商品——A 商品 | | 2 200 |
| | 　　应交税费——应交增值税（进项税额转出） | | 286 |
| 南京路直营店（调入） | 借：库存商品——A 商品 | 2 200 | |
| | 　应交税费——应交增值税（进项税额） | 286 | |
| | 　贷：总部往来——商品调拨 | | 2 486 |

# 任务四　连锁企业门店业务核算

## 一、连锁企业门店经营特点

门店，也可以称为卖场，是连锁企业中展示、陈列和销售商品的场所。连锁企业的门店从形式上看和传统的零售商店没有什么区别，都是广大消费者购买商品的场所，或者说，都是零售商店。但是，从连锁企业门店经济业务运行的实质来看，它与传统零售商店有本质区别。

连锁企业从工业生产中导入了专业化分工协作的经营方式，先在购、销、调、存等不同的经济业务环节之间实行专业化分工，然后在不同的专业化分工之间再建立一个有机的衔接和协作关系。门店仅仅是连锁企业内部因为专业化协作分工形成的经营链中的一环，只负责商品的销售,至于商品的采购、存储、运输,则与之无关。这一分工导致连锁企业门店作业的简单化和单纯化,犹如工业生产过程中的上下道工序一样,而单纯化的作业性配合使连锁企业比较容易产生分工所带来的高效率。连锁企业的这种经营方式从根本上改变了传统零售业的工艺过程,是一种全新意义上的零售商店。

## 二、连锁企业门店会计核算环节

### (一)进货作业

1. 验收商品

根据总部统一制定的门店进货作业验收流程,认真验收总部配送中心配送来的配销商品和供应商的直送商品。

2. 编制单证、登记账簿

根据验收的实际情况,按照总部规定的操作规范,编制有关库存商品的原始凭证和记账凭证,登记有关科目,准确反映门店和总部配送中心的商品价值结算关系和商品入库情况。

### (二)销售作业

1. 记录销售情况

想方设法扩大销售,全面完整地反映和记录每日的销售情况。及时清点销售作业中收入的现金和各种不同类型的证、卡、券等非现金销售收入,并且和销售记录核对相符。

2. 编制报表、结算销售收入

及时编制销售日报、旬报、月报,准确核算销售收入,登记有关科目。按照总部统一规定的会计核算方法结转商品的进销差价,计算出销售成本和销售利润,按照总部的规定将销售收入和销售成本等有关核算情况结转到总部。

### (三)收银作业

1. 记录现金回笼情况

按照总部的管理要求和操作规程做好现金的回笼、集中、解缴工作,认真记录核算每日营业现金的流入情况。

2. 向总部解缴现金

在总部规定的时间、指定的银行及时足额地将营业现金解送到总部,准确无误地反映门店和总部财务之间的货款往来关系,明确各自的经济责任和经济利益。

### (四)存货作业

1. 做好日常存货记录

认真做好商品的核算工作,明确商品管理当事人的经济责任和经济利益,对商品的验收、入仓、上架、补货等商品实物流转有全面的账面记录。

2. 定期盘点存货

定期进行商品的盘点,组织好商品盘盈、盘亏的核算工作,确保库存商品做到账账相符、账实相符。

### （五）费用作业

按照总部的统一要求和授权管理范围控制好销售费用和管理费用的开支，组织好销售费用和管理费用的核算，确保商品流通正常周转。

## 三、门店进货作业的会计核算

门店接受了总部配送中心配送的商品以后，该商品就由总部配送中心的账上转移到了门店的账上，商品的保管责任也随之从总部配送中心的仓库转移到了相应的门店或内库。在独立核算形式下，门店应当根据总部统一制定的库存商品核算方法和核算程序，独立核算商品的入库、发出和结存全过程。

一般情况下，门店采用“二级核算、分类控制”核算方法组织库存商品的核算与管理。具体操作如下：

### （一）设置库存商品二级账

库存商品二级账按照商品大类设置，只记录商品金额，不记录商品数量。库存商品二级账的格式如表 2-14 所示。

**表 2-14　　库存商品二级账**

类别：　　编号：

存放地点：　　调拨价格：

| 年 | | 凭证号 | 摘要 | 收入金额 | 发出金额 | 结存金额 |
|---|---|---|---|---|---|---|
| 月 | 日 | | | | | |
| | | | | | | |
| | | | | | | |
| | | | | | | |

### （二）设置库存商品三级账

库存商品三级账按照商品品种、规格设置，采用数量金额核算法记录商品数量、单价和金额，并通过存放地点区分商品是在货架上还是内存暂时储存的。库存商品三级账的格式如表 2-15 所示。

**表 2-15　　库存商品三级账**

类别：　　名称或规格：

存放地点：　　计量单位：

调拨价格：　　编号：

| 年 | | 凭证号 | 摘要 | 收入金额 | | | 发出金额 | | | 结存金额 | | |
|---|---|---|---|---|---|---|---|---|---|---|---|---|
| 月 | 日 | | | 数量 | 单价 | 金额 | 数量 | 单价 | 金额 | 数量 | 单价 | 金额 |
| | | | | | | | | | | | | |
| | | | | | | | | | | | | |
| | | | | | | | | | | | | |
| | | | | | | | | | | | | |

门店会计人员应当定期将“商品验收入库单”（也可以用“送货单”代替）按商品大类或配送中心分别汇总，编制“月份商品配送汇总表”，如表 2-16 和 2-17 所示。

2

**表 2-16　　月份商品配送汇总表**

（按商品大类）

汇总日期：　　年　月　日至　　年　月　日

| 类别 | 类别名称 | 总箱数 | 总零数 | 总数量 | 进价金额 | 售价金额 |
|---|---|---|---|---|---|---|
| | | | | | | |
| | | | | | | |
| | | | | | | |

**表 2-17　　月份商品配送汇总表**

（按商品配送渠道）

汇总日期：　　年　月　日至　　年　月　日

| A 配送中心仓库 | | | | B 配送中心仓库 | | | | 某供应商直接送货 | | | |
|---|---|---|---|---|---|---|---|---|---|---|---|
| 日期 | 数量 | 进价 | 售价 | 日期 | 数量 | 进价 | 售价 | 日期 | 数量 | 进价 | 售价 |
| | | | | | | | | | | | |
| | | | | | | | | | | | |
| | | | | | | | | | | | |

月末，门店会计人员收到总部财务部门转来的、由配送中心不同仓库签发的转账通知书以后，将月份商品配送汇总表的数量、金额与转账通知书进行核对，核对无误后，编制会计分录如下：

借：库存商品

　贷：总部往来——商品调拨

若采用数量售价金额核算法，编制会计分录如下：

借：库存商品

　贷：总部往来——商品调拨

　　商品进销差价

## 四、门店收银作业的会计核算

### （一）门店收银作业会计核算的特点

门店销售主要面对的是消费者，所以收银台主要收取的是现金，但也有一部分的销售收入是准现金，即支票、信用卡、购物卡、提货券等各种不同形式。此外，门店的收银还涉及不同人员之间的经济关系，如收银员同门店财务人员的现金解缴关系、同一收银岗位不同人员之间的交接班关系。因此，连锁企业应该设计一套完整的核算和控制程序，明确各自责任，确保销货款安全完整、及时上缴。

### （二）零用金的设置和核算

1. 零用金的设置

为了不影响商品销售的找零工作，需要为门店收银员设置一定数量的找零现金，这些找零现金一般沉淀在门店中，不要上交总部。总部需要根据每个门店的销售情况确定零用金定额，然后拨付给门店。划给门店的备用金和门店的销售收入收到的现金应分开核算，不能混淆。

零用金一般采用"一次领用、一次回收"的管理方式。这种方式是指收银员在上岗的第一天就足额领用备用金，同时给收银员配一个便携式现金保险箱。收银员在营业当天结束后，从所有的现金扣除零用金后，将剩余的现金、回收的购物卡、提货券等作为当天的销售款上缴财务部门。只有当收银员离开收银岗位，才需要上缴零用金和保险箱。

2. 零用金的核算

（1）总部划拨零用金。总部财务部门向门店划拨零用金时，填写零用金划拨单，并通过开户银行将这笔款项转入门店所在地的开户银行。零用金划拨后，总部财务部门借记"基层往来——某门店"科目，贷记"银行存款"科目。

（2）门店收到零用金。门店收到零用金时，根据银行的回单，借记"银行存款"科目，贷记"总部往来——零用金"科目。

（3）门店下发零用金。门店收到零用金后，向银行提取现金，并发放给收银员，借记"库存现金"科目，贷记"银行存款"科目。同时，借记"其他应收款——某收银员"科目，贷记"库存现金"科目。

**【工作实例 2-7】** 2023 年 5 月 1 日，茂昌连锁超市新开一家门店——江城店，总部于 4 月 30 日核准零用金 4 000 元通过银行转到门店开户银行。门店当日取出库存现金发放给收银员。请完成零用金设置的会计核算。

① 总部划拨零用金时：

| | | |
|---|---|---|
| 借：基层往来——江城店 | 4 000 | |
| 　贷：银行存款 | | 4 000 |

② 门店收到零用金时：

| | | |
|---|---|---|
| 借：银行存款 | 4 000 | |
| 　贷：总部往来——零用金 | | 4 000 |

③ 门店下发零用金时：

| | | |
|---|---|---|
| 借：库存现金 | 4 000 | |
| 　贷：银行存款 | | 4 000 |

同时：

| | | |
|---|---|---|
| 借：其他应收款——李金花 | 1 000 | |
| 　　　　　　——王艺伟 | 1 000 | |
| 　　　　　　——周明珠 | 1 000 | |
| 　　　　　　——张大梅 | 1 000 | |
| 　贷：库存现金 | | 4 000 |

### （三）门店销售收入的核算

1. 确定当天销售收入总结算时间

连锁企业的门店一般要选择一个固定时间对当天的销售收入做总的结算，计算出当天的销售收入总额。时间的具体选择一般有两种方案：营业结束后或营业中途。

营业结束后结算当天销售收入的做法不会影响正常营业工作，但因为连锁企业营业时间一般持续到晚上 10 点左右，结算工作完成后，现金已经无法解送银行，只能暂时由门店保管，等到第二天银行上班以后再解缴现金，这会危及现金的安全。

营业中途结算当天销售总收入，主要是为了考虑银行的营业时间，并将营业现金解送到银行，从而确保现金的安全。但为了尽可能地降低销售收入结算对正常营业的影响程度，这个时间也应避开营业高峰，另外，门店收银员的交接班一般也安排在非营业高峰的时间，所以，门店一般会把收银员的交接班与销售收入总结算结合在一起，这样收银机打印出来的“销售额汇总表”就可以作为当天销售收入总结算的依据。

通过上述分析，门店一般会采用第二种方案，并将当天销售收入总结算的时间定在每天下午 3 点左右。每天下午 3 点从收银机中结算出当日“销售额汇总表”，该表包括昨日 3 点至今日 3 点的单日销售收入总金额，是当日销售收入总结算的依据。3 点以后再重新累计销售收入，作为明天的销售收入。但是在营业中途结算当天销售总收入，这种方法会在一定程度上影响正常的营业工作，另外，跨日结算销售收入也会影响每天销售收入的真实性。

2. 编制每日营业结算明细表

门店完成了当天销售收入总结算以后，门店财务应根据实际清点情况和审核以后的“收银员营业款解款单”，填写“每日营业结算明细表”，如表 2-18、表 2-19 所示。

**表 2-18　　　　收银员营业款解款单**

年　月　日

<table>
<tr><th colspan="4">现金销售收入</th><th colspan="3">非现金销售收入</th></tr>
<tr><td>票面</td><td>张数</td><td>票面</td><td>张数</td><td colspan="2">信用卡消费金额</td><td></td></tr>
<tr><td>100 元</td><td></td><td>1 元</td><td></td><td colspan="2">支票消费金额</td><td></td></tr>
<tr><td>50 元</td><td></td><td>0.5 元</td><td></td><td colspan="2">IC 卡消费金额</td><td></td></tr>
<tr><td>20 元</td><td></td><td>0.2 元</td><td></td><td colspan="3">信用卡、支票、IC 卡收入小计：</td></tr>
<tr><td>10 元</td><td></td><td>0.1 元</td><td></td><td rowspan="5">票券消费金额</td><td>米票</td><td></td></tr>
<tr><td>5 元</td><td></td><td>分币</td><td></td><td>水票</td><td></td></tr>
<tr><td>2 元</td><td></td><td></td><td></td><td>× × 券</td><td></td></tr>
<tr><td colspan="2">中途缴款</td><td colspan="2"></td><td>× × 券</td><td></td></tr>
<tr><td colspan="2">现金收入小计</td><td colspan="2"></td><td>票券收入小计</td><td></td></tr>
<tr><td colspan="5">实际清点收入总计（大写）：</td><td colspan="2">￥</td></tr>
<tr><td colspan="5">减：零用金（大写）：</td><td colspan="2"></td></tr>
<tr><td colspan="5">实际收到的销售收入总计（大写）：</td><td colspan="2"></td></tr>
<tr><td colspan="5">销售额汇总表收入总计（大写）：</td><td colspan="2"></td></tr>
<tr><td colspan="2">溢（缺）金额</td><td colspan="3"></td><td colspan="2">备注：</td></tr>
</table>

交款人：　　　　　　　　　　　　复点人：

表 2-19　　每日营业结算明细表

年　月　日

| 项目 | | × 号收银机 | × 号收银机 | × 号收银机 | 总额 |
|---|---|---|---|---|---|
| 1 | 清机次数 | | | | |
| 2 | 销售总金额 | | | | |
| 3 | 其他 | | | | |
| 4 | 收银台营业额(1+2+3) | | | | |
| 5 | 中间收款 | | | | |
| 6 | 保险箱现金 | | | | |
| 7 | 小计(5+6) | | | | |
| 8 | 扣:零用金 | | | | |
| 9 | 现金净额(7−8) | | | | |
| 10 | 信用卡 | | | | |
| 11 | 支票 | | | | |
| 12 | IC 卡 | | | | |
| 13 | 提货券 | | | | |
| 14 | 小计(10−13) | | | | |
| 15 | 实收营业额(9+14) | | | | |
| 16 | 现金短缺 | | | | |
| 17 | 现金溢余 | | | | |
| 来客数 | | | | | |
| 税额 | | | | | |
| 收银员签名 | | | | | |
| 结算员签名 | | | | | |
| 核算员签名 | | | | | |

3. *每日现金收入的核算*

表 2-19 所示的实收营业额加上现金短缺或减去现金溢余应当等于第 4 行收银台营业额,也就是当日实现的销售收入,由门店的会计人员根据不同情形分别处理,现金要在当天销售收入结算完毕时,扣除零用金后马上足额送存开户银行,门店不得私自挪用销售收入的现金,存款事务应由指定人员负责,并妥善安排好存款日期、时间及路线等,以免途中发生意外事故。

销售收入存入银行后,门店财务根据银行的进款单,借记“银行存款”科目,贷记“主营业务收入”“应交税费——应交增值税(销项税额)”科目。

4. *每日提货券的核算*

提货券是指总部发行的米票、水票、奶券等可以在门店中提货的凭证,这一类凭证应单独保管,并及时造册登记,编制内部转账通知书送交总部财务部门。门店送交提货券汇总表时，借记“总部往来”科目，贷记“主营业务收入”“应交税费——应交增值税（销项税额）”科目。

5. 上缴营业款，结转销售收入



门店开户银行将销售收入的资金转入总部指定的专门用于集中整个连锁企业销售收入款的银行科目以后，根据银行的转账通知，做内部转账通知书，借记：“总部往来”科目，贷记“银行存款”科目。同时，将总部结转销售收入，借记“主营业务收入”“应交税费——应交增值税（销项税额）”科目，贷记“总部往来”科目。

总部财务部门收到门店转来的销售收入汇总表和内部转账通知书，借记“基层往来”科目，贷记“主营业务收入”“应交税费——应交增值税（销项税额）”科目。总部根据收到的银行进账单等有关凭证，借记“银行存款”科目，贷记“基层往来”科目。

## 五、销售成本的会计核算

### （一）门店销售成本的核算

由于互联网、大数据、云计算等现代信息技术的广泛应用，连锁企业都已经实现信息化，所有商品的进、销、存可以通过会计核算软件系统即时反映，门店一旦实现商品销售，计算机网络系统就会从库存商品中予以扣除，每天营业结束，可以通过计算机打印出“单品销售额汇总表”。该表可以作为登记库存商品三级账商品减少的依据。

在数量进价金额核算法下，门店平时一般只记录已销商品的数量，月末按单品采用先进先出法、月末一次加权平均法、个别计价法或移动加权平均法计算已销商品的销售成本，借记“主营业务成本——某商品”科目，贷记“库存商品——某商品”科目。

在售价金额核算法下，门店平时按照售价金额结转已销商品的销售成本，借记“主营业务成本——某类商品”科目，贷记“库存商品——某类商品”科目。月末，计算商品进销差价率，结转已销商品应分摊的商品进销差价，借记“商品进销差价——某类商品”科目，贷记“主营业务成本——某类商品”科目。

### （二）总部销售成本的核算

总部财务部门根据门店转来的内部转账通知书，借记“主营业务成本——某商品”科目，贷记“基层往来——某门店”科目。

# 思考与实训

## 一、思考题

1. 连锁企业会计核算特点有哪些？
2. 连锁企业库存商品核算可以采用哪些核算方法？
3. 连锁企业商品采购应该设置哪些科目？
4. 连锁企业往来科目有哪些，它们之间有何联系？
5. 连锁企业商品采购的流程有哪些步骤？

6. 连锁企业库存商品是如何进行横向调拨的？

7. 连锁企业门店的收银业务应该如何核算？

8. 连锁企业门店和总部是如何核算销售收入的？



## 二、实训题

### 实 训 一

**【目的】**实训连锁企业商品购进的核算。

**【资料】**大发连锁超市本月采购商品及配送情况如下：

（1）采购鸟牌超能皂100箱，每箱进价42元，内部调拨价48元，零售价52元。其中60箱送到配送中心仓库，30箱直接送到A直营店，10箱送往B加盟店。

（2）采购天天酱油100箱，每箱进价80元，内部调拨价90元，零售价100元。其中40箱送到配送中心仓库，40箱直接送到A直营店，20箱送往B加盟店。

（3）上述采购商品的发票账单已经收到，商品由有关部门验收入库，账款尚未支付。

（4）总部按照购货合同，全部支付上述价款。

**【要求】**分别按照商品进价和零售价作出配送中心、门店、总部财务部门的会计分录。

### 实 训 二

**【目的】**实训连锁企业商品横向调拨的核算。

**【资料】**华联连锁超市下属长江路直营店向黄河路加盟店调A商品60箱，每箱12瓶，每箱进价70元，调拨价80元，零售价92元。

**【要求】**分别按照商品进价和零售价作出总部财务、直营店和加盟店的会计分录。

### 实 训 三

**【目的】**实训连锁企业销售的核算。

**【资料】**华联连锁超市在江城市新设长江路直营店、黄河路直营店、黄山路直营店和泰山加盟店四个门店。现发生业务如下：

（1）核定门店零用金共计20 000元，长江路直营店、黄河路直营店、黄山路直营店和泰山加盟店四个门店的零用金分别为：4 000元、5 000元、6 000元和5 000元。资金已经转到四个门店的“银行存款”科目。

（2）四个门店收到零用金后，从银行提取现金，并分发给各收银员。

（3）本日长江路直营店、黄河路直营店、黄山路直营店和泰山加盟店四个门店销售收入分别为152 180元、132 320元、212 690元和193 660元（以上收入均含税，增值税税率为13%），销售款均送存各自的开户银行。

（4）门店将销售收入汇总表和内部转账通知书报送总部财务部门。

（5）四个门店本日销售成本分别为122 310元、101 100元、156 220元和153 280元，结转成本并将销售收入汇总表和内部转账通知书报送总部财务部门。

**【要求】**分别作出总部财务、直营店和加盟店的会计分录。

**思政园地**

# 打造中国快餐品牌,满足百姓生活需求

## 关键词

老乡鸡;连锁经营;餐饮业;责任担当

## 内容

截至2019年年末老乡鸡(肥西老母鸡农牧科技有限公司旗下品牌)在全国已经有超过1 000家直营店,年销售额超过30亿元,员工总数超过15 000人。以"肥西老母鸡汤"为核心菜的老乡鸡,年销售活鸡600多万只。

1894年,合肥西乡束元胜在合肥至六安古驿道旁开办"束大鲜鸡汤店",专营肥西老母鸡汤。选优良鸡、用古井水、自配秘方、精火熬炖烹饪的老母鸡汤溢鲜飘香,诱人垂涎。路人闻香下马,食客击案称鲜。第四代传人束从轩于2003年开办肥西老母鸡餐饮店。2012年肥西老母鸡改为"老乡鸡"。此后不断迭代升级,从餐厅环境、饭菜口味到餐厅服务等顾客用餐体验的每一个细节都不断更新。2018年收购"武汉永和",开拓品牌发展模式,进一步加快老乡鸡在全国的发展步伐,第五代店正式运营。

2019年,老乡鸡推出月月上新活动。每月1号推出新菜品供消费者品鉴,以满足不同食客的口味。丰富的菜品选择,让每一位爱老乡鸡的人都能体会到"家"的口味和感觉。2019年10月11日,中国烹饪协会发布"2018年度中国快餐企业70强"名单,"老乡鸡"荣登中式快餐榜首。此外,老乡鸡倡导全民健康饮食,希望大家养成饭前洗手的好习惯。

## 启示

连锁经营是统一店名、统一标志、统一经营方式、统一管理手段,共同进货、分散销售,共享规模效益的一种现代组织形式和经营方式,其实质是把现代化大生产的原理应用于商业流通领域,达到提高协调运作能力和规模效益的目的。发展连锁经营,改变低效率的物流运作方式,为商业企业的经营管理注入新的活力,可以促进大流通、带动大生产,提升流通产业竞争力,推进流通现代化,增强竞争力。连锁经营在我国发展速度逐步加快,日益显示出其经营优势,已成为我国零售业、餐饮业和服务业普遍应用的经营方式和组织形式,并加快向汽车、医药、家居建材、加油站等多业种渗透,显示出了强大的生命力和发展潜力。

# 项目三　建筑施工企业会计核算

【知识目标】

- 熟悉建筑施工企业会计核算的特点。
- 熟悉建筑施工企业周转材料与临时设施的核算方法。
- 掌握建筑施工企业建造工程成本的核算。
- 掌握建筑施工建造合同收入的核算。

【能力目标】

- 能够了解建筑施工企业的生产经营特点。
- 能够根据建筑施工企业的业务单证对周转材料与临时设施进行会计核算。
- 会根据建筑施工企业的业务单证对建造工程成本进行会计核算。
- 会根据建筑施工企业的业务单证对建造合同收入进行会计核算。

【素养目标】

- 充分认识建筑业是人类物质文明的重要发展标志，它不仅满足人们物质文化发展的需要，实现人类最基本的日常活动目的，还能够推动社会经济不断向前发展。因此，搞好建筑施工企业会计核算，能够促进工农业生产，提高人民生活水平，改善基础设施，加强各民族大团结，发扬大国工匠精神，展示世界与人的自然美、和谐美，具有非常重要的意义。

## 任务一　建筑施工企业会计核算认知

### 一、建筑施工企业概念

建筑施工是指房屋、公路、桥梁等工程建设实施阶段的生产活动，是把设计图纸上的各种线条，在指定的地点变成实物的过程。建筑施工企业是国民经济中一个重要的生产部门，是主要从事建筑工程、安装工程和其他专门工程的经济组织，它是自主经营、独立核算、自负盈亏的具有法人资格的经济组织。

## 二、建筑施工企业经营业务类型与特点

### （一）建筑施工企业经营业务的类型

建筑施工企业主要经营三大类业务。第一类是建筑业，包括铁路、公路、桥梁、隧道、堤坝、电站、机场、码头、运动场、矿山、房屋等土木工程建筑业务。第二类是安装业，包括电力、通信线路、燃气、给水、排水、供热等管道系统和各类机械设备装置的安装等线路、管道和设备安装业务。第三类是装饰装修，包括对建筑物的内、外装修，装饰和安装业务等。



### （二）建筑施工企业经营的特点

与其他行业相比，建筑施工生产经营的主要特点有：

1. 流动性与单件性

因为所建筑的产品从建设到使用直至报废都固定在同一地点，因而企业的施工生产必须围绕建筑产品而流动，即不同工种的工人在同一建筑物的不同岗位上流动施工，生产工人在同一工地不同单位工程之间流动施工，企业施工队伍在不同工地、不同地区承包工程所进行的区域性流动作业。

建筑产品地点的固定性、类型的多样性决定了施工生产的单件性。一般的建筑产品应在国家或地区的统一规划内，根据其使用功能、社会经济条件，单独设计、单独施工。

2. 地区性与长期性

建筑产品的固定性决定了同一功能的建筑产品即使是采用同一标准设计、通用构件，也会因为建筑产品所在地区的自然、技术、经济和社会条件的不同，使建筑产品的结构或构造、艺术形式、室内设施、建筑材料、施工技术、施工组织等需要因地制宜地加以修改，从而使建筑产品的施工生产具有地区性。

而建筑产品的固定性和体形庞大的特点又决定了施工生产的长期性。因为建筑产品体积庞大，需耗费大量的人力、物力和财力，而且建筑产品的施工生产过程还要受到工艺流程的制约，使施工活动的空间具有局限性，从而导致建筑产品生产周期长并占用大量的流动资金。

3. 受自然条件影响大

体积庞大的建筑产品不可能在工厂内直接进行施工，特别是随着城市的现代化发展，高层建筑物越来越多，施工生产露天高空作业的特点日益明显，使施工生产受自然条件的影响越来越大。

## 三、建筑施工企业会计核算特点

建筑施工企业会计作为会计学的一个分支，其会计核算具有一般企业会计基本特征。同时，因其经济业务活动内容的特殊性，又决定其会计核算有不同于其他行业会计的特点。

### （一）成本核算对象具有单件性的特点

由于建筑安装工程各有不同的功能和结构，需要单独的设计图纸，即使是根据同一标准设计进行施工的同类型、同规模的工程，也会因自然条件、交通条件、材料要求和物价水平等不同，造成施工过程中工料费用的不同。因此，建筑安装工程不能根据一定时期内发生的全

部施工生产费用和完工的全部工程数量来混合计算工程的总成本与单位成本，基于建筑产品的单件性与多样性的特点，只能按照建设要求和单个图纸组织单件生产，其施工生产的这一特性，决定了工程成本的核算应实行分批（订单）法，将每一个独立编制施工图预算的单位工程作为成本核算对象进行成本独立核算。

**（二）成本核算周期具有长期性的特点**

只有当一项工程竣工后，其实际施工成本和收益水平才能予以正确完整地反映出来。而施工企业所生产的建筑安装工程等产品，大多体积庞大、造价高、耗费大（仅有少部分工程造价低、耗费少），一般都需要跨年度施工，因而施工周期较长，有可能长达几年与十几年之久，所以其成本核算具有长期性的特点。



**（三）成本核算中已完工产成品和未完工在产品的划分具有特殊性的特点**

建筑施工企业的建筑安装工程施工具有周期较长的特点，如果按照制造业所采用的方法进行完工产品与月末在产品的划分，则只有当工程全部竣工办理了竣工验收手续并交付使用时，才能作为产成品进行对待，那么对于一个长期的工程施工，将无法对工程进度、工程质量和工程成本进行有效的监督。所以对建筑安装产品，需要人为地划分产成品和在产品，即将工程进度达到预算定额的工作内容、不需要在本企业内部进一步施工、可据以进行结算的分部分项工程，作为“已完工产成品”，将已投料施工但尚未完成预算定额规定的全部工序和内容而暂时无法进行结算的分部分项工程，作为“未完工在产品”，从而及时对“已完工程”进行工程进度统计、工程价款结算、工程成本考核、财务成果计算。

**（四）工程价款的结算方式具有灵活多样性的特点**

建筑安装工程施工周期较长、资金占用量大，为了合理地解决工程所需资金的供应，施工企业难以在施工期间预先垫付全部资金再于工程竣工后才结算收回垫付款项，因为这样会对施工企业的资金周转造成困难。因此，大多数建筑施工企业对工程价款结算都采用灵活的多种方式：有竣工后一次结算；有按照工程进度划分不同阶段进行结算；有按期（月或季）对已完分部分项工程进行结算；有竣工后清算等办法。

# 任务二　周转材料和临时设施核算

## 一、周转材料的核算

**（一）周转材料的概述**

周转材料是指建筑施工企业在施工生产过程中能多次使用并保持原有的实物形态基本不变，而其价值随着使用逐渐转移的材料。它是一种工具性的材料，如挡板、模板。企业的周转材料虽与材料相似，但周转材料在施工生产过程中起着劳动资料的作用，它能够多次参加生产过程，不改变其实物形态，其价值逐渐转移到工程成本中。

周转材料按其用途不同可分为以下四类：

模板类，指浇灌混凝土用的木模、组合钢模以及配件模板使用的支撑材料和滑模材料等。

架料类，指搭设脚手架用的竹竿、木杆、竹木跳板以及列作流动资产的钢管脚手架及其附件等。

挡板类，指土方工程施工用木挡板以及支撑材料等。

其他类，指塔吊使用的轻轨、枕木等。



周转材料种类多样，用量较大，使用频繁，经常需要补充更换，企业在进行会计核算时，通常将其归入存货类资产进行管理和核算。

### （二）科目设置

为核算周转材料的购入、领用、摊销、退库及结存情况，建筑施工企业应设置“周转材料”总分类科目，以核算企业在库和在用的各种周转材料的实际成本或计划成本。该科目下设“在库”“在用”和“摊销”等明细科目。

“在库”明细科目借方登记购入、自制、委托外单位加工完成并已验收入库的周转材料的计划成本或实际成本，贷方登记发出周转材料的计划成本或实际成本。

“在用”明细科目借方登记发出在用周转材料的计划成本或实际成本，贷方登记用后报废的周转材料的计划成本或实际成本。

“摊销”明细科目借方登记报废、短缺周转材料的净值（原值 － 残值）或应提摊销额，贷方登记按规定方法计提或补提的周转材料摊销额。

### （三）周转材料的账务处理

1. 周转材料增加的核算

周转材料增加的核算，与制造业企业的原材料外购核算一致，在此不再赘述。

2. 周转材料摊销的核算

周转材料是建筑施工企业在施工生产过程中多次使用并保持原有的实物形态基本不变的材料，但其价值随同其损耗程度而逐渐转移摊销计入工程成本或有关费用中。

（1）周转材料的摊销方法。

在用周转材料应采用一定的摊销方法，计算确定当期应计提的摊销额。由于各类周转材料的特点不同，其计算周转材料摊销额的方法也不一样。常用的方法有以下几种：

① 一次摊销法。一次摊销法是领用时将周转材料价值一次性全额计入工程成本的方法，主要适用于易腐、易糟周转材料（如安全网）的摊销。

② 分期摊销法。分期摊销法是根据周转材料的预计使用期限，将其价值分期摊入工程成本或有关费用中的一种方法，主要适用于脚手架架料、轻轨、跳板、枕木等周转材料。

其计算公式如下：

周转材料每期摊销额 ＝ 周转材料原价 ×（1－ 残值率）÷ 预计使用期数

**【工作实例 3-1】** 某工程本月领用跳板一批，计划成本 24 000 元，预计使用 15 个月，报废时预计残值率为计划成本的 10%，则该跳板每月摊销额为：

$$每月摊销额 =24\ 000 \times (1-10\%) \div 15=1\ 440(元)$$

③ 分次摊销法。分次摊销法是根据周转材料的预计使用次数，将其价值分次摊入工程成本或有关费用中的一种方法，主要适用于模板、挡板等周转材料。

其计算公式为：

周转材料每次使用摊销额 = 周转材料原价 ×（1− 残值率）÷ 预计使用次数

周转材料本期使用摊销额 = 本期使用次数 × 每次使用摊销额

**【工作实例 3-2】** 某工程本期领用定型钢模板，原值为 60 000 元，预计使用 50 次，残值率为 10%，本期共使用 4 次，则本期定型钢模板摊销额为：

$$周转材料每次使用摊销额 =60\ 000 \times (1-10\%) \div 50=1\ 080(元)$$

$$周转材料本期使用摊销额 =1\ 080 \times 4=4\ 320(元)$$

④ 定额摊销法。定额摊销法是根据实际完成的实物工程量和预算定额规定的周转材料消耗定额，计算当期计入工程成本或有关费用的周转材料摊销额的一种方法，主要适用于各种模板等周转材料的摊销。

其计算公式为：

周转材料本期摊销额 = 本期完成的实物工程量 × 单位工程周转材料消耗定额

**【工作实例 3-3】** 某工程本期完成混凝土浇筑工程量 400 立方米，预算定额规定，每完成 1 立方米的混凝土消耗模板价值为 16.8 元，则本期摊销的模板价值应为：

$$本月摊销额 =400 \times 16.8=6\ 720(元)$$

对于各种周转材料的具体摊销方法，由企业根据具体情况确定，一经确定，一般不随意改变。如果改变，需在财务报表附注中加以说明。

（2）周转材料摊销的会计处理。

建筑施工企业领用周转材料时，应借记“周转材料——在用”科目，贷记“周转材料——在库”科目。

周转材料应在领用以后按月进行摊销，采用一次摊销法的，应将其原价全部计入工程成本，借记“合同履约成本”等科目，贷记“周转材料——在库”科目；采用其他摊销方法的，根据摊销方法计算出的摊销额，借记“合同履约成本”等科目，贷记“周转材料——摊销”科目。

3

【工作实例 3-4】 某建筑施工企业为甲工程领用一次摊销的安全网一批，计划成本2 200元，材料成本差异率1.5%。作分录：

借：合同履约成本——工程施工——甲工程　2 233
　贷：周转材料——在库　2 200
　　材料成本差异——周转材料　33

【工作实例 3-5】 某建筑施工企业为乙工程领用一批周转材料（木板）做跳板，其实际成本为7 500元，采用分期摊销法进行摊销，摊销期为10个月。本月该跳板应计提摊销额为750元。

① 领用木板时：

借：周转材料——在用（乙工程）　7 500
　贷：周转材料——在库（木板）　7 500

② 计提摊销额时：

借：合同履约成本——工程施工——乙工程　750
　贷：周转材料——摊销　750

（3）周转材料摊销额的调整。

由于建筑施工企业的周转材料大多是露天使用与堆放的，受自然影响损耗较大，而且施工过程中安装拆卸周转材料的技术水平和施工生产工艺的高低对周转材料的使用寿命也有着直接影响。因此，在实际工作中，无论采用哪一种摊销方法，平时对周转材料所计算的摊销额，有可能与实际价值损耗不完全一致。所以，需在年终或工程竣工时，对周转材料进行盘点和清查，根据实际损耗调整已提摊销额，以保证工程成本和有关费用的正确性。

企业清查盘点的结果呈现出三种情况：一是成色降低；二是短缺；三是报废。这三种情况下，都应该对周转材料的已提摊销额进行调整，或补充提取（应提摊销额大于已提摊销额的）不足部分的摊销额，或冲销（应提摊销额小于已提摊销额的）多余部分的摊销额。

① 退库的周转材料成色有所降低时。

降低成色的周转材料在退还仓库予以保管时，周转材料的使用状态与放置地点均发生改变，应该将其收入仓库保管，并根据成色的变化对摊销额予以调整，或补提摊销或冲销多余的摊销额。

【工作实例 3-6】 乙工程将一批不需用的挡板退回仓库，该挡板账面原价为4 000元，确定成色为65%。该类挡板账面原价的总额为20 000元，账面已提摊销为3 000元。根据资料作如下处理：

首先，计算并补提摊销额时：

$$应提摊销额=4\,000\times(1-65\%)=1\,400（元）$$

$$已提摊销额=4\ 000\times 3\ 000\div 20\ 000=600（元）$$

$$补提摊销额=1\ 400-600=800（元）$$

补提摊销额：

借：合同履约成本——工程施工——乙工程　　800

　贷：周转材料——摊销　　800

收回不需用的挡板入库：

借：周转材料——在库（挡板）　　4 000

　贷：周转材料——在用（挡板）　　4 000

3

② 周转材料发生短缺的情况。

若周转材料发生短缺，应及时办理相关手续，并办理补提摊销。

短缺周转材料应补提摊销额＝应提摊销额－已提摊销额

应提摊销额＝短缺周转材料的原价

已提摊销额＝短缺周转材料的原价×该类在用周转材料账面已提摊销额÷该类在用周转材料账面原价

**【工作实例 3-7】** 甲工程竣工盘点，发现短缺一批挡板，其原价为 1 000 元。假定该类挡板账面原价的总额为 20 000 元，账面已提摊销为 9 000 元。根据资料作如下处理：

$$应提摊销额=短缺周转材料的原价=1\ 000（元）$$

$$已提摊销额=1\ 000\times 9\ 000\div 20\ 000=450（元）$$

$$短缺周转材料应补提摊销额=1\ 000-450=550（元）$$

补提摊销额：

借：合同履约成本——工程施工——甲工程　　550

　贷：周转材料——摊销（挡板）　　550

冲销短缺挡板的原价：

借：周转材料——摊销（挡板）　　1 000

　贷：周转材料——在用（挡板）　　1 000

③ 周转材料发生报废的情况。

若周转材料发生报废，应及时办理报废的相关手续，并办理补提摊销。

报废的周转材料应补提摊销额＝应提摊销额－已提摊销额

应提摊销额＝报废的周转材料的原价－残料价值

已提摊销额＝报废的周转材料的原价 × 该类在用周转材料账面已提摊销额 ÷ 该类在用周转材料账面原价



**【工作实例 3-8】** 甲工程竣工盘点，发现报废一批挡板，其原价为 3 000 元，残料的估价价值约为 400 元，残料已验收入库。假定该类挡板账面原价的总额为 20 000 元，账面已提摊销为 9 000 元。根据资料作如下处理：

应提摊销额＝3 000－400＝2 600（元）

已提摊销额＝3 000 × 9 000 ÷ 20 000＝1 350（元）

报废的周转材料应补提摊销额＝2 600－1 350＝1 250（元）

补提摊销额：

借：合同履约成本——工程施工——甲工程　　1 250

　贷：周转材料——摊销（挡板）　　1 250

残料入库并冲销报废挡板的原价：

借：原材料　　400

　　周转材料——摊销（挡板）　　2 600

　贷：周转材料——在用（挡板）　　3 000

## 二、临时设施的核算

### （一）临时设施的概述

临时设施，是指建筑施工企业为保证施工生产和管理工作的正常进行而在施工现场建造的生产和生活用的各种临时性的简易设施。临时设施的使用期限较长，在施工生产过程中起着劳动资料的作用，它能够多次参加生产过程，不改变其实物形态，其价值逐渐转移到工程成本中。

建筑施工企业的临时设施通常分为以下两类。

1. 大型临时设施

大型临时设施主要包括以下几项：

（1）施工人员的临时宿舍。

（2）食堂、浴室、医务室、图书馆、理发室和托儿所等现场临时性文化福利设施。

（3）施工单位及附属企业在现场的临时办公室。

（4）现场各种临时仓库和施工机械设备库。

（5）临时铁路专用线、轻便轨道、塔式起重机路基、临时道路、厂区刺网、围墙等。

（6）施工过程中应用的临时给水、排水、供电、供热、管道等。

（7）施工现场的混凝土构件预制厂、混凝土搅拌站、钢筋加工厂、木材加工厂以及配合单位的附属加工厂等临时性建造物。

2. 小型临时设施

小型临时设施主要包括以下几项：

（1）现场施工和警卫安全用的小型临时设施，如作业棚、休息棚、茶炉棚、化灰池、施工用不固定的水管、电线、宽三米以内的便道、临时刺网等。

（2）保管器材用的小型临时设施，如简易料棚、工具储藏室。

（3）行政管理用的小型临时设施，如工地收发室。

### （二）临时设施核算的科目设置

为核算临时设施的购入、领用摊销、清理处置等情况，建筑施工企业应设置“临时设施”“临时设施摊销”“临时设施清理”等总分类科目。

1.“临时设施”科目

“临时设施”科目是资产类科目，核算企业临时设施的增加、减少、结余情况。其借方登记企业购建各种临时设施的实际成本；贷方登记企业出售、拆除、报废的不需用或不能继续使用的临时设施的实际成本；月末借方余额反映企业现有临时设施的实际成本。该科目应按临时设施的种类和使用部门进行明细核算。

2.“临时设施摊销”科目

“临时设施摊销”科目是资产类（备抵调整）科目，其贷方登记企业按月计提摊入工程成本的临时设施摊销额；借方登记企业出售、拆除、报废、毁损和盘亏临时设施的已提摊销额；月末贷方余额反映企业在用临时设施的已提摊销额。

3.“临时设施清理”科目

“临时设施清理”科目是资产类（备抵调整）科目，其借方登记企业因“出售、拆除、报废、毁损”等原因而转入清理状态的临时设施的账面价值、清理过程中发生的清理费、转出的清理净损失；贷方登记企业“出售、拆除、报废、毁损”的临时设施所收取的出售款、残料价值和变价收入、转出的清理净收益；清理活动结束该科目无余额。

### （三）临时设施的会计处理

1. 临时设施购建的核算

对于购入的临时设施，企业应按购入发生的实际支出，借记“临时设施”科目，贷记“银行存款”等科目。对于通过建筑安装活动建造完成的临时设施，企业应该先通过“在建工程”科目核算建造过程中所发生的各种支出，即发生工程支出时，借记“在建工程”科目，贷记“原材料”“应付职工薪酬”等科目；临时设施建造完工交付使用时，按照建造期间发生的实际成本，借记“临时设施”科目，贷记“在建工程”科目。

**【工作实例 3-9】** 黄河公司为进行某公司厂房工程施工，采购板房作为临时办公用房，增值税专用发票所列的价款为 12 000 元，增值税为 1 560 元，发票与板房已经收取，所有款项亦支付。根据资料作如下会计处理：

| | | |
|---|---|---|
| 借：临时设施——板房 | 12 000 | |
| 　　应交税费——应交增值税（进项税额） | 1 560 | |
| 　贷：银行存款 | | 13 560 |

3

**【工作实例 3-10】** 黄河公司为进行某公司厂房工程施工，在施工现场搭建了一个临时材料库，领用材料实际成本为 28 560 元，发生人工费用 4 000 元，以银行存款支付其他费用 2 480 元，本月材料成本差异率为 2%，搭建完工随即交付使用。根据资料作如下会计处理：

① 搭建临时材料库发生各项支出时：

| | | |
|---|---|---|
| 借：在建工程——临时设施工程 | 35 040 | |
| 贷：原材料 | | 28 560 |
| 应付职工薪酬 | | 4 000 |
| 银行存款 | | 2 480 |

② 临时设施建造完工交付使用时：

| | | |
|---|---|---|
| 借：临时设施——临时材料库 | 35 040 | |
| 贷：在建工程——临时设施工程 | | 35 040 |

2. 临时设施摊销的核算

建筑施工企业的各种临时设施，应当在工程建设期间内按月进行摊销，摊销方法可以采用工作量法，也可以采用工期法。当月增加的临时设施，当月不进行摊销，从下月起开始摊销；当月减少的临时设施，当月正常进行摊销，从下月起停止摊销。临时设施摊销时，按当期摊销额，借记"合同履约成本"等科目，贷记"临时设施摊销"科目。

**【工作实例 3-11】** 承工作实例 3-9 和 3-10，黄河公司对某公司的厂房工程使用的临时设施价值为 47 040 元（12 000+35 040），企业按该工程的施工期进行摊销，该工程工期为 10 个月，不考虑残值，则每月摊销额为 4 704 元（47 040÷10）。根据资料作如下处理：

| | | |
|---|---|---|
| 借：合同履约成本——工程施工——某厂房工程 | 4 704 | |
| 贷：临时设施摊销 | | 4 704 |

3. 临时设施清理的核算

当建筑施工企业对不需要或不能用的临时设施予以出售、拆除、报废时，应将临时设施转入清理。转入清理的临时设施，按其账面净值借记"临时设施清理"科目，按其已计提的摊销额，借记"临时设施摊销"科目，按其账面原值，贷记"临时设施"科目；发生的清理费用，借记"临时设施清理"科目，贷记"银行存款"等科目；出售、拆除过程中发生的变价收入和残料价值，借记"银行存款""原材料"科目，贷记"临时设施清理"科目；清理活动结束时，若发生净损失，分别借记"资产处置损益"（出售的临时设施）或"营业外支出"（拆除、报废的临时设施）科目，贷记"临时设施清理"科目，若发生净收益，借记"临时设施清理"科目，分别贷记"资产处置损益"（出售的临时设施）或"营业外收入"（拆除、报废的临时设施）科目。

【工作实例 3-12】 承工作实例 3-9、3-10 和 3-11，黄河公司对某公司的厂房工程提前竣工，用时 9 个月（提前了 1 个月）。厂房工程提前竣工，将临时设施予以拆除，在拆除的过程中支出费用 3 000 元；残料入库，估价 2 400 元；该临时设施已提摊销额 42 336 元（4 704×9）。根据资料作如下处理：

① 将要拆除的临时设施转入清理：

| | | |
|---|---|---|
| 借：临时设施摊销 | 42 336 | |
| 　　临时设施清理 | 4 704 | |
| 　贷：临时设施 | | 47 040 |

② 支付清理费用：

| | | |
|---|---|---|
| 借：临时设施清理 | 3 000 | |
| 　贷：银行存款 | | 3 000 |

③ 残料入库：

| | | |
|---|---|---|
| 借：原材料 | 2 400 | |
| 　贷：临时设施清理 | | 2 400 |

④ 结转清理净损失：

| | | |
|---|---|---|
| 借：营业外支出 | 5 304 | |
| 　贷：临时设施清理 | | 5 304 |

营业外支出的金额 =4 704+3 000−2 400=5 304（元）

# 任务三　建造工程成本核算

## 一、合同成本的概述

### （一）合同取得成本

企业为取得合同发生的增量成本预期能够收回的，应作为合同取得成本确认为一项资产。增量成本是指企业不取得合同就不会发生的成本，也就是企业发生的与合同直接相关，但又不是所签订合同的对象或内容（如建造商品或提供服务）本身所直接发生的费用。如销售佣金，若预期可通过未来的相关服务收入予以补偿，该销售佣金（即增量成本）应在发生时确认为一项资产，即合同取得成本。

企业为取得合同发生的、除预期能够收回的增量成本之外的其他支出，如无论是否取得合同均会发生的差旅费、投标费、为准备投标资料发生的相关费用，应当在发生时计入当期损益，除非这些支出明确由客户承担。

### （二）合同履约成本

1. 合同履约成本的确认

企业为履行合同会发生各种成本，如果这些成本不属于存货、固定资产、无形资产等资产的取得成本且同时满足下列三个条件，应当作为合同履约成本确认为一项资产：

（1）该成本与一份当前或预期取得的合同直接相关。

① 与合同直接相关的成本：a. 直接人工（如支付给直接为客户提供所承诺服务的人员的工资、奖金等）；b. 直接材料（如为履行合同耗用的原材料、辅助材料、构配件、零件、半成品的成本和周转材料的摊销及租赁费用等）；c. 制造费用或类似费用（如组织和管理相关生产、施工、服务等活动发生的费用，包括车间管理人员的职工薪酬、劳动保护费、固定资产折旧费及修理费、物料消耗、取暖费、水电费、办公费、差旅费、财产保险费、工程保修费、临时设施摊销费等）。

② 明确由客户承担的成本以及仅因该合同而发生的其他成本（如支付给分包商的成本、机械使用费、设计和技术援助费用、施工现场二次搬运费、生产工具和用具使用费、检验试验费、工程定位复测费、工程点交费用、场地清理费等）。

（2）该成本增加了企业未来用于履行履约义务的资源。

（3）该成本预期能够收回。

企业应当在下列支出发生时，将其计入当期损益：一是管理费用，除非这些费用明确由客户承担。二是非正常消耗的直接材料、直接人工和制造费用（或类似费用），这些支出为履行合同发生，但未反映在合同价格中。三是与履约义务中已履行（包括已全部履行或部分履行）部分相关的支出，即该支出与企业过去的履约活动相关。四是无法在尚未履行的与已履行（或已部分履行）的履约义务之间区分的相关支出。

合同履约成本可按合同分别设置“服务成本”“工程施工”进行项目管理与核算。

2. 工程施工成本计算对象的确定

在实际的施工生产活动中，工程施工成本核算对象的确定不能一概而论，应视施工、管理、建造合同等情况而定，一般有以下几种方法：

（1）建筑安装工程一般应以每一独立编制施工图预算的单位工程为成本核算对象。

（2）对大型主体工程（如发电厂房本体）应尽可能以分部工程作为成本核算对象。

（3）规模大、工期长的单位工程，可以将工程划分为若干部位，以分部位的工程作为成本核算。

（4）同一工程项目，由同一单位施工，同一施工地点、同一结构类型、开工竣工时间相近的若干个单位工程，可以合并作为一个成本核算对象。

（5）对于所承建的规模较小和比较零星的工程，可以建设单位为成本核算对象。

### （三）科目设置

为了归集施工生产费用，计算工程成本，在工程成本的核算中，主要应设置和运用以下会计科目：

1. “合同取得成本”科目

“合同取得成本”科目，核算企业取得合同发生的、预计能够收回的增量成本。该科目借方登记发生的合同取得成本，贷方登记摊销的合同取得成本，期末借方余额反映企业尚未结转的合同取得成本。该科目可按合同进行明细核算。

2.“合同履约成本”科目

“合同履约成本”科目，核算企业为履行当前或预期取得的合同所发生的、不属于其他企业会计准则规范范围且按照收入准则应当确认为一项资产的成本。该科目借方登记发生的合同履约成本，贷方登记摊销的合同履约成本，期末借方余额反映企业尚未结转的合同履约成本。该科目可按合同分别设置“服务成本”“工程施工”等明细科目进行明细核算。



### （四）工程施工成本的核算程序

根据会计核算程序，结合工程成本发生的特点和核算的要求，施工企业核算工程成本应遵循的步骤和顺序为：

（1）对所发生的费用进行审核，以确定应计入工程成本的费用和计入各项期间费用的数额。

① 为工程施工直接发生的施工费用，作为工程施工的直接成本，直接记入各成本核算对象，即记入“合同履约成本——工程施工”二级科目和“直接人工”和“直接材料”明细分类科目。

② 为工程施工服务所发生的各项间接费用，可先按发生地点和用途进行归集，即记入“制造费用”“施工间接费用”等科目。

（2）应计入工程成本的各项费用，要区分哪些应当计入本月的工程成本，哪些应由其他月份的工程成本负担。

（3）将每个月应计入工程成本的生产费用，在各个成本对象之间进行分配和归集，计算各工程成本。

① 将“制造费用”科目归集的费用按用途和一定标准分配记入“合同履约成本”“施工间接费用”等科目。

② 将“施工间接费用”科目归集的费用按一定的方法分配记入各工程成本核算对象，即记入“合同履约成本”科目。

通过上述程序，应计入各成本核算对象的施工费用，都已归集在“合同履约成本”总分类科目和所属明细分类科目之中。

（4）对未完工工程进行盘点，盘点后按一定的方法计算出期末未完工程成本，进一步计算确定本期已完工程实际成本。编制本期“已完工程成本表”，与预算成本加以对比以考核工程成本节约或超支的情况。

（5）将已完工程成本转入工程结算成本，核算竣工工程实际成本。

## 二、工程施工成本的归集与分配

### （一）人工费的归集与分配

人工费是指企业应支付给施工生产中直接从事工程施工的建筑安装工人以及在施工现场直接为工程制作构件和运料、配料等辅助工人的各种薪酬，包括工资、奖金、津贴和补贴（包含有计时工资、计件工资、奖金津贴补贴、加班加点工资等），社会保险费，职工福利费，住房公积金，工会经费，职工教育经费等。发生的人工费应记入“合同履约成本”科目人工费项目。人工费归集、分配记入成本核算对象时，应按照费用的性质、内容分别对待，现分别介绍：

1. 建筑安装工人计时工资

建筑安装工人的计时工资根据用工记录进行归集与分配：其中能确定由一个成本核算对象负担的，可以直接计入该成本核算对象的成本中；应由几个成本核算对象共同负担的，则按各工程实际用工（或定额用工）的比例分配后计入各有关成本核算对象的成本中（人工费项目）。计时工资分配的计算公式为：

3

某成本核算对象应分配计时工资 = 该成本核算对象实际用工数 × 日平均计时工资

日平均计时工资 =（计时标准工资 + 加班工资）÷ 出勤工日数

**【工作实例 3-13】** 某分公司 2023 年 3 月核定建筑安装工人计时工资为 400 000 元，该分公司本月有 A 和 B 两项工程，A 工程本月用工时 1 500 工日，B 工程本月用工时 2 500 工日，A、B 两个工程本月分配的工资费用计算过程如下：

日平均计时工资 =400 000 ÷（1 500+2 500）=100（元 / 工日）

A 工程应分配计时工资 =100 × 1 500=150 000（元）

B 工程应分配计时工资 =100 × 2 500=250 000（元）

根据上面计算结果，作会计分录如下：

| | | |
|---|---|---|
| 借：合同履约成本——工程施工——A 工程（人工费） | 150 000 | |
| ——工程施工——B 工程（人工费） | 250 000 | |
| 贷：应付职工薪酬 | | 400 000 |

2. 建筑安装工人计件工资

计件工资是根据完成的合格产品量（工作量）和规定的计件单价计算的工资。企业应将支付的标准计件工资，直接计入各成本核算对象的人工费项目。

应付计件工资 = ∑合格品产量 × 计件单价

3. 建筑安装工人的社会保险费、职工福利费、住房公积金、工会经费、职工教育经费等费用

这些费用可以按计入各成本核算对象的工资额和规定的计提标准计算，计入各成本核算对象的人工费项目。

4. 人工费

工程成本中的人工费主要包括内包人工费与外包人工费，内包人工费是指企业实行劳务与项目两层分离后，项目部与所属的劳务公司在签订劳务合同的前提下结算的全部工程价款；外包人工费是指施工企业项目经理部与劳务基地（内部劳务市场外来劳务）或直接与外

单位施工队伍签订的包清工合同，以实际完成的实物工程量，按月根据合同规定的结算方式结算的人工费。

【工作实例 3–14】　某省路华建筑工程公司为增值税一般纳税人，适用一般计税方法，增值税税率 9%，某年 7 月承包了某市某蛋糕厂的加工车间和职工宿舍两项工程，并于当月取得《建筑工程施工许可证》，加工车间合同总造价 3 270 000 元，职工宿舍工程合同总造价 3 488 000 元，两项工程在同一地点施工，为此企业成立了一个项目经理部，项目经理部 9 月份发生业务如下：

（1）内包人工费 146 000 元，其中加工车间为 114 000 元，职工宿舍工程为 32 000 元。内包人工费的核算，应按月结算计入单位工程成本。

（2）外包人工费 76 200 元，其中加工车间为 64 480 元，职工宿舍工程为 11 720 元。该公司与具有建筑业劳务分包资质的某市经纬劳务公司（小规模纳税人）签订劳务分包合同，取得发票核实无误。

会计处理如下：

借：合同履约成本——合同成本——车间工程（人工费）　　178 480
　　　　　　　　——合同成本——宿舍工程（人工费）　　43 720
　贷：应付职工薪酬　　146 000
　　　应付账款——经纬劳务公司　　76 200

## （二）材料费的归集与分配

企业在施工生产中耗用的主要材料、结构件、其他材料费用，以及周转材料摊销和租赁费等都属于材料费，应记入“合同履约成本——工程施工”科目材料费项目。月末，财会部门应根据审核后的各种领料凭证、退料单、残料交库单等原始凭证，编制“发出材料汇总分配表”或“材料费用分配表”，据以确定各成本核算对象应分摊的材料费，并记入“合同履约成本　　工程施工”科日的材料费项日内。

【工作实例 3–15】　承上例，月末某市某蛋糕厂项目经理部根据审核无误的各种领料凭证、大堆材料耗用分配表、周转材料摊销分配表等汇总编制“材料耗用汇总表”，如表 3-1 所示。

**表 3–1　　材料费用分配表**

编制单位：项目经理部　　2023 年 4 月 30 日　　单位：元

| 成本核算对象 | 主要材料 | | | 结构件 | 其他材料 | 合计 | 周转材料摊销 |
|---|---|---|---|---|---|---|---|
| | 硅酸盐 | 黑色金属 | 其他主要材料 | | | | |
| 车间工程 | 170 000 | 240 000 | 64 000 | 128 000 | 2 200 | 604 200 | 10 000 |
| 宿舍工程 | 48 000 | | 116 000 | | 1 600 | 165 600 | 4 000 |
| 合计 | 218 000 | 240 000 | 180 000 | 128 000 | 3 800 | 769 800 | 14 000 |

根据表 3-1 中资料，应作会计分录如下：

| | | |
|---|---|---|
| 借：合同履约成本——工程施工——车间工程（材料费） | 614 200 | |
| ——工程施工——宿舍工程（材料费） | 169 600 | |
| 贷：原材料——硅酸盐 | | 218 000 |
| ——黑色金属 | | 240 000 |
| ——其他主要材料 | | 180 000 |
| ——结构件 | | 128 000 |
| ——其他材料 | | 3 800 |
| 周转材料——周转材料摊销 | | 14 000 |

**（三）制造费用或类似费用的归集与分配**

制造费用或类似费用是指组织和管理相关生产、施工、服务等活动发生的费用，包括车间管理人员的职工薪酬、劳动保护费、固定资产折旧费及修理费、物料消耗、取暖费、水电费、办公费、差旅费、财产保险费、工程保修费、临时设施摊销费等。

施工生产中使用施工机械所发生的制造费用或类似费用，应在"合同履约成本——工程施工——制造费用"科目核算。

**【工作实例 3-17】** 承上例，月末某市某蛋糕厂的加工车间工程和职工宿舍工程发生的水电费分别为 7 200 元和 2 800 元，应付增值税 900 元，应作会计分录如下：

| | | |
|---|---|---|
| 借：合同履约成本——工程施工——车间工程（制造费用） | 7 200 | |
| ——宿舍工程（制造费用） | 2 800 | |
| 应交税费——应交增值税（进项税额） | 900 | |
| 贷：应付账款 | | 10 900 |

**（四）其他费用的归集与分配**

企业在施工生产中发生的支付给分包商的成本、机械使用费、设计和技术援助费用、施工现场二次搬运费、生产工具和用具使用费、检验试验费、工程定位复测费、工程点交费用、场地清理费等都属于其他费用，应在"合同履约成本——工程施工（其他费用）"科目中核算。其他费用发生时，如能分清成本核算对象的，借记"合同履约成本——工程施工——其他费用（某工程）"科目，贷记"银行存款"等科目。如无法分清成本核算对象，可先通过"合同履约成本——工程施工——其他费用"科目归集，月末再按一定方法分配计入相关工程成本。

**【工作实例 3-18】** 承上例，月末某市某蛋糕厂项目本月发生机械使用费 48 740 元，以及银行存款场地清理费等费用 12 220 元。会计处理如下：

借：合同履约成本——工程施工（其他费用） 60 960
　贷：应付职工薪酬 48 740
　　银行存款 12 220

为了便于实际成本与计划成本相比较，施工间接费用在各成本核算对象之间进行分配的方法，一般应与预算取费标准一致。如土建工程、金属及钢筋混凝土构件吊装工程、机械施工的大型土石方工程，以直接成本为基础进行分配；一般机械及电气设备安装工程、人工施工的大型土石方工程，以人工费为标准进行分配。



**【工作实例 3-19】** 承前例，某单位车间工程与宿舍工程均为土建工程，应以实际成本为标准来分配施工间接费用。以工作实例 3-14 至 3-17 的数据为直接成本，工作实例 3-18 的数据为施工其他费用，则可编制"施工其他费用分配表"，如表 3-2 所示。

**表 3-2　施工其他费用分配表**

编制单位：某公司　2023 年 4 月　单位：元

| 分配对象 | 分配标准 | 分配率 | 分配额 |
|---|---|---|---|
| 车间工程 | 799 880 | 60 960÷1 016 000 | 47 992.80 |
| 宿舍工程 | 216 120 | | 12 967.20 |
| 合计 | 1 016 000 | 0.06 | 60 960 |

车间工程的直接成本＝178 480＋614 200＋7 200＝799 880（元）

宿舍工程的直接成本＝43 720＋169 600＋2 800＝216 120（元）

根据表 3-2，会计处理如下：

借：合同履约成本——工程施工——车间工程（间接费用） 47 992.80
　　——宿舍工程（间接费用） 12 967.20
　贷：合同履约成本——工程施工（其他费用） 60 960

## 三、已完工工程实际成本的计算与结转

计算工程成本是施工企业会计核算的重要内容。企业应按月或按期计算未完工程和已完工程的实际成本，工程竣工时还应计算竣工工程的实际成本，并按施工合同的规定及时结算已完工程价款，为考核降低工程成本任务的完成情况提供依据。

"未完工程"又称"未完施工"，是指已投料施工，但在月末或期末尚未完成预算定额规定的工序与内容的分部分项工程；"已完工程"是在月末或期末已经完成了预算定额规定的全部工序和内容，不需要继续施工的分部分项工程，亦称"已完施工"；"竣工工程"是指按施工图规定全部完工、经验收合格，可以移交发包单位使用的工程项目。

3

### （一）未完工程成本的计算

未完工程成本可以按预算单价进行计算，也可按实际成本进行计算，现分述如下：

1. 按预算单价计算

月末未完工程在全月工程量中所占的比重较小。当月初与月末未完工程的数额都没有太大变化时，为简化核算手续，企业可把月末未完工程的预算成本作为它的实际成本。按预算单价计算主要有下列两种方法：

（1）估量法，又称“约当产量法”。具体方法是：将月末未完工程的实物量，按其已完工序和已做工作占分部、分项工程的百分比，折合成相当于已完工程的实物量，再乘以该分部分项工程的预算单价，即可求出月末未完工程的预算成本。相关的计算公式如下：

未完工程预算成本 = 未完工程量 × 估计完工程度 × 相关分部（分项）工程预算单价

这种方法一般适用于均衡投料，便于划分的分部、分项工程。

**【工作实例 3-20】** 某分公司某年 8 月末对 B 工程的未完工程进行盘点。该工程本月有 600 $m^2$ 砖墙抹灰工程，按预算定额规定应该抹两遍，但月末盘点时只抹了一遍。该砖墙抹灰工程的预算单价为 15 元。根据资料可计算出本月未完工程的预算成本为：

未完工程预算成本 =600×50%×15=4 500（元）

（2）估价法，是先确定分部分项工程中各工序的单价，再乘以未完工序的实物量，即可求出未完施工的预算成本。相关计算公式如下：

工序单价 = 分部分项工程预算单价 × 某工序费用占预算单价的比重

未完工程预算成本 = ∑（未完工序实物量 × 工序单价）

**【工作实例 3-21】** 假设某分公司 A 工程某年 8 月施工的分部分项工程由 a、b 两道工序组成，a 工序、b 工序占该分部分项工程费用的比重分别为 40%、60%，该分部分项工程的预算单价为 24 元。月末盘点，未完成 a 工序 100 $m^2$，未完成 b 工序 150 $m^2$。则月末未完工程预算成本为：

a 工序单价 =24×40%=9.60（元）

b 工序单价 =24×60%=14.40（元）

未完工程预算成本 =100×9.60+150×14.40=3 120（元）

2. 按实际成本计算

若月末未完施工的数额较大，且月初月末未完工程数量又相差悬殊，此种情形下，未完工程成本应采用实际成本进行计算，才能保证未完工程、已完工程实际成本的正确性。其计算公式为：

未完工程实际成本 = 期末未完工程折合量 ×（本期实际发生的工程成本 + 期初未完工程成本）÷（本期已完工程数量 + 期末未完工程折合量）

**【工作实例 3-22】** 假设某分部分项工程由甲、乙、丙三道工序组成，各工序占该分部分项工程的比重分别为 30%、40%、30%；月末进行盘点，已完工程数量为 500 $m^2$，未完工程数量分别是：甲工序 100 $m^2$，乙工序 50 $m^2$，丙工序 10 $m^2$；月初未完工程成本为 2 933 元；本月实际发生的工程成本为 8 680 元。

期末未完工程折合量 =100×30%+50×40%+10×30%=53（$m^2$）

未完工程实际成本 =53×（2 933+8 680）÷（500+53）=1 113（元）

未完工程成本的计算方法一经确定，就不能随意改变，以保证各期成本计算口径的统一，便于进行成本比较、分析。

**（二）已完工程实际成本的计算**

实行工程项目竣工一次结算工程价款时，"已完工程"的实际成本是施工过程中发生的各项计入成本核算对象的施工费用，即"合同履约成本——工程施工"明细账中登记的工程成本累计总额就是竣工工程的完工成本。

采用定期（分段）结算工程价款的工程，期末必须有部分工序和工程处于未完工状态（既有"已完工程"，又有"未完工程"），因此必须在期末进行未完施工盘点，确定已完工程成本，以便办理工程结算。

在既有已完工程，又有未完工程的情况下，期末已完工程实际成本计算公式如下：

已完工程实际成本 = 期初未完工程实际成本 + 本期发生的工程成本 − 期末未完工程实际成本

# 任务四　建造合同收入核算

## 一、收入的确认和计量

企业应当在履行了合同中的履约义务，即在客户取得相关商品控制权时确认收入。根据《企业会计准则第 14 号——收入》的规定，收入确认和计量大致分为五步：

1. 识别与客户订立的合同

合同是指双方或多方之间订立的有法律约束力的权利义务协议。合同的存在是企业确认客户合同收入的前提，企业与客户之间的合同一经签订，企业即享有从客户取得与转移商品和服务对价的权利，同时负有向客户转移商品和服务的履约义务。

2. 识别合同中的单项履约义务

履约义务是指合同中企业向客户转让可明确区分商品或服务的承诺。企业应当将向客户转让可明确区分商品（或者商品的组合）的承诺以及向客户转让一系列实质相同且转让模式相同的、可明确区分商品的承诺作为单项履约义务。例如，企业与客户签订合同，向其销售商品并提供安装服务，该安装服务简单，除该企业外，其他供应商也可以提供此类安装服务，该合同中销售商品和提供安装服务为两项单项履约义务。若该安装服务复杂且商品需要按客户定制要求修改，则合同中将销售商品和提供安装服务合并为单项履约义务。



**【工作实例 3-23】** 甲公司是某市一家专业工程施工企业，拥有公路路面、桥梁隧道一级资质，长期以来承建了多项地铁项目、桥梁隧道工程，2022 年 9 月末，该公司与市交通局签订了意向工程合同，包括公路路面和两个隧道，总造价 1 亿元，公司作为承包商，负责项目的总体管理并识别各类已承诺的商品和服务，包括工程技术、场地清理、地基构建、采购、建筑架构等。合同约定若在 2023 年 12 月 31 日前完成，将获得奖励 500 万元，合同约定客户按工程测量进度支付工程款，规定双方应于 2022 年 12 月末、2023 年 6 月末和 2023 年 12 月末分 3 次实际测量工程进度，并于各月月末按照测量结果支付工程款。公司预计项目总成本为 8 000 万元。

此例中，甲公司向交通局提供施工服务，交通局向甲公司支付工程款，交易价格清楚，权利义务可辨认，具有经济实质，构成准则所说的“合同”。此例中的商品和服务无法明确区分，因此作为单一履约义务进行处理。

3. 确定交易价格

交易价格是指企业因向客户转让商品而预期有权收取的对价金额，不包括企业代第三方收取的款项（如增值税）以及企业预期将退还给客户的款项。合同条款所承诺的对价，可能是固定金额、可变金额或两者兼有。奖励、绩效激励可能导致交易价格有所不同。企业在估计可变对价时，应当按照期望值或最可能发生金额确定可变对价的最佳估计数。

**【工作实例 3-24】** 甲公司与分包商乙公司于 2022 年 1 月 1 日签订了工程分包合同，完工日为 2022 年 6 月 30 日，合同分包价格为 120 万元。若分包商能够于 2022 年 6 月 30 日前完工，每提前一天，承诺奖励 2 万元；若生产于 2022 年 6 月 30 日前未完工，每延迟一天，将扣除分包款 2 万元，作为惩罚。甲公司估计延迟 2 天的概率为 5%，延迟 1 天的概率为 10%，按时完工的概率为 50%，提前 1 天的概率为 20%，提前 2 天的概率为 15%。

分包商的合同价格为可变对价，其最佳估计数计算如下：

$$120+(-2\times2\times5\%-2\times10\%+0\times50\%+2\times20\%+2\times2\times15\%)=120.6（万元）$$

4. 将交易价格分摊至各单项履约义务

当合同中包含两项或多项履约义务时，需要将交易价格分摊至各单项履约义务，分摊的方法是在合同开始日，按照各单项履约义务所承诺商品的单独售价（企业向客户单独销售商品的价格）的相对比例，将交易价格分摊至各单项履约义务。通过分摊交易价格，使企业分摊至各单项履约义务的交易价格能够反映其因向客户转让已承诺的相关商品而有权收取的对价金额。

**【工作实例 3-25】** 2023 年 3 月 1 日，甲建筑安装工程公司与客户签订合同，为其装修 A、B 两套面积不同的住房，A 住宅单独装修全包价为 60 000 元，B 住宅单独装修全包价为 240 000 元，由两个不同装修队负责，合同总价款为 280 000 元。合同约定，只有当两个住宅全部交付之后，甲公司才有权收取 280 000 元的合同对价。假定 A 住宅装修和 B 住宅装修分别构成单项履约义务，其控制权在交付时转移给客户。上述价格均不包含增值税，且假定不考虑相关税费影响。

按照各单项履约义务所承诺商品的单独售价的相对比例估计单独售价：

A 住宅 ＝60 000÷（60 000＋240 000）×280 000＝56 000（元）

B 住宅 ＝240 000÷（60 000＋240 000）×280 000＝224 000（元）

5. 履行各单项履约义务时确认收入

当企业将商品转移给客户，客户取得了相关商品的控制权，意味着企业履行了合同履约义务，此时，企业应确认收入。企业将商品控制权转移给客户，可能是在某一时段内（即履行履约义务的过程中）发生的，也可能在某一时点（即履约义务完成时）发生的。企业应当根据实际情况，首先判断履约义务是否满足在某一时段内履行的条件，如不满足，则该履约义务属于在某一时点履行的履约义务。

## 二、履约义务及履约进度的确定

### （一）在某一时段内履行履约义务判断

合同开始日，企业应当对合同进行评估，识别该合同所包含的各单项履约义务，并确定各单项履约义务是在某一时段内履行的，还是在某一时点履行的，然后，在履行了各单项履约义务时分别确认收入。

对于在某一时段内履行的履约义务，企业应当在该段时间内按照履约进度确认收入，履约进度不能合理确定的除外。

满足下列条件之一的，属于在某一时段内履行的履约义务：

（1）客户在企业履约的同时取得并消耗企业履约所带来的经济利益。

（2）客户能够控制企业履约过程中在建的商品。

（3）企业履约过程中所产出的商品具有不可替代的用途，且该企业在整个合同期间内有权就累计至今已完成的履约部分收取款项。

可以看出，建筑施工企业履行合同都属于在某一时段内履行的履约义务，应该采用履约进度确认收入。

### （二）履约进度的计算方法

企业应当考虑商品的性质，采用产出法或投入法确定恰当的履约进度。

当履约进度不能合理确定时，企业已经发生的成本预计能够得到补偿的，应当按照已经发生的成本金额确认收入，直到履约进度能够合理确定为止。

1. 产出法

产出法是指根据已转移给客户的商品对于客户的价值确定履约进度，通常可采用实际测量的完工进度、评估已实现的结果、已达到的里程碑、时间进度、已完工或交付的产品等产出指标确定履约进度。当选择的产出指标无法计量控制权是否已转移给客户的商品时，不应采用产出法。

在实务中，为了便于操作，当企业向客户开具发票的对价金额与向客户转让增量商品价值相一致时，如企业按照固定的费率以及发生的工时向客户开具账单，直接按照发票对价金额确认收入也是一种恰当的产出法。

**【工作实例 3-26】** 2022 年 10 月，星河建筑工程有限公司与省高速公路开发公司签订了一项修建一段总长为 50 千米的跨省高速公路建造合同，合同总金额为 150 000 万元，工期为 2 年，2022 年修建了 10 千米。用产出法计算确认 2022 年该工程合同的完工进度。

2022 年履约进度 = 已完成的合同工程量 ÷ 合同预计工程量 =10÷50=20%

2. 投入法

投入法是指根据企业为履行履约义务的投入确定履约进度，通常可采用投入的材料数量、花费的人工工时或机器工时、发生的成本和时间进度等投入指标确定履约进度。

当企业从事的工作或发生的投入在整个履约期间内平均发生时，企业也可以按照直线法确认收入。在确定履约进度时，应当扣除那些控制权尚未转移给客户的商品和服务。

### （三）按履约进度确认收入和成本

对于在某一时段内履行的履约义务，企业应当在该段时间内按照履约进度确认收入，但是，履约进度不能合理确定的除外。

企业按照履约进度确认收入时，通常应当在资产负债表日按照合同的交易价格总额乘以履约进度扣除以前会计期间累计已确认的收入后的金额，确认为当期收入。同时，按照履约合同估计发生的总成本乘以履约进度再扣除以前会计期间累计确认的合同成本后的金额，结转当期成本。用公式表示如下：

本期确认的合同收入 = 合同交易价格 × 本期期末止履约进度 − 以前期间已确认的收入

本期确认的成本 = 合同预计总成本 × 本期期末止履约进度 − 以前期间已确认的成本

**【工作实例 3-27】** 2022 年 2 月 10 日，星河建筑公司与中天房开公司签订了一项价值为 15 000 万元的商品房建造合同，合同规定的建设期为 3 年，每年年底结算当年合同成本的 80%，最后一年扣除 20% 质保金后，其余部分都支付。有关业务如下：

（1）2022 年星河建筑公司实际发生合同成本 3 600 万元（其中应付职工薪酬 400 万元，原材料 2 600 万元，以银行存款支付其他费用 600 万元，假定不考虑增值税等其他税费，下同），2022 年年末预计为完成合同尚需发生成本 6 400 万元。

（2）2023 年实际发生合同成本 4 600 万元（其中应付职工薪酬 800 万元，原材料 3 200 万元，以银行存款支付其他费用 600 万元），年末预计为完成合同尚需发生成本 1 800 万元。

（3）截至 2024 年 7 月全部完工，2024 年实际发生合同成本 1 800 万元（其中应付职工薪酬 600 万元，原材料 1 000 万元，以银行存款支付其他费用 200 万元）。

要求：采用投入法确定履约进度，并计算该项合同各年收入、成本。

（1）2022 年度：

$$履约进度=3\ 600\div(3\ 600+6\ 400)=36\%$$

$$应确认的合同收入=15\ 000\times 36\%=5\ 400（万元）$$

$$应确认的合同成本=3\ 600（万元）$$

$$应结算的工程款=3\ 600\times 80\%=2\ 880（万元）$$

会计分录为：

| | | |
|---|---|---|
| 借：合同履约成本 | 36 000 000 | |
| 　贷：应付职工薪酬 | | 4 000 000 |
| 　　　原材料 | | 26 000 000 |
| 　　　银行存款 | | 6 000 000 |
| 借：合同资产 | 54 000 000 | |
| 　贷：主营业务收入 | | 54 000 000 |
| 借：主营业务成本 | 36 000 000 | |
| 　贷：合同履约成本 | | 36 000 000 |
| 借：应收账款 | 28 800 000 | |
| 　贷：合同资产 | | 28 800 000 |

（2）2023 年度：

$$履约进度=(3\ 600+4\ 600)\div(3\ 600+4\ 600+1\ 800)=82\%$$

$$应确认的合同收入=15\ 000\times 82\%-5\ 400=6\ 900（万元）$$

$$应确认的合同成本=4\ 600（万元）$$

$$应结算的工程款=4\ 600\times 80\%=3\ 680（万元）$$

会计分录为：

| | | |
|---|---|---|
| 借：合同履约成本 | 46 000 000 | |
| 　贷：应付职工薪酬 | | 8 000 000 |
| 　　　原材料 | | 32 000 000 |
| 　　　银行存款 | | 6 000 000 |
| 借：合同资产 | 69 000 000 | |
| 　贷：主营业务收入 | | 69 000 000 |
| 借：主营业务成本 | 46 000 000 | |
| 　贷：合同履约成本 | | 46 000 000 |
| 借：应收账款 | 36 800 000 | |
| 　贷：合同资产 | | 36 800 000 |

（3）2024年度：

应确认的合同收入＝15 000－5 400－6 900＝2 700（万元）

应确认的合同成本＝1 800（万元）

应结算的工程款＝15 000－2 800－3 680－15 000×20%＝5 520（万元）

会计分录为：

| | | |
|---|---|---|
| 借：合同履约成本 | 18 000 000 | |
| 贷：应付职工薪酬 | | 6 000 000 |
| 原材料 | | 10 000 000 |
| 银行存款 | | 2 000 000 |
| 借：合同资产 | 27 000 000 | |
| 贷：主营业务收入 | | 27 000 000 |
| 借：主营业务成本 | 18 000 000 | |
| 贷：合同履约成本 | | 18 000 000 |
| 借：应收账款 | 55 200 000 | |
| 贷：合同资产 | | 55 200 000 |

## 思考与实训

### 一、思考题

1. 建筑施工企业与生产制造业的会计核算内容有何不同？
2. 建筑施工企业会计核算有哪些主要特点？
3. 建筑施工企业的周转材料如何进行会计核算处理？
4. 建筑施工企业的周转材料的摊销方法有哪些？
5. 建筑施工企业的临时设施如何进行会计核算处理？
6. 建筑施工企业的工程成本项目有哪些？
6. 建筑施工企业的工程成本核算需要设置哪些会计科目？
7. 建筑施工企业工程成本的核算流程是什么？
8. 建筑施工企业的收入确认的产出法与投入法的内容是什么？
9. 建筑施工企业的收入确认与计量的步骤有哪些？
10. 建筑施工企业的收入核算需要设置哪些会计科目？

### 二、实训题

#### 实 训 一

**【目的】**实训建筑施工企业周转材料的核算。

**【资料】**

（1）某路桥建筑有限公司是增值税一般纳税人，领用模板16 000元，本月道路工程完成浇梁混凝土工程 300 立方米，10 立方米模板消耗定额为 68 元，该公司对周转材料采用定额摊销法进行核算。

（2）某项目部为丁工程领用木模板 20 立方米，每立方米的计划成本为 1 500 元，应负担的材料成本差异为 2%，用于浇铸钢筋混凝土过梁和圈梁 60 立方米，预算定额中规定完成每立方米工程量木模板的摊销额为 15 元。

**【要求】**

（1）根据上述资料（1），编制周转材料的领用、摊销等业务的会计分录。

（2）根据上述资料（2），编制周转材料的领用、结转材料成本差异、摊销等业务的会计分录。



## 实 训 二

**【目的】**实训建筑施工企业临时设施的核算。

**【资料】**

（1）某建筑施工企业 2023 年 2 月为进行机械厂厂房工程施工，需要在现场搭建一个临时材料库，所领用材料的计划成本为 140 000 元，发生人工费用 20 000 元，以银行存款支付其他费用 12 400 元，本月材料成本差异率为 2%，搭建完成后立即投入使用。

（2）临时材料库按照企业工程施工期限 10 个月进行摊销，每月摊销额为 17 520 元。

（3）9 个月后，由于厂房工程提前竣工，将临时材料库拆除，在拆除过程中支出费用 1 500 元，残料作价 500 元入库。

**【要求】**根据上述资料，编制临时设施的购建并且交付使用、摊销、清理等业务的会计分录。

## 实 训 三

**【目的】**建筑施工企业工程成本的核算。

**【资料】**某市城建公司为增值税一般纳税人，适用一般计税方法，增值税税率为 9%。2023 年 4 月承包市轻工机械厂办公楼和厂房两项工程，并于当月取得“建筑工程施工许可证”。办公楼工程合同总造价 29 430 000 元（含增值税 2 430 000 元），厂房工程合同总造价 20 710 000 元（含增值税 1 710 000 元），合同工期为 9 个月，竣工后一次结算。为此，公司成立了机械厂项目经理部，该项目经理部在工程施工过程中发生下列业务：

（1）搭建临时职工宿舍和材料库等临时设施，领用材料 142 000 元，发生人工费 27 580 元，材料成本差异率为 1%。

（2）将搭建完工的临时设施交付使用。

（3）按合同工期对临时设施进行摊销（不考虑残值）。

（4）5 月，厂房工程领用库存的新挡板一批，计划成本 85 000 元，按规定的摊销方法计算当期挡板应提摊销额 6 000 元。

（5）6 月，收到建设单位预付工程款 5 000 000 元，存入银行。

（6）7 月发生的业务如下：

① 厂房工程发生人工费 670 000 元，办公楼工程发生人工费 580 000元。

② 工程耗用材料汇总如表 3-3 所示。

3

表 3-3

**材料耗用汇总表**

2023 年 7 月 31

单位：元

| 成本核算对象 | 主要材料 | | | | | | 小计 | | 结构件 | | 合计 | | 周转材料摊销 |
|---|---|---|---|---|---|---|---|---|---|---|---|---|---|
| | 硅酸盐 | | 黑色金属 | | 其他主要材料 | | | | | | | | |
| | 计划成本 | 成本差异 | 计划成本 | 成本差异 | 计划成本 | 成本差异 | 计划成本 | 成本差异 | 计划成本 | 成本差异 | 计划成本 | 成本差异 | |
| 厂房工程 | 482 000 | 12 050 | 860 000 | −12 900 | 790 000 | 7 900 | 2 132 000 | 7 050 | 340 000 | −3 400 | 2 472 000 | 3 650 | 37 000 |
| 办公楼工程 | 310 000 | 7 750 | 540 000 | −8 100 | 600 000 | 6 000 | 1 450 000 | 5 650 | 290 000 | −2 900 | 1 740 000 | 2 750 | 21 000 |
| 合计 | 792 000 | 19 800 | 1 400 000 | −21 000 | 1 390 000 | 13 900 | 3 582 000 | 12 700 | 630 000 | −6 300 | 4 212 000 | 6 400 | 58 000 |

③ 厂房工程支付外部机械租赁费 33 000 元(不含税),办公楼工程发生外部机械租赁费 26 000 元(不含税),从设备租赁公司取得增值税专用发票,增值税税率为 13%。

④ 厂房工程支付生产工具用具使用费 17 000 元,办公楼工程发生材料二次搬运费 10 000 元,取得增值税专用发票。

⑤ 项目经理部本月应付工资支出 180 000 元;工资、职工福利费 25 200 元和差旅费 56 200 元,均以银行存款支付。

(7) 8 个月后,工程完工将临时设施拆除,在拆除过程中支付费用 13 200 元,取得增值税专用发票,残料作价 31 000 元入库。

(8) 办公楼竣工盘点,发现报废跳板一批,计划成本 60 000 元,残值 8 000 元,已验收入库,材料成本差异率为 −1%。该类跳板计划成本为 460 000 元,已提摊销额为 414 000 元。

(9) 工程竣工,向发包单位提交"工程价款结算单",如表 3-4 所示,结算工程价款 50 140 000 元,并按此金额开具增值税专用发票。

**表 3-4　　　　工程价款结算单**

施工单位:市城建公司

发包单位名称:轻工机械厂　　　2023 年 12 月 31 日　　　单位:元

| 工程名称 | 合同造价 | 本期应收工程款 | 应扣款项 | | | 本期实收工程款 | 累计已收工程款 | 备注 |
|---|---|---|---|---|---|---|---|---|
| | | | 合计 | 预收工程款 | 预收备料款 | | | |
| 厂房工程 | 29 430 000 | 29 430 000 | 20 000 000 | 20 000 000 | | 8 970 000 | | |
| 办公楼工程 | 20 710 000 | 20 710 000 | 15 000 000 | 15 000 000 | | 5 090 000 | | |
| 合计 | 50 140 000 | 50 140 000 | 35 000 000 | 35 000 000 | | 14 060 000 | | |

(10) 该结算单经发包单位认可,两项工程的施工合同成本为 37 500 000 元。2024 年 2 月发包单位用银行存款支付了剩余工程款 1 080 000 元。

**【要求】**根据上述经济业务作相关会计分录。

## 实 训 四

**【目的】**实训建筑施工企业的收入核算。

**【资料】**某建筑公司签订了一项总金额为 2 400 万元的固定造价合同,该合同不可撤销,负责承建一项桥梁工程的施工。客户按照第三方工程监理公司确认的工程完工量,每年与建筑公司结算 1 次。该工程 2022 年 5 月开工,预计 2024 年 8 月完工,预期可能发生的工程总成本为 2 100 万元。到 2023 年年底,由于材料价格上涨,预计工程总成本为 2 200 万元。

假定该建造工程构成单项履约义务,并属于在某一时段内履行的履约义务,该公司采用成本法确定履约进度,增值税税率按发生当年核算,该合同的有关资料如表 3-5 所示。

3

**表 3-5　　建筑合同发生的成本和合同价款**　　单位：万元

| 项目 | 2022 年 | 2023 年 | 2024 年 |
| --- | --- | --- | --- |
| 年末累计实际发生的成本 | 630 | 1 575 | 2 200 |
| 预计完成合同仍需发生的成本 | 1 470 | 625 | — |
| 本期结算合同价款 | 900 | 900 | 600 |
| 本期收到合同价款 | 850 | 860 | 690 |

上述价款均为不含税的价款，假定发生的成本按 6∶3∶1 比例分配给原材料、应付职工薪酬和银行存款科目。

**【要求】**根据上述资料，编制该建筑公司 2022 年、2023 年、2024 年相关业务的会计分录（按照投入法确认履约进度，确认收入与结转的成本，履约进度保留整数）。

## 思政园地

# 勇于变革转型，实现产业升级

### 关键词

建筑业；转型升级；高质量发展

### 内容

近年来我国经济发展的矛盾凸显，经济增速换挡、结构调整阵痛、前期刺激政策消化等对经济下行产生了巨大压力，传统投资、消费和出口“三驾马车”对经济拉动的边际能力逐步下降。在信息化、工业化浪潮下，传统建筑业较其他行业增长较慢，粗放型生产、较低的劳动效率、较高的耗能、高污染等问题严峻。劳动密集型的建筑业未能适应人口结构的转变，出现招工困难、“用工荒”、复合型人才缺乏的困境。

在严峻的市场环境压力下，建筑企业需要调整自身发展策略，紧跟市场的发展趋势，开启转型之路。

（1）向科技智能建筑方向转型升级。将来的智慧建造将基于BIM技术的数字化设计、工厂的智能化制造，以及现场人机协同为主的机械化、智能化施工。

（2）向生态节约型建筑方向转型升级。采用环保材料进行施工作业，尽量减少对环境的污染；减少对周围环境的影响和破坏，减少场地污染，沿着节约型施工、绿色环保的方向发展。

（3）向装配式建筑、产业化方向转型升级。装配式建筑不但能提升建筑设计的质量和品质、缩短工期、提高效率，而且易标准化、绿色节能，还能节省材料和人力成本等。

（4）向“城市运营商”转型升级。从单一建房到综合建城，以服务城市及城镇化建设为导向，完善产业链条，构建规划设计、施工建设、运营管理、投资融资的全产业链服务能力。

（5）向国际化发展方向转型升级。随着经济全球化发展、“一带一路”战略的成功推行，我国建筑业市场已与国际市场实现对接，市场在广度与深度上不断深入，呈现全球化格局。

### 启示

我国经济已由高速增长阶段转向高质量发展阶段，正处在转变发展方式、优化经济结构、转换增长动力的攻关期。作为国民经济的支柱产业，建筑业面临供给侧改革背景下的市场竞争挑战，我国建筑企业亟需把握行业发展趋势，积极进行转型升级以满足新时代的要求。当寒冬来临之际，那些勇于通过变革实现转型升级的企业将获得更大的发展空间，更容易占领那些缺乏竞争力的企业退出的市场。因此，积极应对市场环境的变化，调整发展战略进行转型，将是所有建筑企业的必要路径。

# 项目四　房地产开发企业会计核算



【知识目标】
- 熟悉房地产开发企业核算的特点。
- 掌握房地产开发企业开发成本的核算。
- 掌握房地产开发企业开发产品的核算。
- 掌握房地产开发企业营业收入的核算。

【能力目标】
- 能够根据房地产开发企业的规模和经营特点选择正确的会计核算方法。
- 能够根据开发成本的内容,组织开发成本的核算,准确提供开发成本信息。
- 能够根据政府的规定,及时完成开发产品交付,满足客户需求。
- 能够按照企业会计准则的规定,正确确认销售收入,如实缴纳税费。

【素养目标】

● 充分认识房地产业既能满足当代人对房地产的各种需求,又能合理利用土地资源,保护生态环境,为人们生产生活创造必要的空间发展条件。房地产业发展应把房屋、业主和环境三要素作为一个整体,重视对自然资源的使用和保护,争取实现向自然的索取与对自然的回报之间的平衡。积极推动房地产业与人口、环境、资源协调发展,实现土地资源的永续利用、住宅业的稳定协调发展、房地产市场完善与人居环境的改善,提高人们的幸福水平。

## 任务一　房地产企业会计核算认知

### 一、房地产企业生产经营概述

房地产是房产和地产的合称。房地产开发是指根据城市建设总体规划和社会经济发展的需要,对土地和土地建筑物、构筑物进行开发建设和经营管理的一项综合性社会经济活动。房地产开发企业就是从事房地产开发和经营的企业。它横跨生产与经营两大领域,因而既是房地产产品的生产者，又是房地产商品的经营者。

### （一）房地产业的作用

改革开放以后，中国经济进入了发展的“快车道”，各行各业在政策、金融等发展红利的支持下，纷纷齐头并进。其中，房地产行业，经过了多年的发展，如今已经非常成熟，也一度被称为“国民经济的支柱产业”。中国能发展成为如今的“世界第二大经济体”，其中，房地产是功不可没的。

房地产的作用主要表现在以下几个方面：

（1）房地产是国家财富的重要组成部分，一般会占到一个国家总财富的30%～70%，当然，不仅仅是我国，在世界各国均是如此。

（2）房地产行业创造的固定资产在固定资产形成总值中占有很大的比例。根据联合国的统计，各国用于房屋建造的投资占国民经济生产总值的6%～12%，新创造资产占同年固定资产形成总值的一半以上。

（3）房地产行业是财政收入的重要来源，一般会占政府财政收入的10%～40%。像我国很多地方政府，主要的财政收入就来源于房地产，如土地、税收。对于很多产业结构单一的三四线城市来说，这个比例会更高。有了财政收入，才能更好地完善基础建设，如修路、修桥、轨道交通。部分国家还会征收房地产税等，来增加财政收入。

（4）房地产行业能带动相关产业的发展，同时还会提供大量的就业机会。如装修、家具、建材、五金、绿化等相关行业，都与房地产行业息息相关。房地产行业促进就业的作用不言而喻。

（5）房地产的发展，大大改善了人民的居住条件。目前，我国家庭人均居住面积相比2010年已大幅增加。

### （二）房地产企业的主要业务

1. 土地的开发与经营

房地产开发企业将有偿获得的土地开发完成后，可有偿转让给其他单位使用；也可自行组织建造房屋和其他设施，而后作为商品销售；还可用于土地出租业务。

2. 房屋的开发与经营

房屋的开发与经营企业从事房屋的建造和房屋的销售与出租。

3. 城市基础设施和公共配套设施的开发

城市基础设施和公共配套设施的开发项目包括市政中道路、自来水、煤气等基础设施和公共配套设施的开发等。

4. 代建工程的开发

代建工程的开发是指房地产开发企业接受政府和其他单位委托，代为开发的工程。

### （三）房地产开发企业的生产经营特点

房地产开发企业的生产经营与施工企业不同。相比之下，其生产经营特点主要表现在以下三个方面：

1. 生产经营的计划性和商品价格的约束性

房地产开发企业生产经营对象，如土地、房屋、基础设施以及其他设施，必须严格按照国家要求的“六统一”原则（规划、征地、设计、施工、配套、管理）和企业的建设计划、销售计划进行开发经营。房地产价格必须根据地方政府指导价，同时按照供需双方合同协议规定的价格或市场价格确定，政府会加强房地产价格调控，维护社会稳定和促使人们安居乐业。

2. 开发产品的商品性和开发经营业务的复杂性

房地产开发企业生产经营业务涵盖征地、拆迁、勘察、设计、施工、销售、售后服务各方面，业务内容复杂，涉及面广。在生产营业过程中，要同政府相关部门、材料物资供应单位、工程的发包方、勘察设计单位、施工单位、受托代建开发产品单位、承租单位、消费者等各方面经济利益中心发生经济往来，经营业务十分复杂。

3. 开发建设周期长、投资数额大、经营风险大



房地产开发企业开发产品过程要从规划、设计开始，经过可行性论证、征地拆迁、安置补偿、七通一平（七通即水通、电通、路通、通讯通、排污通、热力管线通、燃气管线通，一平即场地平整）、建筑安装、配套工程、绿化环卫工程等开发阶段，开发建设周期相当长。在每一个开发阶段都需要投入大量资金。开发产品单位价值高，建设周期长、负债经营程度高、不确定因素多，企业经营风险大。

## 二、房地产企业会计核算的特点

由于其经营活动的特殊情况和管理要求，房地产开发企业与其他行业会计相比，会计核算的特殊性表现如下：

### （一）产品成本核算复杂，房地产建造周期长

房地产开发企业主要开发土地、土地建筑物、构筑物、城市基础设施和公共配套设施等。一个开发项目从勘察设计、征地拆迁、房屋建造到对外销售往往需要很长时间，有的可横跨若干会计年度。不同的开发对象，成本核算都有其核算特色。产成品种类多、核算周期长，致使产品成本核算较为复杂。

### （二）资金筹集渠道的多元性、资金占用的多元性

房地产开发企业开发建设周期长、投资数额大的生产经营特点，决定了企业从事房地产开发活动，必须注重资金筹集渠道的多元性，以满足其生产经营需要。目前房地产开发企业筹资渠道主要有预收购房定金、预收建设资金、预收代建工程款、土地开发及商品房贷款、发行公司债券、与其他单位联合开发、发行股票等。产成品种类多、核算周期长，致使房地产开发企业在其生产经营过程中，资金运用表现为一种多元化状态，具体体现为货币资金、储备资金、结算资金、在建资金（在产品资金）、商品资金等。

### （三）往来结算业务频繁、财务关系复杂

房地产开发企业生产经营内容复杂，涉及面广。在房地产开发过程中，需要和政府规划部门、供电供水供气供暖部门、勘察设计单位沟通，还需要和施工企业、材料物资供应商、购买单位和个人、委托建设单位等协调交流，经济关系复杂，业务往来频繁。在单位间的经济往来方面，主要采用预收预付结算方法，且结算较为频繁。因此，房地产开发企业与各方之间的财务关系和相应的会计核算既重要又复杂。

# 任务二　开发成本核算

## 一、房地产企业开发成本概述

### （一）开发成本内容

房地产企业开发成本是指房地产开发企业在产品开发过程中所发生的各项费用支出，它是制定开发产品销售价格的重要依据。开发成本按其用途，可分为以下四类。

1. 土地开发成本

土地开发成本是指房地产开发企业开发土地（即建设场地）所发生的各项费用支出，包括地面平整、管道铺设和道路建设等支出。

2. 房屋开发成本

房屋开发成本是指房地产开发企业开发各种房屋（包括商品房、出租房、周转房、代建房等）所发生的各项费用支出。

3. 配套设施开发成本

配套设施包括城市基础设施和公共配套设施两部分。城市基础设施包括能源设施、供排水设施、交通设施、通信设施、环保设施、防灾设施等。公共配套设施包括教育、医疗卫生、文化体育、商业服务、行政管理、社区服务和绿地等。配套设施开发成本是指房地产开发企业开发能有偿转让的配套设施及不能有偿转让、不能直接计入开发成本的公共配套设施所发生的各项费用支出。

4. 代建工程开发成本

代建工程开发成本是指房地产开发企业接受委托单位的委托，代为开发除土地、房屋以外的其他工程（如市政工程）所发生的各项费用支出。

### （二）开发成本项目

开发成本核算对象是指在开发成本的计算中，为了归集和分配开发费用而确定的费用承担者。房地产开发企业开发成本项目包括土地征用及拆迁补偿费、前期工程费、建筑安装工程费、基础设施费、公共配套设施费以及开发间接费用六个项目。

1. 土地征用及拆迁补偿费

土地征用及拆迁补偿费包括土地征用费、耕地占用税、劳动力安置费及有关地上、地下附着物拆迁补偿的净支出、安置动迁用房支出等。

2. 前期工程费

前期工程费包括规划、设计、项目可行性研究、水文、地质、勘察、测绘、“三通一平”等支出。

3. 建筑安装工程费

建筑安装工程费包括企业以出包方式支付给承包单位的建筑安装工程费和以自营方式发生的建筑安装工程费。

4. 基础设施费

基础设施费包括开发小区内道路、供水、供电、供气、排污、排洪、通信、照明、环卫、绿化等工程发生的支出。

5. 公共配套设施费

公共配套设施费包括不能有偿转让的开发小区内公共配套设施发生的支出。

6. 开发间接费用

开发间接费用是指房地产开发企业所属的二级开发管理机构，直接组织、管理开发项目所发生的费用，包括现场管理机构人员的薪酬、折旧费、修理费、办公费、水电费、劳动保护费、周转房摊销等。

### （三）科目设置



为总括核算房地产开发企业的开发成本，企业可根据其本身经营开发的业务要求，设置下列科目：

1. “开发成本”科目

本科目核算房地产开发企业在土地、房屋、配套设施和代建工程的开发过程中所发生的各项费用，包括土地征用及拆迁补偿费、前期工程费、基础设施费、建筑安装工程费、配套设施费和开发间接费用等。借方登记企业在土地、房屋、配套设施和代建工程的开发过程中所发生的各项费用，贷方登记开发完成已竣工验收的开发产品的实际成本。借方余额反映未完开发项目的实际成本。

“开发成本”应按开发成本的种类，如“土地开发”“房屋开发”“配套设施开发”和“代建工程开发”等设置二级明细科目，并在二级明细科目下，按成本核算对象和成本项目进行明细核算，其格式如表 4-1 所示。

**表 4-1　　开发成本明细科目**

户名：

| 年 | | 凭证字号 | 摘要 | 成本项目 | | | | | | 合计 |
|---|---|---|---|---|---|---|---|---|---|---|
| 月 | 日 | | | 土地征用及拆迁补偿费 | 前期工程费 | 建筑安装工程费 | 基础设施费 | 公共配套设施费 | 开发间接费用 | |
| | | | | | | | | | | |
| | | | | | | | | | | |
| | | | | | | | | | | |

2. “开发间接费用”科目

本科目核算房地产开发企业内部独立核算单位为开发产品而发生的各项间接费用，包括现场管理人员薪酬、折旧费、修理费、办公费、水电费、劳动保护费、周转房摊销等。该科目借方归集房地产开发企业内部独立核算单位为开发产品而发生的各项间接费用，贷方登记按企业成本核算办法的规定，分配计入有关成本核算对象的开发间接费。月末本科目无余额。开发间接费用按企业内部不同的单位、部门（分公司）设置明细账。

企业行政管理部门（总部）为组织和管理生产经营活动而发生的管理费用属于期间费用，记入“管理费用”科目，不在本科目核算。

### （四）开发成本核算对象

开发成本的核算对象就是在开发产品成本的计算过程中，为归集和分配开发成本而确定的费用承担者。由于房地产开发企业是按照城市总体规划、土地使用规划和城市建设规划的要求，在特定的固定地点进行开发经营的，因此，在确定成本核算对象时，一般应结合开发工程的地点、用途、结构、装修、层高、施工队伍等因素来进行。其一般原则如图 4-1 所示。

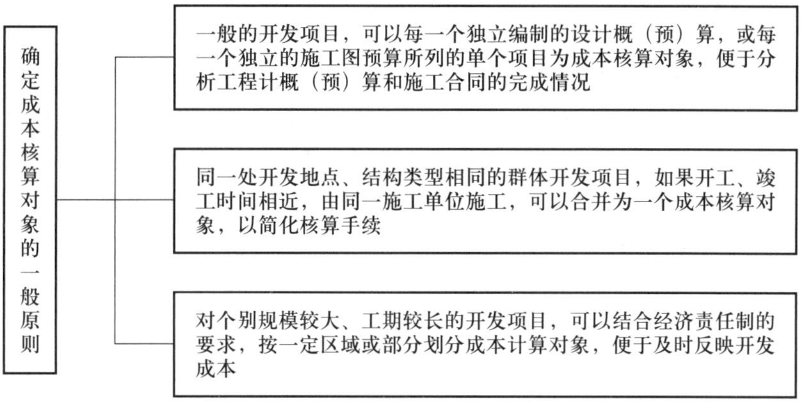


图 4-1　确定成本核算对象的一般原则

成本计算对象一经确定，不得随意变更，并应及时通知企业内部各有关部门，以统一成本核算口径。为了集中反映各个成本核算对象本期应负担的房地产开发费用，企业财会部门应按每一个成本核算对象分别设置成本明细账，并按成本项目分设专栏，以便归集和分配各成本核算对象的实际成本。

### （五）开发成本核算程序

开发成本的核算程序如下：

1. 归集开发产品费用

（1）直接费用直接计入。在项目开发中发生的各项直接开发费用，直接计入各成本核算对象，即借记“开发成本”总分类科目和明细分类科目，贷记“原材料”“应付职工薪酬”“银行存款”等有关科目。

（2）间接费用先汇总，再分配计入。为项目开发服务所发生的各项开发间接费用，可先归集在“开发间接费用”科目。将“开发间接费用”科目归集的开发间接费，按一定的方法分配（分配方法一般有直接开发成本比例分配法、预算造价比例法）计入各开发成本核算对象，即借记“开发成本”总分类科目和明细科目，贷记“开发间接费用”科目。

通过上述程序，将应计入各成本核算对象的开发费用，归集在“开发成本”总分类科目和明细分类科目之中。

2. 计算并结转已完工开发产品的实际成本

计算已完开发项目从筹建至竣工验收的全部开发成本，并将其结转至“开发产品”科目，即借记“开发产品”科目，贷记“开发成本”科目。

3. 将开发产品结转到具体项目

按已完开发产品的实际功能和去向，将开发产品实际成本结转至有关科目，借记“主营业务成本”“分期收款开发产品”“投资性房地产”“周转房”等科目，贷记“开发产品”科目。

## 二、开发成本的会计处理

### （一）土地开发成本的核算

4

土地开发是房地产开发企业的主要业务之一。其开发产品为建设场地，因此土地开发也称建设场地开发。土地开发的主要目的有：一是企业为了销售、有偿转让而开发的商品性建设场地。二是企业为了自行开发商品房或其他经营性房屋（如出租房）等而开发的自用建设场地。自用建设场地是房地产开发企业的中间产品，其费用支出均记入有关商品房或经营性房屋的产品成本，商品性建设场地是企业的最终产品，应单独核算其土地开发成本。

房地产开发企业在土地开发过程中所发生的土地征用及拆迁补偿费、前期工程费、基础设施费和建筑安装工程费等，属于直接费用，直接记入“开发成本——土地开发——自用土地开发”或“开发成本——土地开发——商品性土地开发”有关成本项目。

房地产开发企业内部独立核算单位为组织和管理开发项目而发生的间接费用先通过“开发间接费用”科目核算，月份终了，再按一定的分配标准分配计入有关开发成本核算对象。应由土地开发成本负担的，由“开发间接费用”科目转入“开发成本——土地开发”科目内。

已完土地开发项目应根据其用途，采用不同的成本结转方法：

（1）为销售或有偿转让而开发的商品性建设场地，开发完成后，应将其实际成本转入“开发产品——土地”科目。

（2）开发完成后直接用于本企业商品房等建设的场地，应于开发完成投入使用时，将其实际成本结转计入有关的房屋开发成本中。结转计入房屋开发成本的土地开发费用，即“开发成本——房屋”科目。

（3）企业开发的自用建设场地，开发完成后近期不使用的，应将其实际成本先转入“开发产品——土地”科目。

**【工作实例4-1】** 居安房地产开发公司属于增值税一般纳税人，于2022年在大桥经济开发区拍卖取得18区的一块土地，占地面积80 000平方米。开发完成后准备将其中的60 000平方米对外转让，其余的20 000平方米企业自行用于开发商品房。具体业务处理如下：

① 支付土地出让金350 000 000元，会计处理如下：

借：开发成本——土地开发——18区——土地征用及拆迁费 350 000 000
　贷：银行存款 350 000 000

② 支付拆迁费48 500 000元，会计处理如下：

借：开发成本——土地开发——18区——土地征用及拆迁费 48 500 000
　贷：银行存款 48 500 000

③ 支付勘察设计费 4 350 000 元，会计处理如下：

借：开发成本——土地开发——18 区——前期工程费　　4 350 000

　贷：银行存款　　4 350 000

④ 支付土石方费用 56 500 000 元，作会计处理如下：

借：开发成本——土地开发——18 区——前期工程费　　56 500 000

　贷：银行存款　　56 500 000

⑤ 拆迁回收价值 380 000 元存入银行，会计处理如下：

借：银行存款　　380 000

　贷：开发成本——土地开发——18 区——土地征用及拆迁费　　380 000

⑥ 由中宜建筑公司承包的“三通一平”工程已竣工，应支付价款 32 400 000 元，作会计处理如下：

借：开发成本——土地开发——18 区——基础设施费　　32 400 000

　贷：应付账款——中宜建筑公司　　32 400 000

⑦ 期末分配结转开发间接费用，共计 930 000 元，会计处理如下：

借：开发成本——土地开发——18 区——开发间接费用　　930 000

　贷：开发间接费用　　930 000

⑧ 10 月末，18 区土地开发工程完工，并验收合格，结转土地开发成本，会计处理如下：

开发总成本 =350 000 000+48 500 000+4 350 000+56 500 000+32 400 000−380 000+930 000=492 300 000（元）

单位土地开发成本 =492 301 000÷80 000=6 153.75（元 / 平方米）

对外销售部分成本 =60 000×6 153.75=369 225 000（元）

用于自行开发商品房部分成本 =20 000×6 153.75=123 075 000（元）。

借：开发产品——土地　　369 225 000

　开发成本——房屋开发——新区花园　　123 075 000

　贷：开发成本——土地开发——18 区　　492 300 000

**（二）配套设施开发成本的核算**

房地产开发企业开发的配套设施，可以分为如下两类：一类是开发小区内不能有偿转让的公共配套设施，如水塔、锅炉房、居委会、派出所、消防、幼托、公厕、自行车棚；另一类是能有偿转让的城市规划中规定的大配套设施项目，具体包括：① 开发小区内营业性公共配套设施，如商店、银行、邮局；② 开发小区内非营业性配套设施，如中小学、文化站、医院；③ 开发项目外为居民服务的给排水、供电、供气的增容增压、交通道路等。这类配套设施，如果没有投资来源，不能有偿转让，也将它归入第一类中，计入房屋开发成本。

城市建设规划中的大型配套设施项目，如果属于国家投资，其开发成本不得计入商品房成本，但不能有偿转让的大配套设施发生的支出可以计入开发成本。

对能分清并直接计入某个成本核算对象的第一类配套设施支出，可直接计入有关房屋等开发成本，并在“开发成本——房屋开发”科目中归集其发生的支出。

对不能直接计入有关房屋开发成本的第一类配套设施支出，应先在“开发成本——配套设施”科目进行归集，于开发完成后再按一定标准分配计入有关房屋等开发成本。

对能有偿转让的第二类大配套设施支出，应在“开发成本——配套设施”科目进行归集。

由上可知，在配套设施开发成本中核算的配套设施支出，只包括不能直接计入有关房屋等成本核算对象的第一类配套设施支出和第二类大配套设施支出。



企业发生的各项配套设施支出，应在“开发成本——配套设施”科目进行核算，并按成本核算对象和成本项目进行明细分类核算。对发生的土地征用及拆迁补偿费或批租地价、前期工程费、基础设施费、建筑安装工程费等支出，可直接记入各配套设施开发成本明细分类账的相应成本项目，借记“开发成本——配套设施”科目，贷记“银行存款”“应付账款”等科目。

开发完工后，第一类配套设施工程的开发成本，应按一定标准进行分配结转，借记“开发成本——房屋开发”科目，贷记“开发成本——配套设施”科目；第二类配套设施工程的开发成本，应计入开发成本，借记“开发产品——配套设施”科目，贷记“开发成本——配套设施”科目。

**【工作实例 4-2】** 居安房地产开发公司于 2022 年开发花园小区配套的饮食店和自行车棚工程，用银行存款支付工程价款 189 000 元，增值税 17 010 元。则会计处理如下：

| | | |
|---|---|---|
| 借：开发成本——配套设施开发 | 189 000 | |
| 　　应交税费——应交增值税（进项税额） | 17 010 | |
| 　贷：银行存款 | | 206 010 |

**【工作实例 4-3】** 居安房地产开发公司开发花园小区配套的饮食店和自行车棚工程完工，实际成本分别为 220 000 元和 98 000 元。自行车棚属于商品房开发工程，饮食店属于小区三产经营用房。则会计处理如下：

① 结转自行车棚开发成本：

| | | |
|---|---|---|
| 借：开发成本——房屋开发 | 98 000 | |
| 　贷：开发成本——配套设施 | | 98 000 |

② 结转饮食店开发成本：

| | | |
|---|---|---|
| 借：开发产品——配套设施 | 220 000 | |
| 　贷：开发成本——配套设施开发 | | 220 000 |

### （三）房屋开发成本的核算

房屋的开发，是房地产开发企业的主要经济业务，包括：一是为销售而开发的商品房；

二是为出租经营而开发的出租房；三是为安置被拆迁居民周转使用而开发的周转房；四是受其他单位的委托，代为开发如职工住宅等代建房。这些房屋，尽管用途不同，但其所发生的开发费用的性质和用途，都大体相同，在成本核算上也可采用相同的方法。

为既能总括反映房屋开发所发生的支出，又能分门别类地反映企业各类房屋的开发支出，并便于计算开发成本，应设置"开发成本——房屋开发"科目，同时按开发房屋的性质和用途，分别设置"商品房""出租房""周转房""代建房"等三级科目，并按各成本核算对象和成本项目进行明细分类核算。

企业在房屋开发过程中发生的各项支出，应按房屋成本核算对象和成本项目进行归集。

1. 土地征用及拆迁补偿费或批租地价

房屋开发过程中发生的土地征用及拆迁补偿费或批租地价，能分清成本核算对象的，应直接记入有关房屋开发成本核算对象的"土地征用及拆迁补偿费"成本项目，借记"开发成本——房屋开发"科目，贷记"银行存款"等科目。如分不清成本核算对象，应先将其支出通过"开发成本——自用土地开发"科目进行归集，待土地开发完成投入使用时，再按一定标准将其分配记入有关房屋开发成本核算对象，借记"开发成本——房屋开发"科目，贷记"开发成本——自用土地开发"科目。

4

对于房屋开发占用的土地，如属企业综合开发的商品性土地的一部分，则应当将其发生的土地征用及拆迁补偿费，先通过"开发成本——商品性土地开发"科目进行归集，等土地开发完成投入使用时，再按一定标准将其分配计入有关房屋开发成本核算对象，借记"开发成本——房屋开发"科目，贷记"开发成本——商品性土地开发成本"科目。若开发完成商品性土地已经转入"开发产品"科目，则在用以建造房屋时，应将其应负担的土地征用及拆迁补偿费记入有关房屋开发成本核算对象，借记"开发成本——房屋开发"科目，贷记"开发产品"科目。

2. 前期工程费

前期工程费是指房屋开发过程中发生的规划、设计、可行性研究以及水文地质勘察、测绘、场地平整等各项前期工程支出。这些能分清成本核算对象的，应直接记入有关房屋开发成本核算对象的"前期工程费"成本项目。应由两个或两个以上成本核算对象负担的前期工程费，应按一定标准将其分配记入有关房屋开发成本核算对象，借记"开发成本——房屋开发"科目，贷记"银行存款"等科目。

3. 基础设施费

房屋开发过程中发生的供水、供电、供气、排污、排洪、通讯、绿化、环卫设施以及道路等基础设施支出，一般应直接或分配记入有关房屋开发成本核算对象的"基础设施费"成本项目，借记"开发成本——房屋开发"科目，贷记"银行存款"等科目。若开发完成商品性土地已转入"开发产品"科目，则在用以建造房屋时，应将其应负担的基础设施费（按归类集中结转的还应包括应负担的前期工程费和开发间接费）记入有关房屋开发成本核算对象，借记"开发成本——房屋开发"科目，贷记"开发产品"科目。

4. 建筑安装工程费

房屋开发过程中发生的建筑安装工程支出，应根据不同的施工方式，采用不同的核算方法。

（1）采用发包方式进行建筑安装工程施工的房屋开发项目，其建筑安装工程支出，应根据企业承付的已完工程价款确定，直接记入有关房屋开发成本核算对象的“建筑安装工程费”成本项目，借记“开发成本——房屋开发”科目，贷记“应付账款”等科目。

（2）如果开发企业对建筑安装工程采用招标方式发包，并将几个工程一并招标发包，则在工程完工结算工程价款时，应按各项工程的预算造价的比例，计算它们的标价即实际建筑安装工程费。

$$某项工程实际建筑安装工程费 = 工程标价 \times \frac{该项工程预算造价}{各项工程预算造价合计}$$

4

（3）采用自营方式进行建筑安装工程施工的房屋开发项目，其发生的各项建筑安装工程支出，一般可直接记入有关房屋开发成本核算对象的“建筑安装工程费”成本项目，借记“开发成本——房屋开发”科目，贷记“原材料”“应付职工薪酬”“银行存款”等科目。

如果开发企业自行施工大型建筑安装工程，可按照第四章所述设置“工程施工”“施工间接费用”等科目，用来核算和归集各项建筑安装工程支出，月末将其实际成本转入“开发成本——房屋开发”科目，并记入有关房屋开发成本核算对象的“建筑安装工程费”成本项目。

企业用于房屋开发的各项设备，即附属于房屋工程主体的各项设备，应在出库交付安装时，记入有关房屋开发成本核算对象的“建筑安装工程费”成本项目，借记“开发成本——房屋开发”科目，贷记“库存设备”科目。

5. 配套设施费

配套设施费是指开发小区内不能有偿转让的公共配套设施支出。房屋开发成本应负担这部分成本。具体核算方法如下：

（1）配套设施与房屋同步开发，发生的公共配套设施支出能够分清受益对象的，则直接记入有关房屋开发成本核算对象的“配套设施费”项目，借记“开发成本——房屋开发”科目，贷记“应付账款”等科目。若发生的配套设施支出，应由两个或两个以上成本核算对象负担，应通过“开发成本——配套设施”科目归集，配套设施完工时，按一定标准（如有关项目的预算成本或计划成本）进行比例分配，记入有关房屋开发成本核算对象的“配套设施费”成本项目，借记“开发成本——房屋开发”科目，贷记“开发成本——配套设施开发”科目。

（2）配套设施与房屋非同步开发，即指先开发房屋，后建配套设施；或房屋已开发等待出售或出租，而配套设施尚未全部完成。那么在结算完工房屋的开发成本时，对应负担的配套设施费，可采取预提应付的办法，预先计入商品房成本。具体就是根据配套设施的预算成本（或计划成本）和采用的分配标准，计算完工房屋应负担的配套设施支出，记入有关房屋开发成本核算对象的“配套设施费”成本项目，借记“开发成本——房屋开发”科目，贷记“应付账款”科目。预提数与实际支出数的差额，在配套设施完工时调整有关房屋开发成本。

6. 开发间接费

房地产开发企业内部独立核算单位为开发各种开发产品而发生的各项间接费用，平时通过“开发间接费用”科目归集核算，期末按一定标准分配记入各有关开发成本“开发间接费”成本项目，借记“开发成本——房屋开发”科目，贷记“开发间接费用”科目。

4

**【工作实例 4-4】** 金地房地产开发企业在2022年度内开发“学府”小区的过程中,发生了下列有关房屋开发支出,如表4-2所示。

**表 4-2** **“学府”房屋开发支出**

| 项目 | 321号商品房 | 322号商品房 | 400号出租房 | 500号周转房 |
|---|---|---|---|---|
| 支付征地拆迁费 | 32 800 000 | 6 400 000 | — | — |
| 结转自用土地开发成本 | — | — | 498 000 | 599 000 |
| 应付承包设计单位前期工程费 | 350 000 | 500 000 | 450 000 | 550 000 |
| 应付承包施工企业基础设施工程款 | 800 000 | 910 000 | 790 000 | 680 000 |
| 应付承包施工企业建筑安装工程款 | 8 000 000 | 5 000 000 | 5 200 000 | 6 100 000 |
| 分配配套设施费(水塔) | 292 000 | 750 000 | 600 000 | 618 000 |
| 预提配套设施费(幼托) | 900 000 | 780 000 | 680 000 | 680 000 |
| 分配开发间接费用 | 890 000 | 690 000 | 620 000 | 620 000 |
| 合计 | 44 032 000 | 15 030 000 | 8 838 000 | 9 847 000 |

① 支付征地拆迁费时,会计处理:

借:开发成本——房屋开发——321号商品房　　32 800 000
　　　　　　　　　　——322号商品房　　6 400 000
　贷:银行存款　　39 200 000

② 结转出租房、周转房使用土地应负担的自用土地开发成本,会计处理:

借:开发成本——房屋开发——400号出租房　　498 000
　　　　　　　　　　——500号周转房　　599 000
　贷:开发成本——自用土地开发　　1 097 000

③ 应付设计单位前期工程款,会计处理:

借:开发成本——房屋开发——321号商品房　　350 000
　　　　　　　　　　——322号商品房　　500 000
　　　　　　　　　　——400号出租房　　450 000
　　　　　　　　　　——500号周转房　　550 000
　贷:应付账款——应付工程款　　1 850 000

④ 应付施工企业基础设施工程款,会计处理:

借:开发成本——房屋开发——321号商品房　　800 000
　　　　　　　　　　——322号商品房　　910 000

——400 号出租房 790 000

——500 号周转房 680 000

贷：应付账款——应付工程款 3 180 000

⑤ 应付施工企业建筑安装工程款，会计处理：

借：开发成本——房屋开发——321 号商品房 8 000 000

——322 号商品房 5 000 000

——400 号出租房 5 200 000

——500 号周转房 6 100 000

贷：应付账款——应付工程款 24 300 000

⑥ 分配应由房屋开发成本负担的水塔配套设施支出，会计处理：

借：开发成本——房屋开发——321 号商品房 292 000

——322 号商品房 750 000

——400 号出租房 600 000

——500 号周转房 618 000

贷：开发成本——配套设施开发——水塔 2 260 000

⑦ 预提应由房屋开发成本负担的幼托设施支出，会计处理：

借：开发成本——房屋开发——321 号商品房 900 000

——322 号商品房 780 000

——400 号出租房 680 000

——500 号周转房 680 000

贷：应付账款——预提配套设施费 3 040 000

⑧ 分配应由房屋开发成本负担的开发间接费用，会计处理：

借：开发成本——房屋开发——321 号商品房 890 000

——322 号商品房 690 000

——400 号出租房 620 000

——500 号周转房 620 000

贷：开发间接费用 2 820 000

⑨ 已完房屋开发成本的结转，本例中假设 321 号商品房、400 号出租房、500 号周转房均如期完工验收合格，则会计处理：

借：开发产品——商品房——321 号商品房 44 032 000

——出租房——400 号出租房 8 838 000

——周转房——500 号周转房 9 847 000

贷：开发成本——房屋开发——321 号商品房 44 032 000

——400 号出租房 8 838 000

——500 号周转房 9 847 000

### （四）代建工程开发成本的核算

代建工程是指房地产开发企业接受委托单位的委托，代为开发的各种工程，或参加委托单位招标，经过中标后承建的开发项目所发生的费用支出。其具体内容包括：代为开发土地、代为开发房屋、代为开发市政工程等。

房地产开发企业代委托单位开发的土地（即建设场地）、各种房屋所发生的各项支出，可以比照土地开发和房屋开发的核算方法，分别通过“开发成本——土地开发”和“开发成本——房屋开发”两个明细科目进行核算。待开发工程完工，验收合格后，转入“开发产品——代建工程”科目。

除土地、房屋以外，房地产开发企业代委托单位开发的其他工程，应通过“开发成本——代建工程开发”科目进行核算。企业发生的各项代建工程支出和对代建工程分配的开发间接费用，借记“开发成本——代建工程开发”科目，贷记“银行存款”“应付账款”“原材料”“应付职工薪酬”“开发间接费用”等科目。完成全部开发过程并经验收的代建工程，应将其实际开发成本进行结转，借记“开发产品——代建工程”科目，贷记“开发成本——代建工程开发”科目，并在将代建工程移交委托代建单位，办妥工程价款结算手续后，将代建工程开发成本自“开发产品——代建工程”科目的贷方转入“主营业务成本”科目的借方。

4

# 任务三　开发产品和周转房核算

## 一、开发产品的核算

开发产品是指房地产开发企业已经完成全部开发过程，并已验收合格合乎设计标准，可以按照合同规定的条件移交购货单位，或者可以作为商品对外销售的产品，包括土地、房屋、配套设施和代建工程。开发产品完工时实际上是开发建设过程的结束和销售过程的开始。

### （一）开发产品增加的核算

房地产开发企业开发的产品，应于竣工验收时，按实际成本，借记“开发产品”科目，贷记“开发成本”科目。

**【工作实例 4-5】** 江陵房地产开发公司 2023 年 5 月根据其开发的翰林公馆商住楼竣工验收单，本月已完开发产品实际成本为 3 980 万元。会计处理如下：

| | | |
|---|---|---|
| 借：开发产品——翰林公馆商住楼 | 39 800 000 | |
| 　贷：开发成本——翰林公馆商住楼 | | 39 800 000 |

### （二）开发产品减少的核算

房地产开发企业的开发产品会因对外转让、销售等原因而减少。对于减少的开发产品，应区分不同情况及时进行会计处理。

（1）企业对外转让、销售开发产品时，应于月份终了时按开发产品的实际成本，借记“主营业务成本”科目，贷记“开发产品”科目。

（2）采用分期收款结算方式销售开发产品时，在将开发产品移交使用单位或办妥分期收款销售合同后，将分期收款开发产品的实际成本，自“开发产品”科目转入，借记“分期收款开发产品”科目，贷记“开发产品”科目。

（3）企业将开发的土地和房屋用于出租经营，或将开发的房屋安置拆迁居民周转使用，应于移交使用时，按土地和房屋的实际成本，借记“投资性房地产”等科目，贷记“开发产品——土地（或房屋）”科目。

（4）企业将开发的营业性配套设施，用于本企业从事第三产业经营用房，应视同建造固定资产进行处理，即将营业性配套设施的实际成本，借记“固定资产”科目，贷记“开发产品——配套设施”科目。

4

（5）企业将开发的房屋安置拆迁户，应按实际安置面积进行实物量管理和结转。对于已经交付使用或办理销售和结转等手续，而产权尚未移交出去的开发产品，如商品房、安置房和配套设施，应由企业设置“代管房产备查簿”，进行实物管理。企业不得将这部分财产入账，也不得计提折旧和摊销，企业在代管房产过程中取得的收入和发生的各项支出，应作为“其他业务收入”和“其他业务成本”处理，不在本科目核算。

**【工作实例4-6】** 江陵房地产开发公司结转销售翰林公馆商住楼的实际成本3 980万元。会计处理如下：

借：主营业务成本　　39 800 000

　　贷：开发产品——翰林公馆商住楼　　39 800 000

## 二、出租开发产品的核算

出租开发产品是房地产开发企业开发完工，用于出租经营的土地和房屋。现行会计制度规定出租开发产品应作为“投资性房地产”管理与核算。

投资性房地产的后续计量有成本和公允价值两种模式，通常应当采用成本模式计量，满足特定条件时也可以采用公允价值模式计量。但是，同一个企业只能采用一种模式对所有投资性房地产进行后续计量，不得同时采用两种计量模式。

### （一）采用成本模式计量的投资性房地产

企业通常应当采用成本模式对投资性房地产进行后续计量。采用成本模式进行后续计量的投资性房地产，应当遵循以下会计处理规定：

（1）按照固定资产或无形资产的有关规定，按期（月）计提折旧或摊销，借记“其他业务成本”等科目，贷记“投资性房地产累计折旧”或“投资性房地产累计摊销”科目。

（2）取得的租金收入，借记“银行存款”等科目，贷记“其他业务收入”等科目。

（3）投资性房地产存在减值迹象的，适用资产减值的有关规定。经减值测试后确定发生减值的，应当计提减值准备，借记“资产减值损失”科目，贷记“投资性房地产减值准备”科目。已经计提减值准备的投资性房地产，其减值损失在以后的会计期间不得转回。

**【工作实例 4-7】** 甲公司将一栋写字楼出租给乙公司使用，确认为投资性房地产，采用成本模式进行后续计量，假设这栋办公楼的成本为 3 600 万元，按照年限平均法计提折旧，使用寿命为 20 年，预计净残值为零。经营租赁合同约定，乙公司每月等额支付甲公司租金 24 万元（不含增值税，增值税税率为 9%）。

任务处理如下。

① 每月计提折旧：

每月计提的折旧 =36 000 000÷20÷12=150 000（元）

借：其他业务成本　　150 000

　贷：投资性房地产累计折旧　　150 000

② 每月确认租金收入：

借：银行存款（或其他应收款）　　261 600

　贷：其他业务收入　　240 000

　　　应交税费——应交增值税（销项税额）　　21 600

4

### （二）采用公允价值模式计量的投资性房地产

只有存在确凿证据表明投资性房地产的公允价值能够持续可靠取得的情况下，企业才可以采用公允价值模式对投资性房地产进行后续计量。企业一旦选择采用公允价值计量模式，就应当对其所有投资性房地产均采用公允价值模式进行后续计量。

采用公允价值模式进行后续计量的投资性房地产，应当遵循以下会计处理规定：

（1）不对投资性房地产计提折旧或摊销。

（2）资产负债表日，企业以投资性房地产的公允价值为基础调整其账面价值，公允价值与原账面价值之间的差额记入“公允价值变动损益”科目。

（3）取得的租金收入，列入“其他业务收入”等科目。

**【工作实例 4-8】** 2022 年 8 月 1 日，公司将完工的写字楼直接出租，写字楼的工程造价为 3 000 万元。甲公司采用公允价值模式对该项出租的房地产进行后续计量。2022 年 12 月 31 日，该写字楼的公允价值为 3 400 万元。会计处理如下。

（1）2022 年 8 月 1 日，写字楼完工并开始起租时：

借：投资性房地产——成本　　30 000 000

　贷：开发产品——写字楼　　30 000 000

（2）2022 年 12 月 31 日，按照公允价值调整期账面价值，公允价值与原账面价值之间的差额计入当期损益：

借：投资性房地产——公允价值变动　　4 000 000

　贷：公允价值变动损益　　4 000 000

### （三）投资性房地产的后续支出

1. 资本化的后续支出

采用成本模式计量的，投资性房地产进入改扩建或装修阶段后，应当将其账面价值转入改扩建工程，借记“投资性房地产——在建”“投资性房地产累计折旧”科目，贷记“投资性房地产”科目。发生资本化支出时，借记“投资性房地产——在建”科目，贷记“银行存款”“应付职工薪酬”等科目。改扩建工程完成后，借记“投资性房地产”科目，贷记“投资性房地产——在建”科目。

采用公允价值模式计量的，投资性房地产进入改扩建或装修阶段后，应当将其账面价值转入改扩建工程，借记“投资性房地产——在建”科目，贷记“投资性房地产——成本”“投资性房地产——公允价值变动”等科目。改扩建工程完成后，借记“投资性房地产——成本”科目，贷记“投资性房地产——在建”科目。



2. 费用化的后续支出

企业对投资性房地产进行日常维护所发生的支出，应当借记“其他业务成本”科目，贷记“银行存款”“应付职工薪酬”等科目。

## 三、周转房的核算

周转房是指房地产开发企业用于安置拆迁居民周转使用，产权归企业所有的各种房屋，包括：在开发建设过程中已明确为安置拆迁居民周转使用的房屋；企业开发完成的商品房，在尚未销售之前用于安置拆迁居民周转使用的部分；搭建的用于安置拆迁居民周转使用的临时性简易房屋。现行会计制度规定周转房视为企业存货管理与核算。

为正确核算周转房的增加、减少、结存情况，应设置“周转房”科目。本科目核算房地产开发企业安置拆迁居民周转使用的房屋的实际成本，并在该科目下设置“在用周转房”和“周转房摊销”两个二级科目。企业应根据周转房的具体情况，按周转房栋号（或楼层、房间号）进行明细核算，并建立“周转房卡片”，详细记录周转房坐落地点、结构、层次、面积、租金单价等情况。

### （一）周转房增加的核算

企业开发完成的商品房，在尚未销售以前，用于安置拆迁居民周转使用，按房屋的实际成本，借记“周转房——在用周转房”，贷记“开发产品”科目。

企业搭建的用于安置拆迁居民周转使用的临时性简易房屋，应于建成交付使用时，按实际搭建成本，借记“周转房——在用周转房”科目，贷记“开发产品”科目。

### （二）周转房摊销的核算

周转房在周转使用过程中若发生损耗，其损耗价值应转移到受益对象的成本中去。因周转房并非以盈利为目的，因而其每期的摊销额不能计入主营业务成本，只能由入住的拆迁居民原所在地正在开发的工程来承担。

周转房摊销价值一般应按月计提，其公式如下：

$$周转房年摊销率=\frac{1-净残值率}{预计摊销年限}\times 100\%$$

$$周转房月摊销率=\frac{周转房年摊销率}{12}$$

$$周转房月摊销额=应计提摊销的周转房原始价值\times 该周转房月摊销率$$

企业按月计提周转房摊销时，借记“开发成本”“开发间接费用”等科目，贷记“周转房——周转房摊销”科目。



### （三）周转房修理费用的核算

由于周转房直接服务于企业各有关的开发项目，因此周转房在使用过程中发生的修理费用，应作为有关开发项目的成本。周转房发生修理费用时，借记“开发成本”“开发间接费用”等科目，贷记“银行存款”“应付职工薪酬”等科目。

### （四）改变周转房用途对外销售的核算

企业改变周转房用途，将其作为商品房对外销售，应当按开发产品对外销售处理。按售价，借记“银行存款”“应收账款”科目，贷记“主营业务收入”“应交税费——应交增值税（销项税额）”科目；同时按周转房摊余价值，借记“主营业务成本”科目，按周转房累计摊销，借记“周转房——周转房摊销”科目，按周转房原价，贷记“周转房——在用周转房”科目。

## 思考与实训

### 一、思考题

1. 简述房地产开发企业生产经营业务内容及其特点。
2. 简述房地产开发企业会计核算特点。
3. 房地产开发企业存货是如何分类的？
4. 简述房地产开发企业开发产品的一般会计核算。
5. 简述房地产开发企业出租开发产品的一般会计核算。
6. 房地产开发企业开发产品有哪些，成本项目构成内容有哪些？
7. 简述房地产开发企业配套设施成本的一般会计核算。
8. 简述房屋开发成本的一般会计核算。
9. 投资性房地产的后续计量模式有哪些？
10. 采用成本模式计量的投资性房地产，其会计核算内容有哪些？

### 二、实训题

#### 实 训 一

【目的】实训房地产开发企业出租房的核算。

【资料】梅林房地产开发公司(增值税一般纳税人),2022年度发生如下主要经济业务:

(1)开发的一幢商品房(吉祥公寓商住楼)于8月份完工,实际开发成本为1 800万元,结转开发成本。

(2)9月公司将商品房(吉祥公寓商住楼)整体出租,公司已同承租方签订租赁合同。

(3)预收半年租金300 000元存入银行。同时确认9月租金收入。

(4)每月计提商品房(吉祥公寓商住楼)的摊销额,出租房的预计摊销年限为40年,预计净残值率为5%。

(5)11月份支付出租房维修费共计5 000元,用银行存款支付。

(6)12月份承租方买下商品房(吉祥公寓商住楼),共计销售收入1 950万元,但款项尚未收到。

4

【要求】根据上述经济业务作相关会计处理。

## 实 训 二

【目的】实训房地产开发企业周转房的核算。

【资料】玉成房地产开发企业2023年发生下列主要经济业务:

(1)公司为安置集贤小区的拆迁居民,将其建造的集贤小区5号楼作为周转房,5号楼现已竣工,实际成本为2 880万元。

(2)公司按月计提5号楼周转房月摊销额,预计摊销年限50年。

(3)通过银行存款支付5号楼周转房修理费8万元。

(4)三年后,5号楼周转房作为商品房对外销售,销售收入共计3 799.74万元(含增值税)存入银行。该周转房已摊销30个月。

【要求】根据上述经济业务作相关会计处理。

## 实 训 三

【目的】实训房地产开发企业土地开发成本的核算。

【资料】万家房地产开发企业在2022年9月发生了下列有关土地开发支出,如表4-3所示。

表4-3 房地产开发支出一览表 单位:元

| 经济业务 | 301地块(商品性土地) | 351地块(自用土地) |
|---|---|---|
| 用银行存款支付征地拆迁费 | 7 800 000 | 7 200 000 |
| 用银行存款支付承包设计单位前期工程款 | 2 900 000 | 1 800 000 |
| 应付承包施工单位基础设施款 | 2 500 000 | 1 800 000 |
| 用银行存款支付开发间接费 | 1 008 000 | |

公司开发间接费根据征地拆迁费、前期工程款和基础设施款之和按比例分配。

公司商品性土地经开发完成并验收。

【要求】根据上述经济业务作相关会计处理。

## 实训四

【目的】实训房地产开发企业配套设施、房屋开发成本的核算。

【资料】华成房地产开发企业根据建设规划要求，在福达小区内负责建设一间商店、一座水塔和一个幼儿园。上述设施均发包给施工企业施工，其中商店建成后，有偿转让给商业部门。水塔和幼儿园的开发支出按规定计入福达小区商品房开发成本。

（1）用银行存款支付征地拆迁费，其中商店工程 550 万元，水塔工程 52 万元，幼儿园工程 520 万元。

（2）用银行存款支付承包设计单位前期工程款，其中商店工程 300 万元，水塔工程 20 万元，幼儿园工程 300 万元。

（3）用银行存款支付福达小区商品房施工企业工程款 3 890 万元。

（4）在工程开发过程中，应付承包施工企业基础设施工程款，其中商店工程 24 万元，水塔工程 15 万元，幼儿园工程 59 万元。

（5）在工程开发过程中，应付承包施工企业建筑安装工程款，其中商店工程 20 万元，水塔工程 8 万元，幼儿园工程 180 万元。

（6）分配应计入商店配套设施开发成本的水塔设施支出 28 万元。

（7）分配应计入商店配套设施开发成本的开发间接费用 41 万元。

（8）预提应由商店配套设施开发成本负担的幼儿园设施支出 30 万元。

（9）分配应计入福达小区商品房开发成本的水塔设施支出和幼儿园设施支出。

（10）商店配套设施如期竣工，并有偿转让给商业部门，转让收入 1 600 万元，存入银行。

【要求】根据上述经济业务作相关会计处理。

4

## 思政园地

# 房子是用来住的、不是用来炒的

### 关键词

民生保障；社会公平；资源节约



### 内容

前几年，部分城市楼市火爆，一些“网红”楼盘甚至出现“万人抢房”“众筹打新”现象。楼市调控问题再次引起关注。此番楼市火爆引起关注的焦点与以往不同，不再是纯粹的新盘价格问题，而是新旧住宅价格倒挂问题。而“打新热”背后的买房谋利现象显然与“房住不炒”的理念背道而驰。

2016年12月中旬，中央经济工作会议提出，要坚持“房子是用来住的，不是用来炒的”的定位，要求回归住房居住属性。这一通俗化概括隐含着决策层的诸多良苦用心。2016年12月21日下午，习近平总书记在中央财经领导小组第十四次会议上进一步指出“要准确把握住房的居住属性”。

从理论上说，房地产同时具有资本品与消费品的双重属性，而且消费品属性应当远远大于资本品属性。然而，由于缺乏政策的厘清与定位，过去很长一段时间内无论是自然人还是法人，都片面地将住房视作投机炒作与赚钱谋利的工具。房地产商捂盘惜售，借机拉抬出售价格；不少个人或投机者借助信贷杠杆结队“扫楼”，囤积居奇并频繁高抛低吸。结果，整个社会金融资本有相当一部分集结到房地产领域。这不仅导致一二线城市房价轮番暴涨，也使三四线城市陷入库存积压的窘境，还大幅抬高了居民的生活成本，日益增大的财富泡沫加剧了金融风险。

### 启示

“房子是用来住的，不是用来炒的”“要准确把握住房的居住属性”，这两大提法是立足国情和住房政策的实践教训，是对住房市场的科学再定位。唐朝诗人杜甫写到“安得广厦千万间，大庇天下寒士俱欢颜”，表明建房居住对人类生存的重要性。我们应理性看待房产税的实施，树立正确的价值观、消费观，积极倡导资源节约，使社会资源得到更合理的运用。

# 项目五　对外贸易企业会计核算



【知识目标】

- 理解对外贸易和外贸会计的概念、外贸会计的特点。
- 熟悉外贸会计的核算方法和目标、外贸会计的对象。
- 掌握外币业务核算方法。
- 掌握进出口业务流程及账务处理方法。

【能力目标】

- 能够进行自营进口商品购进、销售的核算，熟知代理进口业务的账务处理。
- 能够进行出口商品自营、代理出口业务核算。
- 会进行汇兑损益的计算以及可以选择正确的核算方法。

【素养目标】

● 我国加入WTO以后，外贸企业数量大幅增加，外贸交易额不断攀升，外贸业务人才出现不足现象。外贸会计人才队伍的不足使得外贸企业业务风险上升，直接影响我国外贸行业的健康发展。因此，对外贸易企业会计人才的培养至关重要。要理解只有做好对外贸易企业会计核算，关注国外市场的变化，严格遵循国内和国际会计法规，全面、真实、准确地提供外贸会计信息，加强财务管理，改善业务经营，才能为我国经济高质量发展做出积极贡献。

## 任务一　对外贸易企业会计认知

### 一、对外贸易企业会计概念

对外贸易企业会计（以下简称外贸会计）是指以货币为计量单位，对对外贸易企业的经济活动信息进行收集、加工、整理，为决策者提供会计信息，以便为企业取得最佳经济效益，对经济活动进行控制、分析、预测和决策的一种经济管理活动。会计作为国际通用的“商业语言”，必须要真实客观地反映外贸企业各项商品、财产和资金的增减变动情况，及时、准确、系统地核算和记录进出口贸易的收入、成本、费用、支出、利润的形成和分配情况，并充分发挥会计在外贸企业经济管理活动中的重要作用。

外贸会计是专业会计的特殊领域，其只是企业财务会计的一个组成部分，外贸会计的实施融于企业财务会计之中，同步操作。其与企业财务会计的不同之处在于采取复币式核算，期末编制的会计报告仍纳入企业统一财务会计报告。换句话说，外贸会计不是在财务会计之外再另设一套凭证、账簿、报表单独核算的内容，而是企业财务会计中还涉及外币交易核算的有关内容，如外贸企业发生的外币交易、进出口业务、加工补偿贸易、对外承包工程、对外劳务合作以及出口货物退（免）税、涉外业务融资与外汇风险规避等核算内容。外贸会计主要存在于进出口企业、三资企业、对外承包工程企业、对外劳务输出企业、对外运输、货代等外贸企业中。

## 二、外贸会计对象

外贸会计对象，即对外贸易会计所要反映和监督的内容，可概括为外贸企业进出口商品流转过程中的资金运动，外贸企业资金运动的主要内容是组织国际上的进出口商品流通，其主要经营活动包括出口业务与进口业务。外贸企业与国内商品流通企业都从事组织商品流通活动，但它与国内商品流通企业有很大的不同。具体表现是外贸企业的商品流通，包括进口和出口两种业务经营过程，使用本国货币与外币两种以上货币，因而在出口经营活动中，企业要将出口商品销售所得外汇，按照国家规定与银行结汇，所谓“卖中有卖”；而在进口经营活动中，又要用人民币向银行购买外汇以支付货款，所谓“买中有买”。因此，外贸企业在其资金循环过程中所持有的本币与外币不断转换的过程，形成了外贸企业资金运动的特殊性，如图 5-1 和 5-2 所示。

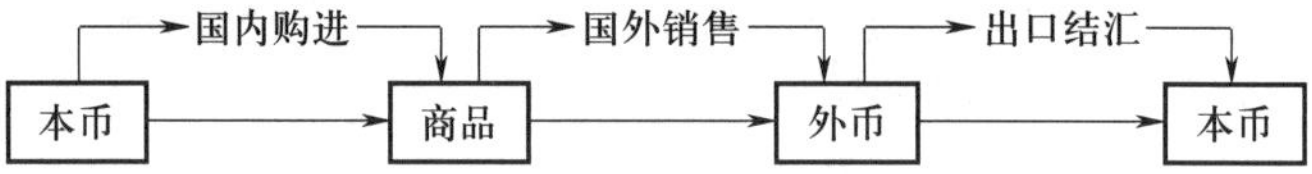


**图 5-1 出口业务资金运动**

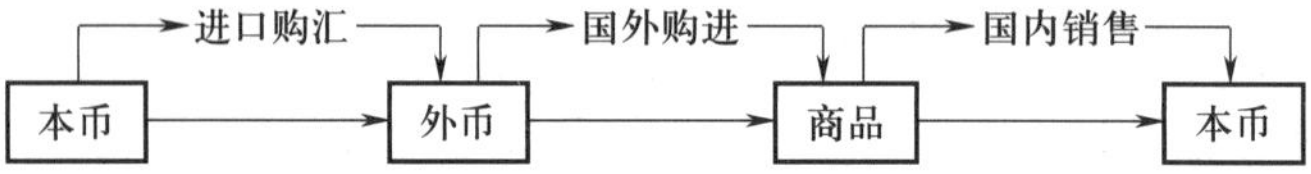


**图 5-2 进口业务资金运动**

## 三、外贸会计特点

外贸会计的特点，除取决于经营外贸业务企业的特点外，还受国际惯例、会计准则和国内有关方针政策（如海关、商检、外汇管理、财政税收、金融保险等法规）的制约。由于外贸会计对象存在一定的特殊性，因此外贸会计形成了一些独有的特点，这些特点主要体现在以下几个方面：

（1）采用复币核算。即两种或多种货币单位并存，既有本币核算，又有外币核算。由于外贸企业面临着国内和国际两个市场，在对外贸易、经济合作活动中有外币计价，存在使用两种货币进行结算的问题。因此，外贸会计涉及的外汇业务在填制凭证、登记账簿时，必须采用复币形式，以收支的外币数额为基数，按照外汇汇率折算为记账本位币数额，同时核算本币和外币，即采用复币式凭证和账簿，对外贸业务进行“双重记录”。

（2）反映汇兑损益。在现行的汇率制度下，外币和人民币的汇率经常发生变动，从而产生了汇兑损益，为了反映汇兑损益对外贸企业经营成果的影响，设置“财务费用”或“汇兑损益”科目进行核算。

（3）价格核算差异。由于进出口业务会涉及不同的价格条件，而不同价格条件下的交易条件及价值构成不尽相同，因此不同价格条件的出口商品销售收入和进口商品成本的确认与计量也有很大的差别。不同的价格条件下，如何对出口商品销售收入和进口商品成本予以确认与计量以及在进出口贸易会计处理中如何根据不同价格条件进行核算，形成了外贸会计的一大特点。

（4）结算方式不同。在外贸会计核算中凡涉及商品、费用的资金结算，属于国内部分的，则采用委托收款、托收承付等多种结算方式办理；涉及国外的，则使用国际通用的汇付、托收、信用证等结算方式办理。

（5）核算出口退税。国家为了使外贸企业能够公平地在国际市场上参与竞争，对出口商品采取了国际上通行的退税政策，外贸企业通过对出口退税的核算，以掌握出口退税额对企业经营情况的影响。



（6）涉外业务原始凭证复杂。外贸业务原始凭证大多来自境外，多为电传和报文形式，格式繁多，规格不一，涉及外币。受理单证除正规种类外，还有许多特需单证、票据、核准件等。因此，涉外业务原始凭证的辨识、审核就显得相当重要。

（7）外汇收支核算占有重要地位。外贸业务都是通过外汇收支来完成的，如买入或者卖出以外币计价的商品或者劳务、借入或者借出外币资金以及其他以外币计价或者结算的交易等。涉外企业要严格遵循外币科目的管理规定以及外汇收支业务的管理规定，如实反映外汇收支情况，防范外汇风险。

# 任务二 外币业务核算

## 一、外币业务概述

外币有狭义和广义之分。狭义的外币一般是指本国以外的其他国家或地区发行的货币，如美元、欧元、日元。广义的外币，是指所有以外国货币表示的能用于国际结算的支付凭证，除了国外的纸币和铸币，还包含企业所持有的外国的有价证券，如以外币表示的债券、股票；也包含外币支付凭证，如以外币表示的票据、银行存款凭证；还包含其他外币资金，如各种外币汇款、进出口贸易的外币性货款。

所谓外币业务，是指以记账本位币以外的货币进行的款项收付、往来结算以及计价的业务。具体包括：① 购买或销售以外币计价的商品或劳务；② 借入或贷出外币资金；③ 取得或处理以外币计价的资产，承担或清偿以外币计价的负债。

## 二、外币业务核算方法

### （一）外币业务记账方法

外币业务的记账方法有外币统账制和外币分账制。

外币统账制，是指企业在发生外币业务时，必须及时折算为记账本位币记账，并以此编制会计报表的制度。从我国目前的情况来看，除金融企业外，绝大多数企业采用外币统账制，外贸企业也不例外。

外币分账制，是指企业对外币业务的日常核算按照外币进行记账，将不同的外币币种分别核算损益和编制会计报表，在资产负债表日，将不同币种的会计报表折算为记账本位币表示的会计报表，并与记账本位币业务编制的会计报表汇总，编制整个企业一定会计期间的会计报表的制度。我国金融企业因外币交易频繁，涉及外币币种较多，一般采用外币分账制记账方法进行日常核算。

### （二）外币业务核算程序

外币业务，是指外贸企业以记账本位币（人民币）以外的货币进行款项收付、往来结算的经济业务，包括企业购买和销售以外币计价的货物或劳务、借入或借出外币资金、承担或清偿以外汇计价的债务等。外币业务会计核算的基本程序为：



企业发生外币业务时，应根据一定的折算汇率将外币金额折算为记账本位币金额，按照折算后的记账本位币金额登记有关记账本位币科目的同时，按照外币金额登记相应的外币科目。这里的“折算汇率”可以采用外币业务发生时的汇率，也可以采用外币业务发生当期期初的汇率。

资产负债表日，将各种外币科目的外币金额，按照期末汇率折合为记账本位币。期末折合后的记账本位币金额与账面记账本位币金额之间的差额，作为汇兑损益处理。

企业为了进行外币业务的核算，应设置相关的外币科目：“库存现金”核算外币现金的增减变动及结余情况；“银行存款”核算各种外币存款的增减变动及结余情况；“外币债权结算科目”，如应收账款、应收票据、预付账款，核算各种外币债权的增减变动及结余情况；“外币债务结算科目”，如短期借款、应付票据、应付账款、预收账款，核算各种外币债务的增减变动及结余情况。

## 三、汇率与标价方法

汇率是指一个国家的货币用另一个国家的货币所表示的价格，也就是用一个国家的货币兑换成另一个国家的货币时买进、卖出的价格，换句话说，汇率就是两种不同货币之间的交换比率或比价，故又称为“汇价”或“兑换率”。

外汇牌价，即外汇指定银行外汇兑换挂牌价，是各银行根据中国人民银行公布的人民币市场中间价以及国际外汇市场行情，制定的各种外币与人民币之间的买卖价格。这种外汇牌价实时变动，即使在同一天牌价也有所不同。

### （一）汇率种类

汇率的种类很多，有各种不同的划分方法，特别是在实际业务中，分类更加复杂，主要有以下几种分类。

1. 按汇率制定，分为基本汇率和套算汇率

（1）基本汇率。它又称基准汇率，是指一国货币对关键货币的比率。

（2）套算汇率。它又称交叉汇率，是指通过两种不同货币与关键货币的汇率间接地计

算出两种不同货币之间的汇率。

2. 按银行买卖外汇，分为买入汇率、卖出汇率

（1）买入汇率。它又称买入汇价或买价，是银行从同业或客户买入外汇时所使用的汇率。

（2）卖出汇率。它又称卖出汇价或卖价，是银行向同业或客户卖出外汇时所使用的汇率。

3. 按国际货币制度的演变，分为固定汇率和浮动汇率

（1）固定汇率。它是指一国货币同另一国货币的汇率保持基本固定，汇率的波动限制在一定幅度以内。固定汇率是在金本位制和布雷顿森林货币制度下各国货币汇率安排的主要形式。在金本位制下，货币的含金量是决定汇率的基础，黄金输送点是汇率波动的界限。在这种制度下，各国货币的汇率变动幅度很小，基本上是固定的，故称固定汇率。

（2）浮动汇率。它是指一个国家不规定本国货币的固定比价，也没有任何汇率波动幅度的上下限，而是听任汇率随外汇市场的供求关系自由波动。浮动汇率是自 20 世纪 70 年代初布雷顿森林货币制度崩溃以来各国汇率安排的主要形式。

5

4. 按银行外汇付汇方式，分为电汇汇率、信汇汇率和票汇汇率

（1）电汇汇率。它是经营外汇业务的本国银行在卖出外汇后，即以电报委托其国外分支机构或代理行付款给收款人所使用的一种汇率。由于电汇付款快，银行无法占用客户资金头寸，同时，国际的电报费用较高，所以电汇汇率比一般汇率高。但是电汇调拨资金速度快，有利于加速国际资金周转，因此电汇在外汇交易中占有很大的比重。

（2）信汇汇率。它是银行开具付款委托书，用信函方式通过邮局寄给付款地银行转付收款人所使用的一种汇率。由于付款委托书的邮递需要一定的时间，银行在这段时间内可以占用客户的资金，因此，信汇汇率比电汇汇率低。

（3）票汇汇率。它是银行在卖出外汇时，开立一张由其国外分支机构或代理行付款的汇票交给汇款人，由其自带或寄往国外取款所使用的汇率。由于票汇从卖出外汇到支付外汇有一段间隔时间，银行可以在这段时间内占用客户的头寸，所以票汇汇率一般比电汇汇率低。

5. 按外汇交易交割期限，分为即期汇率和远期汇率

（1）即期汇率。它也叫现汇汇率，是指买卖外汇双方成交当天或两天以内进行交割的汇率。

（2）远期汇率。它是在未来一定时期进行交割，而事先由买卖双方签订合同、达成协议的汇率。到了交割日期，由协议双方按预订的汇率、金额进行钱汇两清。远期外汇买卖是一种预约性交易，是由于外汇购买者对外汇资金需要的时间不同，以及为了避免外汇汇率变动风险而形成的。

6. 按对外汇管理的宽严，分为官方汇率和市场汇率

（1）官方汇率。它是指国家机构公布的汇率。官方汇率又可分为单一汇率和多重汇率。多重汇率是一国政府对本国货币规定的一种以上的对外汇率，是外汇管制的一种特殊形式。其目的在于奖励出口限制进口，限制资本的流入或流出，以改善国际收支状况。

（2）市场汇率。它是指在自由外汇市场上买卖外汇的实际汇率。在外汇管理较松的国家，官方宣布的汇率往往只起中心汇率作用，实际外汇交易则按市场汇率进行。

### （二）汇率标价方法

确定两种货币之间的比价，首先应确定用哪个国家的货币作为标准。由于确定的标准不同，产生了不同的标价方法。无论哪种标价方法，我们把数量固定不变的货币称为标准货币或基准货币，数量不断改变的货币称为报价货币或从价货币。

1. 直接标价法

它又称为应付标价法，是指以一定单位的外国货币为标准，折算成若干单位的本国货币来表示，即以本国货币表示外国货币的价格。当今世界上，绝大多数国家均使用直接标价法。我国人民币对外币也采用这种标价方法。

在直接标价法下，汇率具有以下两大特征：① 标准货币是外币，报价货币是本币；② 外汇汇率的升（贬）值与报价货币数额的多少呈同方向变化。外国货币的数额保持固定不变，本国货币的数额随着外国货币或本国货币币值的变化以及外汇供求条件的变化而变动。如果一定单位的外国货币升值或本国货币贬值，则报价货币的数额增加；反之，如果一定单位的外国货币贬值或本国货币升值，则报价货币的数额减少。

5

2. 间接标价法

它又称为应收标价法，是指以一定单位的本国货币为标准，折算成若干单位的外国货币来表示，即以外国货币表示本国货币的价格。当今世界上，实行间接标价法的国家或地区较少，主要有英国、美国、欧元区、新西兰、加拿大、澳大利亚等少数国家或地区。

在间接标价法下，汇率具有以下两大特征：① 标准货币是本币，报价货币是外币；② 外汇汇率的升（贬）值与报价货币数额的多少呈反方向变化。本国货币的数额保持固定不变，外国货币的数额随着本国货币或外国货币币值的变化以及外汇供求条件的变化而变动。如果外国货币升值或本国货币贬值，则报价货币的数额减少；反之，如果外国货币贬值或本国货币升值，则报价货币的数额增加。

## 四、外币业务核算

企业发生外币交易的，应当在初始确认时采用交易日的即期汇率或即期汇率的近似汇率将外币金额折算为记账本位币金额。涉外企业经常发生以外币计价、核算的经济业务，这就需要设立专门的科目对其进行记录和反映。

### （一）外币科目

外币科目是指按外币进行计价和结算的科目。具体包括以下几个方面：

（1）外币货币资金科目：库存现金、银行存款。

（2）外币结算的债权科目：应收账款、应收票据、预付账款等。

（3）外币结算的债务科目：应付账款、应付票据、应付职工薪酬、预收账款、短期借款、长期借款、长期应付款等。

### （二）非外币科目

非外币科目是指同外币业务有关但不按外币进行计价和结算，只按记账本位币进行记账的科目，如发生进口业务的“库存商品”科目、“固定资产”科目；发生出口业务的“主营业务收入”科目等。涉外企业的大量科目都属于非外币科目。

### （三）“财务费用——汇兑差额”科目

“财务费用——汇兑差额”科目核算涉外企业外币货币性项目因汇率变动引起的记账本位币价值变动而形成的差额（收益或损失）。本科目借方反映因汇率变动而产生的汇兑损失，贷方反映因汇率变动而产生的汇兑收益。期末，应将本科目的余额转入“本年利润”科目，结转后本科目应无余额。

### （四）账务处理

1. 进口商品

企业从国外或境外购进原材料、商品或引进设备时，应当按照当日的即期汇率（或即期汇率的近似汇率）将实际支付的外币或应支付的外币折算为记账本位币记账，以确定购入原材料等货物的入账价值和发生债务的入账价值，同时还应按照外币的金额登记有关外币科目，如外币银行存款科目和外币应付账款科目。

5

**【工作实例 5-1】** A 企业的记账本位币为人民币。2022 年 1 月 12 日，从国外甲公司购入原料 10 000 美元，当日即期汇率[①]为 1 美元 =6.37 元人民币，货款尚未支付。假设不考虑增值税、进口关税等相关税费。A 企业应作会计分录如下：

借：在途物资　　63 700
　贷：应付账款——甲公司（$10 000×6.37）　　63 700

2. 出口商品

企业对外销售商品时，应当按照当日的即期汇率（或即期汇率的近似汇率）将实际收到的外币或应收的外币折算为记账本位币记账，以确定销售收入的入账价值和发生的债权的入账价值，同时还应按照外币的金额登记有关外币科目。

**【工作实例 5-2】** A 企业的记账本位币为人民币。2022 年 1 月 13 日，向国外乙公司出口商品 1 000 件，每件售价 200 美元，截止到目前，货款尚未收到，当日即期汇率 1 美元 =6.35 元人民币。假设不考虑增值税等相关税费。A 企业应作会计分录如下：

借：应收账款——乙公司（$200 000×6.35）　　1 270 000
　贷：主营业务收入　　1 270 000

3. 外币投资

企业的投资人可以现金、实物或无形资产出资或提供合作条件。外国投资者以现金出资或提供合作条件的，应当是外汇；但其从中国境内举办的其他外商投资企业分得的人民币利润也可作为资本出资或合作条件。

---

① 没有特殊说明，本书中的即期汇率均为假设的汇率，非真实汇率，仅为计算使用。

【工作实例 5-3】 A 企业的记账本位币为人民币。2022 年 1 月 20 日，与国外丙公司签订投资协议，1 月 30 日，收到丙公司投入的 50 000 美元，当日即期汇率 1 美元 = 6.35 元人民币。A 企业应作会计分录如下：

借：银行存款——美元户（$50 000 × 6.35） 317 500

　贷：实收资本——丙公司 317 500

4. 汇兑损益

汇兑损益，是指进出口企业在进行外币业务核算时，一定数额的外币因汇率的变化，在不同的时点上对应的记账本位币数额的差额。

汇兑损益的会计处理分不同情况进行：① 企业外币兑换、外币交易中发生的汇兑损益，应计入当期损益，在“财务费用”科目或单设“汇兑损益”科目列支。② 企业为购建固定资产、无形资产等发生的汇兑损益，在资产达到预定可使用状态之前发生的，可按有关规定予以资本化，计入相关资产的成本。③ 支付境外投资者股利或利润发生的汇兑损益，应归属于“财务费用”或“汇兑损益”科目。

5

汇兑损益的结转方法有逐笔结转法和集中结转法两种。

逐笔结转法是指企业对每一笔外币业务，均按业务发生日市场汇率或期初汇率入账，每结算一次或收付一次，依据账面汇率计算一次汇兑损益，期末再按市场汇率进行调整，调整后的期末人民币余额与原账面人民币余额的差额作为当期汇兑损益。

集中结转法是指企业对外币科目平时一律按选用的市场汇率（业务发生日汇率或期初汇率）记账。平时不确认汇兑损益，期末将外币科目的余额按期末汇率调整，将调整后的期末人民币余额与原账面余额的差额集中计算出一笔汇兑损益。

【工作实例 5-4】 A 企业的记账本位币为人民币。2022 年 1 月 25 日，对外出口商品，应收账款为 20 000 美元，即期汇率 1 美元 =6.33 元人民币。1 月 28 日收到 10 000 美元，当日即期汇率 1 美元 =6.37 元人民币，1 月 31 日即期汇率为 1 美元 =6.36 元人民币，汇兑损益采用逐笔结转法结转。

① 1 月 25 日分录：

借：应收账款（$20 000 × 6.33） 126 600

　贷：主营业务收入 126 600

② 1 月 28 日收到部分货款的分录：

借：银行存款——美元户（$10 000 × 6.37） 63 700

　贷：应收账款（$10 000 × 6.33） 63 300

　　财务费用——汇兑差额 400

③ 1 月 31 日，“应收账款”原币余额为：$20 000−$10 000=$10 000，按照 31 日汇率折算成人民币：$10 000 × 6.36=63 600（元）。“应收账款”人民币余额为 126 600−63 300=63 300（元），产生汇兑差额：63 600−63 300=300（元）。本月一共产生差额：

400＋300＝700（元）。

调整分录如下：

借：应收账款 300

贷：财务费用——汇兑差额 300

【工作实例 5-5】 若工作实例 5-4 采用集中结转法核算汇兑差额。则处理方式如下：

① 1月25日分录：

借：应收账款（$20 000×6.33） 126 600

贷：主营业务收入 126 600

② 1月28日收到部分货款的分录：

借：银行存款——美元户（$10 000×6.37） 63 700

贷：应收账款（$10 000×6.37） 63 700

③ 1月31日，“应收账款”原币余额为：$20 000－$10 000＝$10 000，按照31日汇率折算成人民币：$10 000×6.36＝63 600（元）。“应收账款”人民币余额为126 600－63 700＝62 900（元），本月一共产生差额：63 600－62 900＝700（元）。

调整分录如下：

借：应收账款 700

贷：财务费用——汇兑差额 700

无论采用集中结转法还是采用逐笔结转法，平时，企业都可以选用即期汇率或即期汇率的近似汇率作为记账汇率；期末，选用即期汇率作为记账汇率。无论采用逐笔结转法还是集中结转法计算汇兑差额，最终结果都是相同的，只是集中结转法下平时除货币兑换业务外不必逐笔计算结转汇兑差额，较为简单。

# 任务三 进口业务核算

进口贸易业务是指外贸企业以外汇在国际市场上的采购商品，满足国内生产和人民生活需要的业务。世界各国由于自然条件的差别和生产力发展水平的不同，需要进行产品交流，优势互补，共同发展。我国实行对外开放政策，从国外引进先进技术和设备，学习先进经验，最大限度地满足国内生产和生活的各种物质和文化需要。

## 一、进口业务的种类

目前，我国企业经营进口货物，按其所采取方式和盈亏负担情况的不同，主要分为以下几种方式。

**（一）自营进口**

它是指外贸企业根据国内市场的需求，自行确定进口方案，自行寻找国内市场。企业自行与国外供货客户签订合同而组织进口，进口后一次或分次供应国内厂商或消费者，并自行负担进口经营盘亏。

**（二）代理进口货物**

它是指涉外企业受有关单位或企业的委托，与国外供货客户签订合同并负责对外履行，进口环节所发生的全部税费、业务盈亏均由委托方承担，代理企业只按代理货款收取一定的手续费。

**（三）进料加工**

5

它是指从国外进口原材料或零部件等，经过加工后再出口的一种贸易方式，其中进口是一个环节。由于进料加工业务的原料和成品“两头在外”，国家对进口料件实行税收优惠政策。

**（四）易货贸易**

它是指一种非货币交易，是以物易物的贸易方式。目前主要是边境地区的双边直接进行易货贸易。

**（五）代销国外商品**

它是指国内企业接受国外供货商提供的商品代其在国内销售，并收取一定的手续费。

## 二、进口业务的流程

我国外贸企业进口商品主要的流程如下：

**（一）签订国内合同**

从涉外企业的性质看，进口主要是满足国内生产、生活的需求，一般均为“先有需求，后有进口”或者“以销定进”。因此，外贸企业在进口前必须先与国内用户签订合同，明确进口商品的名称、种类、质量、价格、结算方式、售后服务等条件。

**（二）签订国外合同**

对现汇贸易国家的进口，是在谈判或函电成交的基础上签订合同或成交确认书，据以执行；对记账贸易国家的进口，是在政府间贸易谈判的基础上签订贸易协定或交易合同，由国家指定的外贸公司负责组织执行。

**（三）履行进口贸易合同**

我国的进口业务大部分采用信用证支付方式，有时也采用托收、预付定金加银行保证函等支付方式。在合同生效之后，应立即按合同规定的支付方式办理对外付款保证手续。

1. 对外开立信用证或银行保函

凡是进口合同规定采用信用证支付方式的,应按合同规定填写开立不可撤销跟单信用证申请书,向银行申请开立信用证。在采用预付定金加银行保证函的条件下,应根据合同规定的填写要求开具保函申请书,向银行申请开立银行保证函。对外开立进口信用证或银行保函,是进口企业进口货物程序中的一个重要环节。

2. 租船订舱并通知船期

进口信用证开出以后,应在合同规定的交货期前催促出口商及时备货。对以FOB(离岸价)价格成交的合同,应由我方负责办理租船订舱。办妥租船订舱后,应及时通知出口商船名和船期,督促其按时交货发运。

3. 办理进口保险

凡是以FOB和CFR(成本加运费)价格条件签订的进口合同,在执行时由我方办理海运保险手续。在收到出口方的装船通知后,应立即将船名、提单号、开船日期、商品名称、数量、装卸港口等通知保险公司,据以办理保险手续。



4. 审核单据和付款赎单

国外出口方在商品装船后,应立即将信用证规定的全套单证送交出口方开户银行办理收款手续。进口企业在收到通过开证行转来的出口方开户行发来的全套结算单据后,应认真对照信用证的规定,核对单据的种类、份数和内容,在"单证相符、单单相符"的基础上向开证行办理进口付款赎单手续。

### (四)报关和接运

进口商品达到港口以后,由进出口公司根据单据填写报关单向海关申报,计算应缴纳的税款和相关费用,并随附发票、提单以及保险单,及时办理海关报关和货物接运工作。进口货物运达港口卸货时,港务局要进行卸货核对。若发现短缺,根据情况填写索赔的书面声明。

### (五)商品检验和索赔

如果货物到达后,发现质量、数量有问题及残损等,以我国商检机构的检验证书作为索赔依据。一旦发现问题,商检机构均出具检验证书,详细列明检验结果并判明责任归属,可凭商检机构出具的检验证书向有关责任方索取赔偿。

### (六)销售结算

进口企业在收到国外账单或进口货船到达我国港口后,应按照与用户的合同和有关规定向用户办理有关结算手续,收到国内用户的货款并结算入账。至此,通常情况下的进口货物业务结束。

## 三、进口货物付汇手续

外资企业进口货物后,进口单位凭进口合同、信用证开证申请书、信用证结算方式要求的有效商业单证、进口付汇备案表、进口许可证或登记表到银行付汇给国外客户。具体有以下几种情况:

(1)进口单位凭进口合同、信用证开证申请书、信用证结算方式要求的有效商业单证、进口付汇备案表、进口许可证或登记表、进口证明以及委托代理协议到银行直接办理付汇手续。

（2）进口单位凭进口合同、付款通知单、跟单托收结算方式要求的有效商业单据、许可证、登记表、进口证明、进口付汇备案表以及委托代理协议到银行直接办理付汇手续。

（3）进口单位办理预付货款项购付汇时，凭进口合同、进口付汇核销单及形式发票等相关单证直接到外汇指定银行办理。

（4）进口单位凭进口合同、发票、正本进口报关单、提单、进口付汇核销单、许可证、登记表、进口证明、各种不同贸易方式及运输方式对应的凭证单据、进口付汇备案表以及委托代理协议到银行直接办理。

（5）进口单位凭有关经贸主管部门的核准业务书面批件、购货合同、售货合同、形式发票、买方开具的信用证或经国内银行核对密押的外方银行开具的付款保函、开证申请书以及贸易进口付汇核销单（付汇时）到银行直接办理付汇手续。



## 四、自营进口业务

### （一）自营进口物资采购成本构成

自营进口商品的采购成本主要由国外进价和进口税费两部分构成。

1. 国外进价

进口商品的进价一律以关税完税价格（CIF）为基础。与出口商以 FOB 价格或 CFR 价格成交的，商品离开对方口岸后，应由外贸企业负担的国外运费和保险费作为商品的国外进价入账。外贸企业收到的能够直接认定的进口商品佣金，应冲减商品的国外进价。对于难以按商品直接认定的佣金，如累计佣金，可直接冲减“主营业务成本”科目。

2. 进口税费

它是指进口商品在进口环节应缴纳的计入进口商品成本的各种税费。进口税费包括海关征收的关税和消费税。征收消费税商品的范围和税率与出口商品相同。商品进口环节征收的增值税是价外税，它不是进口商品采购成本的构成部分，应将其列入“应交税费”科目。

进口关税＝关税完税价格（CIF）× 适用税率

消费税＝（CIF＋关税）÷（1－消费税税率）× 消费税税率

增值税＝（CIF＋关税＋消费税）× 税率

### （二）自营进口会计核算

外贸企业采购国外商品主要采用信用证结算方式。收到银行转来国外全套结算单据，将其与信用证或合同条款核对相符，通过银行向国外出口商承付款项时，借记“商品采购”科目，贷记“银行存款”科目。支付国外运费和保险费时，借记“商品采购”科目，贷记“银行存款”科目。进口商品运抵我国口岸，向海关申报进口关税、消费税和增值税时，根据进口关税和消费税的合计数（增值税是价外税，暂不作账务处理），借记“商品采购”科目，贷记“应交税费”科目。外贸企业收到出口商付来的佣金时，借记“银行存款”科目，贷记“商品采购”科目。进口商品采购完毕，验收入库，结转其采购成本时，借记“库存商品”科目，贷记“商品采购”科目。外贸企业支付进口商品的关税、消费税和增值税时，借记“应交税费”科目，贷记“银行存款”科目。

**【工作实例 5-6】** 国内长江公司于 2022 年 2 月份从美国某公司进口甲产品一批，相关业务如下：

① 2 月 5 日，接到银行转来国外全套结算单据开列甲产品 1 000 件，每箱 30 美元 FOB 价格，货款共计 30 000 美元，审核无误后，购汇予以支付，当日银行汇率为 1 美元＝6.47 元人民币。编制会计分录如下：

借：商品采购——甲产品（$30 000×6.47）　　194 100

　贷：银行存款——美元户（$30 000×6.47）　　194 100

② 2 月 10 日，购汇支付进口甲产品国外运费 1 200 美元，保险费 300 美元，当日银行汇率为 1 美元＝6.36 元人民币。编制会计分录如下：

借：商品采购——甲产品（$1 500×6.36）　　9 540

　贷：银行存款——美元户（$1 500×6.36）　　9 540

③ 2 月 19 日，甲产品运达我国口岸，向海关申报甲产品应纳进口关税税额 19 845 元，应纳消费税税额 10 914.75 元，应纳增值税税额 29 797.27 元。编制会计分录如下：

借：商品采购——甲产品　　30 759.75

　贷：应交税费——应交进口关税　　19 845.00

　　　　　　——应交消费税　　10 914.75

④ 2 月 20 日，收到对方的佣金 1 000 美元，当日银行汇率为 1 美元＝6.33 元人民币。编制会计分录如下：

借：银行存款——美元户（$1 000×6.33）　　6 330

　贷：商品采购——甲产品（$1 000×6.33）　　6 330

⑤ 2 月 24 日，进口甲产品验收入库，结转入库成本，编制分录如下：

甲产品入库成本＝194 100＋9 540＋30 759.75－6 330＝228 069.75（元）

借：库存商品——甲产品　　228 069.75

　贷：商品采购——甲产品　　228 069.75

⑥ 2 月 27 日，以银行存款支付进甲产品的进口关税、消费税和增值税。编制会计分录如下：

借：应交税费——应交进口关税　　19 845.00

　　　　　——应交消费税　　10 914.75

　　　　　——应交增值税（进项税额）　　29 797.27

　贷：银行存款　　60 557.02

## 五、代理进口业务

代理进口业务是指外贸企业接受委托单位的委托，使用委托单位的外汇进口商品并按代理方式作价加收手续费销售给用货单位的销售业务。代理进口一般由代理商操作，在进口的过程中，进口代理商作为发货人和收货人之外的中间人，在操作过程中收取佣金，但一般不承担信用、汇兑和市场风险，不拥有进口商品的所有权。

### （一）代理进口业务核算原则

代理进口业务核算原则包括不垫付资金、不承担国外直接费用、采取单到结算方式、不承担进口盈亏、按CIF价与合同规定比例收取手续费，如图5-3所示。

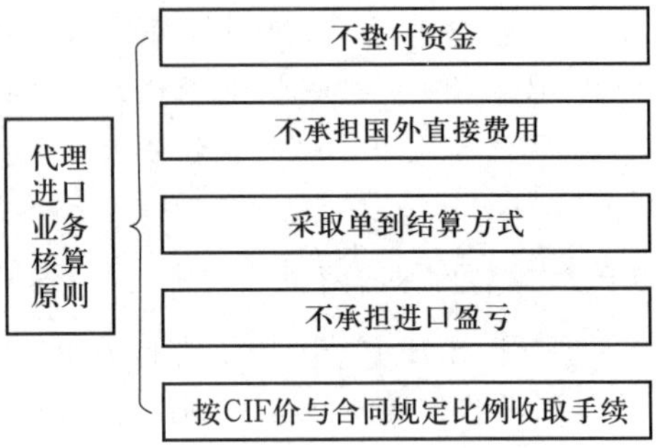


图5-3 代理进口业务核算原则

### （二）代理进口业务核算

代理进口企业，在收到委托单位的预付货款时，借记"银行存款"科目，贷记"预收账款"科目。收到银行转来国外全套结算单据，将其与信用证或合同条款核对无误后通过银行向国外出口商承付款项时，借记"预收账款"科目，贷记"银行存款"科目。支付各项国外费用及缴纳进口各项税款时，借记"预收账款"科目，贷记"银行存款"科目。根据代理进口货物CIF价格的一定比例开具收取代理手续费的发票，确认代理进口业务销售收入的实现，据以借记"预收账款"科目，贷记"其他业务收入"科目。

**【工作实例5-7】** 2022年2月，国内长江公司受国内星耀股份有限公司委托，从美国进口服装一批，合同约定以FOB价格成交，代理手续费按照CIF价格的3%收取，代理期间发生以下业务：

① 2月3日，收到星耀股份有限公司预付的代理进口服装款项1 500 000元。编制会计分录如下：

| | | |
|---|---|---|
| 借：银行存款 | 1 500 000 | |
| 　贷：预收账款 | | 1 500 000 |

② 2月5日，支付国外进口服装的运费500美元，保险费240美元，当日银行汇率为1美元=6.47元人民币，编制会计分录如下：

| | | |
|---|---|---|
| 借：预收账款（\$740×6.47） | 4 787.8 | |
| 　贷：银行存款——美元户（\$740×6.47） | | 4 787.8 |

③ 2月7日，收到银行转来美国公司全套结算单据列示服装1 000箱，每箱150美元FOB价格，货款共计150 000美元，佣金2 000美元，审核无误，扣除佣金后支付货款，当日银行汇率为1美元=6.36元人民币，编制会计分录如下：

| | | |
|---|---|---|
| 借：预收账款（\$148 000×6.36） | 941 280 | |
| 　贷：银行存款——美元户（\$148 000×6.36） | | 941 280 |

④ 2月20日，进口服装运达我国口岸，向海关申报应纳进口关税税额218 000元、消费税税额201 000元、增值税税额165 000元。编制会计分录如下：

借：预收账款　　584 000

　贷：应交税费——应交进口关税　　218 000

　　　　　　——应交消费税　　201 000

　　　　　　——应交增值税（进项税额）　　165 000

⑤ 2月25日，支付进口关税税额218 000元、消费税税额201 000元、增值税税额165 000元。编制会计分录如下：

借：应交税费——应交进口关税　　218 000

　　　　　——应交消费税　　201 000

　　　　　——应交增值税（进项税额）　　165 000

　贷：银行存款　　584 000

⑥ 2月25日，按代理进口服装款CIF价格的3%向星耀股份有限公司收取代理手续费，当日银行汇率为1美元=6.33元人民币。编制会计分录如下：

代理手续费=（\$150 000+\$500+\$240）×3%=4 522.2（美元）

借：预收账款（\$4 522.2×6.33）　　28 625.53

　贷：其他业务收入（\$4 522.2×6.33）　　28 625.53

⑦ 2月27日，收到委托单位的结欠款项58 693.33元

借：银行存款　　58 693.33

　贷：预收账款　　58 693.33

5

# 任务四　出口业务核算

## 一、出口业务含义

出口贸易是指外贸企业组织产品在国际市场上销售，取得外汇的业务。出口业务是外资企业一项重要的业务，也是我国外汇收入的主要来源，一个国家的进口贸易和出口贸易是相辅相成的，没有出口贸易，也就没有进口贸易，随着我国对外贸易体制的改革和完善，我国出口贸易企业的发展呈现多元化趋势。各行各业的大小企业，经申请核准后均可从事外贸经营业务。这些外贸企业性质不同、行业有别、规模不一。

## 二、出口业务类型

出口贸易业务按其经营的性质不同，主要分为自营出口、代理出口、补偿贸易出口等类型。

### （一）自营出口

自营出口业务是指具有进出口经营权的企业，在贸易出口中具有自营性质的出口业务。

它的出口销售收入归企业本身所有，出口商品进价和出口业务有关的国内外费用以及佣金支出、索赔、理赔、罚款等由企业本身负担，出口销售业务的盈亏由企业本身承担。

涉外企业自营出口销售的范围较广，凡具有上述特点的直接出口、转口贸易、托售出口、进料加工复出口、出售样展品，以及供应境内销售（如外国驻华使馆、贸易中心、外轮和远洋国轮）收取外汇的业务，均属于自营出口销售的范围。

#### （二）代理出口

代理出口销售是指外贸企业代替国内委托单位办理对外销售、托运、交单和结汇等全过程的出口销售业务，或者仅代替办理对外销售、交单和结汇的出口销售业务。如果只代替办理部分出口销售业务，而未代替办理交单、结汇业务的，只能称为代办出口销售业务。

#### （三）补偿贸易出口

5

补偿贸易是指在信贷基础上，采取从国外客户进口机器设备、技术，作价形成贷款，而后用该机器设备生产的产品偿还贷款的一种特殊贸易出口业务。

### 三、自营出口业务

#### （一）自营出口业务流程

自营出口销售的业务程序主要可以划分为出口贸易前的准备工作、出口贸易的磋商、签订出口贸易合同和履行出口贸易合同4个业务程序。

1. 出口贸易前的准备工作

外贸企业为了使出口贸易得以顺利进行，应进行调查研究，充分了解国外市场的情况，包括了解进口商所在国的自然条件、进出口贸易的规模、外贸政策、贸易管制状况、关税措施、贸易惯例、运输条件等；了解进口商或消费者对我国出口商品在品质、规格、包装等方面的反映和意见，研究国外市场的供求关系和市场价格的变化情况；了解进口商的资信情况、经营范围和经营能力等。

2. 出口贸易的磋商

确定出口贸易对象后，应进行磋商。一笔交易的磋商过程通常分为询盘、发盘、还盘与反还盘、接受4个环节。

（1）询盘。它又称询价，是指交易的一方要购买或出售某种商品而向另一方发出探询买卖该种商品有关交易条件的一种表示。其内容通常包括商品的品种、规格、性能、价格条件、交货日期和付款条件等。

（2）发盘。它又称报价，是指发盘人向受盘人提出一定的交易条件，并愿意按照这些条件成交订约的表示。

（3）还盘与反还盘。还盘又称还价，是指受盘人对发盘内容提出不同意见，或要求修改某些条件的表示；反还盘是指发盘人对还盘人再提出新的意见。一笔交易往往要经过多次的还盘和反还盘的过程才能成立。

（4）接受。它是指受盘人在发盘的有效期内无条件地同意发盘中所提出的交易条件，愿意订立贸易合同的一种表示。

3. 签订出口贸易合同

外贸企业与进口商在磋商成功的基础上签订贸易合同。贸易合同是指贸易双方通过磋商就某一项具体业务确定各方权利和义务,并取得意见一致的书面协议。贸易合同通常由出口商填制,经双方核对无误并签字后,各执正本1份,据以执行。

4. 履行出口贸易合同

外贸企业履行出口贸易合同,可分为以下5个环节:

(1)组织出口货源。

(2)催证、审证及通知派船或租船。

(3)办理托运手续。

(4)交单收汇。

(5)索赔与理赔。

### (二)自营出口业务核算



1. 商品出库及销售确认核算

外贸企业出口销售通常采用信用证结算,业务部门根据贸易合同和信用证的规定,开具出库单一式数联,由储运部门据以向运输单位办理托运,然后将出库单(记账联和转账联)转给财会部门,财会部门根据出库单(记账联),借记"待运和发出商品"科目,贷记"库存商品"科目。

业务部门待出口商品装船,取得全套货运单据,持出口发票正本向银行交单办理收汇手续,取得银行回单。财会部门取得业务部门转来的发票副本及银行回单时,借记"应收账款"科目,贷记"主营业务收入"科目。然后将储运部门转来的出库单(转账联)所列商品的品名、规格、数量与发票副本核对相符后,结转商品销售成本,借记"主营业务成本"科目,贷记"待运和发出商品"科目。收到货款时,借记"银行存款"科目,贷记"应收账款"科目。

**【工作实例5-8】** 2022年3月1日,国内长江公司根据合同从加拿大A公司进口S商品100吨,本公司采用交易日即期汇率记账。

① 3月2日,收到储运部门转来出库单(记账联)列明出库S商品100吨,每吨1 500元,予以转账。编制会计分录如下:

| | | |
|---|---|---|
| 借:待运和发出商品——S商品 | 150 000 | |
| 　贷:库存商品——S商品 | | 150 000 |

② 3月8日,收到业务部门转来销售S商品的发票副本和银行回单,发票开列S商品100吨,每吨CIF价格400美元,货款共计40 000美元,当日银行汇率为1美元＝6.32元人民币。编制会计分录如下:

| | | |
|---|---|---|
| 借:应收账款——加拿大A公司($40 000×6.32) | 252 800 | |
| 　贷:主营业务收入——S商品($40 000×6.32) | | 252 800 |

同时根据出库单(转账联)结转S商品销售成本。编制会计分录如下:

| | | |
|---|---|---|
| 借:主营业务成本 | 150 000 | |
| 　贷:待运和发出商品——S商品 | | 150 000 |

③ 3月25日，收到银行收汇通知，40 000美元已收汇，银行扣除100美元手续费后将其余部分已存入外汇存款科目，当日银行汇率为1美元＝6.38元人民币。编制会计分录如下：

借：银行存款——外币存款（$39 900×6.38）　　254 562
　　财务费用——手续费（$100×6.38）　　638
　贷：应收账款——加拿大A公司（$40 000×6.38）　　255 200

2. 支付国外相关费用

国外费用主要有运费、保险费和国外佣金。

外贸企业出口贸易有多种不同的价格条件，不同的价格条件所负担的费用是不同的。若以FOB价成交，外贸企业就不用承担国外运费和保险费；若以CFR价成交，外贸企业只承担国外运费；若以CIF价成交，外贸企业将承担国外运费和保险费。



国外运费是指国际贸易价格条件所规定的、应由出口商支付并负担的、从装运港到目的港的运输费用。外贸公司收到运输单位送来的运费凭证，应核对出口发票号码、计费重量、运输等级、运费金额等内容，审核无误后，据以支付运费。

保险费是指企业为转移商品在运输途中的风险，并在遭受损失时能得到必要的补偿，向保险公司投保并负担支付的费用。其计算公式如下：

保险费＝出口商品的CIF价格×110%×保险费率

由于自营出口商品销售收入是按FOB价格扣除佣金后计价的，因此外贸企业负担的国外运费和保险费应冲减“主营业务收入”科目。

**【工作实例5-9】** 承上例资料，2022年3月10日，收到外轮运输公司发票一张，金额1 500美元，支付S商品的运费，当即从外币科目汇付对方，当日汇率为1美元＝6.31元人民币。编制会计分录如下：

借：主营业务收入——S商品运费（$1 500×6.31）　　9 465
　贷：银行存款——外币存款（$1 500×6.31）　　9 465

3月13日，按销售发票金额40 000美元的110%向保险公司投保，保费率为3‰，签发转账支票从外币科目支付，当日银行汇率为1美元＝6.33元人民币。编制会计分录如下：

保险费＝40 000×110%×3‰＝132（美元）

借：主营业务收入——S商品保险费（$132×6.33）　　835.56
　贷：银行存款——外币存款（$132×6.33）　　835.56

3. 支付国外佣金

国外佣金是指价格条件或合同规定应支付给中间商的报酬。由于支付佣金的方式不同，账务处理也各不相同。

明佣。它又称发票内佣金，是指在贸易价格条件中规定的佣金。采取明佣支付方式，出口商在销售发票上不但列明销售金额，而且还列明佣金率、佣金以及扣除佣金后的销售净额。外贸企业在向银行办理交单收汇时，应根据发票中列明的销售净额收取货款，不再另行支付佣金。根据银行回单和销售发票中的销售净额借记“应收账款”科目，根据佣金金额借记“主营业务收入”科目，根据销售金额，贷记“主营业务收入”科目。

暗佣。它又称发票外佣金，是指在贸易价格条件中未作规定，但在贸易合同中规定的佣金。采取暗佣支付方式，出口商在销售发票上只列明销售金额。外贸企业在向银行办理交单收汇时，应根据发票中列明的销售金额收取货款。根据银行回单和销售发票，借记“应收账款”科目，贷记“主营业务收入”科目。同时根据贸易合同中列明的佣金金额，借记“主营业务收入”科目，贷记“应付账款”科目。收到货款汇付佣金时，借记“应付账款”科目，贷记“银行存款”科目。

**【工作实例 5-10】** 承上例资料，长江公司采取暗佣支付方式，佣金率为 2%。

① 3 月 19 日，根据出口商品 2% 的佣金率将应付客户暗佣入账，当日汇率为 1 美元 =6.34 元人民币。编制会计分录如下：

借：主营业务收入——S 商品佣金（$800×6.34）　　5 072

　贷：应付账款——加拿大 A 公司（$800×6.34）　　5 072

② 3 月 20 日，货款已于 15 日收到，现将商品佣金汇付给加拿大 A 公司，当日银行汇率为 1 美元 =6.34 元人民币。编制会计分录如下：

借：应付账款——加拿大 A 公司（$800×6.34）　　5 072

　贷：银行存款——外币存款（$800×6.34）　　5 072

4. 支付国内费用

外贸企业在商品出口贸易过程中，发生的商品自所在地发运至边境、口岸的各项运杂费、装船费等费用，均应列入“销售费用”科目。

**【工作实例 5-11】** 承上例资料，长江公司签发转账支票支付国内运输公司运杂费 2 000 元，并信汇港口的装船费 1 000 元，编制会计分录如下（均不考虑税费）：

借：销售费用　　3 000

　贷：银行存款　　3 000

5. 其他核算

（1）退关甩货的核算。

退关甩货是指出口商品发货出库后，因故未能装运上船（车）就被退回仓库。储运部门接到业务部门转来的出口商品止装通知后，应立即采取措施，将已发出的商品予以提回，并办理入库手续。财会部门根据转来的退关止装入库凭证，借记“库存商品”科目，贷记“待运和发出商品”科目。

（2）销货退回的核算。

出口商品销售后，因故遭到国外退货时，由业务部门及时分别与储运部门和财会部门联系，确定退回商品的运输和货款的处理意见。财会部门根据出口商品的提单及原发票复印件等凭证冲转出口销售收入。

（3）索赔和理赔的核算。

索赔是指外贸企业因对方违反合同规定遭受损失，根据规定向对方提出的赔偿要求。外贸企业出口销售业务索赔经进口商确认，同意赔偿时，借记“应收账款”科目，贷记“营业外收入”科目。

理赔是指外贸企业因违反合同规定使对方遭受损失，受理对方根据规定提出来的赔偿要求。在出口业务中，进口商发现出口商品的数量、品种、规格、质量与合同不符，包装不善，商品逾期装运以及不属于保险责任范围的商品短缺、残损严重等情况，并提供有关证明，向外贸企业提出索赔时，外贸企业经核实确认后，应进行理赔。



## 四、代理出口业务

代理出口业务是指具有进出口经营权的企业接受其他单位的委托，代办对外销售及交单索汇工作，或者同时也代办发运、制单等全过程的工作。代理出口业务不同于代办业务，凡办理结汇的称为代理出口业务，不办理结汇的称为代办业务。

受托企业经办代理出口业务的原则是不垫付商品资金，不负担基本费用，不承担出口销售盈亏，按出口销货发票的金额及规定的手续费率收取手续费。

代理出口销售盈亏，提供出口货源及国内外一切基本费用均由委托方承担。国内费用，其直接费用由委托方负责，间接费用以向委托方收取一定比例的手续费进行补偿。国外运费、保险费，可由委托方预拨，或由受托方垫付后在结算时扣还。

经办代理出口业务的企业应与委托方事先签订代理协议，并就经营商品、代理范围、商品交接、保管运输、费用负担、货款结算方式、索赔处理、手续费率等有关业务内容，作出详细规定，以明确双方责任。

一般情况下，代理出口销售所得的外汇收入归委托单位所有。其货款结算有两种方式：一是异地结汇办法（又称差额收结货款方式），是指受托企业在办理代理出口销售交单结汇时在有关单证中写明银行收到外汇货款后分别向受托企业和委托企业分割（结）汇的方式。采取这种方式时，银行收到外汇后如含有佣金，在扣除应付佣金后，将代垫的国内外直接费用和代理手续费向受托企业办理收（结）汇，将余额直接划拨委托单位。二是当地结汇方式（又称全额收结货款方式），是指银行在收到代理出口销售外汇时按全额转入受托企业存款科目的一种结算方式。采用这种方式时，由受托企业办理结汇收账，扣除各种代垫费用后，将外汇余款划拨给委托方。无论采用哪一种方式，应在代理出口协议中明确规定。

### （一）代理出口业务核算原则

外贸企业经营代理出口销售业务应遵循不垫付商品资金、不负担国内外直接费用、不承担出口销售业务的盈亏，只按照出口销售发票金额及规定的代理手续费率向委托单位收取外汇手续费的原则。根据这一原则，委托单位必须提供出口货源，负担一切国内外直接费用，并承担出口销售业务的盈亏。

代理出口销售业务发生的国内外直接费用，均应由委托单位负担，费用的结算可以由委托的外贸企业垫付，然后向委托单位收取，也可以由委托单位预付，以后再进行清算。

### （二）代理出口业务流程

代理出口业务流程包括签订代理出口协议、签订商品出口合同、催证、办理出口货款结算和收汇备案，如图 5-4 所示。

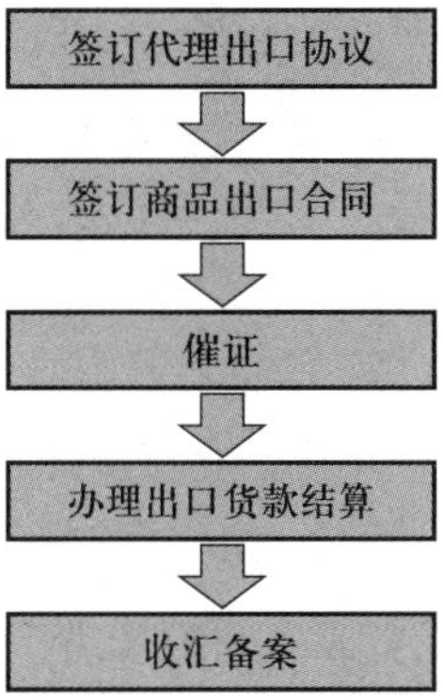


**图 5-4　代理出口业务流程**

### （三）代理出口业务核算

1. 代理出口商品收发

外贸企业根据合同规定收到委托单位发来代理出口商品时，应根据储运部门转来代理业务入库单上所列的金额，借记“受托代销商品”科目，贷记“代销商品款”科目。代理商品出库后，应根据储运部门转来的代理业务出库单上所列的金额，借记“待运和发出商品——受托代销商品”科目，贷记“受托代销商品”科目。

**【工作实例 5-12】** 4 月份，国内长江公司受小鹏服装厂委托，向美国代理出口女式套裙服装业务，女式套裙已运到。

① 4 月 2 日，收到储运部门转来代理业务入库单，列明入库套裙 1 000 套，每套 200 元。编制会计分录如下：

借：受托代销商品——小鹏服装厂　　200 000
　贷：代销商品款——小鹏服装厂　　200 000

② 4 月 3 日，收到储运部门转来代理业务出库单，列明出库套裙 1 000 套，每套 200 元。编制会计分录如下：

借：待运和发出商品——受托代销商品　　200 000
　贷：受托代销商品——小鹏服装厂　　200 000

2. 代理销售核算

外贸企业代理出口商品交单办理收汇手续，取得银行回单时就意味着销售已经确认，然而这是委托单位的销售收入，因此通过“应付账款”科目核算。根据代理出口商品的销售金额，借记“应收账款”科目，贷记“应付账款”科目；同时结转代理出口商品的销售成本，根据代理出口商品的出库金额，借记“代销商品款”科目，贷记“待运和发出商品——受托代销商品”科目。

**【工作实例 5-13】** 承接上例资料。长江公司根据代理出口合同销售给美国博尔德公司女式套裙。

① 4 月 7 日，收到业务部转来代理销售服装的发票副本和银行回单，发票开列女式套裙 1 000 套，每套 CIF 价格 200 美元，货款共计 200 000 美元，当日银行汇率为 1 美元 =6.37 元人民币。编制会计分录如下：

借：应收账款——美国博尔德公司（$200 000×6.37）　　1 274 000
　贷：应付账款——小鹏服装厂（$200 000×6.37）　　1 274 000

② 4 月 7 日，同时根据代理业务出库单（转账联）结转代理出口销售成本。编制会计分录如下：

借：代销商品款——小鹏服装厂　　200 000
　贷：待运和发出商品——受托代销商品　　200 000

3. 垫付费用

外贸企业在垫付国内外直接费用时，借记“应付账款”科目，贷记“银行存款”科目。



**【工作实例 5-14】** 承接上例资料。长江公司代理销售女士套裙发生国内外直接费用。

① 4 月 8 日，通过银行转账，分别支付国内运输公司各项费用共计 4 000 元。编制会计分录如下：

借：应付账款——小鹏服装厂　　4 000
　贷：银行存款　　4 000

② 4 月 9 日，签发转账支票两张，分别支付外轮运输公司的运费 800 美元、保险公司的保险费 200 美元，当日汇率为 1 美元 =6.37 元人民币。编制会计分录如下：

借：应付账款——小鹏服装厂（$1 000×6.37）　　6 370
　贷：银行存款——外币存款（$1 000×6.37）　　6 370

4. 销售收汇核算

外贸企业代理出口销售收汇时，如采取异地结汇法，收到银行转来的垫付代理出口商品的国内外直接费用和代理手续费时，根据收到的金额，借记“银行存款”科目，贷记“应收账款”科目；并根据业务部门转来按代理出口销售收入金额的一定比例收取代理手续费发票的金额，借记“应收账款”科目，贷记“其他业务收入”科目；同时根据银行划拨委托单位的金额，借记“应付账款”科目，贷记“应收账款”科目。

**【工作实例 5-15】** 承接上例资料。长江公司代理销售女士套裙采取异地结汇法，代理业务的手续费率为 1%，发生收汇业务。

① 4 月 20 日，收到银行转来分割收结汇的收账通知，折合金额为 3 630 美元，其中代理业务代垫国内费用 4 000 元，代垫国外运费 800 美元、保险费 200 美元，代理手续费 2 000 美元，款项全部存入外币存款户，当日汇率为 1 美元 =6.40 元人民币。编制会计分录如下：

借：银行存款——外币存款（$3 630×6.40）　　23 232
　贷：应收账款——美国博尔德公司（$3 630×6.40）　　23 232

② 4月20日，同时根据代理业务收取代理手续费发票（记账联）金额2 000美元。编制会计分录如下：

借：应付账款——小鹏服装厂（$2 000×6.40）　　12 800
　贷：其他业务收入（$2 000×6.40）　　12 800

③ 4月20日，同时根据银行转来的分割结汇通知，划拨小鹏服装厂收汇余额47 850美元。编制会计分录如下：

借：应付账款——小鹏服装厂（$197 000×6.40）　　1 260 800
　贷：应收账款——美国博尔德公司（$197 000×6.40）　　1 260 800

外贸企业代理出口销售业务如采取全额收（结）汇法，收到银行转来收汇通知收取全部款项时，借记“银行存款——外币存款”科目，贷记“应收账款”科目。然后由业务部门按代理出口销售收入的一定比例开具收取代理手续费的发票，其中一联记账联送交财会部门扣款。财会部门根据代理出口销售收入金额减去垫付的国内外费用后的差额借记“应付账款”科目；根据业务部门转来的代理手续费发票记账联贷记“其他业务收入”科目，将两者之间的差额汇付委托单位，根据汇款回单，贷记“银行存款”科目。



## 思考与实训

### 一、思考题

1. 外币业务的几种记账方法有哪些区别和联系？
2. 仔细思考什么叫外汇、外币和外汇汇率？
3. 如何有效区分外币汇率的标价方法？
4. 如何理解代理进口业务的核算原则？
5. 进口商品的税费主要包含哪些？
6. 进口商品进行国内销售时收入如何确定？
7. 代理出口和自营出口会计核算有哪些本质区别？
8. 请查阅资料后阐述出口业务的详细流程。
9. 出口商品退货的时候已支付的佣金如何处理？

### 二、实训题

#### 实　训　一

**【目的】**实训外币业务汇兑损益的核算。

**【资料】**大庆进出口公司是一个具有进出口经营权的生产型公司，选择确定的记账本位币为人民币，其外币交易记账汇率采用交易日即时市场汇率（即期汇率），某年12月1日各类科目的期初余额如表5-1所示。

表 5-1 **各科目期初余额**

| 科目名称 | 外币金额 | 汇率 | 人民币金额/元 |
|---|---|---|---|
| 银行存款——美元户 | USD100 000 | 7.16 | 630 000 |
| 应收账款——甲公司 | USD50 000 | 7.16 | 315 000 |
| 应付账款——乙公司 | USD40 000 | 7.16 | 252 000 |

该公司 12 月份发生以下业务：

（1）12 月 2 日，上月国外甲公司所欠货款 50 000 美元今日收到入账，当日即期汇率 1 美元 =7.18 元人民币。

（2）12 月 12 日，今日又向国外甲公司出口产品一批，CIF 价为 40 000 美元，货款尚未收到，当日即期汇率为 1 美元 =7.22 元人民币。

（3）12 月 13 日，从美元银行存款户中支付上月所欠国外乙公司货款 25 000 美元，当日即期汇率为 1 美元 =7.22 元人民币。

（4）12 月 15 日，向国外 C 公司进口甲材料 50 吨，每吨单价 300 美元，当天即期汇率 1 美元 =7.23 元人民币，货款尚未支付。

（5）12 月 18 日，从美元银行存款户中支付外方工作人员工资 7 200 美元，当日即期汇率为 1 美元 =7.22 元人民币。

（6）12 月 20 日，收到本月 12 日向国外甲公司销售产品的部分货款 31 500 美元，当日即期汇率 1 美元 =7.19 元人民币。

（7）12 月 21 日，从美元存款户中归还上月欠乙公司货款 15 000 美元，当日即期汇率 1 美元 =7.22 元人民币。

（8）12 月 31 日，当日美元即期汇率 1 美元 =7.20 元人民币。

**【要求】**作出以上业务的会计分录，并计算银行存款美元户、应收账款、应付账款的期末汇兑损益，作出调整分录。

## 实 训 二

**【目的】**实训自营进口业务的核算。

**【资料】**国内大洋电子商务公司为一般纳税企业，选择确定的记账本位币为人民币，其外币交易采用期初即期汇率折算。该公司 2022 年 2 月份从美国进口甲商品共 6 箱，箱子尺码为 120 厘米 ×120 厘米 ×80 厘米，每只重 50 千克，进口价每千克 FOB 300 美元，当月月初即期汇率中间价 1 美元 =6.37 元人民币。今接到进口货物结算专用发票一式四联单，货款当即付出。现假设：海运运费率为每运费吨 100 美元，收费重量/体积比率为 1 立方米 =1 000 千克，投保金额为发票金额的 110%，保险费率为 3‰，进口关税税率为 12%，增值税税率为 13%，银行手续费率为 5‰。该公司发生业务如下：

（1）以外汇银行存款支付进口甲商品货款。

（2）以外汇银行存款支付进口甲商品海外运费。

（3）以外汇银行存款支付进口甲商品保险费。

（4）以银行存款支付银行手续费。

（5）以银行存款支付进口关税及增值税。

（6）将进口甲商品验收入库。

**【要求】**根据上述经济业务作相关会计分录。

## 实 训 三

**【目的】**实训代理进口业务的核算。

**【资料】**上海星图进出口贸易公司受国内天贝公司委托，代理进口法国箱包业务，以FOB价格成交。2022年2月份发生以下业务：

（1）2月1日，收到天贝公司预付代理进口法国箱包款项1 366 100元。

（2）2月5日，购汇支付法国吉尔公司箱包的国外运费1 500美元，保险费200美元，当日卖出价为USD1＝CNY6.374 6。

（3）2月10日，收到银行转来法国吉尔公司全套结算单据开列箱包100件，每件FOB价格600美元，货款共计60 000美元，佣金1 000美元，审核无误并扣除佣金后支付货款，当日卖出价为USD1＝CNY6.359 9。

（4）2月15日，同时按代理进口箱包货款CIF价格的2.5%向天贝公司收取代理手续费1 800美元，当日中间价为USD1＝CNY6.353 2。

（5）2月20日，法国箱包运达我国口岸，向海关申报应纳进口关税税额100 000元、增值税税额126 000元。

（6）支付代理进口香水的进口关税和增值税。

**【要求】**根据上述经济业务作相关会计分录。

## 实 训 四

**【目的】**实训自营出口业务核算。

**【资料】**青岛上元进出口公司根据进出口贸易合同，2022年4月份销售给美国克斯特公司P商品500吨，每吨300美元，采用信用证结算，采用交易日即期汇率入账，4月份发生下列有关的经济业务：

（1）2日，收到储运部门转来出库单，列明出库P商品500吨，每吨1 250元，予以转账。

（2）3日，签发转账支票支付P商品装船费1 000元。

（3）5日，收到外轮运输公司发票1张，金额为1 200美元，用于支付500吨P商品的国外运费，当即签发转账支票从外币科日付讫，当日美元汇率的中间价为6.35元。

（4）10日，按P商品销售发票金额150 000美元的110%向保险公司投保，保费率为2%，签发转账支票从外币科目支付，当日美元汇率的中间价为6.36元。

（5）13日，收到业务部门转来销售P商品的发票副本和银行回单。发票列明P商品500吨，每吨CIF价格300美元，共计货款150 000美元，佣金率为3%，佣金4 500美元，当日美元汇率的中间价为6.37元人民币。同时根据出库单（转账联）结转出库P商品的销售成本。

（6）21日，收到银行转来的收汇通知，银行扣除100美元手续费后，将其余部分存入外币存款科目，当日美元汇率的中间价为6.41元人民币。

**【要求】**根据上述经济业务作相关会计分录。

5

## 实 训 五

【目的】实训代理出口业务的核算。

【资料】青岛洋洋电子商务有限公司受烟台服装厂委托，代理出口女式套裙业务。根据代理出口合同销售给美国菲斯特公司女式套裙 800 套，每套 CIF 价格 80 美元，货款总额 64 000 美元，代理手续费率 2%。代理业务发生的国内外直接费用由烟台服装厂负担，代理出口销售货款采取全额结汇法。2023 年 5 月份，青岛洋洋电子商务有限公司的有关代理业务如下：

（1）7 日，收到储运部门转来的代理业务入库单，列明入库女式套裙 800 套，每套 420 元。

（2）8 日，收到储运部门转来的代理业务出库单，女式套裙发往港口装船，列明出库女式套裙 800 套，每套 420 元。

（3）15 日，收到银行转来的发票，分别为支付国内运输公司运杂费 600 元、港口装船费 650 元、外轮运输公司运费 800 美元、保险公司保险费 150 美元，当日汇率为 1 美元＝6.79 元人民币，经审核无误，当即签发转账支票予以支付。

（4）20 日，收到业务部门转来代理出口的发票副本和银行回单，发票列明女式套裙 800 套，每套 CIF 价格 80 美元，货款总额 64 000 美元，当日汇率为 1 美元＝6.75 元人民币。

（5）26 日，按代理协议，银行转来结汇通知扣除银行手续费 20 美元并收取货款，当日汇率为 1 美元＝6.74 元人民币。

（6）27 日，业务部门转来按代理出口销售收入金额的 2% 开具的代理手续费发票 1 280 美元，当日汇率为 1 美元＝6.74 元人民币。

（7）27 日，财会部门根据代理出口协议扣除垫付的各项国内外直接费用（国内费用可以按照交易日当日汇率折合为美元）、应收取的代理手续费后，将外汇余款通过银行转付给烟台服装厂。

【要求】根据上述经济业务作相关会计分录。

## 思政园地

# 稳步发展对外贸易,拉动我国经济高速增长

### 关键词

民生保障;社会公平;资源节约

### 内容

快速发展的对外贸易一向被视为改革开放以来拉动我国经济高速增长的“引擎”。改革开放以来,我国对外贸易一直保持高速增长,其年均17.5%的增速高于同期我国国民经济9.7%的增速,我国对外贸易总额的世界排名由1978年的第29位上升至2008年的第3位。2021年,我国以极大的优势稳坐全球最大贸易国的位置。进入2022年后,我国的对外贸易表现也持续亮眼,在第一季度,我国实现了9.42万亿元的对外贸易总额,同比涨幅达到了10.7%。

对外贸易是我国经济高速增长的发动机,对经济的直接贡献主要体现在:一是促进国民经济协调发展。对外贸易通过商品在国际范围内流动,实现国内外资源的转化,优化我国的生产要素组合和资源配置,促进我国经济健康发展。二是提高劳动生产率。对外贸易使我国参与国际竞争与分工,节约社会劳动,提高劳动生产率。三是扩大劳动就业。我国拥有世界上最多的劳动力,且人均资本量低,就业压力很大。发展对外经贸活动将提供大量劳动就业机会,是扩大就业的重要手段。四是提高利润率。对外贸易使我国可以充分利用国内国外资源,降低生产成本,利用国内国外市场,扩大生产规模、取得规模经济效益,从而提高利润率。五是直接计入国内生产总值(GDP)。按照国民经济支出法计算,出口额直接计入GDP,出口额增加1亿美元,GDP就增加1亿美元。

### 启示

自2001年我国加入WTO后,对外贸易对我国GDP的直接贡献份额逐年上升,对外贸易的重要性随之逐年提高。同时对外贸易对我国GDP增长的直接贡献份额在30%左右,远大于同期对外贸易对我国GDP的直接贡献份额,对外贸易成为我国经济高速增长的发动机,对我国经济的贡献巨大。目前国际金融危机还在扩散和蔓延,世界经济下行和衰退的趋势更加明显。我国保增长任务很重,在扩大内需和投资的同时,积极扶持对外贸易也尤为重要。2022年以来,我国多次上调出口退税率,多次组织采购团赴国外采购,以确保对外贸易稳定发展。

# 项目六　交通运输企业会计核算

【知识目标】

- 了解交通运输企业会计核算的特点。
- 熟悉交通运输企业典型业务核算流程以及业务类型。
- 熟悉物流业典型业务核算流程以及业务流程。

【能力目标】

- 能够进行一般交通运输业典型业务的账务处理。
- 具备胜任交通运输企业财务会计岗位的业务能力。
- 会进行物流业典型业务的账务处理。

【素养目标】

● 自古以来,交通运输就是社会血脉,是社会发展的保证,同时也是社会生产与消费的桥梁和纽带,重要性不言而喻。当前,我国综合国力日益增强,基础设施建设越来越完善,交通运输行业也得到了快速的发展和进步,而财务会计正是交通运输行业运营管理的重点工作,有着一定的提升空间。要认识到扎实地做好交通运输企业的财务工作,对我国国民经济的发展有着重要的意义。

## 任务一　交通运输企业会计核算认知

### 一、交通运输企业的含义

交通运输企业是指利用运输工具专门从事运输生产或者直接为运输生产服务的企业。运输活动能使劳动对象的空间位置发生改变,将产品的生产、分配、消费有机结合起来。

广义的交通运输企业包括铁路运输、公路运输、水路运输、航空运输、管道运输等所有交通运输企业,如果按照行业形态来区分,交通运输企业包含客货运输企业、货物装卸企业、运输服务企业以及运输工具修理企业。

交通运输企业会计是以交通运输企业为会计主体的一种行业会计。它是以货币为主要计量单位，运用专门的方法，对各类运输企业的经济活动进行全面的、连续的、系统的核算和监督，以促进运输企业加强经营管理、提高经济效益的一种管理活动。

## 二、交通运输企业生产经营特点

交通运输生产活动的结果是使劳动对象发生空间位置上的变化，将人员输送到需要的地方，将材料物资提供给生产者，将产品送交给消费者，促使各地经济文化交流，使社会资源得到充分利用。所以说，交通运输业可把社会再生产过程中的生产、分配、消费环节有机地结合起来，它是联结社会生产消费领域的桥梁和纽带，是国民经济发展的先行者。

交通运输企业的主要业务是从事旅客和货物的运输，此外还有装卸、堆存、代理、运输工具出租、旅客服务、集装箱、材料销售及旅游服务等业务。

与工业企业相比，交通运输企业的经济业务具有以下几个特点：

### （一）生产的过程不同

交通运输企业的生产过程具有流动性、分散性，除车站、港口装卸场地固定外，整个运输生产过程始终在一个广阔的空间内流动进行，通过沿线各单位、各工种持续不断地分工协作来完成，是一个点多、线长、面广、多环节、多工种的联合生产过程。因此，必须把一系列生产活动按照一定的流程加以组织，在统一的生产指挥下协调起来，保持各生产环节的连续性、协调性和平衡性，这样才能保证运输生产活动的顺利进行。而工业企业一般是在一个固定的厂区内从事生产活动，其生产组织工作相对简单。



### （二）提供的产品不同

交通运输企业提供的产品与工业企业提供的实物产品不同，是没有实物形态的产品：劳务，包括货物运输劳务和旅客运输劳务。运输劳务作为物和人的位移，其效用是与运输业的生产过程紧密结合的，并且只能在运输生产过程中被消费掉。因此，运输业的生产和消费在时间和空间上都是结合在一起的，其生产过程和销售过程是统一的，生产过程完成，销售过程也就完成，既不能储存产品，也不能转让产品。因此，交通运输企业要提高经济效益，就要提高满座率和载运率，避免回程空驶。

### （三）对劳动对象的影响不同

工业企业在生产过程中通过对劳动对象（原材料等）的加工，不断创造新的物资产品，而交通运输企业的劳动对象是被输送的货物和旅客，其生产过程并不改变劳动对象的属性和形态，只改变劳动对象的空间位置。其在生产过程中消耗的主要是燃料和运输工具，而不是劳动对象。

### （四）资产的构成比例不同

交通运输企业因其生产消耗的特点，其实物资产的构成比例与工业企业具有较大的差别。一般来说，交通运输企业固定资产的比重大，流动资产的比重小，流动资产中燃料、备品备件、轮胎的比重大，原材料的比重小。

上述交通运输企业生产经营业务的特点决定了其会计核算的特点。

## 三、交通运输企业会计核算特点

从会计核算方法来看，公路运输、水路运输、铁路运输以及航空运输等各行业都各具特点，彼此之间很难像一般的工商业会计一样予以统一，尤其是铁路运输和航空运输。当然，与一般工商企业相比，这些运输企业在会计核算上也可以归纳出几个共同的特点，主要表现在以下几个方面：

### （一）存货核算的特殊性

交通运输企业持有存货的目的不是生产或销售，而是为其开展的运输业务服务，故与制造业、流通业企业相比，其存货所占的比重不大，且存货中不包括制造业和流通业企业中大量持有的原材料和库存商品等存货，而主要以燃料、轮胎及修理用备件为主，因而其核算具有一定的独特性。

### （二）成本结转的直接性

由于交通运输企业的生产过程也就是其销售过程，成本核算不必区分生产成本和销售成本，因此，交通运输企业的运营成本直接通过损益类科目进行归集，而不必像工业企业那样，先将生产成本归集到成本计算类的“生产成本”科目，待其加工完成后再转入“库存商品”科目，最后当产品销售后，再将已销产品的成本从“库存商品”科目结转入“主营业务成本”科目进行当期损益的计算。



### （三）基本业务核算的多样性

运输营运过程是生产过程和销售过程相统一的过程，即运输生产的完成也就是销售的实现。故交通运输企业与制造业的不同之处在于没有与生产过程相分离的产品销售过程。企业进行运输生产过程，经过核收费用和装卸费等的结算过程（统称为营运过程），即可获得更多的货币资金。因而交通运输企业会计在基本业务中不需要组织产成品和销售的核算。

### （四）收入结算的复杂性

交通运输企业取得运输业务收入的方式是向旅客发售客票和向货物托运人开出货票，同时收取票款。这种一手交票、一手收钱的方式是一种特殊的销售行为。由于交通运输企业生产点多线长、流动性大，其生产过程要经过许多部门、许多单位共同参与才能完成，因此就决定了其收入结算方式的多样化。交通运输企业既要在其运营区域或线路上设营业站、所、代办机构等，直接对外售票结算运费，并将其汇缴企业集中；又要与其他运输企业对代理业务收入进行相互划转与清算。

### （五）计量单位的特殊性

运输生产计量单位是货物与旅客的周转量，其计量取决于两个因素：一是数量，即货物的重量和旅客的人次；二是距离，即位移的公里、海里等。因此，运输企业的计量单位为人公里、吨公里。

# 任务二　交通运输业典型业务核算

## 一、交通运输企业存货的核算

交通运输企业存货,可以分为以下几类:燃料、轮胎、材料、周转材料。材料、周转材料的核算方法与工业企业类似。燃料和轮胎在运输企业中所占的比重较大,一般应设置"原材料——燃料"和"原材料——轮胎"科目进行核算。

### (一)燃料

交通运输企业的燃料包括各种用途的固体燃料、液体燃料、气体燃料及可作燃料使用的废料。燃料在运输过程中消耗比较大,是运输企业一项主要的存货,在存货中所占的比重比较大。

1. 燃料的管理

交通运输企业燃料的管理一般包含车存燃料的管理和车耗燃料的管理两类。

(1)车存燃料的管理。车存燃料是营运车辆投产后,接受任务出车运行前储存于车辆油箱内的燃料。在实际操作中,车存燃料的管理方法有两种:一是满油箱制,它要求投入运营的车(船)在每次加油时必须充满油箱,月末根据领油凭证计算出车(船)耗油的数额,从而考核车(船)的耗油情况。二是盘存制,它要求每一辆投入运营的车(船)根据实际需要领料加油,月末经过盘存油箱的实存数后,计算出当月实际耗油数量。

(2)车耗燃料的管理。在实际工作中,车耗燃料管理可采用路单领油记录和行车燃料颁发记录表、路单套写领油收据、路单贴附燃料领用凭证、油票等方法。

2. 燃料的核算

企业应设置"原材料——燃料"科目核算企业库存和车(船)存的各种燃料,包括各种用途的固体燃料、液体燃料和气体燃料,以及可以作为燃料使用的废料的计划成本或实际成本。实行盘存制的企业,应在"原材料——燃料"科目下分别设置"库存"和"车存"明细科目核算。实行满油箱的企业,可以不设置明细科目。验收入库的燃料比照"原材料"科目的有关规定,在"原材料——燃料(库存)"科目中核算。车(船)领用燃料时,借记本科目(车存),贷记本科目(库存);月末根据实际耗用,借记"主营业务成本——运输支出""管理费用""其他业务成本"等科目,贷记本科目。实行计划成本的企业,还应该在月末计算结转燃料的成本差异,借记"主营业务成本——运输支出""管理费用""其他业务成本"等科目,贷记"材料成本差异——燃料"科目(若实际成本小于计划成本,则用红字)。

**【工作实例6-1】** 皖风汽车运输公司有客运和货运两类业务,实行满油箱制核算燃料费用,采用实际成本方法核算。该公司2月份燃料发出汇总情况如表6-1所示。

表 6-1 2月份燃料发出汇总表

| 燃料领用部门 | 实际成本 |
| --- | --- |
| 客运线路一 | 50 000 |
| 客运线路二 | 70 000 |
| 货运线路一 | 100 000 |
| 货运线路二 | 120 000 |
| 公司管理部门 | 20 000 |
| 合计 | 360 000 |

会计处理如下：

借：主营业务成本——运输支出——客运线路一 50 000
——客运线路二 70 000
——货运线路一 100 000
——货运线路二 120 000
管理费用 20 000
贷：原材料——燃料 360 000



**【工作实例 6-2】** 上海天承运输公司有客运和货运两类业务，实行盘存制核算燃料费用，采用实际成本法核算。本月燃料发出汇总情况如表 6-2 所示。

表 6-2 3月份燃料发出汇总表

| 领用部门 | 月初车存 / 升 | 本月领用 / 升 | 月末车存 / 升 | 本月耗用 / 升 | 实际成本 /（8元 / 升） |
| --- | --- | --- | --- | --- | --- |
| 客运线路一 | 1 000 | 10 000 | 1 100 | 9 900 | 79 200 |
| 客运线路二 | 1 200 | 10 000 | 1 000 | 10 200 | 81 600 |
| 货运线路一 | 2 000 | 20 000 | 2 200 | 19 800 | 158 400 |
| 货运线路二 | 2 300 | 30 000 | 1 500 | 30 800 | 246 400 |
| 管理部门 | 100 | 1 000 | 80 | 1 020 | 8 160 |
| 合计 | 6 600 | 71 000 | 5 880 | 71 720 | 573 760 |

① 燃料领用发出时的会计分录：

领用金额：71 000×8=568 000（元）

借：原材料——燃料——车存 568 000
贷：原材料——燃料——库存 568 000

② 本月共计耗用燃料实际成本573 760元,编制会计分录:

| | | |
|---|---|---|
| 借:主营业务成本——运输支出——客运线路一 | 79 200 | |
| ——客运线路二 | 81 600 | |
| ——货运线路一 | 158 400 | |
| ——货运线路二 | 246 400 | |
| 管理费用 | 8 160 | |
| 贷:原材料——燃料——库存 | | 573 760 |

### (二)轮胎

轮胎是汽车运输企业的重要部件,其存货量大、更换频繁,应设置"原材料——轮胎"科目进行核算。轮胎包括外胎、内胎和垫片。内胎和垫片因价值较低,可视同一般消耗性材料,在发生时直接计入各成本计算对象的成本,外胎价值较高,使用时间较长,企业在领用轮胎的时候,一般采用一次摊销法或按行驶公里数预提法。

1. 一次摊销法

一次摊销法即领用轮胎外胎时,将轮胎外胎的成本一次全部计入当期运输成本支出。轮胎的核算可按实际成本计价,也可按计划成本计价,如果采用计划成本计价,还应结转材料成本差异。



**【工作实例6-3】** 上海天承运输公司有客运和货运两类业务,对轮胎领用采用一次摊销法,2023年3月份公司车队领用新轮胎共计53 000元。编制会计分录如下:

| | | |
|---|---|---|
| 借:主营业务成本——运输支出 | 53 000 | |
| 贷:原材料——轮胎 | | 53 000 |

2. 按行驶公里数预提法

(1)月终按照轮胎实际行驶里程和规定的胎公里摊销额计算轮胎费用时,借记"主营业务成本——运输支出"科目,贷记"其他应付款——预提轮胎费"科目。

(2)轮胎不能继续使用需要报废时,按收回的残料价值,借记"原材料——其他"科目,贷记"主营业务成本——运输支出"科目;报废轮胎的实际行驶里程与定额里程比较,如果实际行驶里程与定额行驶里程不相等,则调整运输成本。当报废轮胎实际行驶里程超过定额里程时:借记"其他应付款——预提轮胎费"科目,贷记"主营业务成本——运输支出"科目。反之,作相反会计分录。

(3)领用新轮胎的时候,应按照新轮胎的价值冲减原轮胎已经预提的费用,借记"其他应付款——预提轮胎费"科目,贷记"原材料——轮胎"科目。

(4)车辆报废时,计算并冲减第一套轮胎的预提费用,借记"其他应付款——预提轮胎费"科目,贷记"主营业务成本——运输支出"科目。

**【工作实例 6-4】** 上海天承运输公司有客运和货运两类业务,对轮胎采用按公里数预提法,2023 年 3 月份发生以下业务:

① 本月车队领用新轮胎,成本为 9 000 元。编制会计分录:

| | | |
|---|---|---|
| 借:其他应付款——预提轮胎费 | 9 000 | |
| 　贷:原材料——轮胎 | | 9 000 |

② 月末计算出本月共计应预提轮胎费用 12 600 元,其中客运车队 7 000 元,货运车队 5 600 元。编制会计分录:

| | | |
|---|---|---|
| 借:主营业务成本——运输支出——客运 | 7 000 | |
| ——货运 | 5 600 | |
| 　贷:其他应付款——预提轮胎费 | | 12 600 |

③ 本月客运车队报废轮胎 10 条,残值共 500 元,已经入库。编制会计分录:

| | | |
|---|---|---|
| 借:原材料——其他 | 500 | |
| 　贷:主营业务成本——运输支出——客运 | | 500 |

6

④ 经过计算,报废的轮胎应补提运输费用 1 100 元。编制会计分录:

| | | |
|---|---|---|
| 借:主营业务成本——运输支出——客运 | 1 100 | |
| 　贷:其他应付款——预提轮胎费 | | 1 100 |

## 二、汽车运输企业的会计核算

### (一)营业收入核算

汽车运输企业营业站所的设置一般有两种:一种是企业在其负责营运的区域、线路上设置车站、营业所、代办站等机构直接售票、结算运费和解缴进款;另一种是在大城市由交通主管机关集中设置营运所或货运站,统一组织受理货物托运业务并收取运费,汽车运输企业承运货物后与这些所、站结算营业收入。

汽车运输企业要核算各项营业收入,应分别设置“主营业务收入”和“其他业务收入”等科目,可以根据具体类别或者场所在“主营业务收入”科目下设置明细科目,如设置“运输收入”“装卸收入”“堆存收入”“代理业务收入”等明细科目。

汽车运输企业一般是在企业一级之下设置各基层站、所,两者之间有时候是平行关系,有时候是所属关系。基层站、所一般为企业内部独立的核算单位,基层站、所实现的营业收入要定期向上级报账,并及时将收入款项交付上级。为了核算企业各个内部单位之间应收、应付营业收入款项的解缴与结算情况,一般可设“应收账款——应收内部单位款”和“应付账款——应付内部单位款”。

**【工作实例 6-5】** 安徽宏发运输公司下设桥南、桥北两个中心站,两个中心站均实行独立核算,桥南中心站下设幸福路、中山路两个分所,3 月份桥南中心站发生下列业务:

① 3月1日，桥南中心站收入日报显示，本日营运收入20 000元，增值税1 800元。编制会计分录：

借：银行存款　　21 800
　贷：主营业务收入——运输收入　　20 000
　　　应交税费——应交增值税（销项税额）　　1 800

② 3月2日，桥南中心站将上月欠公司总部的810 000元营业收入上交公司总部。编制会计分录：

借：应付账款——应付内部单位款——公司总部　　810 000
　贷：银行存款　　810 000

③ 3月10日，桥南中心站根据幸福路、中山路两个分所报来的1—10日营业收入报表显示，幸福路分所营运收入160 000元，中山路分所营运收入80 000元，增值税税率均为9%，桥南中心站编制会计分录：

借：应收账款——应收内部单位款——幸福路分所　　174 400
　　　　　　　　　　　　　　——中山路分所　　87 200
　贷：主营业务收入——运输收入　　240 000
　　　应交税费——应交增值税（销项税额）　　21 600

④ 3月11日，桥南中心站收到两个分所交来的营业款项。其中幸福路分所174 400元，中山路分所87 200元。桥南中心站编制会计分录：

借：银行存款　　261 600
　贷：应收账款——应收内部单位款——幸福路分所　　174 400
　　　　　　　　　　　　　　　　——中山路分所　　87 200

⑤ 月末，桥南中心站编制营收月报上报公司总部，本月共计营收（不含税）1 200 000元。桥南中心站编制会计分录：

借：主营业务收入——运输收入　　1 200 000
　贷：应付账款——应付内部单位款——公司总部　　1 200 000

⑥ 月末，公司总部编制营收汇总表，桥南中心站本月营收1 200 000元，桥北中心站本月营收750 000元。总部编制会计分录：

借：应收账款——应收内部单位款——桥南中心站　　1 200 000
　　　　　　　　　　　　　　——桥北中心站　　750 000
　贷：主营业务收入——运输收入　　1 950 000

### （二）营运成本核算

汽车运输企业的成本计算对象是客车和货车的运输业务，即按客车运输和货车运输分别汇总计算其完成运输周转量的总成本和单位成本。此外，为反映不同车型的成本水平，还可以以车型作为成本核算对象计算各种车型的成本。对于以旅客、货物的综合运输业务为成本核算对象的，还要计算其运输综合成本。企业发生的运输费用，直接或间接根据费用汇总凭证及费用分配表记入“主营业务成本——运输支出”科目的借方，以及其所属的成本核算对象设置的明细账借方的有关成本项目。在此基础上，企业就可按客、货车运输及规定的成本项目计算营运成本。

企业的运输费用经过归集和分配以后计入各成本核算对象，可以按照制造成本法计算客车运输业务和货车运输业务的营运成本，即根据“主营业务成本——运输支出”科目的本期营运费用净额计算本期客车运输业务和货车运输业务的营运总成本。本期营运费用净额是通过“主营业务成本——运输支出”科目的借方费用总额减去其贷方费用冲减数后的余额计算的。企业将计算出的客、货车运输业务的营业总成本除以本期运输周转量，便可确定客、货车运输业务的营运单位成本。

**【工作实例 6-6】** 华东汽车运输公司经营客、货两类业务，2023 年 3 月 31 日，公司归集各种费用，包含：燃料费用、轮胎费用、人工费、折旧费、修理费等。燃料与轮胎之前已经介绍，此处不再赘述，其他费用处理方式类似，本实例以职工薪酬为例。本月的职工薪酬费用如表 6-3 所示。

6

**表 6-3　　3 月份职工薪酬费用归集分配表**

| 项目 | 应付职工薪酬金额 / 元 |
|---|---|
| 客运人员支出 | 80 000 |
| 货运人员支出 | 75 000 |
| 营运间接费用 | 40 000 |
| 行政管理部门费用 | 46 000 |
| 合计 | 241 000 |

汽车运输企业每月的人工费用根据用途进行分配，车队的司机、售票员等员工薪酬记入“主营业务成本——运输支出”科目，车队管理人员以及辅助部门的薪酬可记入“劳务成本——营运间接费用”或者“劳务成本——辅助营运费用”科目，公司管理人员薪酬记入“管理费用”科目。

根据表 6-3，公司编制会计分录如下：

借：主营业务成本——运输支出——客运　　80 000
　　　　　　　　　　　　　　——货运　　75 000
　　劳务成本——营运间接费用　　40 000
　　管理费用　　46 000
　贷：应付职工薪酬　　241 000

**【工作实例 6-7】** 3 月末，华东汽车运输公司经过计算汇总共计发生修理费、折旧费等营运间接费用 116 250 元，按照客车、货车车队的人员薪酬比例进行分配，如表 6-4 所示。

表 6-4　　3 月份营运间接费用分配表

| 项目 | 分配标准/元 | 分配率 | 分配金额/元 |
|---|---|---|---|
| 客运 | 80 000 | 0.75 | 60 000 |
| 货运 | 75 000 | | 56 250 |
| 合计 | 155 000 | | 116 250 |

根据表 6-4，公司编制会计分录如下：

借：主营业务成本——运输支出——客运　　60 000

　　　　　　　　　　　　　　——货运　　56 250

　贷：劳务成本——营运间接费用　　116 250

## 三、铁路运输企业的会计核算

我国铁路运输企业的运输生产是在中国铁路总公司的统一指挥和领导下，由各个铁路局及其下属的各个铁路分局相互配合、共同完成的。在会计核算上，铁路运输企业实行分级核算，各铁路局是一级核算单位，其下属的铁路分局是二级核算单位，铁路分局下属的各个站段是三级核算单位。这三级核算单位需层层负责，各铁路局直接对铁路总公司负责。铁路运输生产和管理体制具有一定的特殊性，这从根本上决定了其会计核算的特殊性。

6

### （一）铁路运输业务特点

1. 运输进款单独核算

铁路运输收入进款是指在铁路沿线各个点上实现的，由车站的各收款点收取的，以车站（段）为单位按有关规定通过银行向铁路分局、铁路局逐级解缴的客货运输收入。对于运输收入进款，铁路局及其所属分局、车站（段）要在银行开立存款专户，进行专门核算和存储，逐级上缴到中华人民共和国铁道部（以下简称铁道部），然后由铁道部按照规定的方法重新分配到各铁路分局进行日常运营。在会计核算中，对铁路运输收入进款要进行单独核算、单独设置会计科目和账户、单独编制会计报表。

2. 实行分级核算

我国铁路运输企业的客货运输业务是在铁道部的统一领导下，由各铁路局及其下属的各个铁路分局相互协作、配合来共同完成的。因此，在会计核算上，实行铁路局、铁路分局、基层站段分级核算。在分级核算中，由铁路局掌管全局的资金，根据铁道部批准的生产计划组织生产，计算运输收入，确定经营成果；铁路分局和基层站属于铁路运输内部的经济核算单位，对本部门发生的经济活动进行局部的、独立的核算，按计划核收铁路局划拨的运营资金，正确核算本单位的运输支出，并计算应取得的运输清算收入。

3. 资金周转大

我国的铁路客货运输业务量是非常大的。我国幅员辽阔，人口众多，铁路运输生产具有运输距离长、站点多、覆盖面广的特点，服务的范围涉及全国各个地区和角落，日常铁路客货运输的周转量较大。应该说，无论是客运还是货运，铁路运输在我国所有各类交通运输方式中基本上都排在第一位，铁路运输是我国最主要和最重要的客货运输手段。

4. 上下级往来业务多

铁路运输企业的分级核算制度决定了上下级之间的往来业务较多。往来业务主要有投资资金转拨、运营资金清算拨款、运输收入结算、利润解缴业务等。

（1）投资资金转拨业务。

投资资金转拨是指铁路运输企业内部上下级之间转拨投资资金的经济业务。投资资金在企业内部转拨时，上级单位的拨付所属投资增加，下级单位的上级拨入投资增加。拨出资金对上级来说是一种投资，对下级来说是一种集资。

（2）运营资金清算拨款业务。

运营资金清算拨款是指铁路运输企业内部上下级之间因运输工作需要发生的运营资金预付和结算的经济活动。为了保证生产的正常进行，在铁路运输企业内部，上级单位要定期向下级单位预付营运资金。拨款以后，上级单位应收下级的款项增加，下级单位应付上级的款项也将增加。完成运输工作以后，下级单位要向上级单位清算所拨付的运营资金。

（3）运输收入结算业务。

运输收入结算是指铁路运输企业内部上下级之间因完成运输工作而形成的内部收入的结算。铁路运输企业的运输收入由铁路局集中核算，实行独立核算的铁路分局和基层单位分别向铁路局结算，并取得相应的收入，以弥补支付的成本费用。完成运输工作的运输收入结算款，对下级单位来说是收入，对上级单位来说是支出。

（4）解缴利润业务。

解缴利润业务是通过基层单位上缴到铁路分局、铁路分局上缴到铁路局、铁路局再上缴到铁路总公司的方式完成的。对于下级单位来说，解缴利润时“利润分配”科目余额增加；对于上级单位来说，解缴利润时“所属上缴利润”科目余额增加。

### （二）运输收入进款的核算

铁路运输收入进款是指在铁路沿线各个点上实现的，由列车站的各收款点收取的，以车站（段）为单位按有关规定的手续通过银行向铁路分局、铁路局逐级解缴的客货运输收入。一直以来，我国对于铁路运输系统的运输及相关收入都采取统收统支的办法，对于铁路运输收入进款，各站（段）应当在银行开立运输收入进款存款专户专项存储，逐级上缴到铁路总公司，再由铁路总公司按照规定的方法重新分配到各铁路分局。近年来，为充分调动各个铁路层级增收节支的积极性，铁路总公司的权力开始下放，各铁路局只需要按规定上缴部分收入，其余的则由铁路局自行支配。总之，在铁路运输企业会计中，对铁路运输收入进款应实行单独核算，单独设立会计科目，单独编制会计报表，不能与各核算单位的其他核算业务混淆进行。

铁路运输企业在完成旅客和货物运输工作时，按照国家规定的运价，向旅客和货主核收的货币资金称为运输收入。运输收入按运送对象的不同，可分为：① 货物运费收入；② 旅客票价收入；③ 行李运费收入；④ 包裹运费收入；⑤ 邮运运费收入；⑥ 客货运服务收入；⑦ 保价收入；⑧ 其他收入；等等。

1. 站段运输收入进款的核算

站段一般应配备专职负责进款的人员，进行运输收入进款的管理，每天按规定的结账时间结清运输收入进款，在所设置的“运输收入进款日记账”收入栏中分项登记客运收入、货运收入、行李收入、其他收入及收回欠缴款、收回垫付款等各项收入数；在支出栏中登记退旅客票价款、退货主款，以及发生的欠款、支出垫款等各项支出数；同时结出每日运输收入进款总额。运输收入进款每日送存银行的数额和上缴铁路分局的数额应在所设置的“运输收入银行存款明细账”中进行登记，每日根据“上日结余”加“本日存入”减“上缴进款”计算“本日结余”。

2. 铁路分局运输进款的核算

铁路分局日常的会计核算主要就是关于进款取得和上缴的核算。在核算过程中，如果没有其他的往来情况，则取得的运输收入进款应全部作为“应缴运输收入”处理，但由于大量往来业务的存在，使得运输收入进款的经济业务相对复杂，因此，铁路分局通常设置“运输进款”科目作为中介科目。



**【工作实例 6–8】** W 铁路分局在 2023 年发生以下主要典型运输进款业务：

① 收到站段汇缴的运输收入进款 150 000 元，编制会计分录：

借：银行存款　　150 000

　贷：车站在途　　150 000

② 向上级铁路局上缴运输进款 220 000 元，编制会计分录：

借：已缴运输进款　　220 000

　贷：银行存款　　220 000

③ 2023 年 3 月份 W 铁路分局的运输收入进款总表如表 6–5 所示：

**表 6–5　　3 月份 W 铁路分局运输收入进款总表**

| 收方 | | 支方 | |
|---|---|---|---|
| 项目 | 金额 / 元 | 项目 | 金额 / 元 |
| 旅客票价收入 | 500 000 | 退票款项 | 45 000 |
| 货物运输收入 | 200 000 | 其他退款 | 36 000 |
| 包裹运输收入 | 15 000 | 垫款 | 21 000 |
| 货物保价收入 | 12 000 | 退多收款 | 1 200 |
| 邮运收入 | 170 000 | 车站在途 | 893 800 |
| 其他收入 | 80 000 | | |
| 收回代垫款 | 20 000 | | |
| 收方合计 | 997 000 | 支方合计 | 997 000 |

运输收入进款总表的收方反映一定时期内铁路分局各种来源的进款。其中收回垫支款、少缴款记入“其他应收款”科目；旅客票价收入、货物运输收入等运营收入均记入“应缴运输收入”科目。运输收入进款总表的支方项目反映当期进款的存在和占用形态。其中退票款、其他退款等退还旅客、货主的款项应冲减“应缴运输收入”科目。

收到款项时，编制会计分录：

| | | |
|---|---|---|
| 借：运输进款 | 997 000 | |
| 贷：应缴运输收入——客运收入 | | 500 000 |
| ——货运收入 | | 200 000 |
| ——包裹收入 | | 15 000 |
| ——保价收入 | | 12 000 |
| ——邮运收入 | | 170 000 |
| ——其他收入 | | 80 000 |
| 其他应收款——代垫款 | | 20 000 |

确认支出和在途款项，编制会计分录：

| | | |
|---|---|---|
| 借：应缴运输收入——客运收入 | 45 000 | |
| ——其他收入 | 36 000 | |
| 其他应收款——代垫款 | 21 000 | |
| 其他应付款——退多收款 | 1 200 | |
| 车站在途 | 893 800 | |
| 贷：运输进款 | | 997 000 |

④ 年度终了，W 铁路分局将“应缴运输收入”“已缴运输进款”科目的累计余额分别转入“欠缴上级运输进款”科目。本年度，“应缴运输收入”“已缴运输进款”科目累计结余 860 万元和 840 万元。编制会计分录如下：

结转应缴运输收入：

| | | |
|---|---|---|
| 借：应缴运输收入 | 8 600 000 | |
| 贷：欠缴上级运输进款 | | 8 600 000 |

结转已缴运输进款：

| | | |
|---|---|---|
| 借：欠缴上级运输进款 | 8 400 000 | |
| 贷：应缴运输收入 | | 8 400 000 |

从以上的案例中可以看出，铁路分局运输收入进款的日常会计核算主要包括进款的取得与上缴，以及一些往来款项的确认与收付的核算，年终要将“应缴运输收入”科目与“已缴运输收入进款”科目结转到“欠缴上级运输进款”科目，以确定“欠缴上级运输进款”科目的余额。

3. 铁路分局运输进款的核算

铁路运输收入进款实行分级核算以后，客货票据的审核、票款的核对、进款资金与营业资金之间的往来结算等工作大部分由铁路分局完成。铁路局运输收入进款核算的主要内容包括：审核军运、邮运、国际联运客票及行包票据，编制军运、邮运运输收入总表；审核铁路分局收入会计报表和收入总表；核对银行收款回单，掌握各个铁路分局应缴运输收入进款、已缴运输收入进款和运输收入在途款；办理各种往来结算，及时清理应收和应付款项；按规定向铁路总公司解缴运输收入进款。

【工作实例 6-9】 铁路局 2023 年 4 月运输收入进度款如表 6-6 所示：

表 6-6　　4 月铁路局运输收入进款总表　　单位：元

| 项目 | W 铁路分局 | H 铁路分局 |
|---|---|---|
| 旅客票价收入 | 480 000 | 710 300 |
| 货物运输收入 | 320 000 | 430 000 |
| 包裹运输收入 | 170 000 | 210 000 |
| 货物保价收入 | 110 000 | 124 000 |
| 邮运收入 | 200 500 | 141 200 |
| 其他收入 | 89 000 | 112 000 |
| 合计 | 1 369 500 | 1 727 500 |

① 分别确认 W、H 铁路分局的应缴运输收入，编制会计分录如下：

借：下级欠缴运输进款——W 铁路分局　1 369 500
　贷：应缴运输收入——客运收入　480 000
　　　　——货运收入　320 000
　　　　——包裹收入　170 000
　　　　——保价收入　110 000
　　　　——邮运收入　200 500
　　　　——其他收入　89 000

借：下级欠缴运输进款——H 铁路分局　1 727 500
　贷：应缴运输收入——客运收入　710 300
　　　　——货运收入　430 000
　　　　——包裹收入　210 000
　　　　——保价收入　124 000
　　　　——邮运收入　141 200
　　　　——其他收入　112 000

② 根据各分局汇缴的运输收入进款，W 铁路分局 1 369 500 元，H 铁路分局 1 727 500 元，编制会计分录：

借：其他货币资金——分局汇缴途中款——W 铁路分局　1 369 500
　　　　——H 铁路分局　1 727 500
　贷：下级欠缴运输进款——W 铁路分局　1 369 500
　　　　——H 铁路分局　1 727 500

另外，铁路局自身应根据运输收入进款收支总表进行运输进款核算，年终结转“应缴运输收入”与“已缴运输进款”余额，其核算方法与铁路分局类似，不再赘述。

6

### （三）铁路运输企业成本核算

铁路运输企业在营运过程中发生的各种成本费用主要包括运输成本、管理费用和财务费用。其中，管理费用和财务费用与一般企业没什么差别，但运输成本的特点比较突出，这里简单介绍。

1. 铁路运输企业成本的核算特点

（1）由于铁路运输企业的业务特点，其成本核算对象一般按运输的种类设置，比如客运成本、货运成本。

（2）铁路运输成本是铁路运输企业在运输生产过程中发生的与运输、装卸和其他业务等营运生产直接相关的各项支出，包括直接消耗的材料费用、人工费用、间接支出费用。

直接消耗的材料费用是指铁路运输企业在营运过程中实际消耗的各种燃料、材料、备品备件、动力照明等直接支出的材料费。人工费用是指铁路运输企业直接从事营运生产的人员的工资、福利费、奖金、津贴和补贴等。间接支出费用是指铁路运输企业在营运过程中不能直接计入运输成本的支出，包括固定资产折旧费、修理费、铁路线路灾害防治费、铁路线路绿化费、乘客紧急救护费、集装箱费用、车辆冬季预热费、养路费、行车杂费等。



（3）铁路运输企业的成本核算同样实行分级核算制，各基层单位分别核算与自身业务相关的成本，铁路分局和铁路局进行逐级汇总。

（4）铁路运输企业的成本计算单位为周转量，分为换算吨公里、人公里和吨公里三个基本单位。

2. 铁路运输成本的内容

运输成本是铁路运输企业营运生产过程中实际发生的与运输、装卸和其他业务等营运生产直接相关的各种支出。其主要包括：

（1）企业在营运过程中实际消耗的各种燃料、材料、润料、备品备件、动力照明和低值易耗品等直接支出的材料费用。

（2）企业直接从事营运生产活动人员的工资、福利费、奖金、津贴和补贴等直接支出的人工费用。

（3）企业在营运生产中发生的固定资产折旧费、修理费、租赁费，铁路线路灾害防治费，铁路线路绿化费，铁路护路护桥费，乘客紧急救护费，集装箱费用，行车杂费，车辆牌照检验费，车辆清洗费，车辆冬季预热费，养路费，设计制图费，劳动保护费，职工福利费，事故净损失等间接支出的费用。

3. 铁路运输成本的核算方法

铁路运输企业的主营业务成本总分类核算就其账务处理而言是比较简单的。铁路运输企业的主营业务成本设有旅客运输成本、货物运输成本、行包运输成本、基础设施成本、其他成本等明细科目。

（1）运输生产领用材料、燃料、周转材料，应作如下会计分录：

借：主营业务成本

　贷：原材料、周转材料等

（2）分配生产人员工资，应作如下会计分录：

借：主营业务成本

贷:应付职工薪酬

(3)支付生产用水、用电等其他费用,应作如下会计分录:

借:主营业务成本

贷:银行存款等

(4)按规定计提固定资产折旧费,应作如下会计分录:

借:主营业务成本

贷:累计折旧

# 任务三 物流业典型业务核算

## 一、物流企业概述

物流企业是指从事物流活动的经济组织,是独立于生产领域之外的,专门从事与商品流通有关的各种经济活动的企业。具体来说,物流企业在以物流为主体功能的同时,还必须伴有商流、资金流和信息流,包括仓储业、运输业、批发业、连锁业和外贸行业等分流出来的物流业务组织。

作为物流企业至少应为从事运输(含运输代理、货物快递)或仓储的经营业务,并能按照客户物流需求对运输、存储、装卸、包装、流通加工、配送等基本功能进行组织和管理,具有与自身业务相适应的信息管理系统,实行独立核算、独立承担民事责任的经济组织。



### (一)物流企业的特征

从物流企业的概念可知,物流企业具有如下特征:

(1)物流企业是国民经济流通产业机体的细胞,是具有健全机能和旺盛生命力的有机体。

(2)物流企业是在市场经济的运行和发展过程中,专门从事与实体商品交换活动有关的各种经济活动的经济组织。

(3)物流企业为维系生存和发展,具有自身的利益驱动机制。

(4)物流企业是具有流通服务职能、平等参与竞争、享有合法权益的法人。

### (二)物流企业的职能

在市场经济条件下,社会生产总过程是由生产、分配、交换和消费四个基本环节构成的。生产是起点,消费是终点,分配和交换是中间环节。商品的流通是连续的交换,或者是总体上的交换。商品的流通是社会生产总过程中相对独立的环节,是连接生产和消费的中间环节。

生产企业只有相互交换各自需要的物质产品,才能使各自的生产过程不间断地进行。因此,社会物质产品的生产能力同社会物质产品的流通能力彼此制约、互相作用。物流企业作为独立于生产企业之外、专门从事商品交换活动的经济实体,从全社会来看,其基本的职能是以商品的买者和卖者的双重身份交替出现在市场中,按照供求状况来完成物质的交换,解决社会生产与消费之间在数量、质量、时间和空间上的矛盾,实现生产和消费的供求结合,保证社会再生产的良性循环。这是物流企业的基本职能,也称宏观职能。

商品流通全过程一般分为购、销、存、运四个相对独立的环节。物流企业的宏观职能是通过其微观职能来实现的。其微观职能表现为:

1. 社会物资组织职能

物流企业根据市场的需求,用货币购买生产企业的劳动成果——产品,引入流通领域。

2. 供应职能

这个职能表现为物质资源到货币的转换,意味着物流企业在满足了再生产的物质需要、完成了商品的供应任务后,除了弥补流通成本,还要获得增值的货币——销售利润。从社会生产总过程来看,这个职能又表现为生产企业的货币到再生产需求的物质资料的转换,意味着取得了进行再生产的物质要素,并实现了物质产品的价值。

3. 储存职能

物流企业的这一职能是由生产社会化决定的,即每个生产企业生产的商品具有单一性,而其消费却具有多样性、复杂性。通过物流企业"蓄水池"的职能,将购进的物质产品加以积累。

4. 运送职能

6

物流企业的这一职能,将暂时停留在流通领域的物质产品,借助于运力完成其商品实体在空间分布上的转移,运送到消费者所在地,从而创造出生产总过程的空间价值。

5. 流通职能

在市场经济社会,最重要、最大量的信息来自于市场。由于物流企业连接产需双方及其直接置身于市场的特殊地位,使它们在收集信息方面具有得天独厚的条件,将市场供求变化和潜在需求的信息反馈给供求双方,起到了指导生产、引导消费和开拓市场的作用。

## 二、物流企业营业收入核算

物流企业的营业收入包含主营业务收入和其他业务收入,主营业务是为客户提供运输、仓储、装卸、配送等物流服务。主营业务是物流企业的重要业务,是其收入的主要来源,应重点加以核算,主要介绍如下:

### (一)运输收入

运输收入是指物流企业经营货物运输业务所取得的营业收入,包括货运收入和其他运输收入。其中,货运收入是最主要的主营业务收入,如长短途整车、货运收入以及自动装卸车运输货物收取的装卸费。

### (二)仓储收入

仓储收入是指企业经营仓库、堆场业务所取得的主营业务收入。

### (三)装卸收入

装卸收入是指企业经营装卸业务所取得的主营业务收入,如按规定费率向货物托运人收取的装卸搬运费(不包括自动装卸车运输货物收取的装卸费),联运货物换装、火车汽车倒装收入及临时出租装卸机械的租金收入。

### （四）配送收入

配送收入是指物流企业提供配送服务所取得的收入。

### （五）代理业务收入

代理业务收入是指企业办理联运业务及为其他运输企业和社会车辆办理代理业务收取的手续费收入。

物流企业的其他业务收入是指经营除以上主营业务以外的其他各种业务所取得的收入。其他业务收入属于企业日常活动中的次要交易实现的收入，一般占企业总收入的比重较小，一般包含材料销售、资产出租、对外服务等相关收入。

为了核算物流企业取得的各项收入，物流企业应设置“主营业务收入”以及“其他业务收入”科目，按照其分类设置其他子科目分门别类进行核算，如“运输收入”“仓储收入”“装卸收入”“配送收入”“代理业务收入”“包装收入”等明细科目，其核算方式与其他企业类似。物流企业的运输收入属于交通运输类别，一般纳税人增值税税率为 9%，其他物流辅助服务增值税税率为 6%，如代理、包装、装卸。



**【工作实例 6-10】** 江城顺达物流公司为一般纳税人企业，在江城市下设三个基站，康复路站、中山路站、宁武路站，2023 年 2 月份共计取得营业收入 423 万元。详细汇总情况如表 6-7 所示。

**表 6-7　　2 月份公司主营业务汇总表**　　单位：万元

| 基站 | 运输收入 | 代理收入 | 装卸收入 |
| --- | --- | --- | --- |
| 康复路站 | 56 | 32 | 43 |
| 中山路站 | 72 | 21 | 38 |
| 宁武路站 | 66 | 40 | 55 |
| 合计 | 194 | 93 | 136 |

根据表 6-7 的汇总数据，江城顺达物流公司本月运输收入 194 万元，增值税税率 9%，增值税 17.46 万元；代理收入 93 万元，增值税税率 6%，增值税 5.58 万元；装卸收入 136 万元，增值税税率 6%，增值税 8.16 万元。款项均已收到，分别开具增值税专用发票。

① 确认营业收入会计分录如下：

借：银行存款　　4 542 000
　贷：主营业务收入——运输收入　　1 940 000
　　　　　　　　　——代理收入　　930 000
　　　　　　　　　——装卸收入　　1 360 000
　　　应交税费——应交增值税（销项税额）　　312 000

② 月终将营业收入结转至“本年利润”科目，编制会计分录：

借：主营业务收入——运输收入 1 940 000
——代理收入 930 000
——装卸收入 1 360 000
贷：本年利润 4 230 000

## 三、物流企业成本费用核算

### （一）物流企业成本构成

1. 物流成本按流通的环节分类，可分为运输成本、仓储成本、装卸搬运成本和配送成本等

（1）运输成本。

在物流企业中，运输在其经营业务中占主导地位，物流运输费用在整个物流业务中占较大比例。因此物流合理化在很大程度上依赖运输合理化，而运输合理与否直接影响着物流运输费用的高低，进而影响物流成本的高低。物流运输，按运输设备和运输工具的不同，可以分为公路运输、铁路运输、水路运输、航空运输和管道运输。概括来讲，物流企业的运输成本主要包括人工费用、营运费用和其他费用。

（2）仓储成本。

仓储管理的主要任务是用最低的费用在适当的时间和地点取得适当数量的存货。仓储成本是物流总成本的一个重要组成部分，物流成本的高低常常取决于仓储成本的高低。

（3）装卸搬运成本。

装卸搬运成本是装卸和搬运成本的总称。在指定的地点以人力或机械设备装入或卸下物品，一般发生在同一地域范围内（如车站、工厂和仓库），改变物体的存放和支承状态的活动称为装卸；改变物体的空间位置的活动称为搬运。物流活动中，装卸搬运成本项目主要包括装卸直接费用和营运间接费用。其中，前者包括相关人员的人工费用、装卸搬运过程中发生的合理损耗、固定资产折旧费、维修费、燃料动力费、劳动保护费、运输管理费和外付装卸费等。

（4）配送成本。

配送是指物流企业按用户订单或配送协议进行配货，选择经济合理的运输路线与运输方式，在用户指定的时间内，将符合要求的货物送达指定地点的一种商品供应方式。配送是一种小范围的物流活动。一般的配送集装卸、包装、保管、运输和加工等环节于一身。配送成本包括分拣成本、配货成本、配送运输成本和流通加工成本。

2. 物流成本按计入成本对象的方式分类，可分为直接计入成本和间接计入成本

（1）直接计入成本。

直接计入成本是指费用发生时，能直接计入某一成本计算对象的费用。某项费用是否属于直接计入成本，取决于该项费用能否确认与某一成本计算对象直接有关和是否便于直接计入该成本计算对象。物流企业在经营过程中所发生的原材料费用、直接人工费用通常属于直接计入成本。

（2）间接计入成本。

间接计入成本是指生产费用发生时，不能或不便于直接计入某一成本计算对象，而需先按发生地点或用途加以归集，待月终选择一定的分配方法进行分配后才能计入有关成本计算对象的费用。物流企业的仓储装卸费，营运部等部门管理人员的工资，建筑物和机器设备的折旧、租赁费、修理费，机物料消耗，水电费，办公费等，通常属于间接计入成本。

除此之外，物流成本还存在其他的一些分类方式。如根据物流成本是否可以控制，分为可控成本与不可控成本；按物流费用的支付形态，可分为材料费、人工费、燃料动力费、经营管理费和一般经费等。

因物流成本的会计核算方式相似性较大，故本节中以运输成本和仓储成本作为案例进行分析。

### （二）运输成本的核算

一般来讲，运输总成本包括：货运费、车费、燃料费、设备维护费、劳务费、保险费、装卸费等。不同运输方式所包含的运输成本有不同的构成类别和范围。根据物流企业运输服务耗费的特点，运输成本分为以下几项。

1. 直接材料

直接材料是指营运车辆在营运过程中耗用的燃料、轮胎、材料、低值易耗品、备品备件、专用工具等支出。燃料包括营运过程中耗用的汽油、柴油。轮胎包括营运车辆所耗用的外胎、内胎、垫带以及轮胎翻新和零星修补。

2. 直接人工

直接人工是指物流企业支付给从事运输服务的营运车辆司机及其助手的工资奖金、津贴、职工福利、社会保险费、住房公积金、工会经费和职工教育经费等职工薪酬，包括司机及其助手在所驾车辆保养和修理期间发生的工资、奖金、津贴、职工福利、社会保险费、住房公积金等职工薪酬。

3. 其他直接费用

其他直接费用是指企业从事营运生产过程中发生的固定资产折旧、牌照检验、车辆清洗、过路费、司机中途的住宿费、保险费、差旅费等。

4. 营运间接费用

营运间接费用是指运输中心及其车队、车站、车场等基层营运单位为管理和组织运输服务所发生的各项间接费用，主要包括营运单位管理和技术人员的工资、奖金、津贴、职工福利、社会保险费、住房公积金、工会经费和职工教育经费等职工薪酬，劳动保护费，取暖费，水电费，办公费，差旅费，折旧费，保险费，保养费等。

企业发生上述费用，可以根据不同的情况，分别记入“主营业务成本”或者“销售费用”“管理费用”等科目。

**【工作实例 6-11】** 江城顺达物流公司为一般纳税人，旗下共有甲车队和乙车队两个车队，2023 年 2 月共计发生运输费用 81 万元，其中，其他运输费均用银行存款支付。费用经过分摊后如表 6-8 所示。

表 6-8 2 月公司运输费用分摊表 单位:万元

| 项目 | 燃料费 | 人工费 | 折旧费 | 其他运输费 | 合计 |
| --- | --- | --- | --- | --- | --- |
| 甲车队 | 10 | 12 | 5 | 3 | 30 |
| 乙车队 | 15 | 15 | 6 | 4 | 40 |
| 营运间接费 | | 2 | | 1 | 3 |
| 管理费用 | | 6 | 2 | | 8 |
| 合计 | 25 | 35 | 13 | 8 | 81 |

根据表 6-8,编制会计分录如下:

借:主营业务成本——甲车队 300 000
　　　　　　　——乙车队 400 000
　销售费用 30 000
　管理费用 80 000
　贷:原材料——燃料 250 000
　　应付职工薪酬——工资 350 000
　　累计折旧 130 000
　　银行存款 80 000



### (三)仓储成本的核算

仓储成本是指因一段时间内储存货物而发生的各种费用,由于仓储业务是堆存业务,因此仓储成本习惯上称为堆存成本。仓储成本项目主要包括仓储直接费用和仓储间接费用。

1. 仓储直接费用

仓储直接费用是指仓库因仓储、保管货物而发生的直接费用,主要由以下项目组成:

(1)职工薪酬。它是指按规定支付给从事仓储作业人员的标准工资、岗位津贴和补贴及奖金。

(2)仓储材料费。它是指因仓储、保管货物所消耗的各种材料。

(3)周转材料摊销。它是指应由本期仓储成本负担的货架、托盘、板材等仓储工具和其他周转材料的摊销额。

(4)仓储动力及照明费。它是指冷藏仓库、恒温仓库等仓库耗用的动力费和各种仓库耗用的照明费。

(5)仓库折旧费。它是指仓库等仓储设备按照规定计提的折旧费用。

(6)修理费用。它是指为保证仓储设备正常使用而发生的修理费用。

(7)仓储损失。它是指在仓储作业过程中,因仓库责任而造成的货物被盗、丢失、损毁、变质、错交等货损、货差事故损失。

(8)仓储保险费。它是指应由本期仓储业务负担的财产保险费用。

（9）其他费用。它是指不属于以上项目的仓储直接费用。

2. 仓储间接费用

由于仓储业务和装卸业务是密不可分的，仓储和装卸业务往往与客户合签一份合同，仓储间接费用是指企业的仓储装卸部门、营运部或分公司为管理和组织仓储和装卸的劳动生产所发生的管理费用和业务费用。

仓储成本核算，必须首先确定成本核算对象。物流企业为了确保货物没有损耗、变质和丢失，必须建造或租用仓库、堆场，购买各种仓储材料，配备必要的仓库管理人员，安装或配备适宜的防盗、防冻、防潮、防火、通风、消防等各种防护设施设备，消耗水电，货物保管不善还会发生盗窃、霉烂变质、毁损等事故损失。这些耗费构成了仓储费用。将仓储费用对象化就形成了仓储成本。物流企业接受客户的货物总储存在仓库或堆场内，其仓库类型复杂多样，按建筑结构可以分为露天仓库、简易仓库、平房仓库、楼房仓库、立体仓库和罐式仓库等；按保管货物的特性可以分为普通仓库、冷藏仓库、恒温仓库、特种危险品仓库等。因此，物流企业的仓储业务可以将仓库或堆场作为其成本计算对象。如果管理需要的话，还可进一步按客户或货物计算其仓储成本。

物流企业的仓储直接费用，应该根据“工资汇总表”“材料汇总表”“折旧汇总表”以及其他发票、单据等，列入仓储成本，借记“主营业务成本”科目，贷记“应付职工薪酬”“累计折旧”“原材料”“银行存款”等科目。



**【工作实例 6-12】** 江城顺达物流公司为一般纳税人企业，旗下拥有一个普通仓库和一个冷链仓库，2023 年 2 月该公司仓库发生以下仓储费用：① 2 月仓储作业人员工资合计 90 000 元，其中，普通仓库仓储作业人员工资 56 000 元，冷链仓库仓储作业人员工资 34 000 元。② 2 月对仓库计提折旧，共计 140 000 元，其中普通仓库 60 000 元，冷链仓库 80 000 元。编制会计分录如下：

| | | |
|---|---|---|
| 借：主营业务成本——普通仓库 | 116 000 | |
| 　　　　　　　——冷链仓库 | 114 000 | |
| 　贷：应付职工薪酬——工资 | | 90 000 |
| 　　　累计折旧 | | 140 000 |

除以上典型业务之外，还有装卸成本、配送成本等。装卸成本项目主要包括装卸直接费用和装卸间接费用。装卸成本可以以机械化作业、人工作业为成本计算对象，或按不同货种作为成本计算对象核算装卸成本，并按月、季和年分别计算各期的装卸成本。装卸业务发生的装卸直接费用直接记入“主营业务成本——装卸成本”科目。配送成本项目主要包括配送运输费用、分拣费用、配装费用、流通加工费用等。由于配送业务是多个物流业务环节的集成，每个环节成本核算具有明显区别，每个环节具体的成本计算对象及计算单位都各不相同，所以应当对每个环节计算各自成本计算对象的总成本。

## 思考与实训

### 一、思考题

1. 汽车运输企业存货核算有哪些主要特点？
2. 交通运输企业的运输成本与其他行业有什么区别？
3. 铁路运输企业会计核算有哪些特殊性？
4. 铁路运输成本主要包含哪些？
5. 物流企业的运输收入核算与其他交通运输企业是否相同？
6. 物流仓储费用中有哪些间接费用？

### 二、实训题

#### 实 训 一

**【目的】**实训运输企业存货的核算。

**【资料】**通达运输公司有客运和货运两类业务，公司设有一个修理车间，实行满油箱制核算燃料费用，存货采用实际成本核算，企业轮胎领用采用一次摊销法，2023 年 3 月燃料以及轮胎配件等耗用情况如表 6-9 所示。

表 6-9 物料耗用表 单位：元

| 物料领用部门 | 燃料成本 | 轮胎成本 |
|---|---|---|
| 客运 1 号线 | 150 000 | 20 000 |
| 客运 2 号线 | 90 000 | 31 000 |
| 货运 3 号线 | 121 000 | 33 000 |
| 货运 4 号线 | 80 500 | 12 000 |
| 公司管理部门耗用 | 10 000 | 0 |
| 修理车间耗用 | 32 000 | 0 |

要求：根据物料耗用表作出对应的会计分录。

#### 实 训 二

**【目的】**实训汽车运输企业营业收入、营业成本的核算。

**【资料】**合肥立丰运输公司下设 A、B 两个中心站，两个中心站均实行独立核算，运输收入均按照 9% 的税率开具增值税发票，2023 年 3 月份发生以下业务：

（1）3 月 2 日，A 中心站编制当日营业收入报表，显示本日的运输收入共计 23 000 元，增值税 2 070 元，款项均以现金方式收到。

（2）3 月 5 日，A 中心站将上月欠公司总部的 340 000 元营业收入上缴立丰公司总部。

（3）3 月 6 日，收到甲企业预交的货物托运费 12 000 元，存入银行。

（4）3月10日，甲企业货物已经安全送达目的地，费用共计20 000元，发票已开具，余款未收到。

（5）3月末，立丰公司总部编制营收汇总表，A中心站本月营收1 500 000元，B中心站本月营收1 620 000元。

（6）3月末，公司总部归集本月人工费用，运输人员直接薪酬340 000元，车队人员营运间接薪酬80 000元，公司行政人员薪酬40 000元。

（7）3月末，公司总部计提折旧费用共计58 600元，归属运输车队35 600元，归属行政部门23 000元。

**【要求】**根据以上资料，逐项编制会计分录。

## 实 训 三

**【目的】**实训铁路运输进款、运输成本的核算。

**【资料】**江城铁路分局下设A、B、C三个铁路站段，主要业务有旅客运输业务、货物运输业务两类，2023年3月发生以下业务，请根据具体业务编制会计分录。

（1）3月3日，向上级铁路局上缴运输收入进款790 000元。

（2）3月11日，A、B、C三个铁路站段的运输进款分别是34 000元、60 000元、76 500元，已于本日收到。

（3）2023年3月江城铁路分局运输进款总表如表6-10所示。

**表6-10** **运输进款总表** 单位：元

| 收方 | | 支方 | |
|---|---|---|---|
| 项目 | 金额 | 项目 | 金额 |
| 旅客票价收入 | 330 000 | 退票款项 | 15 000 |
| 货物运输收入 | 42 000 | 其他退款 | 12 000 |
| 其他收入 | 50 000 | 车站在途 | 405 000 |
| 收回代垫款 | 10 000 | | |
| 收方合计 | 432 000 | 支方合计 | 432 000 |

（4）3月末，江城铁路分局归集费用，共计发生人员工资230 000元，计提折旧12 000元，以银行存款支付水电费等杂费共计32 000元。

**【要求】**根据以上资料，逐项编制会计分录。

## 实 训 四

**【目的】**实训物流企业营业收入、营业成本的核算。

**【资料】**立通物流服务公司为一般纳税人，主要从事物流运输以及仓储、装卸等辅助物流业务，该企业物流运输收入按9%税率开具增值税发票，其他业务按6%税率开具增值税发票，2023年4月，该企业发生以下业务：

（1）4月3日，该公司共计发生运输业务收入20 000元（不含税），开具增值税专用发票,款项已经收到。

（2）4月4日,公司共计发生装卸收入10 000元,仓储收入500元,均不含税,开具增值税专用发票,款项已经收到。

（3）4月10日,本月支付应由运输业务承担的保险费8 400元。

（4）根据工资计算单,本月工资情况如下:运输车队人员工资89 000元,车辆管理人员工资32 000元,仓库人员工资20 000元,行政人员工资54 000元。

（5）本月车辆折旧费共计67 000元,其中运输车辆23 000元,公司行政部门12 000元,其余均为车场管理部门折旧。

（6）4月末以银行存款支付本月仓库租金8 000元。

**【要求】**根据以上资料,逐题编制会计分录。

## 思政园地

# 建设交通强国，彰显祖国繁荣昌盛

### 关键词

交通运输业；综合立体交通网；便捷舒适；幸福指数

### 内容

党的十八大以来，交通运输事业取得了历史性成就、发生了历史性变革，迎来了由交通大国向交通强国的历史性跨越。

一、我国综合立体交通网加速成型。建成了全球最大的高速铁路网、高速公路网、世界级港口群，航空航海通达全球，综合交通网络总里程突破600万公里。铁路、公路共增加里程约110万公里，相当于绕行地球赤道27圈半。高速铁路、高速公路对20万以上人口城市的覆盖率均超过95%。

二、农村公路网络基本形成。解决了1 040个乡镇、10.5万个建制村通硬化路的难题。农村公路的总里程从2011年年底的356.4万公里增加到2021年年底的446.6万公里，十年净增了90多万公里。十年来，“四好农村路”为促进广大农民脱贫致富奔小康发挥了重要作用。

三、铁路网规模质量大幅提升。这十年，“四纵四横”高铁网全面建成，“八纵八横”高铁网加密形成，有力支撑了国家重大战略实施。我国铁路网规模质量大幅提升，到2021年年底，全国铁路营业里程达15万公里，铁路已覆盖81.6%的县。旅客列车开行数量增长了1.4倍，复兴号动车组实现对全国31个省（区、市）全覆盖，人民群众出行更加便捷舒适。

四、我国民航运输规模快速增长。航空服务网络覆盖全国92%的地级行政单元、88%的人口、93%的经济总量。京津冀、长三角、粤港澳大湾区和成渝四大世界级机场群建设已初具雏形。目前，每周完成国际货运航班约5 000班，通达全球53个国家的120多个城市，有力保障国家产业链供应链稳定。

### 启示

党的十八大以来，以习近平总书记为核心的党中央高度重视交通运输工作，多次作出重要指示批示，特别是党的十九大报告提出建设交通强国，为新时代交通运输发展指明了方向。党中央、国务院先后印发《交通强国建设纲要》《国家综合立体交通网规划纲要》，擘画了我国交通运输中长期发展的战略蓝图和美好愿景。经过几代人逢山开路、遇水架桥，建成了交通大国，正在加快建设交通强国。“人享其行、物畅其流”初步实现，交通运输成为人民群众获得感最强的领域之一，一个流动的中国正彰显出繁荣昌盛的活力。

# 项目七　旅游餐饮服务企业会计核算

【知识目标】

● 了解旅游餐饮服务企业会计核算的特点。

● 熟悉旅游餐饮服务企业经营业务的会计核算方法。

● 理解饮食服务企业成本的控制内容。

【能力目标】

● 熟悉旅游餐饮服务企业会计核算相关科目的使用。

● 掌握旅游餐饮服务企业业务的账务处理与成本控制。

● 掌握旅行社营业收入的核算、旅游业营业成本的核算以及旅游经营业务的税务会计核算。

● 掌握原材料和饮食制品成本的核算、饮食制品定价和销售的核算、餐饮业税务会计核算。

● 掌握旅馆经营业务的核算。

● 掌握旅游餐饮服务企业所涉及的经济业务的各种核算方法及具体会计处理技能。

【素养目标】

● 认识到旅游、餐饮、服务都属于第三产业，它们为经济社会提供各种服务，有效地提高整个社会活动的效率，充分展示中华民族优良的传统文化和风土人情；为人民生活提供各种服务，有效提高人民的生活水平和质量；满足国内人民日益增长的物质和精神生活的需要，为优化经济结构和实现可持续发展创造更好的条件。



## 任务一　旅游餐饮服务企业会计核算认知

### 一、旅游餐饮服务企业的特点

#### （一）旅游业的业务特点

旅游业是指组织旅游者外出远行，并为之提供食、宿、交通、导游等业务的行业。与其他行业相比,旅游业在服务对象、经营范围、经营内容等方面都具有不同的特点。

1. 服务对象复杂多样

由于旅游者的消费水平差异较大,而且他们对旅游业的要求也会随时间的变化而变化,从而使旅游业的服务对象层次不一、复杂多样。因此,旅游业应不断改善服务质量,增加服务项目,提高服务档次,以满足旅游者不断变化的游览需求。

2. 部分业务人员具有不确定性

旅游业的每条旅游线路、每个景点,都需要为旅客配备导游以及提供名胜古迹的讲解员。为了减少旅行社的支出,目前旅行社的导游除少数是专职的外,大部分是业余兼职。所以,旅游业的部分业务人员具有不确定性。

3. 无须固定、完备的服务设施

旅游业组织出游所需的交通设施及交通工具大多依靠民航、铁路和出租汽车,食宿大多依靠饭店、餐厅,参观游览则依靠各地的名胜古迹。所以,旅游业一般无须固定、完备的服务设施。

4. 收付业务以现款交易为主

无论是旅游费,还是景点的费用,基本都是现款交易,不存在往来核算问题。

### (二)餐饮业的业务特点

餐饮业是指从事加工烹制饮食品,当即将饮食品供应给顾客食用的行业,如各种类型的酒家、餐厅、饭馆、小吃店。餐饮业集饮食品制作、销售于一体,但其与工业、商业相比却具有独特的经营特点。

7

(1)从饮食制品的生产来看,餐饮业具有与工业企业不同的特点。首先,工业企业生产的产品一般不直接与消费者“见面”,而饮食制品直接与消费者“见面”;其次,工业企业的生产机械化、电气化程度高,而餐饮业大多是手工操作,对制作者有较高的技艺要求;最后,工业企业的经营规模一般比较大,经营方式相对固定,而餐饮业的经营规模则比较小,经营方式比较灵活。

(2)从饮食制品的销售来看,餐饮业又具有与零售商业企业不同的特点。首先,餐饮业当场制作销售的是能直接食用的商品,对饮食制品质量标准的技艺要求复杂;其次,餐饮业既要提供商品又要提供顾客消费的场所;最后,随着消费层次的提高,服务规格逐步走向高档化、规范化,餐饮业需要根据顾客的需求提供各种必要的服务项目。

### (三)服务业的业务特点

服务业是指利用一定的场所、设备和工具提供服务性劳动的行业,如住宿、美容、沐浴、照相、洗染、娱乐、修理、保管等服务行业。作为第三产业的一个重要组成部分,服务业在其经营业务上有其特点。

(1)服务业的服务过程就是消费者的消费过程,服务业的经营业务主要是直接为消费者提供服务,且提供的往往是带有一定技艺的服务性劳动,并辅以相适应的服务性设备来满足消费者的需要。服务过程就是消费过程,服务结束,消费也就随之终止。

(2)有些服务业兼有加工生产和销售的职能。照相、洗染、修理等服务行业除了具有服务的职能外,还有加工生产、销售的职能,且是边生产边销售的,其生产经营过程短且生产直接与消费者“见面”。

## 二、旅游、餐饮、服务业会计核算的特点

由于旅游、餐饮、服务业具有其独特的经营特点，相应地，在会计核算上也具有与别的行业会计核算不同的特点。

### （一）收入、成本和费用种类繁多，核算较复杂

旅游、餐饮、服务业一般均有系统配套的经营业务展开的特点。例如，旅游业除了经营旅游业务外，还可开展客房、餐饮、售货、娱乐等其他经营业务；餐饮业除了经营餐饮业务外，还可开展娱乐、售货及其他经营业务；服务业也能兼营客房、餐饮、娱乐、美容、售货、洗染、照相等多种经营业务。为了分别考核各项经营业务的经营成果，要求分别核算和监督各项经营业务的收入、成本和费用。

### （二）核算方法较为特殊

旅游餐饮服务业除了以服务为中心外，还从事商品的生产加工和销售，从而具有生产、销售和服务三种职能；因此，其具有多行业会计核算的特点。会计核算格外要求准确、快捷、灵活，在进行会计核算时，企业就需要根据经营业务的特点，采用不同的核算方法。例如，餐饮业加工饮食制品，具有工业企业的性质；将饮食制品直接供应给消费者，又具有商品流通企业的性质；同时，为消费者提供消费设施、场所和服务，又具有服务企业的性质。然而，生产、销售和服务要在很短的时间内完成，并且饮食制品花色繁多、数量零星，不可能像工业企业那样区分产品种类并分别计算其总成本和单位成本，而只能计算饮食制品的总成本。因此，根据不同的业务性质，采用特殊的核算方法，是旅游餐饮服务业会计核算的显著特点。

### （三）自制商品与外购商品分别核算

有的旅游餐饮服务业既经营自制商品，又经营外购商品。为了分别考核自制商品与外购商品的经营成果，加强对自制商品的管理与核算，需要对自制商品和外购商品分别进行核算。

### （四）涉及外币业务核算

涉外的旅游餐饮服务企业在会计核算时，对涉及外币的收支应按照《中华人民共和国外汇管理条例》以及其他相关法律法规，办理外汇存入、转出和结算等业务，还应采用复币记账法，核算原币和人民币以及汇兑损益。

### （五）旅游、餐饮、服务业适用增值税政策的特殊性

旅游、餐饮、服务业属于生活服务的征税范围，适用的增值税政策有其特殊性，主要表现在以下几点：

（1）适用税率。旅游、餐饮、服务业一般纳税人（通常为年应税销售额超过500万元的纳税人）的税率为6%，采用简易征收方式的征收率为3%；小规模纳税人（通常为年应税销售额未超过500万元的纳税人）的征收率为3%。

（2）旅游、餐饮、服务业里存在大量混业经营的情况，如大型酒店，其除了提供住宿服务

以外，还可能会取得餐饮、其他服务和停车费收入等。根据现行的增值税规定，这些服务项目归属于不同税目的收入，并分别适用相应的增值税税率或者征收率，在计算增值税应纳税额时，未分别核算的，将从高适用税率，这将加大会计核算和税务管理的复杂程度。

（3）旅游、餐饮、服务业的客户大多是为了交际应酬或者是个人消费，而税法规定纳税人的交际应酬消费属于个人消费，其进项税额不得抵扣。

（4）旅游企业可以选择差额计税方式，以取得的全部价款和价外费用，扣除向旅游服务购买方收取并支付给其他单位或者个人的住宿费、餐饮费、交通费、签证费、门票费，以及支付给其他接团旅游企业的旅游费用后的余额为销售额进行计税；但需要注意的是，选择上述办法计算销售额的旅游企业，向旅游服务购买方收取并支付的上述费用，不得开具增值税专用发票，但可以开具普通发票。

# 任务二　旅游业经营业务核算

## 一、旅游业营业收入的核算

旅游业营业收入是旅游企业为旅游者提供服务所取得的收入。由于旅游的景点、旅游的天数、提供的食宿标准、交通工具不同，其收费标准也不相同。

### （一）旅游费标准的确定和收款方式



旅游费标准的确定方法一般有两种：一种是事先确定。即按旅游团人数计算交通、住宿、用餐、门票、导游等开支总和，计算出每位旅游者应承担的开支，并乘以外加毛利率（一般为10%～15%），事先确定收费标准。采用这种确定方法的，实际支出由于价格波动等因素而发生增减时，收费标准一般不得变更，因此，这种事先确定收费标准的方法也称为包账。另一种是事后计算。即按旅游的实际支出费用，外加一定的毛利来收取旅游费。采用这种方法收费的，如果价格波动，收费标准也随之波动，这种按实际支出外加毛利计算收费标准的方法也称为开账。

旅游费的收款方式一般有两种：一种是按团体收费。即当自行组团或团体报名参加旅游时，由组团单位联系人向旅行社办理登记手续，填写团体旅游登记表，旅行社按登记表上的人数、收费标准向组团单位计收旅游费。另一种是个别登记收费（俗称散客）。即旅游者个人报名参加旅游，向旅行社办理报名手续，填写报名单，旅行社按收费标准收取旅游费。无论是按团体收费还是个别登记收费，旅行社业务部门都必须在收取旅游费时开具一式数联的发票，一联交旅游者收执，一联交财会部门入账，一联留存在业务部门备查。

旅行社业务部门每日营业终了时，应按收取凭证分类计算，并根据当天的旅游费收入及收款情况编制一式两联的旅游业务收入日报表，连同收入款项及收款原始凭证一同交财会部门。

### （二）旅游费收入的确认

旅行社取得旅游业务收入，按照权责发生制原则处理，即按下列方法确认旅游收入：

（1）组织境外旅游者到境内旅游的，应在旅行团体离境（或离开本地）时确认收入。

（2）组织境内旅游者到境内旅游的，接团社应在旅行团体离开本地时确认收入，组团社应在旅行团行程结束返回时确认收入。

（3）组织境内旅游者到境外旅游的，应在旅行团体旅游结束返回时确认收入。

### （三）旅游费收入的分类与核算

1. 旅游费收入的分类

旅行社的营业收入是指旅行社通过各项经营业务所得的全部收入，包括旅行社按照规定的旅游服务收费标准，以及在一定时期内提供各种劳务获得的全部收入。其具体包括综合服务收入、组团外联收入、零星服务收入、劳务收入、票务收入、地游及加项收入和其他服务收入等。

（1）综合服务收入，是指旅行社为旅行者提供综合服务而取得的收入，包括房费收入、餐费收入、车费收入、文杂费收入（即文娱、宣传、行李托运、门票等杂项收入）、陪同费收入、其他收入。

（2）组团外联收入，是指由组团社自组外联，向旅行者收取的住宿、用餐、旅游交通、翻译导游、文娱活动费等收入。其收入内容与综合服务收入相同，只不过组团方法和渠道不同。

（3）零星服务收入，是指旅行社接待零星旅客和接受代办事项所得的服务收入。其收入内容也与综合服务收入一致，只不过面向对象不同。

（4）劳务收入，是指旅行社派翻译导游人员参加组团社全程陪同所取得的劳务收入。

（5）票务收入，是指旅行社向游客代售汽车票、火车票、飞机票等的手续费收入。

（6）地游及加项收入，是指旅行社接待旅行者某地一日游、二日游的小包价及增加游览项目和风味小吃等所取得的收入。

（7）其他服务收入，是指不属于上述各项的其他服务收入。

2. 旅游费收入的核算

2016 年 5 月 1 日全面推开营改增试点后，旅行社核算营业收入需要注意以下事项：

第一，旅行社的营业收入应通过“主营业务收入”科目进行核算，旅行社平时取得的各项不含增值税的经营业务收入[不含税销售额 = 含税销售额 ÷（1+6%）]，记入该科目的贷方。月末，将其贷方余额通过借方转入“本年利润”科目，该科目月末应无余额。

第二，旅行社预收客户款项开出增值税专用发票，即使没有确认为收入也要计算缴纳增值税销项税额。

具体核算如下：

（1）组团社的核算。

财会部门根据业务部门报来的旅游业务收入日报表，借记“库存现金”或“银行存款”等科目，贷记“预收账款”科目；待旅游活动结束时，才确认收入的实现，借记“应收账款”科目，贷记“主营业务收入”“应交税费——应交增值税（销项税额）”科目。具体会计分录如下：

① 收款（旅游业务收入日报表、收款单）：

借：库存现金 / 银行存款

　贷：预收账款

② 确认收入（待旅游活动结束时的结算账单）：

7

借：预收账款

贷：主营业务收入

应交税费—应交增值税（销项税额）

【工作实例 7-1】 江城艾维旅行社财会部门收到业务部门报来的旅游业务收入日报表，收到散客现金 1 060 元，团体旅游的转账支票 10 600 元，开出普通发票。会计分录如下：

营业收入 =（1 060+10 600）÷（1+6%）=11 000（元）

| | | |
|---|---|---|
| 借：库存现金 | 1 060 | |
| 　　银行存款 | 10 600 | |
| 　贷：预收账款 | | 11 660 |

该项旅游活动结束时，编制会计分录如下：

| | | |
|---|---|---|
| 借：预收账款 | 11 660 | |
| 　贷：主营业务收入——综合服务收入 | | 11 000 |
| 　　　应交税费——应交增值税（销项税额） | | 660 |

如果预收旅游费后发生游客退票业务，则收取的退票手续费也作为营业收入处理。



【工作实例 7-2】 接工作实例 7-1，假设由于特殊原因，团体游客不能如约参加旅游，予以办理退票手续。根据规定，按旅游费的 5% 扣除退票手续费 530 元，余款签发转账支票退还。

会计分录如下：

| | | |
|---|---|---|
| 借：预收账款 | 10 600 | |
| 　贷：应交税费——应交增值税（销项税额） | | 30 |
| 　　　银行存款 | | 10 070 |
| 　　　主营业务收入——综合服务收入 | | 500 |

（2）接团社的核算。

接团社的营业收入是由组团社按拨款标准及规定，拨付的综合服务费、城市间交通费、加项服务费、全程陪同费等。拨付的款项对组团社来说是构成营业成本的一部分，对接团社来说则是营业收入。

接团社在旅游团离开本地后及时向组团社报送“旅游团（者）费用拨款结算通知单”，此“拨款单”一式三联，配有全程陪同的由全程陪同携带并填写，没有全程陪同的由地方陪同携带并填写。每到一地要将旅游团（者）名称、总社计划号码、旅行等级、旅行社名称、提供项目等填写清楚，交接团社接待部再转财务部门，财务部门按照拨款标准计算出应拨费用后，自留一联，将其余两联寄给组团社财务部门。组团社财务部门经审核无误后及时拨款。接团收入计算如下：

旅行社接团收入 $=\sum$(某等级旅行团人数 × 日综合服务费收费标准 × 停留天数)

因为接团社是先接待客人旅游，然后再与组团社进行结算，所以是先进行确认收入的会计处理，后面再进行收款的会计处理。

① 接待旅客旅游活动结束时，编制会计分录如下：

借：应收账款

　贷：主营业务收入

　　　应交税费——应交增值税（销项税额）

② 与组团社结算时，编制会计分录如下：

借：库存现金 / 银行存款

　贷：应收账款

**【工作实例 7-3】** 海城春晖旅行社（接团社）为江城艾维旅行社接团一批，于5月8日将旅客送离本地。海城春晖旅行社5月10日向江城艾维旅行社（组团社）发出拨款结算通知单，金额为5 300元。该笔款项于5月12日收到，并收到增值税专用发票。根据有关凭证，海城春晖旅行社（接团社）会计处理如下：

① 5月10日确认收入时：

| | | |
|---|---|---|
| 借：应收账款——应收国内结算款（江城艾维旅行社） | 5 300 | |
| 　贷：主营业务收入 | | 5 000 |
| 　　　应交税费——应交增值税（销项税额） | | 300 |

② 5月12日收到款项时：

| | | |
|---|---|---|
| 借：银行存款 | 5 300 | |
| 　贷：应收账款——应收国内结算款（江城艾维旅行社） | | 5 300 |

7

## 二、旅游业营业成本的核算

旅游业营业成本是指直接用于接待旅游者并为其提供各项服务所发生的全部支出。其主要包括旅游者的膳食费、住宿费、游览车船票、门票、交通费、行李托运费、票务费、文娱费、专业活动费、签证费、导游费、劳务费、宣传费、保险费、机场建设费等。如果是由旅行社自行安排旅游车辆的，则还包括其耗用的汽油费、桥路费、车辆折旧费、司机工资等。

### （一）组团社的会计分录

1. 既组团又接团的（一条龙服务）

（1）旅游业营业成本的预支。旅游经营业务发生时，由导游携带现金支付门票费等，因此导游应填写“预领旅游费凭单”向财会部门预领现金。财会部门根据预领凭单预支旅游费时，作会计分录如下：

借：应付账款

贷：库存现金或银行存款

【工作实例 7-4】 江城艾维旅行社导游张丽向财会部门预领旅游费 20 000 元，财会部门开出现金支票预付。会计分录如下：

| | | |
|---|---|---|
| 借：应付账款 | 20 000 | |
| 贷：银行存款 | | 20 000 |

对于旅行社自备客车耗用的汽油等，财会部门应根据库房领料单的实际领用数，借记“应付账款”科目，贷记“原材料”科目。

【工作实例 7-5】 江城艾维旅行社组织龙虎山风光一日游，由旅行社自备大客车往返，领用汽油合计 2 650 元。财会部门根据领料单，做会计分录如下：

| | | |
|---|---|---|
| 借：应付账款 | 2 650 | |
| 贷：原材料——汽油 | | 2 650 |

（2）旅游业营业成本的结转。旅行社组织旅游结束后，财会部门应根据导游报销的各项游览费用，将旅行社代付的房费、餐费、车费、游览费、导游工资等结转营业成本，如取得合法的增值税抵扣凭证，可作会计分录如下：

借：主营业务成本

应交税费——应交增值税（进项税额）

贷：应付账款



【工作实例 7-6】 江城艾维旅行社导游张丽带团游览结束，报销各项游览费用价税合计 16 960 元（假设均取得合法的增值税抵扣凭证，进项税额为 960 元），另付导游工资 340 元，财会部门收回剩余现金 2 700 元，结清张丽的预领款。会计分录如下：

| | | |
|---|---|---|
| 借：主营业务成本 | 16 340 | |
| 应交税费——应交增值税（进项税额） | 960 | |
| 库存现金 | 2 700 | |
| 贷：应付账款 | | 20 000 |
| 借：主营业务成本 | 2 650 | |
| 贷：应付账款 | | 2 650 |

2. 只组团不接团的

组团社拨付给接团社的款项即为其成本，作会计分录如下：

（1）收到拨款通知单和增值税专用发票时：

借：主营业务成本

应交税费——应交增值税（进项税额）

贷：应付账款

（2）实际支付时：

借：应付账款

贷：银行存款

### （二）接团社的会计分录

接团社按照其实际发生的成本费用结转主营业务成本（与组团社自己接团的成本结转相同），作会计分录如下：

借：主营业务成本

应交税费——应交增值税（进项税额）

贷：应付账款

**【工作实例 7-7】** 春晖旅行社（接团社）为万里旅行社接团一批，于 5 月 8 日将旅客送离本地。春晖旅行社 5 月 10 日向万里旅行社（组团社）发出拨款结算通知单，金额为 5 300 元。该笔款项于 5 月 12 日收到。春晖旅行社接团实际支出 4 000 元，由导游预支现金开支，假设均未收到增值税专用发票。会计分录如下：

| | | |
|---|---|---|
| 借：主营业务成本 | 4 000 | |
| 贷：应付账款 | | 4 000 |



### （三）差额计税方式的会计分录

根据《营业税改征增值税试点有关事项的规定》，旅行社可选择以取得的全部价款和价外费用，扣除向旅游服务购买方收取并支付给其他单位或者个人的住宿费、餐饮费、交通费、签证费、门票费和支付给其他接团旅游企业的旅游费用后的余额为应纳税销售额；选择此办法计算销售额的试点纳税人，向旅游服务购买方收取并支付的上述费用，不得开具增值税专用发票，但可以开具普通发票。旅行社选择这种方式计税有其优势，主要是因为旅行社在取得进项税票时，上游供应商很难开出增值税专用发票，而选择了差额纳税，则可以接受非增值税专用发票来抵扣销售额。

根据税法的规定，实行差额征收计税方式的企业接受应税服务时，按规定因允许扣减销售额而减少的销项税额，借记"应交税费——应交增值税（营改增抵减的销项税额）"科目；按实际支付或应付的金额与上述增值税的差额，借记"主营业务成本"等科目；按实际支付或应付的金额，贷记"银行存款""应付账款"等科目。对于期末一次性进行会计分录编制的企业，期末按规定当期因允许扣减销售额而减少的销项税额，借记"应交税费——应交增值税（营改增抵减的销项税额）"科目，贷记"主营业务成本"等科目。

**【工作实例 7-8】** 皖南漓江旅游公司为一般纳税人，提供旅游等服务，2023 年 6 月组织开展皖南三日游，取得含税收入 53 万元，当月支付旅游当地接团旅行社 42.4 万元，取得对方增值税普通发票。当月购买办公用品 1 000 元,取得对方开来的增值税专用发票注明的税额为 130 元,用转账支票支付。

① 皖南漓江旅游公司提供应税服务:

| | | |
|---|---|---|
| 借:应收账款 | 530 000 | |
| 　贷:主营业务收入 | | 500 000 |
| 　　应交税费——应交增值税(销项税额) | | 30 000 |

② 皖南漓江旅游公司支付地接旅游费:

| | | |
|---|---|---|
| 借:主营业务成本 | 400 000 | |
| 　应交税费——应交增值税(营改增抵减的销项税额) | 24 000 | |
| 　贷:应付账款 | | 424 000 |
| 借:管理费用——办公费 | 1 000 | |
| 　应交税费——应交增值税(进项税额) | 130 | |
| 　贷:银行存款 | | 1 130 |

③ 当月月底计算出应纳税额=(30 000-24 000)-130=5 870(元)

| | | |
|---|---|---|
| 借:应交税费——应交增值税(转出未交增值税) | 5 870 | |
| 　贷:应交税费——未交增值税 | | 5 870 |

④ 7 月申报缴纳时:

| | | |
|---|---|---|
| 借:应交税费——未交增值税 | 5 870 | |
| 　贷:银行存款 | | 5 870 |

# 任务三　餐饮业经营业务核算

## 一、饮食制品原材料的核算

### (一)原材料的分类与计价

1. 原材料的分类

餐饮业的原材料可以按在餐饮产品中所起的作用分类,也可以按其存放地点分类。

(1)按作用分类,餐饮业的原材料可分为:

① 粮食类,指制作主食品的粳米、糯米、面粉等原材料。

② 副食类,指鸡、鸭、鱼、肉、蛋,各种蔬菜,以及木耳等干菜。

③ 调味品类,指调料、油、盐、酱、醋等。

(2)按存放地点分类,餐饮业的原材料可分为:

① 入库管理的原材料,指购进量大、能较长时间储存的材料,如粮油、干货、调味品。

② 不入库管理的原材料,指购进量少且不能长时间储存的材料,如肉、鱼、蔬菜等鲜活

材料。

2. 原材料的计价

为了正确计算原材料的成本，必须对原材料进行合理计价。原材料的计价分外购原材料的计价和自制原材料的计价两种。

（1）外购原材料的计价。对于外购原材料，应以采购过程中实际发生的成本、费用为依据进行计价。其实际成本应由以下两部分内容组成。

① 买价，指供货方的销售价格。

② 进货费用，指能够直接认定受益对象或容易分摊的运输费、装卸费、保管费用及不能抵扣的税金等费用。对分不清受益对象，或品种较多而分摊困难的进货费用，可在“销售费用”科目列支。

（2）自制原材料的计价。自制原材料的成本包括耗用的材料、制作人员工资及其他费用，一般不包括管理费用。至于委托外部加工材料的实际成本，由被加工材料成本、加工费和往返运费构成。

3. 原材料进项税额抵扣

餐饮企业在采购时，应尽可能选择可以取得进项税发票的渠道并按规定进行正确的增值税进项税额抵扣。

（1）根据增值税专用发票和农副产品销售发票抵扣。一般来讲，能够开具增值税专用发票和农副产品销售发票的，都是比较大型的或正规的企业或单位，要么是工厂，要么是经销商，要么是农副产品生产销售合作社等。选择大型或正规的渠道，对于餐饮行业的食品安全也是有保障的。

（2）购买农业生产者自产的农产品，凭收购发票按9%的税率计算抵扣进项税额。餐饮企业可以向国税部门申请领取农副产品收购发票，在收购农副产品时由餐饮企业自行开具。对于农副产品收购发票，各地管理都比较严格。对农户资格、产品范围等有较严格的限制，餐饮行业企业初次领取使用时需要特别注意。

（3）从事农产品批发、零售的纳税人销售蔬菜、部分鲜活肉蛋产品免征增值税，批发零售纳税人享受免税后开具的普通发票不得作为计算进项税额的凭证。

（4）一般的餐饮行业对员工都是包吃的，员工吃饭也需要消耗原材料。员工吃饭无论属于个人消费还是集体福利，或者说是无偿提供的餐饮服务，该部分都是不能抵扣的，因此应做进项税额转出处理。

### （二）原材料的核算

1. 原材料购入的核算

原材料购入时按买价和进货费用作为入账成本，若取得合法抵扣凭证，则支付的增值税进项税额不用计入其入账成本。原材料购入时，若为入库管理，则借记“原材料”“应交税费——应交增值税（进项税额）”科目，贷记“银行存款”或“库存现金”等科目；若直接交厨房使用，则借记“主营业务成本”科目，贷记“银行存款”或“库存现金”等科目。

2. 仓库原材料发出的核算

餐饮企业发出原材料时，借记“主营业务成本”科目，贷记“原材料”科目。

**【工作实例 7-9】** 某饮食企业第一厨房领用原材料 2 400 元,第二厨房领用原材料 1 800 元。财会部门根据出库单,作会计分录如下:

借:主营业务成本——第一厨房　　2 400
　　　　　　　——第二厨房　　1 800
　贷:原材料　　4 200

由于各种材料一般都是多批购进,每批购进的单价常会因季节、调价等原因而各不相同。因此,在发出原材料时,通常可采用个别计价法、加权平均法、先进先出法等方法确定其单价。

3. 原材料调拨的核算

原材料调拨是指所属内部不独立核算单位之间的调拨。

餐饮企业内部不独立核算单位之间的原材料调拨属于内部移库,即在会计核算上原材料(或主营业务成本)总金额不发生变动,仅在明细账上反映为此增彼减。

**【工作实例 7-10】** 某饮食企业由中餐厅仓库调拨给快餐厅仓库一批原材料,实际成本 1 500 元。财会部门根据内部调拨单,作会计分录如下:

借:原材料——快餐厅　　1 500
　贷:原材料——中餐厅　　1 500

如果是内部厨房之间的调拨,由于厨房领料时已从"原材料"科目转入"主营业务成本"科目,因而仅调整"主营业务成本"科目的所属明细账即可。

**【工作实例 7-11】** 广顺食府企业由第一厨房调拨给第二厨房原材料一批,实际成本 380 元,财会部门根据内部调拨单,作会计分录如下:

借:主营业务成本——第二厨房　　380
　贷:主营业务成本——第一厨房　　380

4. 员工用餐所耗原材料的核算

很多餐饮企业平时对员工是包吃的,对此类经常性转出事项,每个月可根据出库单、领料单核定一个具体的标准数额,月底统一做转出处理。

**【工作实例 7-12】** 某饮食企业(一般纳税人)有 100 名员工,单位每天提供两顿免费工作餐,每人每天的伙食支出成本标准是 20 元。该企业 7 月采购金额合计 40 万元,合计增值税进项税额 3 万元。由于工作餐同样消耗原材料等支出,其进项税额不可抵扣。该单位可按当月采购材料金额与核定消耗支出比例进行测算。则计算转出的进项税额如下:

7

员工消耗材料支出金额 =100×20×31=62 000(元)

员工消耗材料的进项税额 =30 000×62 000÷400 000=4 650(元)

会计分录如下：

借：应付职工薪酬——福利费 66 650

贷：原材料 62 000

应交税费——应交增值税(进项税额转出) 4 650

## 二、饮食制品成本的核算

饮食制品的成本包括所耗用的原材料，其现行核算方法主要有永续盘存制和实地盘存制两种。

1. 永续盘存制

永续盘存制适用于实行领料制的餐饮企业。原材料的耗用实行领料制，每月所领用的原材料月末不一定全部被耗用，还会有一些在制品和未出售的制成品；相应地，月初也会有已领未用的原材料、在制品及尚未出售的制成品。为了准确地反映饮食制品的实际成本，采用永续盘存制的餐饮企业，应于月末对未耗用的原材料、在制品和未出售的制成品进行盘点，做假退料处理。在此基础上计算出耗用原材料成本，做会计分录如下：

7

(1) 月初结存领用原材料时的会计分录如下：

借：主营业务成本

贷：原材料

(2) 本月平时购入、领用原材料时的会计分录如下：

① 入库管理的：

购入时：

借：原材料

贷：银行存款/库存现金

仓库发出原材料时：

借：主营业务成本

贷：原材料

② 购入直接交厨房的：

借：主营业务成本

贷：库存现金/银行存款

(3) 月末，盘点厨房，对剩余原材料、半成品和待售制成品盘存额做假退料处理时的会计分录如下：

借：原材料

贷：主营业务成本

(4) 月末计算本月耗用原材料成本时的会计分录如下：

本月耗用原材料成本＝厨房月初结存额＋本月厨房领用额－厨房月末盘存额

【工作实例 7-13】 某快餐厅采用永续盘存制核算饮食制品成本，快餐厅厨房2023年5月共领用原材料85 000元，4月末剩余原材料2 600元，5月末盘存原材料3 100元。

① 5月初，根据4月“月末剩余原材料、半成品和待售制成品盘存表”填制领料单，作会计分录如下：

借：主营业务成本　　2 600
　贷：原材料　　2 600

② 5月平时领料作会计分录如下：

借：主营业务成本　　85 000
　贷：原材料　　85 000

③ 5月末，用“月末剩余原材料、半成品和待售制成品盘存表”代替“退料单”做假退料处理，作会计分录如下：

借：原材料　　3 100
　贷：主营业务成本　　3 100

该企业5月的饮食制品实际成本为84 500元（2 600＋85 000－3 100）。



2. 实地盘存制

实地盘存制适用于没有条件实行领料制的餐饮企业。采用实地盘存制的餐饮企业平时领用原材料时，不填写领料单，不进行会计处理，月末根据实地盘点得出的仓库原材料和厨房原材料盘存金额，倒挤出本月耗用的原材料成本。

做会计处理如下：

（1）购入时，只做入库的原材料的会计分录如下：

借：原材料
　贷：银行存款／库存现金

（2）平时从仓库领用和购入直接交厨房的原材料不做会计分录，月末盘点后计算出发出材料总成本时再做会计分录。

（3）月末盘点仓库和厨房后计算出发出材料总成本时，结转本月耗用原材料成本：

本月耗用原材料成本＝月初仓库和厨房结存额＋本月购进总额－月末仓库和厨房盘存总额

借：主营业务成本
　贷：原材料（从仓库领用原材料的总额）
　　银行存款／库存现金（直接交厨房原材料的总额）

**【工作实例 7-14】** 某餐馆采用实地盘存制核算饮食制品成本，本月月初仓库和厨房共结存原材料 1 500 元，本月购进原材料 49 000 元。月末通过实地盘点，计算出仓库和厨房结存原材料总额 1 700 元。有关耗用原材料成本的计算和会计分录如下：

本月耗用原材料成本 =1 500+49 000−1 700=48 800（元）

| | | |
|---|---|---|
| 借：主营业务成本 | 48 800 | |
| 贷：原材料 | | 48 800 |

## 三、饮食制品销售的核算

### （一）饮食制品售价的制定

1. 销售毛利率法

销售毛利率法是根据所耗原材料成本和饮食制品的销售毛利率，以内扣方式确定饮食制品售价的一种计算方法。其计算公式如下：

售价 = 原材料成本 ÷（1− 销售毛利率）

7

**【工作实例 7-15】** 某餐厅所售的爆炒腰花每碟耗用原材料成本为 16.5 元，销售毛利率为 45%。求每碟爆炒腰花的售价。

每碟爆炒腰花售价 =16.5÷（1−45%）=30（元）

2. 成本毛利率法

成本毛利率法是根据所耗原材料成本和饮食制品的成本毛利率，以外加方式确定饮食制品售价的一种计算方法。其计算公式如下：

成本毛利率 = 毛利 ÷ 成本价 ×100%

饮食制品售价 = 成本价 ×（1+ 成本毛利率）

**【工作实例 7-16】** 某餐厅所售的清蒸鲈鱼每盘耗用原材料成本为 20 元，成本毛利率为 50%。求每盘清蒸鲈鱼的售价。

每盘清蒸鲈鱼售价 =20×（1+50%）=30（元）

### （二）餐饮企业销售货款的结算方式

1. 柜台统一售票

顾客在用餐前先到账台购买专用定额小票或购买固定品名筹码，然后凭小票或筹码领取食品，也可由服务员根据小票的编号和顾客手中的副联票签对号后将食品送至桌上。

2. 服务员开票收款

服务员到桌边，先由顾客点菜付款，然后由服务员开票、收款并负责到账台结算。收款员在小票上签章后，一联由服务员送至厨房领菜，另一联留存。每天营业结束后，服务员和收款员分别统计所收金额，核对无误后，由服务员在收款员的"收款核对表"上签字证明。

3. 先就餐后结算

顾客入座点菜后，由服务员填写小票一式两联，顾客不立即付款。小票的第一联交厨房作为取菜凭证留存，顾客进餐后，服务员凭第二联向顾客算账收款。

4. 一手钱一手货

顾客直接以货币到柜台购买饮食制品。饮食制品交服务员销售时，由产销双方登记数量，每天业务终了时，由服务员进行盘存核对，用应收销售金额与实收金额进行对比，编制"产销核对表"。

### （三）餐饮企业销售收入的核算

1. 一般销售收入的核算

餐饮企业每天营业结束后，由收款员根据"收款核对表""收款登记表"和"产销核对表"等凭证，汇总编制"营业收入日报表"，与所收现金一并交财会部门，或由收款员自行填写现金解款单将所收现金存入银行，凭银行解款单回单向财会部门报账。销售收入的现金，不得用于坐支，如有长、短款，应在"营业收入日报表"中分别填列，不得以长补短。

财会部门根据营业部门收款员交来的"营业收入日报表"，借记"库存现金"（或"银行存款"）科目，贷记"主营业务收入""应交税费——应交增值税（销项税额）"等科目。若有长、短款，则通过"待处理财产损溢"科目处理。

**【工作实例 7-17】** 某餐饮企业财会部门收到营业部门转来"营业收入日报表"，列明应收金额 10 600 元，实收现金 10 600 元，现金已同时交来。

根据"营业收入日报表"作会计分录如下：

| | | |
|---|---|---|
| 借：库存现金 | 10 600 | |
| 　贷：主营业务收入 | | 10 000 |
| 　　　应交税费——应交增值税（销项税额） | | 600 |

2. 宴会销售收入的核算

餐饮企业承办宴席，要先填制订单，注明宴席时间、人数、桌数及消费标准，并附上菜单。订单一式两份，餐厅与顾客双方签字后各持一份。预订宴席一般要预收定金，以免顾客取消宴席时，企业遭受不必要的损失。宴席的销售价格以桌为单位，烟、酒、饮料等按实用数量另行收费。

**【工作实例 7-18】** 某对新婚佳人到宏发大酒店预订婚宴 20 桌，每桌收费标准 2 500 元，共计 50 000 元，当天大酒店预收定金 1 000 元。

① 收到定金（现金）时，作会计分录如下：

| | | |
|---|---|---|
| 借：库存现金 | 1 000 | |
| 　贷：应收账款——宴席定金（××） | | 1 000 |

② 宴席结束，20 桌宴席按预订消费，外加酒水 2 000 元，扣除定金后，收到现金 51 000 元。作会计分录如下：

| | | |
|---|---|---|
| 借：库存现金 | 51 000 | |
| 　　应收账款——宴席定金（××） | 1 000 | |
| 　贷：主营业务收入——宴席收入 | | 47 169.8 |
| 　　　　　　　　　——小卖部收入 | | 1 709.4 |
| 　　　应交税费——应交增值税（销项税额） | | 3 120.8 |

③ 将所收现金 51 000 元存入银行。作会计分录如下：

| | | |
|---|---|---|
| 借：银行存款 | 51 000 | |
| 　贷：库存现金 | | 51 000 |

7

# 任务四　服务业经营业务核算

服务业是指利用一定的场所、设备和工具提供服务性劳动的行业。它与前述的旅游业、餐饮业一样，都属于第三产业。服务业的经营方式多种多样，服务项目名目繁多，包括住宿、沐浴、洗染、美容、娱乐、照相、修理等。在此，本节主要介绍旅馆经营业务与娱乐业经营业务的核算。

## 一、旅馆经营业务的核算

### （一）旅馆经营业务核算的内容

旅馆经营业务是以提供住房、生活设施的使用权和用服务人员的劳动服务来满足旅客需要而收取一定费用的服务业务。

旅馆的客房是一种特殊的商品，出售的只是其使用权，而不是所有权，即客人买到的仅是某一时期的使用客房的住宿权。客房可出租但不能储存，如果在规定的时间内不出租，其效用就自然消失，价值就无法收回。另外，旅馆业务的服务过程和消费过程在时间上和空间上都是一致的。

旅馆经营业务除了客户经营外，还附设有餐厅、小卖部、理发室、美容室、洗衣部、办理长途电话及其他出租业务等，因此，旅馆经营业务收入的核算包括客房业务收入和附设业务收入的核算。

客房经营情况的好坏主要是看其出租和收入情况，反映这一信息的是客房出租率和租金收入率两个指标。

客房出租率，又称客房利用率，是指已出租客房占可以出租客房的比例。

客房出租率＝计算期客房实际出租间天数÷（可出租客房间数×计算期天数）×100%

**【工作实例7-19】** 艾维尚品宾馆现有可供出租的客房200间，3月共出租4 650间·天，则该宾馆3月客房出租率为：

客房出租率＝4 650÷（200×31）＝75%

租金收入率是指在一定时期内客房的实收房租总额占应收房租总额的比例。

租金收入率＝报告期内实收房租总额÷[∑（某类可出租客房数量×该类客房日租金）×报告天数]×100%

**【工作实例7-20】** 艾维尚品宾馆现有可供出租的总统套间1间，每天租金1 580元；豪华套间19间，每间每天租金880元；豪华标准间80间，每间每天租金580元；普通标准间70间，每间每天租金480元；单人间30间，每间每天租金380元。3月实收房租总额2 448 504元，则该宾馆3月的租金收入率为：

租金收入率＝2 448 504÷（1×1 580＋19×880＋80×580＋70×480＋30×380）×31×100%＝72%

7

### （二）客房业务收入的核算

客房业务收入是通过出租客房而取得的收入。客房一经出租，不论房租收入与否，都作为收入实现处理。客房出租收入的入账价值以客房出租的实际价格为准。宾馆的总服务台负责接待前来入住的客人，并负责与客人办理宿费结算。一般情况下，客人入住时，办完登记手续后，要根据预计住宿的时间先预交一定的押金。客人退房时，再到总服务台办理结算，多退少补。每日营业终了，总服务台应编制"营业收入日报表"和"内部交款单"，连同当日收到的现金及宿费发票记账联一并送交宾馆财务部，财务部对总服务台送交的报表、发票及款项审核无误后，据以入账。

客房出租的收款方式有先收款后住店和先住店后结算两种方式。

1. 先收款后住店方式的核算

采用先收款后住店的结算方式核算客房收入，财会部门应在每日业务终了时，根据总服务台交来的"营业收入日报表"做相应的会计处理。

**【工作实例7-21】** 艾维尚品旅店采用先收款后住店的结算方式核算客房收入，当日收到总服务台交来的"营业收入日报表"及本日收到的现金，本日预收房金530元，本日营业收款1 500元。

① 根据“营业收入日报表”的“预收房金”栏中“本日交付”的数额，作会计分录如下：

借：库存现金 530
　贷：应收账款——预收房金 500
　　应交税费——应交增值税（销项税额） 30

② 根据“营业收入日报表”的“营业收款”栏的数额，作会计分录如下：

借：应收账款——预收房金 1 500
　贷：主营业务收入 1 500

（该收入已于前一天预收。每日如此，依此类推。）

2. 先住店后结算方式的核算

采用先住店后结算的方式核算客房收入，财会部门的会计处理除了顺序不同外，其内容及最终结果与前一种方式基本相同。

**【工作实例 7-22】** 中央城旅店采用先住店后结算的方式核算客房收入，当日收到总服务台交来的“营业收入日报表”及本日收到的现金，本日应收营业款 21 200 元，本日住客交来所欠房金 16 000 元。

① 根据“营业收入日报表”中“营业收款”栏的数额，作会计分录如下：

借：应收账款——应收房金 21 200
　贷：主营业务收入 20 000
　　应交税费——应交增值税（销项税额） 1 200

② 根据“营业收入日报表”的“住客结欠房金”栏中“本日支付”数额，作会计分录如下：

借：库存现金 16 000
　贷：应收账款——应收房金 16 000

### （三）附设业务收入的核算

附设业务收入是指旅馆除客房收入以外所取得的其他服务性收入，如附设文印、出租物品收入。取得附设业务收入时，财会部门根据服务部门报来的日报表及现金，借记“库存现金”科目，贷记“其他业务收入”“应交税费——应交增值税（销项税额）”科目。

**【工作实例 7-23】** 海螺旅店附设服务部经营租赁业务，某日共收到出租自行车、相机等租金收入 800 元。财会部门根据服务部交来的日报表及现金，假设该项目采用简易征收方式。作会计分录如下：

借：库存现金　800
　贷：其他业务收入——出租业务收入　776.7
　　应交税费——应交增值税（销项税额）　23.3

## 二、娱乐业经营业务的核算

### （一）娱乐业经营业务的内容

娱乐业经营业务是指利用拥有的固定资产、低值易耗品等劳动资料为消费者提供娱乐场所及相应服务的服务性业务。其包括经营音乐茶座、保龄球场、网球场、歌舞厅、游泳池、乒乓球室、滑冰场、游戏机房、计算机室、制陶室等业务。娱乐业的经营特点是为丰富消费者的精神文化生活提供服务，在满足消费者娱乐需求的同时，有适当的盈利，所以，必须加强对娱乐业经营业务的管理与核算。

### （二）娱乐业经营业务的核算方法

娱乐业的经营方式一般是消费者凭票入场，出售门票时一手给票，一手收钱。每天营业终了时，营业员应根据售出门票数及收取的现金填制一式两份营业日报表，并于当晚以前将其中一联连同现金送交财会部门。

财会部门将营业日报表与交来的现金核对无误后，借记“库存现金”科目，贷记“主营业收入”“应交税费——应交增值税（销项税额）”科目。

娱乐业的营业成本核算较少，如舞厅、电影院为顾客提供免费的饮料，提供给顾客后可以将其成本作为营业成本入账。

## 思考与实训

## 一、思考题

1. 旅游餐饮服务企业的特点是什么？
2. 旅游餐饮服务企业的特点对其会计核算会产生哪些影响？
3. 旅游经营收入有哪些？
4. 餐饮经营成本计算方法有哪些？
5. 旅馆经营业务收款方式有哪些？

## 二、实训题

### 实　训　一

**目的：**实训旅行社营业收入的核算。

**资料：**甲组团社（增值税一般纳税人，增值税税率为 6%）组织的某旅行团一行 20 人外地 5 日游，每人收费 1 500 元，合计 30 000 元。乙旅行社接待甲组团社组织的该旅行团。旅行团游览结束离开本地后，按照费用标准，乙旅行社（增值税一般纳税人，增值税税率为 6%）向甲组团社报送“旅游团费用拨款结算通知单”，应收此次旅行团的旅游费用 27 000 元。

**要求：**分别为甲、乙旅行社编制上述经济业务中有关营业收入的会计分录。

### 实 训 二

**目的：**实训旅行社营业收入的核算。

**资料：**杭州西湖旅行社（接团社，增值税一般纳税人，增值税税率为 6%）根据北京香山旅行社（组团社）下达的计划，为澳门东华旅行社 A 团提供服务。该团共 20 人，全程陪同 1 人。在当地活动内容如下：6 月 3 日乘飞机上午 9:30 抵达杭州新华酒店，至 7 日下午两点乘飞机离开。其间，住宿费双人房每晚 500 元；早餐每人 10 元，午餐每人 15 元，晚餐每人 25 元；特殊门票每人 100 元；综合服务费每人 150 元；7 日返程机票的手续费每人 50 元。全陪人员住房每天 250 元，餐费标准与游客相同。根据以上内容做“旅游团费用拨款结算通知单”报组团社办理结算。

**要求：**为上述经济业务编制会计分录。

### 实 训 三

**目的：**实训旅行社营业收入的核算。

**资料：**春华旅行社（接团社，增值税一般纳税人，增值税税率为 6%）6 月 3 日向华夏旅行社（组团社）发出拨款结算通知单，金额为 96 400 元。该笔款项于 6 月 5 日收到。

**要求：**为春华旅行社的上述经济业务编制会计分录。

### 实 训 四

**目的：**实训旅行社营业成本的核算。

**资料：**6 月 24 日甲组团社（增值税一般纳税人，增值税税率为 6%）组织的某旅行团一行 20 人外地 5 日游，每人收费 1 500 元，合计 30 000 元。乙旅行社（增值税一般纳税人，增值税税率为 6%）接待甲组团社组织的该旅行团，该团已于 6 月 29 日返回。6 月 30 日，甲组团社财会部门根据计划收费标准，计划支付给乙旅行社 27 000 元。7 月 2 日，乙旅行社向甲组团社报送“旅游团费用拨款结算通知单”，应收此次旅行团的旅游费用为 27 500 元，乙旅行社实际成本为 24 000 元。

**要求：**分别为甲、乙旅行社编制上述经济业务中有关营业成本的会计分录。

### 实 训 五

**目的：**实训旅行社营业成本的核算。

**资料：**中北旅行社（增值税一般纳税人，增值税税率为 6%）收到接待宾馆、景点结算通知单，显示成本总计 4 200 元，用银行支票付讫。

**要求：**编制上述经济业务的会计分录。

### 实 训 六

**目的：**实训酒店营业收入的核算。

**资料：**某国际酒店（增值税一般纳税人）2022 年 6 月 2 日的“客账日报表”中客房收入情况如下：总收入 74 000 元，其中总服务台记账 34 000 元，应收账款 5 000 元，现金 13 000 元，支票 12 000 元，信用卡 10 000 元，信用卡手续费费率为 2.5%。

**要求：**为上述经济业务作会计处理。

## 实　训　七

**目的：**实训餐饮企业营业成本的核算。

**资料：**某餐厅采用以存计耗制，6 月初原材料结存余额为 5 000 元，当期购入总额为 23 000 元，月末存货额为 6 500 元。

**要求：**计算该餐厅原材料实际耗用成本，并编制会计分录。

## 实　训　八

**目的：**实训餐饮企业营业成本的核算。

**资料：**碧云天酒店中餐厅向原材料仓库领取食品原材料，价值 5 800 元，其中大米 2 000 千克，单价 2 元，共计 4 000 元；精面粉 1 800 千克，单价 1 元，共计 1 800 元。

**要求：**为碧云天酒店上述经济业务作会计处理。

## 实　训　九

**目的：**实训餐饮企业营业成本的核算。

**资料：**西江大酒楼（增值税一般纳税人）向湘南土特产公司采购冬菇 1 000 千克，单价为每千克 30 元，共计 30 000 元，增值税为 5 100 元，运杂费为 150 元，采用托收承付结算。

（1）银行转来湘南土特产公司托收凭证，并附来增值税专用发票的发票联及运杂费凭证，经审核无误后，当即承付。

（2）上述材料运到，由仓库验收入库。

**要求：**编制上述经济业务的会计分录。

## 实　训　十

**目的：**实训餐饮企业营业成本的核算。

**资料：**某饭店餐饮部 8 月份发生如下业务：

（1）全月领用原材料 8 000 元，调料 500 元，配料 500 元。

（2）月末盘点结存原材料 100 元，调料 100 元，配料 100 元。

**要求：**编制上述经济业务的会计分录。

## 思政园地

# 聚焦大众旅游新需求，培智新时代幸福产业

### 关键词

旅游业；大众旅游；红色旅游；幸福产业

### 内容

旅游业是为满足旅游者在旅游活动中产生的食、行、游、住、购、娱等需求，提供相关旅游产品与服务为主的复合性产业，而在一定条件下的商业、餐饮业等也由于本身具有重要特色而归入其范围内。因而，旅游业可说是一种“无烟产业”，优势明显。

在当今时代，旅游业已成为全球经济中发展势头最强劲和规模最大的产业之一，在促进经济、社会可持续协调发展，解决就业，帮助扶贫开发方面成效显著。作为经济发展的支柱性产业之一的中国旅游业对社会经济的拉动、社会就业的带动，以及对文化的提升与环境的改善作用也日益显现。改革开放以来中国旅游业发展迅速，旅游业已经成为国民经济的一个重要产业，我国旅游人数逐年增长，旅游资源日益丰富，旅游市场日趋完善。

迈向全面建设社会主义现代化国家新征程要求进一步讲好中国故事，提炼和分享中国经验。促进红色旅游发展的重点在于补齐基础设施建设和服务水平短板，从丰富资源业态、吸纳属地就业、财税政策倾斜等多个角度保障红色旅游规模扩大和质量提升。促进乡村旅游发展的关键在于突出地方旅游特色、避免同质化竞争，着力开发不同类型、不同风格的乡村旅游产品和业态模式，塑造适应不同层次游客群体和产品需求的乡村旅游供给格局。

虽然我国的旅游服务贸易在“量”上已经达到“旅游大国”的水平。但在“质”上，与世界上一些典型的旅游强国相比还存在很大差距，必须重视旅游服务贸易的质量和国际竞争力，创新管理和服务理念，引进国外先进的管理方法、技术和经验，提升我国旅游服务贸易的国际化水平。

### 启示

“十四五”时期，我国全面进入大众旅游时代，旅游业发展成果要为百姓共享，旅游业要充分发挥为民、富民、利民、乐民的积极作用，成为具有显著时代特征的幸福产业。全国两会期间，多位代表委员围绕繁荣发展大众旅游和旅游业高质量发展话题接受了中国旅游报记者的采访，大家表示应聚焦大众旅游新需求，从优化产品供给、提升服务品质等方面，推动旅游业高质量发展。

# 项目八　商业银行会计核算

【知识目标】

- 了解我国商业银行体系的构成。
- 熟悉商业银行存款业务的核算。
- 掌握商业银行贷款业务的核算。
- 掌握商业银行结算业务的核算。

【能力目标】

- 能够根据商业银行会计的特点对商业银行的业务进行明细核算和综合核算。
- 能胜任商业银行存款、贷款和结算业务的核算,提供会计信息。

【素养目标】

- 充分认识商业银行通过其信用中介活动,调剂社会各部门的资金运转,同时在央行货币政策和其他国家宏观政策的指引下,实现经济结构、消费比例投资、产业结构等方面的调整。通过商业银行会计核算,将社会闲散资金收集起来并得到充分利用。通过信用创造吸收活期存款、发放贷款从而增加银行的资金来源,扩大货币供应量,满足社会经济发展对流通手段和支付手段的需要,为我国经济建设融通资金保驾护航。



## 任务一　商业银行会计核算认知

### 一、商业银行体系构成

银行是国家经营管理金融工作的机构。我国现行的银行体系包括执行中央银行职能的中国人民银行、国有商业银行、国有政策性银行、综合性银行、大型商业银行、中小商业银行、农村金融机构、外资银行等。尽管这些银行存在许多差异,但从银行的性质和经营范围划分,一般可分为中央银行、政策性银行和商业银行。我国金融机构体系是以中央银行为核心,政策性银行与商业银行相分离,国有商业银行为主体,多种金融机构并存的现代金融体系,且形成了严格分工、相互协作的格局。

## 二、商业银行会计的特点

商业银行是以盈利为目的,以金融资产和负债为主要经营对象,业务广泛、综合性、多功能的金融企业。商业银行是经营货币信用业务的特殊企业,它从事各项业务经营,按照国家的法律、政策性法规,独立行使职权,开展各种货币信用业务,包括存贷款业务、结算业务、现金收付业务和往来业务等。由于商业银行业务经营活动的特点和自身的性质,决定了商业银行会计与国民经济其他部门的行业会计相比,有着不同的特点。具体表现在以下几个方面:

### (一)商业银行会计核算对象及其特征

银行的营运资金主要表现为货币资金的形态,银行会计核算对象从资金来源和资金运用两方面反映银行资金的增减变化及其结果。商业银行会计核算对象有如下特点:

1. 资金来源的多样化

资金来源是指资金取得和形成的渠道。商业银行的资金来源包括:

(1)投入资本。投入资本是指银行的股东为赚取利润而投入银行的各种财产、物资,包括国家资本、法人资本、个人资本和外商资本。

(2)各项存款。各项存款是指银行吸收的各种社会存款,包括企业存款、政府及社会团体存款、居民储蓄存款等,是商业银行最主要的负债。

(3)借入资金。借入资金是指商业银行因营运资金不足而拆入的资金,包括中央银行借款、同业拆入等。

(4)结算资金来源。结算资金来源是指银行间在办理结算或资金划拨业务中,代他行或客户暂收的资金,包括各种暂收款和占用联行资金。

8

(5)各项业务收入。各项业务收入是指银行的经营收入,包括利息收入、金融企业往来收入、手续费及佣金收入、汇兑收益、投资收益等。

2. 资金运用的多元化

资金运用是指资金使用和分配的去向。商业银行的资金运用包括:

(1)各项贷款。各项贷款是指银行对社会单位、个人的放款。它是商业银行最主要的资产业务,包括信用贷款、抵押贷款、担保贷款、贴现等。

(2)各项投资。各项投资是指银行投放在各种有价证券和其他单位的资金,包括股票、证券、联营投资等。

(3)库存现金。库存现金是指银行为保证日常业务中支付现金的需要而在业务库中存放的现金。

(4)存放中央银行款项。存放中央银行款项是指商业银行按规定必须在中央银行存储的款项,包括法定的存款准备金和备付金存款。

(5)拆出资金。拆出资金是指商业银行拆借给其他金融企业的资金。

(6)结算资金占用。结算资金占用是指银行办理结算业务过程中暂时被占用的资金,包括暂付款和被联行占用资金等。

(7)各项业务支出。各项业务支出是指银行在经营中的各项费用支出,包括利息支出、金融企业往来支出、营业费支出、汇兑损失等。

### （二）商业银行账务处理程序

商业银行账务处理程序是将明细核算程序、综合核算程序和账务核对三方面结合起来的一个完整的会计业务处理程序，其基本步骤为：

（1）根据发生的银行业务编制或受理审核会计凭证。

（2）根据审核无误的会计凭证登记明细分类账或现金收入、付出明细账。

（3）根据分户账期末余额编制余额表。

以上三项是商业银行明细核算的基本程序。

（4）根据会计凭证编制日结单，试算当天各科目所发生的借方和贷方发生额是否平衡。

（5）根据科目日结单登记总账并结出总账的期末余额。

（6）根据总账余额编制日计表。

以上三项是商业银行综合核算的基本程序。

（7）总账现金科目与其所属分户账的余额合计核对相符。

（8）总账现金科目与现金收入日记簿、现金付出登记簿和现金库存账簿核对相符。

（9）现金库存登记簿和现金核对相符。

以上三项是商业银行综合核算的账务核对。

商业银行每日账务处理程序与核对关系如图 8-1 所示。

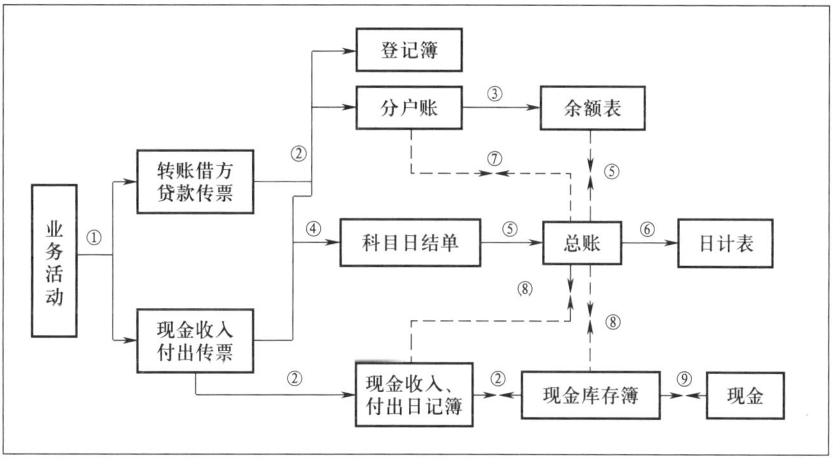


**图 8-1　商业银行每日账务处理程序与核对关系图**

注：图中实线表示核算步骤，虚线表示核对关系。

## 三、商业银行增值税的规定

2016 年 5 月 1 日全面实施营业税改征增值税，银行涉及营业税改征增值税的项目主要包括贷款服务、直接收费金融服务、金融商品转让服务。这三项税率都是 6%。存款利息属于增值税不征税项目，不征增值税。同时，企业取得的存款利息收入不需要开具发票，银行对于存款利息支出也不需要发票进行入账报销扣除。

1. 贷款服务

贷款服务是指银行将资金贷给他人使用而取得利息收入以及与利息性质一样的收入，主要包括保本收益、报酬、资金占用费、补偿金等收入以及信用卡透支利息收入等。

2. 直接收费金融服务

直接收费金融服务是指为货币资金融通及其他金融业务提供相关服务收取的费用，主要包括货币兑换、科目管理、电子银行、信用卡、信用证等。

3. 金融商品转让服务

金融商品转让服务是指转让外汇、有价证券、非货物期货和其他金融商品所有权的业务活动，主要包括基金、信托、理财产品等各类资产管理产品和各种金融衍生品的转让。

**【工作实例 8-1】** 某金融机构购入甲理财产品，买入价为 100 万元，卖出价为 120.6 万元；买入乙理财产品，买入价为 110 万元，卖出价为 100 万元。

应纳增值税税额 =（120.6－100＋100－110）÷（1＋6%）×6%＝0.6（万元）

假设甲理财产品卖出价为 90 万元，其他条件不变。则下期可以从金融商品转让服务销售额中扣减 20 万元 [（100－90）＋（110－100）]。

4. 银行表外利息征增值税的方法

金融企业发放贷款后，自结息日起 90 天内发生的应收未收利息按现行规定缴纳增值税，自结息日起 90 天后发生的应收未收利息暂不缴纳增值税，待实际收到利息时按规定缴纳增值税。

5. 不征增值税项目和免征增值税项目

（1）不征增值税项目。不征增值税项目有存款利息收入、被保险人获得的保险赔付。

（2）免征增值税项目。主要包括：① 2016 年 12 月 31 日之前的金融机构农户小额贷款利息收入；② 国家助学贷款利息收入、国债、地方政府债利息收入；③ 中国人民银行对金融机构的贷款利息收入；④ 统借统还业务利息收入，即企业集团获企业集团中的核心企业以及集团所属财务公司按不高于支付给金融机构的借款利率水平或者支付的债券票面利率水平，向企业集团或者集团内部下属单位收取的利息；⑤ 金融同业往来利息收入；⑥ 金融机构与中国人民银行所发生的资金往来业务；⑦ 银行联行往来业务；⑧ 金融机构间的资金往来业务；⑨ 金融机构之间开展的转贴现业务。

6. 银行业增值税的扣除项目

银行业增值税的扣除项目主要包括手续费及佣金支出、资产费用支出、业务费支出等。

（1）手续费及佣金支出，包括贷款手续费支出、结算手续费支出、证券买卖手续费支出、银行卡手续费支出、债券发行手续费支出、债券交易结算手续费支出、外汇业务手续费支出、债券分销业务手续费支出、其他手续费及佣金支出。适用税目为金融服务，税率为 6%。

（2）资产费用支出，包括长期待摊费用、无形资产支出、固定资产支出、在建工程支出、预付账款等。适用税目及税率视业务涉及具体行业而定。

（3）业务费支出，包括业务招待费、业务宣传费、电子设备运转费、钞币运送费、安全防卫费、保险费、邮电费、政府机关团体非营利组织费、咨询审计费、公杂费、差旅费、水电费、会议费、租赁费、修理费、绿化费、取暖降温费、董事会费、广告费、劳动保护费、交通工具运转费、风险代理费、物业管理费、开办费等。适用税目及税率视业务涉及具体行业而定。

# 任务二　存款业务核算

## 一、银行存款科目的开立与管理

### （一）银行存款科目的开立

各单位和个人必须在银行开立存款科目，遵守国家的政策法令，银行信贷、结算和现金管理以及中国银行关于会计科目管理的有关规定，才能获得银行的各种服务。

按照中国银行关于会计科目管理的规定，单位银行结算科目按用途分为基本存款科目、一般存款科目、专用存款科目和临时存款科目。个人在银行开立的存款科目主要是储蓄存款科目。

### （二）银行存款科目的管理

1. 实行开户双向选择

存款人可以自主选择银行，银行也可以自愿选择存款人。任何单位和个人不得干预存款人、银行开立和使用科目。

2. 实行开户登记证制度

开立基本存款科目实行中国人民银行当地分支机构核发开户登记证制度。

3. 实行开户申报制度

现行的人民币科目管理办法是以基本科目为龙头的，其他科目开立都需要在开户登记证上登记，各金融机构对企事业单位开立、撤销科目必须及时（3 个工作日）向当地人民银行报告或备案。



## 二、存款业务的核算要求

在商业银行开立存款科目的存款人委托银行办理款项支付时，应符合以下要求：

### （一）正确使用会计科目

银行要按规定正确使用会计科目，为各单位开立符合资金性质和管理要求的科目。对个人开立的储蓄科目，也要按银行规定办理，以便正确、及时、真实地反映存款的增减变化情况及结果。

### （二）准确、及时地办理存款业务

银行在办理存款业务时，应当按照支付结算原则和账务处理程序的要求，准确、及时地传递会计凭证，处理有关业务，以保证存款业务的核算质量。

### （三）维护存款人的合法权益

银行应保证单位及个人对存款的支配权。对单位存款应坚持“谁的钱进谁的账，由谁支配”的原则，除国家有专门规定外，禁止银行代任何单位或个人扣款，禁止银行擅自停止存款人对存款的支取。

单位和个人在使用银行存款科目时，必须遵守银行的有关规定，如向银行提供科目使用的有关资料，不出租、出借、转让科目给其他单位、个人使用，不准利用科目搞非法活动，不开空头、远期支票，及时与银行对账等。

## 三、会计科目的设置

### （一）“吸收存款”科目

“吸收存款”科目，属于负债类科目，核算商业银行吸收的除同业存放款项以外的其他各种存款，包括单位存款、个人存款、信用卡存款、特种存款、转贷款资金和财政性存款等。银行收到客户存入的款项时，应按实际收到的金额，借记“存放中央银行款项”“库存现金”等科目，按存入资金的本金，贷记该科目（本金），按其差额，贷记或借记该科目（利息调整）；支取款项时，应按归还的金额，借记该科目（本金），贷记“存放中央银行款项”“库存现金”等科目，按应转销的利息调整金额，借记或贷记该科目（利息调整），按其差额，贷记或借记“利息支出”科目；余额在贷方，反映银行吸收的除同业存放款项以外的其他各项存款余额。该科目应当按照存款类别及存款单位，分“本金”“利息调整”等进行明细核算。

### （二）“利息支出”科目

“利息支出”科目，核算商业银行在吸收存款、发行金融债券等业务中按国家规定的适用利率向债权人支付的利息。银行计算应付利息时，借记“利息支出”科目，贷记“应付利息”科目。期末，将利息支出科目余额结转到“本年利润”科目后，应无余额。银行与金融机构之间发生的拆借、存款等业务以及再贴现、转贴现资金的利息支出，在“金融企业往来支出”科目核算，不在该科目核算。



### （三）“应付利息”科目

“应付利息”科目核算银行吸收存款或发生借款的当期应付而未付的利息，属于负债类科目。

## 四、存款业务的会计核算

### （一）单位活期存款业务的核算

1. 存入现金的核算（先收款，后记账）

单位存入现金时，应填写一式两联现金存款单，连同现金交银行出纳部门。出纳部门经审查凭证、点收现金，登记现金收入日记簿，并复核签章后，将第一联加盖“现金收讫”章作为回单退交存款人，第二联送会计部门。

**【工作实例 8-2】** 海螺集团公司为支票户，向开户行中国工商银行方正支行存入现金 880 000 元。中国工商银行方正支行应作会计分录如下：

借：库存现金 880 000
　贷：吸收存款 880 000

2. 支取现金的核算（先记账，后付款）

支票户向银行支取现金时，应签发现金支票，并在支票上加盖预留印鉴，由收款人背书后送交会计部门。会计部门接到现金支票后，应重点审查：① 支票是否真实；② 记载事项是否齐全；③ 大小写金额是否相符；④ 是否超过提示付款期限（支票的提示付款期限为出票日起十天）；⑤ 其签章与预留印鉴是否相符；⑥ 出票人科目是否有足够支付的存款；⑦ 是否背书等。经审查无误后，以现金支票代现金付出传票登记分户账后，交出纳部门凭此付款。

**【工作实例 8-3】** 海螺集团公司为支票户，向开户行中国工商银行方正支行提示现金支票提取现金 90 000 元，该银行审核确认凭证无误后，以现金支票为借方传票记账：

借：吸收存款 90 000
　贷：库存现金 90 000

3. 利息的核算

活期存款是银行流动性最强的流动负债。存款利息的计算应采用如下方法：

（1）计息时间按季度计算。每季末月 20 日为结息日，计算时间从上季末月 21 日开始，本季末月 20 日为止。计息天数“算头不算尾”。计息利率一般分为年利率、月利率、日利率 3 种。

（2）采用积数法。由于单位存取次数频繁，其存款余额经常发生变动，计算利息可采用积数法。利息的计算公式为：

$$利息 = 日利率 \times 计息积数 = 日利率 \times 本金 \times 存期（天数）$$

银行根据计算的利息，如为次日支付，借记“利息支出”科目，贷记“吸收存款——活期存款”科目。

**【工作实例 8-4】** 海螺集团公司活期存款第三季度（6 月 21 日—9 月 20 日）累计计息积数为 1 800 000 元，年利率为 1%。计算第三季度海螺集团公司的利息。

$$利息 = 1\,800\,000 \times 1\% \div 360 = 50（元）$$

借：利息支出 50
　贷：吸收存款——活期存款 50

8

### （二）单位定期存款业务的核算

企事业单位、机关部队和社会团体等单位按有关规定提留归单位所有的短期不用的资金，均可在当地开户银行办理整存整取存款。单位定期存款是由存款人约定期限，到期支付本息的一种存款。单位定期存款的期限分为 3 个月、6 个月、9 个月，1 年、2 年、3 年、5 年等多个期限档次，起存金额为 1 万元，多存不限。

单位如有在一定时期内闲置不用的资金，可在银行办理定期存款。

1. 单位存入定期存款的核算

单位存入定期存款时，应按存款金额签发活期存款科目转账支票交开户银行。银行按规定审查无误后，以支票作为转账借方传票并凭以填制一式三联单位定期存款证明书。经复核后，以第一联代定期存款转账贷方传票，第二联加盖业务公章和经办人员名章后交存款人作为存款凭据，第三联作为定期存款卡片账。其账务处理为：借记“吸收存款——活期存款”科目，贷记“吸收存款——定期存款”科目。

**【工作实例 8-5】** 承工作实例 8-1，海螺集团公司同年向中国工商银行方正支行申请定期存款 160 000 元一年，利率为 3%，银行同意后，应作会计分录如下：

借：吸收存款——活期存款——海螺集团公司　　160 000

　贷：吸收存款——定期存款——海螺集团公司　　160 000

2. 单位支取定期存款和利息的核算

8

（1）计提利息。按照权责发生制，对于一年（含一年）以上单位定期存款在资产负债表日应计提利息。资产负债表日计提利息时，借记“利息支出”科目，贷记“应付利息”科目。

（2）单位支取定期存款。单位持存单支取定期存款，只能转账，不能提取现金，也不能用于结算，分到期支取、提前支取全部定期存款、提前支取部分定期存款、逾期支取定期存款几种情况。

① 到期支取，即按规定的利率本息一次结清。单位持存单支取定期存款时，银行会计人员抽出该户卡片进行核对。核对无误后，计算利息，填制利息清单，并在存单上加盖“结清”戳记；以存单代定期存款转账借方传票，卡片账作为附件，另编制三联特种转账传票，一联代“利息支出”科目转账借方传票，一联代活期存款科目转账贷方传票，另一联代收账通知交存款人。借记“吸收存款——定期存款”“应付利息”“利息支出”科目，贷记“吸收存款”科目。定期存款到期后，如果单位要求续存，可以按结清旧户另开新存单办理。

② 提前支取全部定期存款，银行按支取日挂牌公布的活期存款利率计付利息，分录同到期支付。

③ 提前支取部分定期存款，若剩余定期存款不低于起存金额，则只对支取部分按支取日挂牌公布的活期存款利率计付利息，剩余部分按原定期存款利率和期限执行。若剩余定期存款部分不足起存金额，则按挂牌公布的活期存款利率计付利息，并对该定期存款予以清户。

④ 逾期支取定期存款，逾期支取的逾期时间部分，按银行同期活期存款计息。

【工作实例 8-6】 甲单位 2023 年 3 月 20 日存入银行定期存款 90 万元，定期 1 年，年利率为 3.6%。2024 年 3 月 20 日到期，甲单位于 2024 年 4 月 7 日支取。支取日活期存款年利率为 0.36%。

2023 年 12 月 31 日为资产负债表日，计提利息：

计提利息 =900 000 × 9 × 3.6% ÷ 12 + 900 000 × 10 × 3.6% ÷ 360 = 25 200（元）

借：利息支出　　25 200

　贷：应付利息——定期存款利息支出户　　25 200

到 2024 年 4 月 7 日，未计提利息会计处理如下：

未计提利息 =900 000 × 3 × 3.6% ÷ 12 + 900 000 × 7 × 0.36% ÷ 360 = 8 163（元）

借：吸收存款——定期存款——甲单位定期存款户　　900 000

　　应付利息——定期存款利息支出户　　25 200

　　利息支出　　8 163

　贷：吸收存款——活期存款—甲单位活期存款户　　933 363

### （三）个人储蓄存款业务的核算

1. 活期储蓄存款业务的核算

（1）开户。活期储蓄存款的特点是一元起存、多存不限、随时存取、不定期限，适用于居民生活待用货币的存储。活期储蓄分为支票户和存折户两种。支票户的存取手续，与单位支票户存款的存取手续相同。这里只介绍存折户活期储蓄的核算手续。

8

储户第一次存入活期储蓄存款，应填写“储蓄存款凭条”，填好凭条后，连同现金一并交存银行，银行记账员审查凭条和清点现金无误后，开立并登记活期储蓄存款分户账，根据凭条登记开销户登记簿，填写活期储蓄存折，在存款凭条中注明“新开户”字样。若储户要求凭密码支取，则应在分户账和存折上加盖“凭密码支取”戳记，以存款凭条代收入传票。其账务处理为借记“库存现金”科目，贷记“吸收存款——活期储蓄存款”科目。

【工作实例 8-7】 开户行中国工商银行方正支行接受居民李想存入的活期储蓄存款 50 000 元，应作如下会计分录：

借：库存现金　　50 000

　贷：吸收存款——活期储蓄存款——本金——李想　　50 000

（2）续存。储户续存时，首先应填写存款凭条，连同存折和现金一并交记账员，记账员检验存折、审查凭条、点收款项无误后，调出该科目，同存折核对相符，登记入账并结出存款余额。按存入金额查应计利息数，结出本次利息余额，然后核点账款，无误后盖章，凭条留存，将存折退给储户。其会计分录同开户时的分录。

（3）支取。支取活期储蓄存款时，储户应填写“储蓄取款凭条”，将凭条连同存折一起交银行，凭密码支取的，应在取款时输入密码。银行记账员审核无误后，予以支取。其账务处理为借记“吸收存款——活期储蓄存款”科目，贷记“库存现金”科目。

**【工作实例 8-8】** 在某银行开户的向媛媛向银行支取现金 10 000 元，该银行审核确认凭条无误后，予以支取。应作如下会计分录：

借：吸收存款——活期储蓄存款——本金——向媛媛　　10 000
　贷：库存现金　　10 000

（4）销户。储户支取全部存款不再续存时，称为销户。储户应按存款余额填写取款凭条，银行凭以记账，并结出利息的最后余额，填写在凭条上，再填制两联储蓄存款利息清单，在存折和分户账上加盖“结清”或“销户”戳记。其账务处理为借记“吸收存款——活期储蓄存款”“利息支出”等科目，贷记“库存现金”（本金 + 税后利息）科目。同时，登记开销户登记簿，第二联利息清单连同现金交储户。

按照规定，活期储蓄存款应每年结息一次，本年 7 月 1 日到次年 6 月 30 日止为结息期，每年的 6 月 30 日为结息日。其主要目的是减轻银行年度决算日的工作量。利息的计算方法是：在每年的结息日，银行用累计积数乘以当日挂牌活期储蓄存款日利率。对于结计的利息，借记“利息支出”科目，贷记“吸收存款——活期储蓄存款”科目。

2. 定期储蓄存款业务的核算

定期储蓄存款是储户在存款时就约定存款期限，到期支取本金、利息的一种储蓄存款方式。它的特点是存款时间较长，存期固定，规定了存储起点和金额。定期储蓄存款按存取方式不同，可分为整存整取、零存整取、存本取息和整存零取等几种储蓄方式。



（1）整存整取定期储蓄存款。整存整取定期储蓄存款是储户一次存入本金，约定存期，到期一次支取本息的一种定期储蓄。人民币起存金额一般为 50 元，多存不限，存期分为 3 个月、6 个月、1 年、2 年、3 年和 5 年。以存单作为凭证，凭存单支取。这种储蓄具有期限长、利率高的特点，适合于较长时期不用的结余款项的存储。该种储蓄可部分或全部提前支取。其账务处理如下：

开户时，借记“库存现金”科目，贷记“吸收存款”科目。到期支取时，借记“吸收存款——定期储蓄存款”“应付利息”科目，贷记“库存现金”科目。

**【工作实例 8-9】** 某行方正支行收到赵峰宇交来当日到期整存整取定期储蓄存单一张，金额 10 000 元，存期一年，年利率为 2.25%，要求支取本息。经审查无误，作如下会计处理：

借：吸收存款——定期储蓄存款——整存整取储蓄——赵峰宇　　10 000
　　应付利息　　225
　贷：库存现金　　10 225

（2）零存整取定期储蓄存款。零存整取定期储蓄存款是储户存款时约定存期，每月固定存入一定金额，到期一次支取本息的一种定期储蓄。人民币起存金额一般为 5 元，存期分为1年、3年、5年。以存折作为凭证，凭折存取。每月存入一次，中途如有漏存，应在次月补齐，未补存者，视同违约，违约后存入的部分，支取时按照活期利率计息，其余部分按实存金额和实际存期计算利息。其特点是逐月存储，适合那些有固定收入但结余不多的储户。其基本核算同整存整取。

零存整取定期利息计算通常采用固定基数计息法和月积数计息法。

① 固定基数计息法。这种方法是按规定存期和利率先计算每月本金到期应付利息的，存期应根据等差级数求平均值的方法计算，公式为：

存期＝（首月＋末月）/2

例如，一年档次的平均存期为6.5月，再以此作为级数乘以存入金额的合计数，求出应付利息。其计算公式如下：

固定基数应付利息＝本金×平均存期×月利率本金应付利息
＝固定基数应付利息×存款余额

② 月积数计息法。这种方法是根据存款科目每月余额计算出月积数，而后将月积数累计乘以月利率，即为应付利息。

**【工作实例8-10】** 储户章武2021年12月21日在某银行办理零存整取业务，每月存入1 000元，期限3年，年利率2.256%，做存款、到期支付本息分录为：

开户存入（续存）时：

借：库存现金　　1 000
　贷：吸收存款——定期储蓄存款——零存整取储蓄——章武　　1 000

到期支取时，采用月积数计息法结息：

1 000×36×2.256%÷12=67.68（元）（或＝1 000×1×36×2.256%÷12）

借：利息支出　　67.68
　　吸收存款——定期储蓄存款——零存整取储蓄——章武　　1 000.00
　贷：库存现金　　1 067.68

（3）存本取息定期储蓄存款。存本取息定期储蓄存款是储户一次存入本金，约定存期，按期分次支取利息，到期支取本金和当期利息的一种定期储蓄。人民币起存金额一般为5 000元，存期分为1年、3年、5年。以存折作为凭证，凭存折分期支取利息，如到取息日未取息，以后可随时支取。其基本核算同整存整取定期储蓄存款。

存本取息定期储蓄存款的利息计算应先按规定利率计算出应付利息总数，然后再根据取息次数计算出平均每次支取的利息数。其利息的计算公式为：

每次支取利息数 = 本金 × 存期 × 利率 ÷ 支取利息次数

（4）整存零取定期储蓄存款。整存零取定期储蓄存款是储户一次存入本金，约定存期和等额本金分次支取，到期一次性支取利息和最后一期本金的定期储蓄存款。人民币起存金额一般为1 000元，存期分为1年、3年、5年。以存折作为凭证，凭存折分期支取本金，支取期分为1个月、3个月和6个月。存款到期时结清利息，它适合于储户有较大款项须分期使用的情况。其基本核算同整存整取定期储蓄存款。其利息的计算公式为：

本金平均值 =（全部本金 + 每期支取本金数）÷ 2

到期应付利息 = 本金平均值 × 存期 × 利率

# 任务三 贷款业务核算

## 一、贷款的定义与种类

贷款也称放款，是指商业银行按照安全性、流动性和效益性的原则和政策，对借款人提供的按约定的利率和期限还本付息的货币资金的信用活动。贷款是银行的主要经营活动。它可以起到支持生产发展和商品流通，调节产业结构和产品结构，增加银行收入，提高银行经济效益的作用。



贷款按不同的标准可分为以下几种：

（1）按贷款用途，分为流动资金贷款、固定资产贷款。

（2）按贷款期限，分为短期贷款、中期贷款、长期贷款。

（3）按贷款方式，分为信用贷款、担保贷款（保证贷款、抵押贷款、质押贷款）、票据贴现。

（4）按贷款风险，分为正常贷款、关注贷款、次级贷款、可疑贷款、损失贷款。

## 二、贷款业务的核算要求

贷款是银行的主要业务之一，也是银行的主要资产业务。贷款的核算应当遵循以下四个“分别核算”的原则。

1. 本息分别核算

商业银行发放的贷款，应当按照实际贷出的贷款金额入账。期末，应当按照贷款本金和适用的利率计算应收取的利息，分别核算贷款本金和利息。

2. 商业贷款与政策性贷款分别核算

由于政策性贷款的发放与国家相关政策导向密切相关，而且政策性贷款在利率上也通常具有一定的优惠，因此，商业银行应将商业贷款与政策性贷款分别核算。

3. 自营贷款和委托贷款分别核算

自营贷款是指商业银行自主发放的贷款，其风险由商业银行承担，并由商业银行收取本金和利息。委托贷款是指委托人提供资金，由商业银行（受托人）根据委托人确定的贷款对象、用途、金额、期限、利率等代理发放、监督使用并协助收回的贷款，其风险由委托人承担。商业银行发放委托贷款时，只收取手续费，不得代垫资金。商业银行应将自营贷款和委托贷款分别核算。

4. 应计贷款和非应计贷款分别核算

非应计贷款是指贷款本金或利息逾期 90 天没有收回的贷款。应计贷款是指非应计贷款以外的贷款。当贷款的本金或利息逾期 90 天时，应单独核算。当应计贷款转为非应计贷款时，应将已入账的利息收入和应收利息予以冲销。从应计贷款转为非应计贷款后，在收到该笔贷款的还款时，首先应冲减本金；本金全部收回后，再收到的还款则确认为当期利息收入。

## 三、会计科目的设置

1.“贷款”科目

“贷款”科目是资产类科目，核算商业银行按规定发放的各种客户的贷款，包括信用贷款、质押贷款、抵押贷款、保证贷款等。该科目按照贷款种类和客户设置“本金”“利息调整”“已减值”等明细科目进行明细核算。

2.“利息收入”科目

“利息收入”科目是损益类科目，核算商业银行确认的利息收入，包括发放的各类贷款、与其他金融机构之间发生资金往来业务、买入返售金融资产等实现的利息收入。本科目可按照业务类别设置明细账进行明细核算。

3.“应收利息”科目

“应收利息”科目为资产类科目，核算商业银行发放贷款、存放中央银行款项、交易性金融资产等应收取的利息。可按借款人设置明细账进行明细核算。

4.“贷款损失准备”科目

“贷款损失准备”科目是资产类科目，是“贷款”科目的备抵科目，核算商业银行贷款的减值准备。本科目可按照计提贷款损失准备的资产的类别设置明细科目进行明细核算。



## 四、信用贷款业务的核算

信用贷款是指仅凭借款人的信誉发放贷款，而无须提供担保的一种贷款方式。

### （一）贷款发放的核算

逐笔核贷是商业银行发放贷款最常用的核算方式。目前，我国商业银行发放的信用贷款多采用逐笔核贷的贷款核算方式。这种核算方式的特点是由借款单位向银行提出申请，银行根据批准的贷款计划，逐笔立据，逐笔审查，逐笔发放，约定期限，一次发放，一次或分次收回贷款，按照规定利率计收利息。

会计部门收到借款凭证后，应认真审查信贷部门的审批意见，审核凭证各项内容填写是否正确、完整，大小写金额是否一致，印鉴是否相符等。审核无误后予以发放贷款时，借记“贷款——借款单位”科目，贷记“吸收存款——借款单位”科目。

**【工作实例 8-11】** 2023 年 4 月 2 日，开户单位新兴百货申请流动资金贷款 2 000 000 元，期限 6 个月，约定利率为 6.5%，经信贷部门审查统一发放，转入该公司存款科目。

借：贷款——短期贷款——新兴百货　　2 000 000

　贷：吸收存款——活期存款——新兴百货　　2 000 000

### （二）贷款收回的核算

按时收回贷款是银行放款的一项重要原则，贷款收回的核算是贷款业务核算的重要内容。银行会计部门应经常查看贷款借据的到期情况，在贷款快要到期时，与信贷部门联系，通常提前 3 天通知借款单位准备还款资金，以便到期时按期收回贷款。收回贷款的核算主要分以下几种情况：

1. 贷款到期，借款单位主动归还贷款

当借款单位主动归还贷款时，应签发转账支票及填制一式四联的还款凭证办理还款手续。银行会计部门收到借款人提交的还款凭证后，应同贷款账簿进行核对，核对无误后，于贷款到期日办理收回贷款的转账手续。

在资产负债表日，银行应按贷款的合同本金和合同约定的名义利率计算确定的应收利息的金额，借记“应收利息”科目，贷记“利息收入”科目（按贷款摊余成本的实际利率计算确定利息收入金额），按差额借记或贷记“贷款——利息调整”科目，同时计提增值税销项税额，贷记“应交税费——应交增值税（销项税额）”科目。

合同利率与实际利率差异较小的，也可以采用合同利率计算确定利息收入。

8

（1）如为未减值贷款，则收回未减值贷款时，应按客户归还的金额，借记“吸收存款——借款单位”科目，贷记“应收利息”“应交税费——应交增值税（销项税额）”“贷款——借款单位”科目。

**【工作实例 8-12】** 中国工商银行镜湖分行于 2023 年 4 月 25 日向星海公司发放贷款一笔，合同本金 500 000 元，2023 年 12 月 29 日还款，合同月利率为 4.875‰，一次还本付息。作出整个贷款业务的会计处理。

① 发放贷款时：

借：贷款——短期贷款——星海公司　　500 000

　贷：吸收存款——活期存款——星海公司　　500 000

② 计提利息：

第二季度利息 $=500\ 000\times 57\times 4.875‰\div 30\div(1+6\%)=4\ 369.10$（元）

第二季度计提的增值税销项税额 $=4\ 369.10\times 6\%=262.15$（元）

借：应收利息　　4 631.25

　贷：利息收入　　4 369.10

　　应交税费——应交增值税（销项税额）　　262.15

第三季度利息＝500 000×92×4.875‰ ÷30÷（1＋6％）＝7 051.89（元）

第三季度计提的增值税销项税额＝7 051.90×6％＝423.11（元）

借：应收利息　　7 475.00

　贷：利息收入　　7 051.89

　　应交税费——应交增值税（销项税额）　　423.11

第四季度计息与第三季度相同。

至第四季度应收利息合计＝4 631.25＋7 475×2＝19 581.25（元）

其中利息收入＝4 369.10＋7 051.90＋7 051.90＝18 472.90（元）

计提的增值税销项税额＝262.15＋423.11＋423.11＝1 108.37（元）

12月21日—12月29日利息＝500 000×8×4.875‰ ÷30÷（1＋6％）＝613.21（元）

计提的增值税销项税额＝613.21×6％＝36.79（元）

③ 收回贷款本息时：

借：吸收存款——活期存款——星海公司　　520 231.25

　贷：贷款——短期贷款——星海公司　　500 000.00

　　应收利息　　19 581.25

　　利息收入　　613.21

　　应交税费——应交增值税（销项税额）　　36.79

（2）如为减值贷款，则账务处理如下：

① 资产负债表日，确定贷款发生减值的，借记“资产减值损失（按应减记的金额）”科目，贷记“贷款损失准备”科目，同时，借记“贷款——已减值”科目，贷记“贷款——本金——利息调整”科目。

② 按贷款的摊余成本和实际利率计算确定的利息收入，借记“贷款损失准备”科目，贷记“利息收入”科目。

③ 收回减值贷款时，借记“吸收存款（应按实际收到的金额）”“贷款损失准备（按相关贷款损失准备余额）”科目，贷记“贷款——已减值（按相关贷款余额）”“资产减值损失（差额）”科目。

2. 贷款到期，由银行主动扣收

贷款到期借款人未能主动归还贷款，而其存款科目中的存款余额又足够还款的，银行会计部门可及时与信贷部门联系，征得同意后，由信贷部门填制“贷款收回通知单”，加盖信贷部门业务公章交会计部门。会计部门凭以填制三联特种转账传票，一联代借方传票，一联代贷方传票，一联代收账通知连同注销后的借据第一联一并交借款单位。会计分录同“贷款到期，借款单位主动归还贷款”。

### （三）贷款展期

贷款到期，由于客观情况发生变化，借款人经过努力仍不能还清贷款的，短期贷款必须于到期日10日以前，中长期贷款必须于到期日1个月以前，由借款人向银行提出贷款展期的书面申请，写明展期的原因，银行信贷部门视具体情况决定是否展期。对同意展期的贷款，应在展期申请书上签署意见，然后将展期申请书交给会计部门。

会计部门收到贷款展期申请书后，应主要审查以下内容：① 信贷部门是否批准、有无签章；② 展期贷款的金额与借款凭证上的金额是否一致；③ 展期时间是否超过规定期限；④ 展期利率的确定是否正确。审核无误后，在贷款分户账及到期卡上批注展期还款利率及还款日期，同时将一联贷款展期申请书加盖业务公章后交借款单位收执，另一联贷款展期申请书附在原借据后，按展期后的还款日期排列。贷款展期不需办理转账手续。

**（四）贷款逾期**

贷款到期，借款单位事先未向银行申请办理展期手续，或申请展期未获得批准，或者已经办理展期，但展期到期日仍未能归还贷款的，即作为逾期贷款。银行应将贷款转入该单位的逾期贷款科目。银行会计部门与信贷部门联系后，根据原借据，分别编制特种转账借方传票和特种转账贷方传票各两联，凭特种转账借方和贷方传票各一联办理转账，其账务处理为借记“逾期贷款——借款单位逾期贷款户”科目，贷记“贷款——借款单位贷款户（本金）”。

**【工作实例 8-13】** 接工作实例 8-11，2022 年 1 月 2 日，开户单位新兴百货申请的 200 000 元流动资金贷款到期，若借款单位只能部分偿还 160 000 元，会计处理如下：

（1）归还部分：

借：吸收存款——活期存款——新兴百货　　160 000

　贷：贷款——短期贷款——新兴百货　　160 000

（2）逾期部分：

借：逾期贷款——新兴百货逾期贷款户　　40 000

　贷：贷款——短期贷款——新兴百货　　40 000

转账后，将另两联特种转账借、贷方传票作为收、支款通知，加盖转讫章和经办人员名章后交借款单位。同时，在原借据上批注“××××年×月×日转入逾期贷款”的字样后，另行保管。等借款单位存款科目有款支付时，一次或分次扣收，并从逾期之日起至款项还清前一日止，除按规定利率计息外，还应按实际逾期天数和中国人民银行规定的罚息率计收罚息。

## 五、抵押贷款业务的核算

抵押贷款是担保贷款的一种，是银行对借款人以一定财产作为抵押而发放的一种贷款。借款人到期不能归还贷款本息时，银行有权依法处置贷款抵押物，并从所得价款收入中优先收回贷款本息，或以该抵押物折价充抵贷款本息。贷款额度为抵押品价值的 50%～70%。

抵押贷款适用于经工商行政管理部门登记并具有法人资格的全民、集体工商企事业单位以及我国境内的中外合资经营企业。个体工商户及个人也可以申请抵押贷款。

抵押贷款一般采取逐笔核贷的贷款核算方式。

### （一）抵押贷款发放的核算

抵押贷款由借款人向银行提出申请，并向银行提交“抵押贷款申请书”，写明借款用途、金额、还款日期以及抵押物的名称、数量、价值、存放地点等有关事项，同时提交有权处分人同意抵押的证明或保证人同意保证的有关证明文件。

会计部门收到信贷部门转来的有关单证，经审查无误后，根据有关规定及借款人的要求办理转账。借记“贷款——抵押贷款——借款人”科目，贷记“吸收存款——活期存款——借款人”科目，同时，对抵押物进行详细登记，并列入表外科目核算，登记“收入：待处理抵押品——借款人”。

**【工作实例 8-14】** 南方公司目前急需一笔短期资金 140 000 元，以一台设备（价值 200 000 元）向中国工商银行东城区支行申请抵押贷款，应作会计分录如下：

借：贷款——抵押贷款——南方公司　140 000
　贷：吸收存款——活期存款——南方公司　140 000
收入：待处理抵押品——南方公司　200 000

### （二）抵押贷款收回的核算

抵押贷款到期，借款人应主动提交还款凭证，连同银行出具的抵押物代保管收据，办理还款手续。银行的账务处理为借记“吸收存款——活期存款——借款人户”科目，贷记“贷款——抵押贷款——借款人户”“利息收入——抵押贷款利息收入户”“应父税费——应交增值税（销项税额）”科目同时，销记表外科目，原抵押申请书作为表外科目付出传票的附件，登记“付出：待处理抵押品——借款人户”。

8

**【工作实例 8-15】** 承工作实例 8-14，短期贷款已经到期，南方公司归还贷款，收回抵押设备，假定贷款时间为 8 个月，贷款利率为 6%。

贷款到期企业应支付到期利息 $=140\ 000\times 8\times 6\%\div 12\div(1+6\%)=5\ 283.02$（元）

增值税销项税额 $=5\ 283.02\times 6\%=316.98$（元）

借：吸收存款——活期存款——南方公司　145 600.00
　贷：贷款——抵押贷款——南方公司　140 000.00
　　利息收入——抵押贷款利息收入户　5 283.02
　　应交税费——应交增值税（销项税额）　316.98
付出：待处理抵押品——南方公司　200 000

### （三）逾期抵押贷款的核算

抵押贷款到期，借款单位如不能按期归还贷款本息，银行应将其贷款转入“逾期贷款”科目核算，并按规定计收罚息。

1. 将抵押物作价入账的核算

将抵押物作价入账时，应按抵押贷款本金及应收利息之和作价进行账务处理，借记“固定资产”“交易性金融资产”科目，贷记“贷款——逾期贷款——借款人户”“应收利息——应收抵押贷款利息户”等科目。

2. 出售抵押物的核算

银行按规定拍卖借款人的抵押物时，应以拍卖所得的净收入抵补抵押贷款本息。

（1）拍卖所得净收入高于贷款本息。根据《中华人民共和国民法典》的相关规定，若拍卖所得净收入高于贷款本息之和，则其差额归抵押人所有。银行的账务处理为借记“库存现金”等科目，贷记“贷款——逾期贷款——借款人户”“应收利息——应收抵押贷款利息户”“其他应付款——抵押人”“吸收存款——××存款（××户）”科目。

（2）拍卖所得净收入不足以清偿贷款本息。若拍卖所得净收入不足以抵偿贷款本息及处理费用，则债务人应以其他资产拍卖或变卖所得偿还贷款本息，但抵押权人（银行）不再享有优先受偿权。抵押人如果为第三人而非债务人，则抵押人不承担剩余未清偿贷款本息，而只能由债务人承担。

如果债务人拍卖或变卖其他财产之后仍然无法清偿债务，则对于符合规定的低于贷款本金的部分从贷款损失准备中核销，应收利息从坏账准备中核销。其账务处理为借记“库存现金”“贷款损失准备”等科目，贷记“贷款——逾期贷款——借款人户”科目，同时，借记“坏账准备”科目，贷记“应收利息——应收抵押贷款利息户”科目。

（3）拍卖所得净收入高于贷款本金，但低于贷款本息之和。如拍卖所得的净收入高于贷款本金，低于贷款本息之和，则拍卖所得金额在全额补偿贷款本金和部分应收利息后，不足部分从坏账准备中核销，其账务处理为：借记“库存现金”“坏账准备”等科目，贷记“贷款——逾期贷款——借款人户”“应收利息——应收抵押贷款利息户”科目。



### 六、担保贷款业务的核算

担保贷款是指借款人申请借款的同时，向银行提供有法人资格且能承担借款人一旦无力还款而能代之偿还责任的经济组织作保证的贷款。担保贷款虽有保证人，但只是以保证人的信用作担保，借款人未以任何财产作抵押，从严格意义上讲仍为信用贷款，因此，其会计处理与信用贷款相同。但当债务期满债务人未能偿债而应追究担保人连带责任时，应调整账务。当担保人替债务人偿债时，账务处理为借记“贷款——短期贷款（或中长期贷款）——担保人”科目，贷记“贷款——短期贷款（或中长期贷款）——借款人”科目，同时，从担保人处收回贷款本息时，借记“吸收存款——活期存款——担保人”科目，贷记“贷款——短期贷款（或中长期贷款）——担保人”“应收利息”“利息收入”“应交税费——应交增值税（销项税额）”等科目。

## 任务四　支付结算业务核算

### 一、支付结算业务概述

1. 支付结算的含义及特点

支付结算是指单位、个人在社会经济活动中使用票据、信用卡、结算方式进行货币给付及资金清算的行为。其中票据是指银行汇票、商业汇票、支票、银行本票。信用卡是商业银行向单位和个人发行的,凭以向特约单位购物、消费和向银行存取现金,且具有消费信用的特制卡片。结算方式是指汇兑、托收承付、委托收款三种原有的方式。

支付结算是社会经济活动各项资金清算的中介,是银行的一项重要中间业务。它具有以下特点:

(1)支付结算必须通过中国人民银行批准的金融机构进行。

(2)支付结算是一种要式行为。

(3)支付结算的发生取决于委托人的意志。

(4)支付结算实行统一管理和分级管理相结合的管理体制。

2. 支付结算的原则

支付结算原则是指单位、个人和银行在办理支付结算的过程中必须共同遵守的行为准则。根据我国《支付结算办法》,确立了“恪守信用,履约付款;谁的钱进谁的账,由谁支配;银行不垫款”三项基本原则。

3. 支付结算的种类

我国目前的支付结算方式按使用的支付结算工具不同分为票据、结算凭证和信用卡三类,称为“三票三式一卡”。“三票”是指支票、汇票和银行本票三种票据,其中汇票又分为银行汇票和商业汇票;“三式”是指汇兑、托收承付和委托收款三种结算方式;“一卡”是指信用卡。支付结算方式按使用的区域范围不同分为同城使用的结算方式、异地使用的结算方式、同城异地均可使用的结算方式。

## 二、支票结算业务的核算

### (一)持票人、出票人在同一银行开户的核算

对持票人送交的转账支票和两联进账单,银行应当认真审查以下事项:

(1)支票内容是否正确、完整。

(2)进账单填写的内容是否与支票相符。

(3)支票的付款期限是否有效。

(4)印鉴是否相同。

(5)大小写金额是否一致。

(6)付款人科目是否有足够支付的余额。

经审查无误后,办理转账。其会计分录为:

借:吸收存款——活期存款——出票人户

　贷:吸收存款——活期存款——持票人户

**【工作实例 8-16】** 某银行收到开户甲单位送交的转账支票和两联进账单,金额为 5 000 元。经审查是同在本行开户的乙单位签发用于支付给甲单位的货款,则会计分录为:

| | | |
|---|---|---|
| 借:吸收存款——活期存款——乙单位 | 5 000 | |
| 　贷:吸收存款——活期存款——甲单位 | | 5 000 |

### （二）持票人、出票人在同城，但不在同一银行开户的核算

持票人开户行受理持票人送交支票的账务处理如下：

借：存放中央银行款项

　贷：吸收存款——活期存款——持票人户

出票人开户行的账务处理如下：

借：吸收存款——活期存款——出票人户

　贷：存放中央银行款项

**【工作实例 8-17】** 甲银行受理了开户单位 A 公司提交的转账支票和两联进账单，金额为 10 000 元，系支付给在同城乙银行开户的 B 公司的货款，银行审查无误后，通过票据交付款项，则两家银行的账务处理如下：

甲银行：

| | | |
|---|---|---|
| 借：吸收存款——活期存款——A 公司 | 10 000 | |
| 　贷：存放中央银行款项 | | 10 000 |

乙银行：

| | | |
|---|---|---|
| 借：存放中央银行款项 | 10 000 | |
| 　贷：吸收存款——活期存款——B 公司 | | 10 000 |



## 三、汇兑结算业务的核算

### （一）汇出行的账务处理

汇款人委托银行办理汇兑时，如果使用信汇，则应填制一式四联的信汇凭证。汇出行受理信汇凭证时，应认真审查信汇凭证必须记载的各项内容是否齐全、正确；汇款人科目内是否有足够支付的金额：汇款人的签章是否与预留银行签章相符。对填有“现金”字样的信汇凭证，还应审查汇款人和收款人是否均为个人。

汇款人如果使用电汇，则应填制电汇凭证送交开户行。汇出行受理电汇凭证时，应在审查无误后，办理汇款手续。其会计分录与信汇相同：

借：吸收存款——活期存款——汇款人科目

　贷：清算资金往来——辖内往来

现金汇款的，填制一联现金贷方凭证，第二联信汇凭证作附件。其会计分录为：

借：库存现金

　贷：应解汇款——汇款人户

借：应解汇款——汇款人户

　贷：清算资金往来——辖内往来

转账后，第三联信汇凭证加盖联行专用章，与第四联随同联行贷方报单寄给汇入行。

**【工作实例 8-18】** 甲银行受理开户单位棉纺厂提交的信汇凭证一式四联，金额 5 000 元，系该单位汇给异地同系统乙银行开户单位飞翔贸易公司的货款，经审查无误后予以汇款，则会计分录为：

借：吸收存款——活期存款——棉纺厂　　5 000

　贷：清算资金往来——辖内往来　　5 000

### （二）汇入行的账务处理

汇入行接到汇出行寄来的联行报单及第三、四联信汇凭证后，应审查第三联信汇凭证上的联行章与报单是否一致，无误后，再进行处理。

（1）直接入账的：

借：清算资金往来——辖内往来

　贷：吸收存款——活期存款——收款人户

**【工作实例 8-19】** 承工作实例 8-18，乙银行收到甲银行寄来的信汇凭证和邮划贷方报单，经审查确为开户单位飞翔贸易公司收款，予以收款入账，则会计分录为：

借：清算资金往来——辖内往来　　5 000

　贷：吸收存款——活期存款——飞翔贸易公司　　5 000

（2）不直接入账的：

借：清算资金往来——辖内往来

　贷：应解汇款——收款人户



### （三）退汇的账务处理

（1）汇款人申请退汇的处理。

① 汇出行的处理。

借：清算资金往来——辖内往来

　贷：吸收存款——活期存款——原汇款人户

② 汇入行的处理。

借：应解汇款——原收款人户

　贷：清算资金往来——辖内往来

（2）汇入行主动退汇的账务处理。

① 汇入行的处理。

借：应解汇款——原收款人户

　贷：清算资金往来——辖内往来

② 原汇出行的处理。

借：清算资金往来——辖内往来

　贷：吸收存款——活期存款——原汇款人户

## 四、银行汇票结算业务的核算

### （一）银行汇票出票的核算

申请人需要使用银行汇票，应向银行填写“银行汇票申请书”。出票银行受理时应认真审查申请书填写的各项内容是否符合要求，经审查无误后，予以办理。其会计分录为：

借：库存现金／吸收存款——活期存款——申请人户

　贷：汇出汇款——××银行汇票户

**【工作实例 8-20】** 甲银行接到开户单位A公司提交的一式三联“银行汇票申请书”，金额为30 000元，系该公司用于向异地同系统的乙银行开户单位B公司支付货款，甲银行审查无误，收妥款项并签发银行汇票，则会计分录为

借：吸收存款——活期存款——A公司　　30 000

　贷：汇出汇款——B公司　　30 000

### （二）银行汇票付款的核算

代理付款行接到本行开户的持票人直接交来的银行汇票、解讫通知和三联进账单时，应认真审查以下有关内容：① 汇票和解讫通知的号码、内容是否一致；② 汇票是否真实，是否超过提示付款期限；③ 持票人是否在本行开户，与进账单上的名称是否一致；④ 汇票必须记载的事项是否齐全，出票金额、实际结算金额、出票日期、收款人名称等是否更改，其他记载事项的更改是否有原记载人签章证明等。经审查无误后，予以办理转账。其会计分录为：

借：清算资金往来——辖内往来

　贷：吸收存款——活期存款——持票人户

**【工作实例 8-21】** 承工作实例8-20，乙银行收到开户单位B公司提交的两联银行汇票和一式三联进账单，汇票实际结算金额为30 000元，审查无误后乙银行予以兑付，并向同系统甲银行结清，则乙银行的会计分录如下：

借：清算资金往来——辖内往来　　30 000

　贷：吸收存款——活期存款——B公司　　30 000

### （三）银行汇票结清的核算

1. 汇票全额付款

出票行应在汇票卡片的实际结算金额栏填入全部金额，在多余收账通知的多余金额栏填写“－0－”，汇票卡片作为借方凭证，解讫通知和多余收账通知作为借方凭证附件，办理转账。其会计分录为：

借：汇出汇款

　贷：清算资金往来——辖内往来

【工作实例 8-22】 承工作实例 8-21,甲银行收到乙银行发来的汇票全额解付的解讫通知和借方报单,对汇票予以结清。其会计分录为:

借:汇出汇款　　30 000

　贷:清算资金往来——辖内往来　　30 000

2. 汇票部分付款

出票行应在汇票卡片和多余款收账通知上填写实际结算金额,汇票卡片作为借方凭证,解讫通知作为多余款贷方凭证办理转账。其会计分录为:

借:汇出汇款

　贷:清算资金往来——辖内往来

　　吸收存款——活期存款——申请人户

【工作实例 8-23】 承工作实例 8-22,如果 B 公司汇票的实际结算金额为 28 000 元,则甲银行收到借方报单的金额也是 28 000 元,此时多余款 2 000 元退还原申请人 A 公司科目,其会计分录为:

借:汇出汇款　　30 000

　贷:清算资金往来——辖内往来　　28 000

　　吸收存款——活期存款——A 公司　　2 000



## 五、委托收款结算业务的核算

### (一)收款人开户行的账务处理

收款人办理委托收款结算时,应向银行提交托收凭证和有关的债务证明。托收凭证为一式五联,第一联为回单,第二联为贷方凭证,第三联为借方凭证,第四联为收账通知,第五联为付款通知。

收款人按规定填写后,在第二联凭证上签章,然后连同有关债务证明一并交开户行。开户行收到收款人提交的托收凭证和债务证明后,经审查无误,第一联加盖业务公章退给收款人,第二联在凭以登记“发出委托收款凭证登记簿”后专夹保管。第三联托收凭证加盖结算专用章与第四联、第五联及有关债务证明一并交付款人开户行。

### (二)付款人开户行的账务处理

开户行接到付款人的付款通知,经审核无误后,予以转账,其会计分录为:

借:吸收存款——活期存款——付款人户

　贷:清算资金往来——辖内往来

### （三）收款人开户行办理委托收款划回的处理

借：清算资金往来——辖内往来

　贷：吸收存款——活期存款——收款人户

**【工作实例 8-24】** 天津市工商银行受理开户单位——某出版社提交委托收款凭证和债务证明，向北京市工商银行开户的某公司收取债权 3 000 000 元。3 日后，收到北京市工商银行系统内电子汇划系统划回的款项。要求进行相应的账务处理。

（1）天津市工商银行受理开户单位的委托收款，发出委托收款凭证，登记“发出委托收款凭证登记簿”，不作账务处理。

（2）北京市工商银行付款时，会计分录为

借：吸收存款——活期存款——某出版社　　3 000 000

　贷：清算资金往来——辖内往来　　3 000 000

（3）天津市工商银行收回款项时，会计分录为

借：清算资金往来——辖内往来　　3 000 000

　贷：吸收存款——活期存款——某出版社　　3 000 000

## 六、商业汇票结算业务的核算



### （一）商业承兑汇票的财务处理

1. 持票人开户行受理汇票的账务处理

持票人委托银行收款时，应填制委托收款凭证，在“委托收款凭证”名称栏内注明“商业承兑”及其汇票号码，连同汇票一并提交开户行。开户行应认真审查：① 汇票是否为统一印制的凭证；② 提示付款期限是否已超过：③ 汇票上填写的持票人是否在本行开户；④ 汇票必须记载的事项是否齐全；⑤ 出票日期、出票金额、收款人名称是否更改等事项。审查无误后，在委托收款凭证各联上加盖“商业承兑汇票”戳记，将第二联委托收款凭证单独保管。

2. 付款人开户行收到汇票的账务处理

付款人开户行接到付款人的付款通知或在付款人接到开户行的付款通知的次日起，3 日内仍未接到付款人的付款通知的，应按照付款结算办法规定的划款日期和以下情况处理：

（1）付款人的银行科目有足够票款支付的，其会计分录如下：

借：吸收存款——活期存款——付款人户

　贷：清算资金往来——辖内往来

**【工作实例 8-25】** 甲银行收到异地同系统乙银行寄来的甲银行开户单位某毛纺厂开出的商业承兑汇票，金额为 250 000 元，汇票已到期，经审查无误，且该单位科目有足够的资金，则甲银行付款的账务处理为：

借：吸收存款——活期存款——某毛纺厂 250 000
　贷：清算资金往来——辖内往来 250 000

（2）付款人银行科目不足支付的，银行应填制三联付款人未付票款通知书，在委托收款凭证备注栏注明“付款人无款支付”字样。

（3）银行在付款人接到通知的次日起，3日内收到付款人的拒绝付款证明时，经核对无误后，在委托收款凭证和收到委托收款凭证登记簿备注栏注明“拒绝付款”字样。

3. 持票人开户行收到划回票款或退回凭证的账务处理

持票人开户行接到付款人开户行寄来的联行报单和拍来的电报，应将留存的第二联委托收款凭证抽出核对。经核对无误后，在第二联委托收款凭证上填明转账日期作为贷方凭证。其会计分录为：

借：资金清算往来——辖内往来
　贷：吸收存款——活期存款

**【工作实例 8-26】** 承工作实例 8-25，如果乙银行收到甲银行划来商业承兑汇票款 250 000 元，收款单位是本行开户的欣荣贸易公司，经审查无误，乙银行代为入账，则会计分录为：

借：资金清算往来——辖内往来 250 000
　贷：吸收存款——活期存款——欣荣贸易公司 250 000



### （二）银行承兑汇票的账务处理

银行承兑汇票是由在承兑银行开立存款科目的承兑申请人签发的，由银行审查同意承兑的票据。该票据一式三联：第一联卡片，由承兑行留存备查；第二联汇票，由收款人开户行随委托收款凭证寄付款行作为借方凭证附件；第三联存根，由出票人留存。

1. 承兑银行办理汇票承兑的账务处理

出票人或持票人持银行承兑汇票向汇票上记载的付款银行申请或提示承兑时，承兑银行的信贷部门审查同意后，即可与出票人签署银行承兑协议一式三联。第一联回执留存，第二联与第三联副本与第一、二联汇票一并交本行会计部门。

会计部门经审查无误后，按承兑金额的万分之五向出票人收取手续费，并计提增值税销项税额，其会计分录如下：

借：吸收存款——活期存款——出票人户
　贷：手续费及佣金收入——承兑手续费收入
　　应交税费——应交增值税（销项税额）

按承兑金额登记表外科目明细账，同时登记“银行承兑汇票登记簿”，登记：

收入：银行承兑汇票——出票人户

**【工作实例 8-27】** 甲银行收到开户单位机电厂的承兑申请，委托银行承兑其所签发的金额为 600 000 元的商业汇票，经审查同意进行承兑并收取手续费，其账务处理为：

借：吸收存款——活期存款——机电厂 300.00

　贷：手续费及佣金收入——承兑手续费收入 283.02

　　应交税费——应交增值税（销项税额） 16.98

收入：银行承兑汇票 600 000

2. 承兑银行到期收取票款的处理

承兑银行应每天查看汇票的到期情况，对到期的汇票，应于到期日（法定节假日顺延）向出票人收取票款，专户存储。其会计分录为

借：吸收存款——活期存款——出票人户

　贷：应解汇款——出票人户

**【工作实例 8-28】** 承工作实例 8-27，如果机电厂申请承兑的银行承兑汇票本日到期，且该单位的科目上有足够的资金，甲银行向该单位收取票款，则会计分录如下：

借：吸收存款——活期存款——机电厂 600 000

　贷：应解汇款——机电厂 600 000

8

3. 承兑银行支付汇票款项的账务处理。

承兑银行接到持票人开户行寄来的委托收款凭证及汇票，审查各项内容无误后，于汇票到期日或到期日之后的见票日，按照委托收款的付款手续处理，其会计分录为

借：应解汇款——出票人户

　贷：清算资金往来——辖内往来

同时销记表外科目登记簿，登记：

付出：银行承兑汇票

**【工作实例 8-29】** 承工作实例 8-27，甲银行接到该银行承兑汇票的收款人（在异地同系统乙银行开户）某设备厂寄来的委托收款凭证和银行承兑汇票，甲银行予以付款，则会计分录如下：

借：应解汇款——机电厂 600 000

　贷：清算资金往来——辖内往来 600 000

付出：银行承兑汇票 600 000

4. 持票人开户行收到汇票款项的处理

持票人开户行接到承兑银行寄来的联行报单和委托收款凭证或拍来的电报，按照委托收款的款项划回手续处理，核对无误后办理转账，其会计分录为：

借：清算资金往来——辖内往来

  贷：吸收存款——活期存款——持票人户

**【工作实例 8-30】** 承工作实例 8-29，乙银行收到甲银行划来的银行承兑汇票款，经审查确为本行开户单位某设备厂收款，则会计分录为：

借：清算资金往来——辖内往来　　600 000

  贷：吸收存款——活期存款——某设备厂　　600 000

## 七、托收承付结算业务的核算

### （一）按期承付的账务处理

1. 收款人开户行受理托收承付的处理

收款人办理托收时，应填制托收承付凭证一式五联，第一联回单联，第二联贷方凭证，第三联借方凭证，第四联收账通知，第五联承付通知。收款人开户行收到托收凭证等有关证明，经审查无误后，在第一联托收凭证上加盖业务公章后退给收款人。

2. 付款人开户行受理托收承付的处理

付款人开户行接到收款人开户行寄来的第三联、第四联、第五联托收凭证及交易单证时，应审查付款人是否在本行开户，所附单证的张数与凭证的记载是否相符。经审查无误后，在凭证上注明收到的日期和承付期，及时通知付款人。其会计分录为：

借：吸收存款——活期存款——付款人户

  贷：清算资金往来——辖内往来

3. 收款人开户行办理托收款划回的处理

借：清算资金往来——辖内往来

  贷：吸收存款——活期存款——收款人户

### （二）逾期付款的账务处理

逾期付款是指付款人在承付期满日开户行营业终了前，科目无款支付的现象。逾期付款要代收款人计收赔偿金。赔偿金的计算应当根据逾期付款金额和逾期天数，按每天万分之五的利率计算逾期付款赔偿金。逾期付款天数从承付期满日算起。其计算公式为：

$$赔偿金金额 = 逾期付款金额 \times 逾期天数 \times 5‱$$

**【工作实例 8-31】** 甲公司付款的一笔托收承付款项金额为 400 000 元，9 月 5 日承付期满，9 月 6 日上午开业划款时，由于付款人存款科目余额不足，只能支付 120 000 元，逾期至 9 月 23 日开业时支付 180 000 元，其余款于 10 月 16 日上午开业时全部扣除，则应计收的赔偿金为：

9 月 23 日计算赔偿金 $=180\,000\times17\times5‱=1\,530$（元）

9 月末计算赔偿金 $=100\,000\times26\times5‱=1\,300$（元）

10 月 16 日计算赔偿金 $=100\,000\times14\times5‱=700$（元）

## 八、银行本票结算业务的核算

### （一）出票人签发银行本票的账务处理

申请人使用银行本票，应向银行填写“银行本票申请书”。经审查无误后，办理转账，会计分录为：

借：吸收存款（或库存现金）——活期存款——存款人户

　贷：开出本票

### （二）银行本票付款业务的账务处理

代理付款行收到本票和进账单时，经审查无误后，会计分录为：

借：同城票据清算

　贷：吸收存款——活期存款——持票人户

出票行受理本行签发的本票，应办理转账，会计分录为：

借：开出本票

　贷：吸收存款——活期存款——持票人户

### （三）银行本票结清的账务处理

出票行收到票据交换本票时，经核对无误后，办理转账，会计分录为：

借：开出本票

　贷：同城票据清算

**【工作实例 8-32】** 中国工商银行开户单位 A 公司提交银行本票委托书，金额为 80 000 元，银行审查后，同意签发银行本票。5 日后，交通银行开户单位 B 公司兑付该银行本票，通过同城票据交换将本票提交中国工商银行。

① 中国工商银行签发银行本票，会计分录为

| | | |
|---|---|---|
| 借：吸收存款——活期存款——A 公司 | 80 000 | |
| 　贷：开出本票 | | 80 000 |

② 交通银行兑付银行本票，会计分录为

| | | |
|---|---|---|
| 借：同城票据清算 | 80 000 | |
| 　贷：吸收存款——活期存款——B 公司 | | 80 000 |

③ 中国工商银行结清银行本票，会计分录为

| | | |
|---|---|---|
| 借：开出本票 | 80 000 | |
| 　贷：同城票据清算 | | 80 000 |

8

## 九、信用卡结算业务的核算

### （一）发卡行发卡的账务处理

发卡行受理单位或个人的信用卡申请后，经审核符合发卡条件的，发卡行向申请人收取备用金和手续费，同时计提增值税销项税额，并登记开销户登记簿和发卡登记簿，办理转账。其会计分录为：

借：库存现金（吸收存款）——活期存款——申请人户

　贷：吸收存款——活期存款——信用卡户

　　手续费及佣金收入

　　应交税费——应交增值税（销项税额）

### （二）信用卡付款的账务处理

1. 特约单位开户行的处理手续

特约单位开户行办理信用卡进账时，应根据签购单汇总填制汇计单和进账单，并提交签购单。

（1）持卡人与特约单位在同一银行开户的，直接办理转账。其会计分录为：

借：吸收存款——活期存款——信用卡户

　贷：吸收存款——活期存款——特约单位户

　　手续费及佣金收入

　　应交税费——应交增值税（销项税额）

（2）持卡人与特约单位在同系统异地开户。其会计分录为：

借：清算资金往来——辖内往来

　贷：吸收存款——活期存款——特约单位户

（3）持卡人与特约单位在同一城市不同银行开户。其会计分录为：

借：存放中央银行款项

　贷：吸收存款——活期存款——特约单位户

2. 持卡人开户行的处理手续

持卡人开户行收到同城交换来的签购单和汇计单或取现单时，会计分录为：

借：吸收存款——活期存款——信用卡户

　贷：清算资金往来——辖内往来（或存中央银行款项）

**【工作实例 8-33】** 银行收到开户单位百货商场提交的签购单、进账单金额 6 000 元，信用卡持卡人在同城其他银行开户，按 1% 收取手续费，办理转账。

| | | |
|---|---|---|
| 借：存放中央银行款项 | 6 000.00 | |
| 　贷：吸收存款——活期存款——百货商店 | | 5 940.00 |
| 　　手续费及佣金收入 | | 56.60 |
| 　　应交税费——应交增值税（销项税额） | | 3.40 |

8

## 思考与实训

### 一、思考题

1. 商业银行体系的构成有哪些？
2. 商业银行会计的特点包括哪些？
3. 单位活期存款核算包括哪些业务？
4. 单位定期存款核算包括哪些业务？
5. 个人存款业务核算包括哪些类型？
6. 商业银行贷款按照不同的标准如何进行分类？
7. 商业银行的支付结算业务具有哪些种类？
8. 商业银行的支付结算业务具有哪些特点？
9. 商业银行支付结算业务的原则有哪些？
10. 商业银行的支票结算有哪些相关规定？

### 二、实训题

#### 实 训 一

**【目的】**实训单位活期存款的核算。

**【资料】**8 月 1 日，北京市 D 建设公司以支票户，向开户行中国工商银行方正支行存入现金 200 000 元。

9 月 1 日，北京市 D 建设公司向开户行中国工商银行方正支行提示现金支票提取现金 50 000 元，该银行审核确认凭证无误后，以现金支票为借方传票记账。

9 月 20 日，北京市 D 建设公司活期存款户第三季度（6 月 21 日 —9 月 20 日）累计计息积数为 2 200 000 元，年利率为 1%。

**【要求】**根据上述经济业务作相关会计分录。

#### 实 训 二

**【目的】**实训单位定期存款业务的核算。

**【资料】**2023 年 5 月 1 日，海螺集团公司同年向中国工商银行方正支行申请定期存款 100 000 元一年，利率为 8%。

2023 年 5 月 4 日，海螺集团公司在 2022 年 5 月 4 日存入银行的 1 年期 50 万元定期存款到期，年利率为 3.6%。海螺集团公司于 2023 年 6 月 7 日支取。支取日活期存款年利率为 0.36%。

**【要求】**根据上述经济业务作相关会计分录。

#### 实 训 三

**【目的】**实训贷款业务的核算。

**【资料】**2022 年 7 月 2 日，开户单位新兴百货申请流动资金贷款 100 000 元，期限为

6 个月，约定利率为 6.57%（含税），一次还本付息，以一套价值 200 000 元的设备作为抵押品，经信贷部门审查同意发放，转入该公司存款科目。2023 年 1 月 1 日还款并收回抵押设备（假定合同利率与实际利率差异较小，该贷款为未减值贷款）。

**【要求】**根据上述经济业务作相关会计分录。

## 实 训 四

**【目的】**实训汇兑结算业务的核算。

**【资料】**甲银行受理开户单位棉纺厂提交的信汇凭证一式四联，金额为 8 000 元，系该单位汇给异地同系统乙银行开户单位飞翔贸易公司的货款，经审查无误后予以汇款：乙银行收到甲银行寄来的信汇凭证和邮划贷方报单，经审查确为开户单位飞翔贸易公司货款，予以收款入账。

**【要求】**根据以上资料编制甲银行及乙银行账务处理的会计分录。

## 实 训 五

**【目的】**实训银行汇票的核算。

**【资料】**甲银行接到开户单位 A 公司提交的一式三联“银行汇票申请书”，金额为 50 000 元，系该公司用于向异地同系统的乙银行开户单位 B 公司支付货款，甲银行审查无误，收妥款项并签发银行汇票；乙银行收到开户单位 B 公司提交的两联银行汇票和一式三联进账单，汇票实际结算金额为 50 000 元，审查无误后乙银行予以兑付，并向同系统甲银行结清；甲银行收到乙银行发来的汇票全额解付的解讫通知和借方报单，对汇票予以结清。

要求：根据上述经济业务作相关会计分录。

## 实 训 六

**【目的】**实训银行本票的核算。

**【资料】**中国工商银行开户单位 A 公司提交银行本票委托书，金额为 60 000 元，银行审查后，同意签发银行本票。5 日后，交通银行开户单位 B 公司兑付该银行本票，通过同城票据交换将本票提交中国工商银行。

**【要求】**根据上述经济业务作相关会计分录。

## 思政园地

# 中国工商银行推新措施,助力稳定宏观经济大盘

### 关键词

中国工商银行;措施;使命职责;幸福产业

### 内容

为全面落实党中央、国务院对做好当前经济社会工作的重要决策部署,2022年5月,中国工商银行制定了《助力稳定宏观经济大盘若干措施》,助力稳定宏观经济大盘。具体包括:

(1)提高政治站位,坚决扛起国有大行使命职责。将稳经济与抓整改统筹起来,全面提升金融服务能力、风险管控水平和改革转型动能。

(2)加强政策倾斜,全力保障重点领域融资需求。全面对接"十四五"规划重大工程,推动构建现代化基础设施体系。做好制造业金融服务,加强对制造业龙头企业、"专精特新"企业、单项冠军企业的金融支持。

(3)坚持守正创新,提升金融服务精准性、直达性。特别是对数字经济、国家战略科技力量、重大科技创新项目提供定制化金融服务,对重点产业链、供应链实施名单制服务,持续加大对外贸领域企业的融资支持等。

(4)优化服务供给,提高民生领域金融服务水平。强化重点领域金融保障,全力解决群众医疗、养老、发薪等重点领域金融服务"急难愁盼"问题,对参与疫情防控的医疗人员等给予更优惠的还款宽限期。

(5)强化资源调度,确保金融服务稳定畅通。全力保障国库资金高效直达,确保各级财税、疫情防控单位用款需要。

(6)统筹发展安全,助力营造良好金融环境。工商银行坚持树牢底线思维,强化全面风险管理、资产质量、业务连续性、安全生产等工作,确保维护平安稳健运行的良好局面。

### 启示

中国工商银行是我国最大的商业银行之一,它拥有中国最大的客户群,也是世界五百强企业之一。中国工商银行按照中央部署,围绕扛起国有大行使命职责、保障重点领域融资需求、提升金融服务精准直达、提高民生领域金融服务水平、确保金融服务稳定畅通、助力营造良好金融环境这六个方面推出30条具体措施。这些措施,对进一步支持"中国创造"、支持受困行业、服务灵活就业群体、做好减费让利等起到积极作用,体现了国有企业的责任担当。

# 项目九 农业农村组织会计核算

【知识目标】

● 熟悉农业企业会计核算的特点。

● 掌握生物资产的核算方法。

● 掌握村集体组织主要经济业务的核算。

● 掌握农民专业合作社主要经济业务的核算。

【能力目标】

● 能够根据企业会计准则的规定组织会计核算,提供生物资产核算信息。

● 能够根据村集体组织会计制度的规定组织会计核算,提供村集体组织的会计信息。

● 能够根据农民专业合作社会计制度的规定组织会计核算,提供农民专业合作社的会计信息。

【素养目标】

● 认识到农业是第一产业,它是我国国民经济的基础,是最基本的物质生产部门。农业是人类社会的衣食之源、生存之本,它是支撑整个国民经济不断发展与进步的保障。做好农业企业、村集体组织和农业合作社的会计核算,帮助农业农村单位组织理清家底,盘活资产,提供物美价廉的农业产品,对丰富人民生活,助推乡村振兴具有非常重要的意义。



## 任务一 农业企业会计核算

### 一、农业企业及其主要经营业务

#### (一)农业企业的概念

现代农业企业是指种植业、养殖业或以其为依托、农工商综合经营、实行独立核算和具有法人地位的农业社会经济组织单位。

### （二）农业企业的主要经济业务

农业生产是农业最主要的经营活动，主要包括种植业、林业、畜牧养殖业和渔业等多种生产活动。

1. 种植业

种植业生产主要是指各种农产品的生产。农产品主要包括粮食（小麦、水稻、玉米等）、经济作物（棉花、大豆、麻类等）、饲料作物（多汁饲料、青贮饲料、青割饲料等）、蔬菜（黄瓜、番茄、芹菜、白菜等）等。

种植业生产的特点：以土地为基本生产资料，受自然条件影响较大，生产周期较长。从播种开始，经过除草、中耕、施肥等田间管理，到农产品的产出直到销售，一般需要几个月的时间。

2. 林业

林业生产包括林产品的生产和经济林木的生产。林产品是指利用经济林木生产出来的产品，如果品、食用油料、工业原料和药材。

经济林木是指可以利用自身的某个部位进行某种产品的生产或自身的某个部位本身就是一件产品的林木。例如，利用茶树的树叶进行茶叶的生产；利用橡胶树上的乳液进行橡胶的生产；而果树上的果实自身就是一件产品。经济林木从树苗种植开始，一般要经过多年才能投产，属于多年生植物，可以长期提供产品。

3. 畜牧养殖业

畜牧养殖业生产包括养牛、养猪、养羊、养鸡、养蜂、养蚕等。各种畜禽自然生长的特征不同，提供的产品各有不同的特点。一部分畜禽提供的产品是畜禽动物自身的繁殖、增重和活重等，另一部分畜禽提供的产品不仅包括畜禽动物自身的繁殖、增重和活重，还包括畜禽动物以外的各种产品，如羊毛、牛奶、畜禽蛋。

4. 渔业

渔业生产包括水生动物和植物的育苗、养殖和天然捕捞等生产业务。

水生动植物的养殖包括淡水养殖和海水养殖。淡水养殖包括鱼、虾、蟹、珍珠等的养殖，海水养殖包括贝类、藻类等的养殖，如牡蛎、海带、紫菜等的养殖。

天然捕捞是指在天然湖泊、江河、海洋等场所捕捞自然生长的水产品。

除了以上农业生产经营活动以外，很多现代农业企业还通过对农产品的深度加工提高其附加值，大力发展农产品的加工、贸易、运输等环节，实行农业、工业、商业、运输业、建筑业和服务业等的综合经营，这已成为当今农业企业发展的趋势。

## 二、农业企业会计核算的特点

由于农业生产过程、组织形式、经营方式和管理体制等方面与其他行业，尤其是与制造企业等相比，存在明显的差异，从而形成了农业企业会计核算上的特点，主要表现在以下三个方面。

### （一）核算内容的多样性

农业企业会计核算内容的多样性，取决于农业企业的经营特点和经营内容的多样性。

在农业企业的生产经营过程中，土地是最基本、最重要的生产资料。农业产品是有生命的动植物产品，而农业产品本身的生长过程又具有其特定的规律，农业生产过程既是自然再生产过程，又是经济再生产过程；农业生产受自然条件的影响较大，产品生命周期较长，受季节性和地域性影响较大。同时，农业企业的林业、畜牧养殖业、渔业的生产过程也相互依赖、相互促进。因此，现代农业企业呈现出“一业为主，多种经营”的特点，实行综合经营、全面发展。除传统农业外，农业企业还广泛涉足工业、商业、运输业、建筑业、服务业等多种行业，有些农业企业还设有后勤、医院、学校、公安等机构。

农业企业经营的多样性，决定了会计核算既要满足企业综合经营管理的需要，提供汇总资料，又要适应多种行业生产经营的特点，采用相应的核算方法分别反映各行业的收入、成本、费用及利润。

### （二）核算体制的复杂性

农业企业会计核算体制还应当与其管理体制相适应。现代农业企业在管理上实行联产承包、统分结合、双层经营的体制，由此导致了农业企业会计核算体制的复杂化。

当今广大国有农场通常采取分散核算的体制，多实行场部、场直单位（生产队）两级核算体制，部分规模较大的农场还实行场部、分场、场直单位（生产队）三级核算体制。家庭农场作为一个经营层次，一般由生产队代为核算，并监督其财务活动。实行承包责任制后，农村合作组织与承包农户由原来的借支、预支和年终分配结算，转为承包户平时按照承包合同预交产品和货币资金，年终结算兑现合同。乡镇企业的体制更加复杂多样，不但乡镇兴办了企业，而且村、组、户也以不同形式联合办起了各种企业，有的乡镇企业还设有企业公司或专业公司，都推行承包经营。这些多形式、多层次、多层承包的管理体制，带来了农业企业会计核算体制的复杂性。

### （三）核算方法的灵活性

根据农业企业生产经营和管理体制的特点，其核算方法应在贯彻执行企业会计准则的前提下，充分体现其灵活性。如在农业的种植业、林业、牧业、渔业等生产经营过程中，劳动对象和劳动手段可以相互转化，引起会计核算对象和方法的变化。在畜牧养殖业中，饲养的幼畜是劳动对象，应在存货类账户中核算；当幼畜成龄转为产畜、役畜后，应视同固定资产项目，并于每期期末提取折旧；而当产畜、役畜失去生产能力而被淘汰时，或自行屠宰转为劳动对象，或对外出售获得收入。此外，农业企业的产品除了直接对外销售外，还有一部分不直接对外销售，而留作自用，这部分产品一般有两种用途：一是用于投入再生产（如种子、饲料、工业用原料），二是用于职工消耗（如口粮、棉花、油）。为正确计算农业企业的经营成果，留作自用的农产品虽未销售，也必须合理作价，视同销售处理。

农业企业按照规模大小和会计核算要求，大中型农业企业执行《企业会计准则——基本准则》及企业会计准则具体准则，小企业执行《小企业会计准则》，有关资产、负债、所有者权益、收入、费用和利润的确认和计量都在“企业财务会计”“小企业会计实务”等课程中学习完成。为了突出重点，本书仅就财政部发布的《企业会计准则第 5 号——生物资产》部分进行重点介绍，其他与企业会计准则或小企业会计准则核算要求近似的经济业务核算不再赘述。

生物资产,是指有生命的动物和植物,其基本特征是具有生长、蜕化、生产和繁殖的生物转化能力。从会计的角度来看,生物资产分为消耗性生物资产、生产性生物资产和公益性生物资产。

## 三、消耗性生物资产的核算

### (一)消耗性生物资产的确认与计量

1. 消耗性生物资产的概念

消耗性生物资产,是指企业(农、林、牧、渔业)生长中的大田作物、蔬菜、用材林以及存栏待售的牲畜等,如玉米和小麦等庄稼、用材林、存栏待售的牲畜、养殖的鱼。

2. 消耗性生物资产的计量

(1)企业自行栽培、营造、繁殖或养殖的消耗性生物资产的成本,应当按照下列规定确定:

① 自行栽培的大田作物和蔬菜的成本包括:在收获前耗用的种子、肥料、农药等材料费、人工费和应分摊的间接费用。

② 自行营造的林木类消耗性生物资产的成本包括:郁闭前发生的造林费、抚育费、营林设施费、良种试验费、调查设计费和应分摊的间接费用。

③ 自行繁殖的育肥畜的成本包括:出售前发生的饲料费、人工费和应分摊的间接费用。

④ 水产养殖的动物和植物的成本包括:在出售或入库前耗用的苗种、饲料、肥料等材料费、人工费和应分摊的间接费用。

⑤ 消耗性生物资产发生的借款费用,符合资本化条件的计入消耗性生物资产成本,消耗性生物资产在郁闭后发生的借款费用停止资本化,计入当期损益。

(2)因择伐、间伐或抚育更新性质采伐而补植林木类生物资产发生的后续支出,应当计入林木类生物资产的成本。



(3)消耗性生物资产在郁闭或达到预定生产经营目的后发生的管护、饲养费用等后续支出,应当计入当期损益。

### (二)主要会计科目设置

(1)“消耗性生物资产”科目。

设置“消耗性生物资产”科目核算企业(农、林、牧、渔业)持有的消耗性生物资产的实际成本,借方登记消耗性生物资产的增加金额,贷方登记销售消耗性生物资产的减少金额,期末借方余额反映企业(农、林、牧、渔业)消耗性生物资产的实际成本。本科目应按照消耗性生物资产的种类、群别等进行明细核算。

(2)“农产品”科目。

设置“农产品”科目核算企业(农、林、牧、渔业)消耗性生物资产收获的农产品的实际成本,借方登记收获的农产品的增加金额,贷方登记销售收获的农产品的减少金额,期末借方余额反映企业库存农产品的实际成本。本科目应按照收获的农产品的种类、群别等进行明细核算。

### （三）消耗性生物资产取得的核算

（1）外购的消耗性生物资产，按照应计入消耗性生物资产成本的金额，借记“消耗性生物资产”科目，贷记“银行存款”“应付账款”等科目。

（2）自行栽培的大田作物和蔬菜，应按照收获前发生的必要支出，借记“消耗性生物资产”科目，贷记“银行存款”等科目。自行营造的林木类消耗性生物资产，应按照郁闭前发生的必要支出，借记“消耗性生物资产”科目，贷记“银行存款”等科目。自行繁殖的育肥畜、水产养殖的动植物，应按照出售前发生的必要支出，借记“消耗性生物资产”科目，贷记“银行存款”等科目。

（3）择伐、间伐或抚育更新性质采伐而补植林木类消耗性生物资产发生的后续支出，借记“消耗性生物资产”科目，贷记“银行存款”等科目。

（4）林木类消耗性生物资产达到郁闭后发生的管护费用等后续支出，借记“管理费用”科目，贷记“银行存款”等科目。

（5）农业生产过程中发生的应归属于消耗性生物资产的费用，按照应分配的金额，借记“消耗性生物资产”科目，贷记“生产成本”科目。

**【工作实例 9-1】** 甲公司为一家林业有限责任公司，其下属森林单位统一组织培植管护一片森林。2023 年 3 月，发生森林管护费用共计 40 000 元，其中，本月应付人员薪酬 20 000 元，仓库领用库存肥料 16 000 元，管护设备折旧 4 000 元。管护总面积为 5 000 公顷，其中，作为用材林的杨树林共计 4 000 公顷，已郁闭的占 80%，其余的尚未郁闭；作为水土保持林的马尾松共计 1 000 公顷，全部已郁闭。管护费用按照森林面积比例分配。

未郁闭杨树林应分配共同费用的比例 =4 000×（1−80%）÷5 000=0.16

已郁闭杨树林应分配共同费用的比例 =4 000×80%÷5 000=0.64

已郁闭马尾松应分配共同费用的比例 =1 000÷5 000=0.2

未郁闭杨树林应分配的共同费用 =40 000×0.16=6 400（元）

已郁闭杨树林应分配的共同费用 =40 000×0.64=25 600（元）

已郁闭马尾松应分配的共同费用 =40 000×0.2=8 000（元）

甲公司应编制如下会计分录：

| | | |
|---|---|---|
| 借：消耗性生物资产——用材林（杨树林） | 6 400 | |
| 　　管理费用 | 33 600 | |
| 　贷：应付职工薪酬 | | 20 000 |
| 　　　原材料 | | 16 000 |
| 　　　累计折旧 | | 4 000 |

### （四）消耗性生物资产的收获与处置

（1）消耗性生物资产收获为农产品时，应按照其账面余额，借记“农产品”科目，贷记“消耗性生物资产”科目。

**【工作实例 9-2】** 乙公司为一家水产养殖企业。2023 年 4 月，发生养殖费用共计 52 000 元，其中，购买的苗种 9 000 元，领用的饲料 10 000 元，应付职工薪酬 26 000 元，应分摊的水电费 2 000 元，养殖设备折旧 5 000 元。本月共收获鱼类产品成本 36 000 元。乙公司应编制如下会计分录：

① 发生水产养殖的养殖费用 52 000 元时：

| | | |
|---|---|---|
| 借：消耗性生物资产——鱼类产品 | 52 000 | |
| 贷：应付职工薪酬 | | 26 000 |
| 原材料 | | 10 000 |
| 银行存款 | | 11 000 |
| 累计折旧 | | 5 000 |

② 收获鱼类产品成本 36 000 元时：

| | | |
|---|---|---|
| 借：农产品——鱼类产品 | 36 000 | |
| 贷：消耗性生物资产——鱼类产品 | | 36 000 |

（2）出售消耗性生物资产或农产品，应按照实际收到的金额，借记“银行存款”等科目，贷记“主营业务收入”等科目。按照其账面余额，借记“主营业务成本”等科目，贷记“消耗性生物资产”或“农产品”科目。

**【工作实例 9-3】** 承工作实例 9-2，乙公司将收获鱼类产品当月全部出售，取得销售收入 54 000 元，并结转销售成本。乙公司应编制如下会计分录：

① 出售鱼类产品时：

| | | |
|---|---|---|
| 借：银行存款 | 54 000 | |
| 贷：主营业务收入 | | 54 000 |

② 结转销售成本时：

| | | |
|---|---|---|
| 借：主营业务成本 | 36 000 | |
| 贷：农产品——鱼类产品 | | 36 000 |

（3）对于消耗性生物资产，应当在收获或出售时，按照其账面价值结转成本。结转成本的方法包括加权平均法、个别计价法、蓄积量比例法、轮伐期年限法等。

### （五）消耗性生物资产的后续计量

企业至少应当于每年年度终了对消耗性生物资产进行检查，有确凿证据表明由于遭受自然灾害、病虫害、动物疫病侵袭或市场需求变化等原因，使消耗性生物资产的可变现净值低于其账面价值的，应当按照可变现净值低于账面价值的差额，计提生物资产跌价准备，并计入当期损益。可变现净值应当分别按照存货减值的办法确定。

消耗性生物资产减值的影响因素已经消失的，减记金额应当予以恢复，并在原已计提的跌价准备金额内转回，转回的金额计入当期损益。

## 四、生产性生物资产的会计核算

### （一）生产性生物资产的确认与计量

1. 生产性生物资产的概念

生产性生物资产，是指为产出农产品、提供劳务或出租等目的而持有的生物资产，包括经济林、薪炭林、产畜和役畜等。

2. 生产性生物资产的成本确定

（1）自行营造或繁殖的生产性生物资产的成本，应当按照下列规定确定：

① 自行营造的林木类生产性生物资产的成本，包括达到预定生产经营目的前发生的造林费、抚育费、营林设施费、良种试验费、调查设计费和应分摊的间接费用等必要支出。

② 自行繁殖的产畜和役畜的成本，包括达到预定生产经营目的（成龄）前发生的饲料费、人工费和应分摊的间接费用等必要支出。

③ 生产性生物资产发生的借款费用，符合资本化条件的计入消耗性生物资产成本，消耗性生物资产在郁闭后发生的借款费用停止资本化，计入当期损益。

（2）因择伐、间伐或抚育更新性质采伐而补植林木类生物资产发生的后续支出，应当计入林木类生物资产的成本。

（3）生物资产在郁闭或达到预定生产经营目的后发生的管护、饲养费用等后续支出，应当计入当期损益。

### （二）主要会计科目的设置

为了反映和监督生产性生物资产的生产、耗费、产出等情况，企业需要设置“生产性生物资产”“生产性生物资产累计折旧”等科目。

“生产性生物资产”科目核算企业（农、林、牧、渔业）持有的生产性生物资产的原价（成本）。借方登记外购、自行营造的林木、自行繁殖产畜和役畜等增加的生产性生物资产成本，贷方登记出售、报废、毁损、对外投资等减少的生产性生物资产原价（成本）。期末借方余额，反映企业（农、林、牧、渔业）生产性生物资产的原价（成本）。本科目应按照“未成熟生产性生物资产”和“成熟生产性生物资产”，分别生物资产的种类、群别等进行明细核算。

“生产性生物资产累计折旧”科目核算企业（农、林、牧、渔业）成熟生产性生物资产的累计折旧。贷方登记企业按月计提成熟生产性生物资产的折旧，借方登记处置生产性生物资产结转的生产性生物资产累计折旧。期末贷方余额，反映企业成熟生产性生物资产的累计折旧额。本科目应按照生产性生物资产的种类、群别等进行明细核算。

### （三）生产性生物资产的账务处理

1. 生产性生物资产增加的账务处理

（1）企业外购的生产性生物资产，按照购买价款和相关税费，借记“生产性生物资产”科目，贷记“银行存款”等科目。涉及按照税法规定可抵扣的增值税进项税额的，借记“应交税费——应交增值税（进项税额）”科目。

9

（2）自行营造的林木类生产性生物资产，按照达到预定生产经营目的前发生的造林费、抚育费、营林设施费、良种试验费、调查设计费和应分摊的间接费用等必要支出，借记“生产性生物资产”科目（未成熟生产性生物资产），贷记“原材料”“银行存款”“应付利息”等科目。

**【工作实例 9-4】** 甲公司自 2017 年年初开始自行营造 100 公顷橡胶树，当年发生种苗费 169 000 元，平整土地和定植所需机器设备折旧费 55 500 元；自营造开始正常生产周期为 6 年，假定各年均匀发生抚育肥料及农药费 41 750 元、人工费 75 000 元、每年应分摊管护费用 402 500 元。假定不考虑相关税费等其他因素。甲公司应编制如下会计分录：

① 2017 年，发生种苗费、平整土地等费用：

| | | |
|---|---|---|
| 借：生产性生物资产——未成熟生产性生物资产 | 224 500 | |
| 贷：原材料——种苗 | | 169 000 |
| 累计折旧 | | 55 500 |

② 2017—2022 年，每年发生抚育肥料及农药费、人工费、应分摊管护费用：

| | | |
|---|---|---|
| 借：生产性生物资产——未成熟生产性生物资产 | 519 250 | |
| 贷：原材料——肥料及农药 | | 41 750 |
| 应付职工薪酬 | | 75 000 |
| 银行存款 | | 402 500 |

（3）自行繁殖的产畜和役畜，达到预定生产经营目的前发生的饲料费、人工费和应分摊的间接费用等必要支出，借记“生产性生物资产”科目（未成熟生产性生物资产），贷记“原材料”“银行存款”“应付利息”等科目。

9

（4）未成熟生产性生物资产达到预定生产经营目的时，按照其账面余额，借记“生产性生物资产”科目（成熟生产性生物资产），贷记“生产性生物资产”科目（未成熟生产性生物资产）。

**【工作实例 9-5】** 承工作实例 9-4，2017—2022 年，甲公司自行营造生产性生物资产达到预定生产经营目的。

生产性生物资产成本总额 =224 500+519 250×6=3 340 000（元）

甲公司应编制如下会计分录：

| | | |
|---|---|---|
| 借：生产性生物资产——成熟生产性生物资产 | 3 340 000 | |
| 贷：生产性生物资产——未成熟生产性生物资产 | | 3 340 000 |

（5）育肥畜转为产畜或役畜，应当按照其账面余额，借记“生产性生物资产”科目，贷记“消耗性生物资产”科目。产畜或役畜淘汰转为育肥畜的，应按照转群时的账面价值，借记“消耗性生物资产”科目，按照已计提的累计折旧，借记“生产性生物资产累计折旧”科目，按

照其原价，贷记"生产性生物资产"科目。

（6）择伐、间伐或抚育更新等生产性采伐而补植林木类生产性生物资产发生的后续支出，借记"生产性生物资产"科目（未成熟生产性生物资产），贷记"银行存款"等科目。

（7）生产性生物资产发生的管护、饲养费用等后续支出，借记"管理费用"科目，贷记"银行存款"等科目。

2. 生产性生物资产折旧的账务处理

企业对达到预定生产经营目的的生产性生物资产，应当按期计提折旧，并根据用途分别计入相关资产的成本或当期损益。

企业应当根据生产性生物资产的性质、使用情况和有关经济利益的预期实现方式，合理确定其使用寿命、预计净残值和折旧方法。可选用的折旧方法包括年限平均法、工作量法、产量法等。生产性生物资产的使用寿命、预计净残值和折旧方法一经确定，不得随意变更。

企业确定生产性生物资产的使用寿命，应当考虑的因素包括：预计的产出能力或实物产量；预计的有形损耗，如产畜和役畜衰老、经济林老化。预计的无形损耗，如因新品种的出现而使现有的生产性生物资产的产出能力和产出农产品的质量等方面相对下降、市场需求的变化使生产性生物资产产出的农产品相对过时等。

企业至少应当于每年年度终了对生产性生物资产的使用寿命、预计净残值和折旧方法进行复核。使用寿命或预计净残值的预期数与原先估计数有差异的，或者有关经济利益预期实现方式有重大改变的，应当作为会计估计变更，调整生产性生物资产的使用寿命或预计净残值或者改变折旧方法。

**【工作实例 9-6】** 某家庭农场种植葡萄，该葡萄园已经挂果，归集的成本为 111 000 元。从挂果时起，预期经济寿命 8 年，采用平均年限法计提折旧，假定该葡萄树期满无残值。

账务处理如下：

经济寿命期每月应提折旧额 =111 000 ÷ 8 ÷ 12=1 156.25（元）

编制会计分录为：

借：农产品——葡萄　　1 156.25
　贷：生产性生物资产累计折旧　　1 156.25

3. 生产性生物资产成本结转

生产性生物资产收获的农产品成本，按照产出或采收过程中发生的材料费、人工费和应分摊的间接费用等必要支出计算确定，并采用加权平均法、个别计价法、蓄积量比例法、轮伐期年限法等方法，将其账面价值结转为农产品成本。

4. 生产性生物资产减值的账务处理

企业至少应当于每年年度终了对生产性生物资产进行检查，有确凿证据表明由于遭受自然灾害、病虫害、动物疫病侵袭或市场需求变化等原因，使生产性生物资产的可收回金额低于其账面价值的，应当按照可收回金额低于账面价值的差额，计提生物资产减值准备，并计入当期损益。可收回金额应当按照资产减值的办法确定。生产性生物资产减值准备一经计提，不得转回。

5. 生物资产后续计量的公允价值账务处理

根据规定,生物资产通常按照成本计量,但有确凿证据表明其公允价值能够持续可靠取得的除外。采用公允价值计量的生物资产,应当同时满足下列两个条件:

(1)生物资产有活跃的交易市场。活跃的交易市场,是指同时具有下列特征的市场:

① 市场内交易的对象具有同质性。

② 可以随时找到自愿交易的买方和卖方。

③ 市场价格的信息是公开的。

(2)能够从交易市场上取得同类或类似生物资产的市场价格及其他相关信息,从而对生物资产的公允价值作出合理估计。同类或类似,是指生物资产的品种相同或类似、质量等级相同或类似、生长时间相同或类似、所处气候和地理环境相同或类似。

## 五、公益性生物资产的会计核算

### (一)公益性生物资产的概念

公益性生物资产,是指以防护、环境保护为主要目的的生物资产,包括防风固沙林、水土保持林和水源涵养林等。

### (二)公益性生物资产的会计处理

1. 公益性生物资产取得的核算

自行营造的公益性生物资产的成本,应当按照郁闭前发生的造林费、抚育费、森林保护费、营林设施费、良种试验费、调查设计费和应分摊的间接费用等必要支出确定。具体会计处理如下:

(1)购入的公益性生物资产,按照应计入公益性生物资产成本的金额,借记“公益性生物资产”科目,贷记“库存现金”“银行存款”“应付账款”等科目。

(2)自行营造的林木类公益性生物资产,按照郁闭前发生的必要支出,借记“公益性生物资产”科目,贷记“库存现金”“银行存款”“原材料”“应付职工薪酬”等科目。

(3)取得成员出资投入的公益性生物资产,按照确定的成本,借记“公益性生物资产”科目,按照成员应享有合作社成员出资总额的份额计算的金额,贷记“实收资本”或“股本”科目,按照两者之间的差额,贷记或借记“资本公积”科目。

(4)消耗性生物资产、生产性生物资产转为公益性生物资产的,按照其账面余额或账面价值,借记“公益性生物资产”科目,按照已计提的生产性生物资产累计折旧,借记“生产性生物资产累计折旧”科目,按照其账面余额,贷记“消耗性生物资产”“生产性生物资产”等科目。

2. 公益性生物资产后续支出的核算

(1)择伐、间伐或抚育更新等生产性采伐而补植林木类公益性生物资产发生的后续支出,应当计入林木类生物资产的成本。会计处理为:借记“公益性生物资产”科目,贷记“库存现金”“银行存款”“原材料”“应付职工薪酬”等科目。

(2)林木类公益性生物资产郁闭后发生的管护费用等其他后续支出,应当计入当期损益。会计处理为:借记“管理费用”科目,贷记“库存现金”“银行存款”“原材料”“应付职工薪酬”等科目。

3. 公益性生物资产的后续计量

公益性生物资产不计提减值准备。

# 任务二　村集体组织会计核算

## 一、村集体组织会计的特点

村集体经济组织，产生于20世纪50年代初的农业合作化运动。它是指为实行社会主义公有制改造，在自然乡村范围内，由农民自愿联合，将其各自所有的生产资料（土地、较大型农具、耕畜等）投入集体所有，由集体组织农业生产经营，农民进行集体劳动，各尽所能，按劳分配的农业社会主义经济组织。我国现阶段的村集体经济组织是指按村或村小组设置的社区性集体经济组织。它既不同于企业法人，又不同于社会团体，也不同于行政机关，有其独特的政治性质和法律性质。

由于农业生产及村集体经济组织的特殊性，财政部颁布了《村集体经济组织会计制度》，该制度于2005年1月1日起实施。村集体经济组织的会计工作组织形式可以采用“村级会计委托代理制”，将村级财务工作委托代理机构办理，也可以采用“村财村管”的管理体制，自行组建村会计机构管理村集体经济组织财务及会计工作。

拓展阅读：村集体经济组织会计制度

村集体经济组织会计，在确认、计量时仍然坚持“会计主体、持续经营、会计分期、货币计量”四大基本假设以及“权责发生制”这一会计基础，但在一些具体核算规则上则有着自身的特点。这些特点主要体现在以下三个方面：

（1）村集体经济组织集管理、核算于一身。由于村集体经济组织以发展经济为主，同时负有一部分街道管理职能，因此，在会计核算上不但要完成组织的收入、费用和收益的核算，同时也必须承担起作为基层政府对货币资金的提留、调拨、投放和收回的控制与运用职能。

（2）村集体经济组织会计实行两级核算体制。由于我国目前在农村地区推行的是以家庭联产承包责任制为主、其他责任制为辅的经济运作方式，所以村集体经济组织推行了与之相适应的统一核算与分散核算相结合的两级会计核算体制。具体而言，村集体经济组织与其下属的联产承包单位（大多数是农户家庭）实质上是发包方与承包方的关系。村集体经济组织不但要完成作为发包方自身的收支核算，还要对下属的各个承包单位实行灵活多样的分散核算。



（3）村集体组织会计要素的设置有特殊要求。从整体上看，村集体组织也设置了资产、负债、所有者权益、收入、支出和盈余，其各自涵盖的内容与企业会计不同。在资产要素中设置“内部往来”“牲畜（禽）资产”“林木资产”“拨付所属单位资金”等项目；负债要素中设置“长期借款及应付款”“一事一议资金”等项目；所有者权益要素设置“公积公益金”“本年收益”“收益分配”等项目；损益类要素设置“经营收入”“经营支出”“发包及上交收入”“补贴收入”“其他收入”“其他支出”等项目。

## 二、村集体组织会计科目

根据财政部2004年9月30日颁布并于2005年1月1日实施的《村集体经济组织会计制度》的要求，村集体组织会计核算目前共设置32个一级会计科目，并为极少数可能涉及特殊业务的农村组织开设了3个特殊科目。各科目具体核算内容如表9-1所示。

表 9-1 村集体组织会计科目及核算内容一览表

| 序号 | 会计科目名称 | 会计科目核算内容 |
| --- | --- | --- |
| 资产类： | | |
| 1 | 现金 | 核算村集体经济组织的库存现金 |
| 2 | 银行存款 | 核算村集体经济组织存入银行、信用社或其他金融机构的款项 |
| 3 | 短期投资 | 核算村集体经济组织购入的各种能随时变现并且持有时间不准备超过一年（含一年）的股票、债券等有价证券等投资 |
| 4 | 应收款 | 核算村集体经济组织与外单位和外部个人发生的各种应收及暂付款项 |
| 5 | 内部往来 | 核算村集体经济组织与所属单位和农户的经济往来业务 |
| 6 | 库存物资 | 核算村集体经济组织库存的各种原材料、农用材料、农产品、工业产成品等物资 |
| 7 | 牲畜（禽）资产 | 核算村集体经济组织购入或培育的牲畜（禽）的成本。本科目设置“幼畜及育肥畜”和“产役畜”两个二级科目 |
| 8 | 林木资产 | 核算村集体经济组织购入或营造的林木的成本。本科目设置“经济林木”和“非经济林木”两个二级科目 |
| 9 | 长期投资 | 核算村集体经济组织不准备在一年内（不含一年）变现的投资，包括股票投资、债券投资和村集体经济组织举办企业等投资 |
| 10 | 固定资产 | 核算村集体经济组织所有的固定资产的原值 |
| 11 | 累计折旧 | 核算村集体经济组织所有的固定资产计提的累计折旧 |
| 12 | 固定资产清理 | 核算村集体经济组织因出售、报废和毁损等原因转入清理的固定资产净值及其在清理过程中所发生的清理费用和清理收入 |
| 13 | 在建工程 | 核算村集体经济组织进行工程建设、设备安装、农业基本建设、设施大修理等发生的实际支出 |
| 特1 | 无形资产 | 核算村集体经济组织可能购入的无形资产 |
| 特2 | 拨付所属单位资金 | 核算村集体经济组织可能发生的向其下属单位拨付的资金 |
| 负债类： | | |
| 14 | 短期借款 | 核算村集体经济组织从银行、信用社和有关单位、个人借入的期限在一年以下（含一年）的各种借款 |
| 15 | 应付款 | 核算村集体经济组织与外单位和外部个人发生的偿还期在一年以下（含一年）的各种应付及暂收款项等 |
| 16 | 应付工资 | 核算村集体经济组织应付给其管理人员及固定员工的报酬总额。上述人员的各种工资、奖金、津贴、福利补助等，不论是否在当月支付，都应通过本科目核算。村集体经济组织应付给临时员工的报酬，不通过本科目核算，在“应付款”或“内部往来”科目中核算 |

续　表

| 序号 | 会计科目名称 | 会计科目核算内容 |
| --- | --- | --- |
| 17 | 应付福利费 | 核算村集体经济组织从收益中提取，用于集体福利、文教、卫生等方面的福利费（不包括兴建集体福利等公益设施支出），包括照顾烈军属、五保户、困难户的支出，计划生育支出，农民因公伤亡的医药费、生活补助及抚恤金等 |
| 18 | 长期借款及应付款 | 核算村集体经济组织从银行、信用社和有关单位、个人借入的期限在一年以上（不含一年）的借款及偿还期在一年以上（不含一年）的应付款项 |
| 19 | 一事一议资金 | 核算村集体经济组织兴办生产、公益事业，按一事一议的形式筹集的专项资金 |
| 特3 | 专项应付款 | 核算村集体经济组织可能发生的接受具备专门用途的国家下拨资金 |
| | 所有者权益类： | |
| 20 | 资本 | 核算村集体经济组织实际收到投入的资本 |
| 21 | 公积公益金 | 核算村集体经济组织从收益中提取的和其他来源取得的公积公益金 |
| 22 | 本年收益 | 核算村集体经济组织本年度实现的收益 |
| 23 | 收益分配 | 核算村集体经济组织当年收益的分配（或亏损的弥补）和历年分配后的结存余额。本科目设置“各项分配”和“未分配收益”两个二级科目 |
| | 成本类： | |
| 24 | 生产（劳务）成本 | 核算村集体经济组织直接组织生产或对外提供劳务等活动所发生的各项生产费用和劳务成本 |
| | 损益类： | |
| 25 | 经营收入 | 核算村集体经济组织当年发生的各项经营收入 |
| 26 | 经营支出 | 核算村集体经济组织因销售商品、农产品、对外提供劳务等活动而发生的实际支出 |
| 27 | 发包及上交收入 | 核算农户和其他单位承包集体耕地、林地、果园、鱼塘等上交的承包金及村（组）办企业上交的利润等。本科目设置“承包金”和“企业上交利润”两个二级科目 |
| 28 | 补助收入 | 核算村集体经济组织收到的财政等有关部门的补助资金 |
| 29 | 其他收入 | 核算村集体经济组织除“经营收入”“发包及上交收入”和“补助收入”以外的其他收入，如罚款收入、存款利息收入、固定资产及库存物资的盘盈收入 |
| 30 | 管理费用 | 核算村集体经济组织管理活动发生的各项支出，如管理人员的工资、办公费、差旅费、管理用固定资产的折旧和维修费用 |
| 31 | 其他支出 | 核算村集体经济组织与经营管理活动无直接关系的其他支出，如公益性固定资产折旧费用、利息支出、农业资产的死亡毁损支出、固定资产及库存物资的盘亏、防汛抢险支出、无法收回的应收款项损失、罚款支出 |
| 32 | 投资收益 | 核算村集体经济组织对外投资取得的收益或发生的损失 |

9

为了突出重点，本书仅就村集体组织内部往来项目、农业资产项目、应付工资及福利费项目、一事一议资金项目、公积公益金等明显不同于其他行业企业会计核算的业务加以讲解，其他与企业会计准则核算要求近似的经济业务核算不再赘述。

## 三、村集体组织典型业务的核算

### （一）债权资产类

核算村集体经济组织债权资产是指村集体组织在日常生产经营活动中发生的各项应收尚未收到的款项。从其产生的来源看，可以区分与外部单位和外部个人发生的应收款，以及与其下属承包单位、农户之间的应收款两种。本村与外单位及个人之间的应收款直接通过“应收款”科目核算，本村与内部村民、组员、下属单位等的应收经济往来业务，通过“内部往来”科目核算。

**【工作实例 9-7】** 新华村组织销售 200 箱苹果给国友水果批发行，价格为每箱 120 元，并以现金代垫运杂费 300 元。销售价款尚未收到。编制会计分录为：

借：应收款——国友水果批发行　　24 300
　贷：经营收入　　24 000
　　　现金　　300

**【工作实例 9-8】** 村支书王伟达出差，预借差旅费 1 500 元，以现金支付。5 日后，王伟达出差归来，实际报销差旅费 1 348 元，退回现金 152 元。编制会计分录为：

① 借支差旅费时：

借：内部往来——王伟达　　1 500
　贷：现金　　1 500

② 出差归来，报销差旅费时：

借：管理费用　　1 348
　　现金　　152
　贷：内部往来——王伟达　　1 500

9

### （二）农业资产类

村集体经济组织的农业资产是《村集体经济组织会计制度》考虑农村生产的特殊性新设置的一项资产类别，主要特指生物资产（活体动物、植物）中的牲畜（禽）资产和林木资产。

与其他资产相比较，农业资产具有以下特殊属性：

（1）农业资产是活体的动植物，本身具有生物生长及转化能力，因此在持有期间必然有自然价值增值的过程，这将是会计核算的一个重点。

（2）由于活体动植物的生命跨度相当大，既有几十天即可出笼屠宰的肉鸡，也有可以存活几十年甚至上百年的珍稀林木，因此，农业资产实际上兼具流动资产与固定资产双重属性，而且在一定条件下两者可以相互转化，这也使会计核算难度增加。

（3）绝大多数的农业资产在存活期间都需要不断追加投资以保证其生长质量，因此，如何区分不同存活期限的农业资产并采用不同方法分别进行后续支出计量，也成为该类资产所特有的会计业务。

（4）对于具备了长期资产性质的农业资产，考虑到其在以后若干期间会产生收益、发生支出，我们必须对其成本进行分摊。《村集体经济组织会计制度》统一规定了计提折旧的预计净残值率为5%，并要求按照扣除净残值后的余额直线摊销。

1. 牲畜（禽）资产

村集体经济组织取得的牲畜（禽）资产从寿命周期上看可以划分为两大类：未成年的不能立即投入到生产过程的幼畜及育肥畜，已经成年可以独立完成农业生产的成年产役畜。与此相对应，会计上分设“牲畜（禽）资产——幼畜及育肥畜”以及“牲畜（禽）资产——产役畜”两个二级科目进行不同内容的核算。

**【工作实例 9-9】** 新华村接受大浦农业科技公司作为投资的成年奶牛50头，双方协商作价250 000元，预计可产奶5年；接受鄂尔多斯农场捐赠的成年绵羊100只，公允价值400 000元，预计可产羊毛5年；用银行存款购买种猪幼崽200只，共支付18 000元。编制会计分录为：

| | | |
|---|---|---|
| 借：牲畜（禽）资产——产役畜（奶牛） | 250 000 | |
| ——产役畜（绵羊） | 400 000 | |
| 牲畜（禽）资产——幼畜及育肥畜（种猪） | 18 000 | |
| 贷：资本——大浦农业科技公司 | | 250 000 |
| 公积公益金 | | 400 000 |
| 银行存款 | | 18 000 |

**【工作实例 9-10】** 承工作实例9-9，新华村第一年为饲养绵羊投入材料4 100元，应负担的职工薪酬12 900元，同时根据5%的预计净残值率计提绵羊的折旧。该批绵羊每年产出羊毛120 000元，全部出售存入银行。4年后，村组织将该批绵羊全部出售给某肉食品加工厂，取得价款180 000元存入银行。编制会计分录为：

① 投入饲养成本时：

| | | |
|---|---|---|
| 借：经营支出 | 17 000 | |
| 贷：库存物资 | | 4 100 |
| 应付工资 | | 12 900 |

② 计提绵羊每年折旧时：

| | | |
|---|---|---|
| 借：经营支出 | 76 000 | |
| 贷：牲畜（禽）资产——产役畜（绵羊） | | 76 000 |

9

③ 出售羊毛收入时：

借：银行存款 120 000

　贷：经营收入 120 000

④ 出售给肉食品加工厂时：

借：银行存款 180 000

　贷：经营收入 180 000

同时，结转绵羊的摊余成本及净残值

借：经营支出 96 000

　贷：牲畜（禽）资产——产役畜（绵羊） 96 000

**【工作实例 9-11】** 承工作实例 9-9，新华村第一年为饲养种猪投入材料 15 000 元，应负担的职工薪酬 28 000 元。第 2 年该批幼崽猪已经成年，预计可使用 4 年，同时根据 5% 的预计净残值率从第 2 年开始计提猪的折旧。编制会计分录为：

① 投入饲养成本时：

借：牲畜（禽）资产——幼畜及育肥畜（种猪） 43 000

　贷：库存物资 15 000

　　应付工资 28 000

② 第 2 年幼崽猪成年，转入牲畜（禽）资产——产役畜时：

借：牲畜（禽）资产——产役畜（种猪） 61 000

　贷：牲畜（禽）资产——幼畜及育肥畜（种猪） 61 000

③ 第 2 年计提种猪折旧时：

借：经营支出 14 487.50

　贷：牲畜（禽）资产——产役畜（种猪） 14 487.50



2. 林木资产

林木资产是指村集体经济组织购入或自行营造的林木，一般分为经济林木和非经济林木两种。经济林木主要用于生产果品、药材、工业原料及油制品等，如樱桃树、苹果树、山茶树、荔枝树；非经济林木主要在林木成年后用于木材，如松树、槐树、柳树。

根据相关会计制度的规定，会计上分设“林木资产——经济林木”以及“林木资产——非经济林木”两个二级科目进行不同内容的核算。经济林木在投产后，能够创造价值，应该视为一项长期资产并在每年计提折旧；非经济林木在郁闭成林后，不需要计提折旧。

**【工作实例 9-12】** 爱国村于本年年初购入砀山梨树苗一批，总价款 48 000 元，款项以银行存款支付；购买当年及未来两年分别投入培植费用 8 000 元和 6 000 元。第 4 年年初，该批树苗投产成林，预计可正常产果 10 年，当年发生管护费用 4 000 元。同时根据5%的预计净残值率从第4年开始计提折旧。该批果树第5年产出梨子60 000元，全部出售存入银行。编制会计分录为：

① 第1年购入树苗时：

借：林木资产——经济林木（砀山梨）　　48 000
　贷：银行存款　　48 000

② 第2年投入培植费用时：

借：林木资产——经济林木（砀山梨）　　8 000
　贷：库存物资／应付工资等　　8 000

③ 第3年投入培植费用时：

借：林木资产——经济林木（砀山梨）　　6 000
　贷：库存物资／应付工资等　　6 000

④ 第4年投入管护费用时：

借：经营支出　　4 000
　贷：库存物资／应付工资等　　4 000

⑤ 第4年年底应提折旧额＝（48 000＋8 000＋6 000）×（1－5%）÷10＝5 890（元）：

借：经营支出　　5 890
　贷：林木资产——经济林木（砀山梨）　　5 890

⑥ 出售梨子收入时：

借：银行存款　　60 000
　贷：经营收入　　60 000



**【工作实例9-13】** 爱国村于本年年初购入松树树苗一批，总价款9 000元，款项以银行存款支付；购买当年及未来两年分别投入培植费用4 000元和3 000元（人工和材料各占一半，下同）。第4年年初，该批树苗郁闭成林，当年发生管护费用2 000元。第5年年末，爱国村与鸿雁木材公司签订协议，将该批松树对外投资，双方协议约定价值80 000元。编制会计分录为：

① 第1年购入树苗时：

借：林木资产——非经济林木（松树）　　9 000
　贷：银行存款　　9 000

② 第2年投入培植费用时：

借：林木资产——非经济林木（松树）　　4 000
　贷：库存物资　　2 000
　　　应付工资　　2 000

③ 第3年投入培植费用时：

借：林木资产——非经济林木（松树） 3 000
　贷：库存物资 / 应付工资等 3 000

④ 第4年投入管护费用时：

借：其他支出 2 000
　贷：库存物资 1 000
　　应付工资 1 000

⑤ 第5年年末，该批松树成本为16 000元，对外投资价值为80 000元：

借：长期投资 80 000
　贷：林木资产——非经济林木（松树） 16 000
　　公积公益金 64 000

### （三）应付工资类

在村集体经济组织进行薪酬核算时，将应该支付给其管理人员及固定员工的报酬总额（包括各种工资、奖金、津贴、福利补助）记入“应付工资”科目；将村集体经济组织从收益中提取，用于集体福利、文教、卫生等方面的福利费（不包括兴建集体福利等公益设施支出），包括照顾烈军属、五保户、困难户的支出，计划生育支出，农民因公伤亡的医药费、生活补助及抚恤金等项目记入“应付福利费”科目。同时，针对村集体经济组织应付给临时员工的报酬，在“应付款”或“内部往来”科目中核算。

村集体经济组织按照经过批准的金额提取工资时，根据人员岗位，分别借记“管理费用”“生产（劳务）成本”“牲畜（禽）资产”“林木资产”“在建工程”等科目，贷记“应付工资”科目。按规定程序批准后，实际发放工资时，借记“应付工资”科目，贷记“现金”等科目。

9

村集体经济组织按照经批准的方案，从收益中提取福利费时，借记“收益分配”科目，贷记“应付福利费”科目；发生上述支出时，借记“应付福利费”科目，贷记“现金”“银行存款”等科目。

**【工作实例9-14】** 爱国村考核上月员工出勤情况，并计算出不同部门员工的薪酬如下：

（1）本村固定在编人员工资为：管理人员工资13 000元，生产劳动人员工资48 000元，牲畜饲养人员工资7 500元，林木护理人员工资18 000元。

（2）因农忙，临时雇用临时工进行林木护理，支付薪酬5 000元。

（3）上述工资和报酬全部以现金支付。

根据上述业务，编制会计分录为：

① 确认固定人员工资时：

借：管理费用 13 000
　　生产（劳务）成本 48 000

    牲畜（禽）资产　　7 500
    林木资产　　18 000
  贷：应付工资　　　　86 500

② 确认临时人员工资时：

借：林木资产　　5 000
  贷：应付款　　　　5 000

③ 支付各类人员工资时：

借：应付工资　　86 500
    应付款　　5 000
  贷：现金　　　　91 500

拓展阅读：农村集体经济组织财务制度

**【工作实例 9-15】** 爱国村研究决定从本年实现的收益中提取 16 000 元福利费，同时支付本村五保户陈玉烈生活补助现金 800 元，支付烈属王某优抚款项 1 900 元。根据上述业务，编制会计分录为：

① 提取福利费时：

借：收益分配　　16 000
  贷：应付福利费　　　　16 000

② 支付福利费时：

借：应付福利费　　2 700
  贷：现金　　　　2 700



### （四）一事一议资金类

一事一议资金是指村集体经济组织兴办生产、公益事业，按照一事一议的形式筹集的专项资金。该筹资方案一经通过就形成了本村村集体经济组织的长期负债。在我国不断进行农村地区税费改革的大前提下，通过一事一议的方式向广大村民筹资已经成为村集体公益事业开支的主要资金来源。

一事一议资金在用途上主要面向农村农田水利建设、村级公路修建、农村环保植树造林、村集体用生产设备等，在实务中存在筹资与筹劳两种类型。

通过一事一议资金筹集的款项，与流动负债下应付福利费的区别在于：应付福利费更倾向于直接补助到村民成员手中，金额小，补助行为瞬间完成，受众零星分散；一事一议资金用于村集体大型公用公益事业，金额大，收益持续时间较长，受众基本上涵盖了本村级单位的全体成员。

村集体经济组织使用一事一议资金后，可能购建某种有形资产，通过在建工程结转至固定资产；也可能完成某项修桥补路的具体劳务，不形成固定资产。两者的核算差异表现在前者最终会增加一项固定资产，而后者一般作为期间费用计入管理费用或其他支出；相似之处在于最终都要将一事一议资金结转至“公积公益金”科目。

村集体经济组织应于一事一议筹资方案经成员大会或成员代表大会通过时,借记“内部往来”科目,贷记“一事一议资金”科目;收到农户交来的一事一议专项筹资时,借记“现金”等科目,贷记“内部往来”科目。村集体经济组织使用一事一议资金购入不需要安装的固定资产的,借记“固定资产”科目,贷记“现金”“银行存款”等科目,同时,借记“一事一议资金”科目,贷记“公积公益金”科目。

村集体经济组织对于使用一事一议资金而没有形成固定资产的项目,在项目支出发生时,借记“在建工程”科目,贷记“现金”“银行存款”等科目;项目完成后按使用一事一议资金金额,借记“管理费用”“其他支出”等科目,贷记“在建工程”科目,同时,借记“一事一议资金”科目,贷记“公积公益金”科目。

**【工作实例 9-16】** 爱国村打算本年购买太阳能光伏发电机组 100 套,用于满足本村日益增长的生产生活用电需求,同时也用于满足美好乡村建设的需要。2023 年 7 月 1 日研究决定采取一事一议资金方式筹资 340 000 元。7 月 18 日村民将上述款项足额缴存到指定银行账户。7 月 28 日太阳能光伏发电机组运抵本村,经过上门安装调试后于 8 月 18 日投产使用。

根据上述业务,编制会计分录为:

① 7 月 1 日通过一事一议资金方式筹资时:

| | | |
|---|---|---|
| 借:内部往来——全体村民 | 340 000 | |
| 贷:一事一议资金——太阳能光伏发电 | | 340 000 |

② 7 月 18 日筹集完成资金时:

| | | |
|---|---|---|
| 借:银行存款 | 340 000 | |
| 贷:内部往来——全体村民 | | 340 000 |

③ 7 月 28 日购买太阳能光伏发电机组投产时:

| | | |
|---|---|---|
| 借:固定资产 | 340 000 | |
| 贷:银行存款 | | 340 000 |

④ 8 月 18 日筹集完成资金时:

| | | |
|---|---|---|
| 借:一事一议资金——太阳能光伏发电 | 340 000 | |
| 贷:公积公益金 | | 340 000 |

### (五)公积公益金类

公积公益金是村集体经济组织从收益中提取的和其他来源取得的用于扩大生产经营、承担经营风险以及集体公益事业的专用基金。其来源主要包括:村集体经济组织从本年收益中提取的资本溢价、接受捐赠资产、征用土地补偿费、拍卖“四荒”使用权价款、“一事一议”筹资筹劳转入、拨款转入和对外投资中实物资产重估增值等。

1. 公积公益金增加的核算

(1)从收益中提取公积公益金时,借记“收益分配”科目,贷记“公积公益金”科目。

（2）收到应计入公积公益金的征用土地补偿费及拍卖荒山、荒地、荒水、荒滩等使用权价款，或者收到由其他来源取得的公积公益金时，借记“银行存款”科目，贷记“公积公益金”科目。

（3）收到捐赠的资产时，借记“银行存款”“库存物资”“固定资产”等科目，贷记“公积公益金”科目。

（4）对外投资时，借记“长期投资”等科目，贷记“公积公益金”科目。

（5）村集体经济组织使用“一事一议资金”进行村级公益事业项目建设的，结转时，借记“一事一议资金”科目，贷记“公积公益金”科目。

**【工作实例 9-17】** 爱国村本年发生公积公益金业务如下：

（1）根据村民大会通过的收益分配方案，从当年收益中提取公积公益金 20 000 元。

（2）拍卖一处四荒地的使用权，收到拍卖款 30 000 元。

（3）接受某单位捐赠款 25 000 元和一辆全新的垃圾运输车，购车发票载明该辆车价格为 60 000 元。

根据上述业务，编制会计分录为：

① 提取公积公益金：

| | | |
|---|---|---|
| 借：收益分配——公益金 | 20 000 | |
| 　贷：公积公益金 | | 20 000 |

② 拍卖一处四荒地的使用权时：

| | | |
|---|---|---|
| 借：银行存款 | 30 000 | |
| 　贷：公积公益金 | | 30 000 |

③ 接受某单位捐赠款时：

| | | |
|---|---|---|
| 借：银行存款 | 25 000 | |
| 　固定资产　　垃圾运输车 | 60 000 | |
| 　贷：公积公益金 | | 85 000 |

2. 公积公益金使用的核算

公积公益金用于集体福利、文教、卫生等方面的福利费（不包括兴建集体福利等公益设施支出），包括照顾烈军属、五保户、困难户的支出，计划生育支出，农民因公伤亡的医药费、生活补助及抚恤金等。

按国家有关规定，并按规定程序批准后，公积公益金转增资本、弥补福利费不足或弥补亏损时，借记“公积公益金”科目，贷记“资本”“应付福利费”或“收益分配”科目。

**【工作实例 9-18】** 爱国村按国家规定程序批准后，将 22 000 元公积公益金转增资本；大庄村用公积公益金 5 000 元弥补福利费的超支数额。根据上述业务，编制会计分录为：

9

① 公积公益金转增资本时：

借：公积公益金 22 000

贷：资本 22 000

② 弥补福利费的超支数额时：

借：公积公益金 5 000

贷：应付福利费 5 000

# 任务三 农民专业合作社会计核算

## 一、农民专业合作社会计的特点

农民专业合作社是广大农民群众在家庭承包经营基础上自愿联合、民主管理的互助性经济组织，是实现小农户和现代农业发展有机衔接的中坚力量。

2007 年 7 月 1 日起实施的《中华人民共和国农民专业合作社法》（简称《农民专业合作社法》）确立了农民专业合作社的市场主体地位，使其成为与机关法人、事业单位法人、企业法人和社团法人并列的第五种法人。它的一大重要特点就是在组织内部不以营利为目的，在外部则追求利润最大化。这种特殊的组织形式，不同于其他任何市场主体，既不同于非营利性的社团法人，也不同于营利性的企业法人。由于我国农民专业合作社与其他法人主体存在明显差异，为规范农民专业合作社的会计工作，保护农民专业合作社及其成员的合法权益，根据《中华人民共和国会计法》《中华人民共和国农民专业合作社法》等国家有关法律、行政法规，财政部于 2007 年 12 月 20 日发布《农民专业合作社财务会计制度（试行）》，自 2008 年 1 月 1 日起施行。

2018 年 7 月修订后的《农民专业合作社法》实施以来，对合作社的成员出资方式、联合社的管理等提出新的要求，有必要对原会计制度作出相应调整；同时，随着农村分工分业深化和合作社的发展，合作社资产类型、业务范围等有所扩大，涉税业务日益增多，有必要对原制度进行补充明确和修订完善，满足合作社经济业务发展的需要。

2018 年 9 月，中共中央、国务院印发《乡村振兴战略规划（2018—2022 年）》，要求以乡村基础财务会计制度建设、基本财会人员选配和专业技术培训为重点，提升农民合作组织的财务会计管理水平和开展各类基本经济活动的规范管理能力。2019 年 9 月，中央农办、农业农村部、财政部、国家税务总局、市场监管总局等 11 个部门和单位联合印发《关于开展农民合作社规范提升行动的若干意见》（中农发〔2019〕18 号），提出抓紧修订合作社相关配套法规，完善合作社财务制度和会计制度的要求。

2008 年实施的《农民专业合作社财务会计制度（试行）》对于规范合作社会计核算、促进合作社规范发展发挥了重要作用。随着合作社的不断发展以及《农民专业合作社法》的修订，原会计制度已经不能适应农民专业合作社会计核算的需要，财政部于 2021 年 12 月 30 日发布新修订的《农民专业合作社会计制度》，自 2023 年 1 月 1 日起施行。

新修订的农民专业合作社会计制度与原制度相比，主要变化在以下几个方面：

一是依法规范。针对新《农民专业合作社法》的新增内容，会计制度相应地补充了有关会计处理要求。例如，针对以土地经营权、林权出资参加合作社的法律规定，增加关于土地经营权、林权出资的确认、计量等要求；针对新增的联合社组织形式，明确联合社应当适用会计制度，并对成员社收到联合社的盈余返还、盈余分配等会计处理作出规定。

二是问题导向。一方面，对符合合作社互助经济组织定位、过往会计核算中已被实务广泛接受认可的做法，新会计制度予以保留，并适当调整完善，以有序衔接、确保稳定。例如对“成员往来”等科目进行充实完善，对外投资暂不区分长期投资和短期投资等。另一方面，对合作社发展中出现的新情况、新需要，补充完善有关会计科目和账务处理，促进合作社精细核算，提升会计核算水平和会计信息质量，如引入“生物资产”的分类和核算要求，增设“累计摊销”“长期待摊费用”“待处理财产损溢”“应付劳务费”“应付利息”“财务费用”等13个会计科目，补充充实涉税业务、财政补助资金的有关会计核算。

三是务实简化。考虑到从全国范围来看，大部分合作社规模较小、业务单一，合作社成员以农民为主，因此，参考《农民专业合作社法》的修改思路，在与行业主管部门及有关专家充分沟通的基础上，新制度在满足会计核算需求的前提下，适当保留相对简化的会计处理要求，力求简便易行、方便操作，如不计提资产减值准备、固定资产折旧方法限于平均年限法或工作量法。

四是协调衔接。原制度涉及合作社财务管理和会计核算两方面内容，按照《农民专业合作社法》《关于开展农民合作社规范提升行动的若干意见》的有关要求，新制度聚焦规范会计核算工作，并且与正在制定中的财务制度在具体内容上实现较好的协调衔接。此外，新制度对于原制度中存在的不全面、不协调之处进行了修订，确保会计制度的内在协调衔接。例如，对资产负债表的报表格式、项目和顺序等进行进一步优化，提升可理解性；完善盈余及盈余分配表的报表项目列报顺序，以与《农民专业合作社法》中对合作社盈余分配程序的要求相一致。

## 二、农民专业合作社会计科目



根据财政部于2021年12月30日发布新修订的《农民专业合作社会计制度》，合作社会计核算目前共设置48个一级会计科目，各科目具体核算内容如表9-2所示。

**表9-2　农民专业合作社会计科目及核算内容一览表**

| 序号 | 编号 | 会计科目名称 | 会计科目核算内容 |
| --- | --- | --- | --- |
| | | 一、资产类科目 | |
| 1 | 101 | 库存现金 | 核算合作社的库存现金 |
| 2 | 102 | 银行存款 | 核算合作社存入银行、信用社或其他金融机构的款项 |
| 3 | 113 | 应收款 | 核算合作社与非成员之间发生的各种应收及暂付款项，包括因销售产品物资、提供服务应收取的款项以及应收的各种赔款、罚款、利息等 |
| 4 | 114 | 成员往来 | 核算合作社与成员之间发生的应收款项和应付款项等经济往来业务 |

续 表

| 序号 | 编号 | 会计科目名称 | 会计科目核算内容 |
|---|---|---|---|
| 5 | 121 | 产品物资 | 核算合作社库存的材料、燃料、机械零配件、低值易耗品、包装物、种子、化肥、农药、农产品、工业产成品等各种产品和物资 |
| 6 | 124 | 委托加工物资 | 核算合作社委托外单位加工的各种物资的实际成本 |
| 7 | 125 | 委托代销商品 | 核算合作社委托外单位销售的各种商品的实际成本 |
| 8 | 127 | 受托代购商品 | 核算合作社接受委托代为采购商品的实际成本 |
| 9 | 128 | 受托代销商品 | 核算合作社接受委托代销商品的实际成本 |
| 10 | 131 | 对外投资 | 核算合作社持有的各种对外投资，包括依法出资设立或者加入联合社，以及采用货币资金、实物资产、无形资产等向其他单位的投资等 |
| 11 | 141 | 消耗性生物资产 | 核算合作社持有的消耗性生物资产的实际成本 |
| 12 | 142 | 生产性生物资产 | 核算合作社持有的生产性生物资产的原价（成本） |
| 13 | 143 | 生产性生物资产累计折旧 | 核算合作社持有的达到预定生产经营目的的生产性生物资产的累计折旧 |
| 14 | 144 | 公益性生物资产 | 核算合作社持有的公益性生物资产的实际成本 |
| 15 | 151 | 固定资产 | 核算合作社固定资产的原价（成本） |
| 16 | 152 | 累计折旧 | 核算合作社固定资产计提的累计折旧 |
| 17 | 153 | 在建工程 | 核算合作社进行工程建设、设备安装、农业农村基础设施建造、固定资产改建等发生的实际支出 |
| 18 | 154 | 固定资产清理 | 核算合作社因出售、捐赠、报废和毁损等原因转入清理的固定资产的账面价值及其在清理过程中所发生的费用等 |
| 19 | 161 | 无形资产 | 核算合作社持有的无形资产的成本 |
| 20 | 162 | 累计摊销 | 核算合作社对无形资产计提的累计摊销 |
| 21 | 171 | 长期待摊费用 | 核算合作社已提足折旧的固定资产的改建支出和其他长期待摊费用等 |
| 22 | 181 | 待处理财产损溢 | 核算合作社在清查财产过程中查明的各种财产盘盈、盘亏和毁损的价值 |
| | | 二、负债类科目 | |
| 23 | 201 | 短期借款 | 核算合作社从银行、信用社或其他金融机构，以及外部单位和个人借入的期限在1年内（含1年）的各种借款 |
| 24 | 211 | 应付款 | 核算合作社与非成员之间发生的各种应付及暂收款项，包括因购买产品物资和接受服务等应付的款项以及应付的赔款等 |

9

续　表

| 序号 | 编号 | 会计科目名称 | 会计科目核算内容 |
|---|---|---|---|
| 25 | 212 | 应付工资 | 核算合作社应支付给管理人员、固定员工等职工的工资总额，包括在工资总额内的各种工资、奖金、津贴、补助、社会保险费等 |
| 26 | 213 | 应付劳务费 | 核算合作社应支付给季节性用工等临时性工作人员的劳务费总额，包括在劳务费总额内的各种劳务费、奖金、津贴、补助等 |
| 27 | 214 | 应交税费 | 核算合作社按照税法等规定计算应缴纳的各种税费，包括增值税、企业所得税、消费税、城市维护建设税、资源税、房产税、土地使用税、车船使用税、印花税、教育费附加及地方教育费附加等 |
| 28 | 215 | 应付利息 | 核算合作社按照合同约定应支付的利息费用 |
| 29 | 221 | 应付盈余返还 | 核算合作社根据有关法律法规和合作社章程的规定，返还给成员的盈余 |
| 30 | 222 | 应付剩余盈余 | 核算合作社根据有关法律法规和合作社章程的规定，分配给成员的剩余可分配盈余 |
| 31 | 231 | 长期借款 | 核算合作社从银行等金融机构及外部单位和个人借入的期限在1年以上（不含1年）的各项借款 |
| 32 | 235 | 专项应付款 | 核算合作社接受国家财政直接补助的资金 |
| | | 三、所有者权益类科目 | |
| 33 | 301 | 股金 | 核算合作社通过成员投资入股、公积金转增、可分配盈余转增等所形成的股金 |
| 34 | 311 | 专项基金 | 核算合作社接受国家财政直接补助和他人捐赠形成的专项基金 |
| 35 | 321 | 资本公积 | 核算合作社形成的资本公积 |
| 36 | 322 | 盈余公积 | 核算合作社从当年盈余中提取的盈余公积 |
| 37 | 331 | 本年盈余 | 核算合作社当期实现的盈余 |
| 38 | 332 | 盈余分配 | 核算合作社当年盈余的分配（或亏损的弥补）和历年分配后的结存余额 |
| | | 四、成本类科目 | |
| 39 | 401 | 生产成本 | 核算合作社直接组织生产或提供服务等活动所发生的各项生产费用和服务成本 |
| | | 五、损益类科目 | |
| 40 | 501 | 经营收入 | 核算合作社提供农业生产资料的购买、使用，农产品的生产、销售、加工、运输、贮藏以及与农业生产经营有关的技术、信息、设施建设运营等服务，开发经营农村民间工艺及制品、休闲农业和乡村旅游资源等，以及销售本社产品取得的收入 |



拓展阅读：农民专业合作社会计制度

续 表

| 序号 | 编号 | 会计科目名称 | 会计科目核算内容 |
|---|---|---|---|
| 41 | 502 | 其他收入 | 核算合作社的固定资产及产品物资等的盘盈、无法支付的应付款项等除经营收入以外的收入 |
| 42 | 511 | 投资收益 | 核算合作社对外投资取得的收益或发生的损失 |
| 43 | 521 | 经营支出 | 核算合作社提供农业生产资料的购买、使用,农产品的生产、销售、加工、运输、贮藏以及与农业生产经营有关的技术、信息、设施建设运营等服务,开发经营农村民间工艺及制品、休闲农业和乡村旅游资源等,以及销售本社产品发生的实际支出 |
| 44 | 522 | 税金及附加 | 核算合作社从事生产经营活动按照税法的有关规定应负担的消费税、城市维护建设税、资源税、房产税、土地使用税、车船使用税、印花税、教育费附加及地方教育费附加等相关税费 |
| 45 | 523 | 管理费用 | 核算合作社为组织和管理生产经营活动而发生的各项支出,包括管理人员的工资、办公费、差旅费,业务招待费,管理用固定资产的折旧、无形资产摊销等 |
| 46 | 524 | 财务费用 | 核算合作社为筹集生产经营所需资金发生的各项支出,包括利息费用(减利息收入)、银行相关手续费等 |
| 47 | 529 | 其他支出 | 核算合作社发生的除“经营支出”“税金及附加”“管理费用”“财务费用”以外的其他各项支出,如生物资产死亡毁损支出、损失,固定资产及产品物资的盘亏、损失,防灾抢险支出,安全生产支出,环境保护支出,罚款支出,捐赠支出,无法收回的应收款项损失等 |
| 48 | 531 | 所得税费用 | 核算合作社根据企业所得税法的规定应从盈余总额中扣除的所得税费用 |

注:合作社在经营中涉及使用外埠存款、银行汇票存款、银行本票存款、信用卡存款、信用证保证金存款、尚未转入银行存款的支付宝或微信收付款等第三方支付平台账户余额等各种其他货币资金的,可增设“其他货币资金”科目(科目编号 109);合作社在经营中大量使用包装物,需要单独对其进行核算的,可增设“包装物”科目(科目编号 122)。

9

为了突出重点,本书仅就农民专业合作社会计中的内部往来项目、存货类项目、应付工资及劳务费项目、盈余及盈余分配项目等明显不同于其他行业企业会计核算的内容加以讲解,其他与企业会计准则核算要求近似的经济业务核算不再赘述。

## 三、农民专业合作社典型业务的核算

### (一)应收款类

农民专业合作社债权资产是指农民专业合作社在日常生产经营活动中发生的各项应收尚未收到的款项。从其产生的来源看,可以区分对外和对内两个部分。凡是与非成员之间发生的各种应收及暂付款项,包括因销售产品物资、提供服务应收取的款项以及应收的各种赔款、罚款、利息等,均直接通过“应收款”科目核算;凡是合作社与成员之间发生的应收款项和应付款项等经济往来业务,均通过“成员往来”科目核算。

【工作实例 9-19】 金果园果蔬合作社本期销售 300 箱苹果给国红水果批发行，价格为 45 000 元；销售给大润发超市水果一批，价值为 18 000 元，商品已经发出，销售价款尚未收到。编制会计分录为：

借：应收款——国红水果批发行　45 000
　　　　——大润发超市　18 000
　贷：经营收入　63 000

【工作实例 9-20】 金果园果蔬合作社向本社果农程大生销售果苗 2 000 元，尚未收到。编制会计分录为：

借：成员往来——程大生　2 000
　贷：经营收入　2 000

【工作实例 9-21】 金果园果蔬合作社向本社果农李大胜收购果蔬总价款 9 000 元，以银行存款支付 6 000 元，其余价款下月支付。编制会计分录为：

借：产品物资　9 000
　贷：银行存款　6 000
　　成员往来——李大胜　3 000

【工作实例 9-22】 金果园果蔬合作社年末结算前，确认应返还程大生盈余 16 000 元，应返还李大胜盈余 8 000 元，款尚未支付。编制会计分录为：

借：应付盈余返还　24 000
　贷：成员往来——李大胜　8 000
　　　　——程大生　16 000

9

### （二）存货类

合作社的存货包括材料、农产品、工业产成品、低值易耗品、包装物等产品物资，在产品，受托代销商品、受托代购商品、委托代销商品和委托加工物资等。对于这些存货，会计上主要侧重于分清存货的性质。

凡是本社自产自用的存货，均使用“产品物资”科目核算，并分设材料、农产品、工业产成品、低值易耗品、包装物等明细科目进行核算。

凡是本社委托给外单位、个人代加工或代销售的存货，使用“委托加工物资”“委托代销商品”科目核算。

凡是本社接受下属社员委托代购、委托代销的存货，使用“受托代购商品”“受托代销商品”科目核算。

“产品物资”科目核算方法与企业会计中的“库存商品”科目类似，不再重述。本书重点介绍合作社与成员之间的存货往来核算，即“受托代购商品”和“受托代销商品”核算。

1. 受托代购商品的核算

合作社受托代购商品视同自行购入的物资计价，其实际成本应当按照购买价款、应支付的相关税费、运输费、装卸费、运输途中的合理损耗以及外购过程发生的其他直接费用计价。受托代购商品核算如表 9-3 所示。

**表 9-3　　　　受托代购商品的会计处理**

| 核算内容 | 会计处理 |
|---|---|
| 收到受托代购商品款时 | 借记“库存现金”“银行存款”等科目，贷记“成员往来”“应付款”等科目 |
| 受托采购商品时 | 借记“受托代购商品”科目，贷记“库存现金”“银行存款”“应付款”等科目。 |
| 将受托代购商品交付给委托方时 | 按照收到的受托代购商品款，借记“成员往来”“应付款”等科目，按照代购商品的实际成本，贷记“受托代购商品”科目，差额借记或贷记“库存现金”“银行存款”等科目 |
| 受托代购商品收取手续费时 | 按照应收取的手续费，借记“成员往来”“应收款”等科目，贷记“经营收入”科目 |
| 收到手续费时 | 借记“库存现金”“银行存款”等科目，贷记“成员往来”“应收款”等科目 |

9

**【工作实例 9-23】** 金果园果蔬合作社 4 日收到社员卢新泉 30 000 元存款，为其采购新品樱桃树幼苗一批。15 日，采购完毕，共支付价款 28 500 元，合作社按照协议收取采购价款的 2% 的手续费。该批幼苗已经交付卢新泉验收，同时退回剩余采购款。

根据资料，合作社会计处理如下：

① 收到委托采购款时：

| | | |
|---|---|---|
| 借：银行存款 | 30 000 | |
| 　贷：成员往来——卢新泉 | | 30 000 |

② 采购款完成时：

| | | |
|---|---|---|
| 借：受托采购商品 | 28 500 | |
| 　贷：银行存款 | | 28 500 |

③ 移交树苗，将扣除手续费后的余款退回时：

| | | |
|---|---|---|
| 借：成员往来——卢新泉 | 30 000 | |
| 　贷：受托代购商品 | | 28 500 |
| 　　经营收入 | | 570 |
| 　　库存现金 | | 930 |

2. 受托代销商品的核算

受托代销商品应当按照合同或协议约定的价格计价，出售受托代销商品时，实际收到的价款大于合同或协议约定价格的差额计入经营收入，实际收到的价款小于合同或协议约定价格的差额计入经营支出。受托代销商品核算如表9-4所示。

**表 9-4　受托代销商品的会计处理**

| 核算内容 | 会计处理 |
| --- | --- |
| 收到受托代销商品时 | 借记"受托代销商品"科目，贷记"成员往来"科目 |
| 售出受托代销商品时 | 按照实际收到的价款，借记"库存现金""银行存款"等科目，按照合同或协议约定的价格，贷记"受托代销商品"科目，如果实际收到的价款大于合同或协议约定的价格，按照其差额，贷记"经营收入"等科目；如果实际收到的价款小于合同或协议约定的价格，按照其差额，借记"经营支出"等科目。 |
| 支付委托方代销商品款时 | 借记"成员往来"等科目，贷记"库存现金""银行存款"等科目。 |

**【工作实例9-24】** 金果园果蔬合作社8日接受社员马长志的委托，为其代卖4 000千克的羊角蜜，双方约定销售价格20 000元。22日，该批羊角蜜全部出售，取得销售收入24 800元，款项存入银行。28日，以银行存款结清代销款。

根据资料，合作社会计处理如下：

① 收到受托代销商品时：

| | | |
| --- | --- | --- |
| 借：受托代销商品 | 20 000 | |
| 　贷：成员往来——马长志 | | 20 000 |

② 销售完成时：

| | | |
| --- | --- | --- |
| 借：银行存款 | 24 800 | |
| 　贷：受托代销商品 | | 20 000 |
| 　　　经营收入 | | 4 800 |

③ 结清受托代销商品款时：

| | | |
| --- | --- | --- |
| 借：成员往来——马长志 | 20 000 | |
| 　贷：银行存款 | | 20 000 |

9

## （三）应付工资类

1. 应付工资的核算

合作社的应付工资，是指合作社为获得管理人员、固定员工等职工提供的服务而应付给职工的各种形式的报酬以及其他相关支出，包括在工资总额内的各种工资、奖金、津贴、补助、社会保险费等。

合作社的应付工资，不论是否在当月支付，都应通过"应付工资"科目核算。合作社应当按照劳动工资制度的规定，编制"工资表"，计算各种工资，再将"工资表"进行汇总，编制“工资汇总表”。提取工资时,根据人员岗位进行工资分配,借记“在建工程”“生产成本”“经营支出”“管理费用”等科目,贷记“应付工资”科目。实际支付工资时,借记“应付工资”科目,贷记“库存现金”“银行存款”等科目。

**【工作实例 9-25】** 金果园果蔬合作社根据 3 月员工出勤情况,并计算出不同部门员工的薪酬如下:

(1)本村固定在编人员工资为:管理人员工资 28 000 元,生产劳动人员工资 48 000 元,销售人员工资 32 000 元。

(2)因农忙,临时雇用临时工进行林木护理,支付薪酬 5 000 元。

根据上述业务,编制会计分录为:

① 确认管理人员和固定人员工资时:

借:管理费用　　28 000
　　生产成本　　48 000
　　经营支出　　32 000
　贷:应付工资　　108 000

② 支付各类人员工资时:

借:应付工资　　108 000
　贷:库存现金　　108 000

2. 应付劳务费的核算

合作社的应付劳务费,是指合作社为获得季节性用工等临时性工作人员提供的服务而应支付的各种形式的报酬以及其他相关支出,包括在劳务费总额内的各种劳务费、奖金、津贴、补助等。

9 合作社的应付劳务费,不论是否在当月支付,都应通过“应付劳务费”科目核算。提取劳务费时,根据人员岗位进行劳务费分配,借记“在建工程”“生产成本”“经营支出”等科目,贷记“应付劳务费”科目。实际支付劳务费时,借记“应付劳务费”科目,贷记“库存现金”“银行存款”等科目。

**【工作实例 9-26】** 金果园果蔬合作社因农忙,雇用临时工进行林木护理和产品包装,其中林木护理人员报酬 19 000 元,产品包装人员薪酬 25 000 元。所有报酬均以现金支付。根据上述业务,编制会计分录为:

① 确认雇用临时工报酬时:

借:生产成本　　19 000
　　经营支出　　25 000
　贷:应付劳务费　　44 000

② 支付临时工报酬时:

借:应付劳务费　　44 000
　贷:库存现金　　44 000

### （四）盈余及盈余分配类

1. 盈余的内容

合作社的盈余，是指合作社在一定会计期间的经营成果。合作社的本年盈余按照下列公式计算：

本年盈余＝经营收益＋其他收入—其他支出—所得税费用
其中：经营收益＝经营收入＋投资收益—经营支出—税金及附加—管理费用—财务费用

2. 盈余分配程序

（1）合作社应当在盈余总额的基础上，按照税法的有关规定进行纳税调整，计算出当期应纳税所得额，以应纳税所得额与适用所得税税率为基础计算确定当期应纳税额，确认所得税费用。

（2）按照实现的净利润，提取盈余公积。如果尚有未弥补亏损，在弥补亏损后"盈余分配——未分配盈余"科目尚有余额，方可计提盈余公积。

（3）合作社在弥补亏损、提取公积金后剩余的本年盈余为可分配盈余。合作社按照有关法律法规和合作社章程的规定向成员进行盈余返还和盈余分配，或者将全部或部分可分配盈余转为成员对合作社的出资时，应当减少可分配盈余。

（4）根据章程的规定或者经成员（代表）大会决议确定的盈余分配方案，提取返还盈余。

（5）根据章程的规定或者经成员（代表）大会决议确定的盈余分配方案，分配剩余盈余。

3. 科目设置

（1）"应付盈余返还"科目。

"应付盈余返还"科目，属于负债类科目，核算合作社根据有关法律法规和合作社章程的规定，返还给成员的盈余。合作社根据章程规定或者经成员（代表）大会决议确定的盈余分配方案，按照成员与本社的交易量（额）比例等提取返还盈余时，借记"盈余分配"科目，贷记本科目。实际支付时，借记本科目，贷记"库存现金""银行存款"等科目。根据成员（代表）大会表决同意，将应支付的盈余返还转为成员对合作社出资的，借记本科目，贷记"股金"等科目。本科目期末贷方余额，反映合作社尚未支付给成员的盈余返还。

（2）"应付剩余盈余"科目。

"应付剩余盈余"科目，属于负债类科目，核算合作社根据有关法律法规和合作社章程的规定，分配给成员的剩余可分配盈余。合作社提取返还盈余后，根据章程的规定或者经成员（代表）大会决议确定的盈余分配方案，分配剩余盈余时，借记"盈余分配"科目，贷记本科目。实际支付时，借记本科目，贷记"库存现金""银行存款"等科目。根据成员（代表）大会表决同意，将应支付的剩余盈余转为成员对合作社出资的，借记本科目，贷记"股金"等科目。本科目期末贷方余额，反映合作社尚未支付给成员的剩余盈余。

（3）"本年盈余"科目。

"本年盈余"科目，属于所有者权益类科目，核算合作社当期实现的盈余。会计期末结转盈余时，将各项收入科目的贷方发生额结转至"本年盈余"科目时，应借记"经营收入""其他收入""投资收益"科目，贷记本科目；将各项支出科目的借方发生额结转至"本年盈余"

科目时，借记本科目，贷记“经营支出”“税金及附加”“管理费用”“财务费用”“其他支出”“所得税费用”“投资收益”科目。年度终了，应将本年收入和支出相抵后结出的本年实现的净盈余，转入“盈余分配”科目，借记本科目，贷记“盈余分配——未分配盈余”科目；如为净亏损，作相反会计分录。结转后本科目应无余额。

（4）“盈余公积”科目。

“盈余公积”科目，属于所有者权益类科目，核算合作社从当年盈余中提取的盈余公积。合作社提取盈余公积时，借记“盈余分配”科目，贷记本科目；用盈余公积转增股金或弥补亏损等时，借记本科目，贷记“股金”“盈余分配”等科目。本科目期末贷方余额，反映合作社实有的盈余公积数额。

（5）“盈余分配”科目。

“盈余分配”科目，属于所有者权益类科目，核算合作社当年盈余的分配（或亏损的弥补）和历年分配后的结存余额。本科目设置“各项分配”和“未分配盈余”两个二级科目。其具体核算内容如表 9-5 所示。

**表 9-5　盈余分配的会计处理**

| 核算内容 | 会计处理 |
| --- | --- |
| 用盈余公积弥补亏损时 | 借记“盈余公积”科目，贷记“盈余分配——未分配盈余”科目 |
| 按照规定提取盈余公积时 | 借记“盈余分配——各项分配”科目，贷记“盈余公积”科目 |
| 根据决议提取返还盈余时 | 借记“盈余分配——各项分配”科目，贷记“应付盈余返还”科目 |
| 根据决议分配剩余盈余时 | 借记“盈余分配——各项分配”科目，贷记“应付剩余盈余”科目 |
| 经大会表决同意，将可分配盈余转为成员对合作社出资时 | 借记“应付盈余返还”“应付剩余盈余”“盈余分配——各项分配”科目，贷记“股金”等科目 |
| 年度终了，将全年实现的盈余总额转入时 | 借记“本年盈余”科目，贷记“盈余分配——未分配盈余”科目 |
| 年度终了，将全年发生的净亏损转入时 | 借记“盈余分配——未分配盈余”科目，贷记“本年盈余”科目 |
| 年度终了，将“盈余分配——各项分配”明细科目的余额转入时 | 借记“盈余分配——未分配盈余”科目，贷记“盈余分配——各项分配”科目 |
| 年度终了，“盈余分配——各项分配”明细科目应无余额，“未分配盈余”明细科目的贷方余额表示未分配的盈余，借方余额表示未弥补的亏损。 | |



**【工作实例 9-27】** 金果园果蔬合作社 2023 年年初“盈余分配——未分配盈余”科目贷方余额为 89 000 元。2023 年年末发生业务如下：

（1）年末，将“经营收入”科目贷方发生额 458 000 元、“其他收入”科目贷方发生额 53 000 元、“投资收益”科目贷方发生额 49 000 元等结转至“本年盈余”科目。

（2）年末，将“经营支出”科目借方发生额 189 000 元、“税金及附加”科目借方发生额 12 000 元、“管理费用”科目借方发生额 167 000 元、“其他支出”科目借方发生额 47 000 元等结转至“本年盈余”科目。

（3）按税法的规定计算应交企业所得税（假定该企业享受国家优惠政策，所得税税率为10%）。

（4）合作社根据章程的规定或者经成员（代表）大会决议确定的盈余分配方案是：按当年可分配盈余的10%提取盈余公积，按当年可分配盈余的60%返还全体社员（按社员当年交易量比例进行分配），剩余盈余一半按出资额比例分配，另一半转入未分配盈余，留待以后年度分配。

根据上述业务，编制会计分录为：

① 结转各项收入到“本年盈余”科目时：

借：经营收入　　458 000
　其他收入　　53 000
　投资收益　　49 000
　贷：本年盈余　　560 000

② 结转各项支出到“本年盈余”科目时：

借：本年盈余　　415 000
　贷：经营支出　　189 000
　　税金及附加　　12 000
　　管理费用　　167 000
　　其他支出　　47 000

③ 计算企业所得税时：

借：所得税费用　　14 500
　贷：应交税费——应交企业所得税　　14 500

同时：

借：本年盈余　　14 500
　贷：所得税费用　　14 500

④ 提取盈余公积时：

净利润＝560 000－415 000－14 500＝130 500（元）

应提取盈余公积＝130 500×10%＝13 050（元）

借：盈余分配——各项分配　　13 050
　贷：盈余公积　　13 050

⑤ 计算确认盈余返还时：

应付盈余返还金额＝130 500×60%＝78 300（元）

借：盈余分配——各项分配　　78 300
　贷：应付盈余返还——各社员名称　　78 300

⑥ 计算确认剩余盈余分配时：

剩余盈余＝130 500－13 050－78 300＝39 150（元）

应付剩余盈余金额 $=39\ 150\times50\%=19\ 575$（元）

借：盈余分配——各项分配 19 575

　贷：应付剩余盈余——各出资人 19 575

⑦ 年末结转实现的盈余总额时：

借：本年盈余 130 500

　贷：盈余分配——未分配盈余 130 500

⑧ 年末结转已分配的盈余时：

借：盈余分配——未分配盈余 110 925

　贷：盈余分配——各项分配 110 925

⑨ 计算确认“盈余分配——未分配盈余”年末余额：

“盈余分配——未分配盈余”年末余额 $=89\ 000+130\ 500-110\ 925=108\ 575$（元）

### （五）专项资金类

专项资金类包括专项应付款和专项基金两个部分。

专项应付款是指合作社接受国家财政直接补助的资金。根据会计制度的规定，首先将该笔资金列为合作社的债务，以后在使用过程中结转为使用期间当期费用或形成某项资产，并将形成资产的部分资金转入专项基金。其具体核算内容如表 9-6 所示。

**表 9-6　　专项资金类的会计处理**

| 核算内容 | 会计处理 |
|---|---|
| 收到国家财政直接补助的资金时 | 借记“库存现金”“银行存款”等科目，贷记“专项应付款”科目 |
| 按照国家财政直接补助资金的项目用途，取得生物资产、固定资产、无形资产等非货币性资产，或用于兴建农业农村基础设施时 | 按照实际使用国家财政直接补助资金的数额，借记“消耗性生物资产”“生产性生物资产”“固定资产”“无形资产”“在建工程”等科目，贷记“库存现金”“银行存款”等科目，同时借记“专项应付款”科目，贷记“专项基金”科目；用于开展信息、培训、农产品质量标准与认证、市场营销和技术推广等项目支出时，借记“专项应付款”科目，贷记“库存现金”“银行存款”等科目 |
| 取得生物资产、固定资产、无形资产等非货币性资产之后收到对应用途的国家财政直接补助资金时 | 借记“库存现金”“银行存款”等科目，贷记“专项应付款”科目；按照实际使用国家财政直接补助资金的数额，借记“专项应付款”科目，贷记“专项基金”科目 |
| 发生信息、培训、农产品质量标准与认证、市场营销和技术推广等项目支出之后收到对应用途的国家财政直接补助资金时 | 按照收到的金额，借记“库存现金”“银行存款”等科目，贷记“专项应付款”科目，同时按照实际使用国家财政直接补助资金的数额，借记“专项应付款”科目，贷记“经营支出”“管理费用”等科目 |
| 实际收到他人捐赠的货币资金时 | 借记“库存现金”“银行存款”科目，贷记“专项基金”科目 |

9

续 表

| 核算内容 | 会计处理 |
|---|---|
| 实际收到他人捐赠的非货币资金时 | 按照有关凭据注明的金额加上相关税费等，借记“消耗性生物资产”“生产性生物资产”“固定资产”“无形资产”等科目，贷记“专项基金”科目等。没有相关凭据的，按照资产评估价值或者比照同类或类似资产的市场价格，加上相关税费等，借记“消耗性生物资产”“生产性生物资产”“固定资产”“无形资产”等科目，贷记“专项基金”科目等。如无法采用上述方法计价的，应当按照名义金额，借记“消耗性生物资产”“生产性生物资产”“固定资产”“无形资产”等科目，贷记“专项基金”科目，并设置备查簿进行登记和后续管理；按照应支付的相关税费等，借记“其他支出”科目，贷记“库存现金”“银行存款”“应付款”“应交税费”等科目 |

**【工作实例 9-28】** 金果园果蔬合作社 2023 年发生专项资金业务如下：

（1）收到县政府下拨的农业补助资金 100 000 元，存入银行。

（2）合作社使用上述资金中的 35 000 元为技术人员进行培训，以银行存款支付。

（3）合作社使用上述资金中的 58 000 元购买了一台不需要安装的机器，资金以银行存款支付，设备交付使用。

（4）合作社接受 A 企业捐赠的大型农用设备，发票上注明的价款为 280 000 元，设备交付使用。收到 B 企业捐款 80 000 元存入银行。

根据上述业务，编制会计分录为：

① 收到县政府下拨的农业补助资金时：

借：银行存款 100 000
　贷：专项应付款 100 000

② 使用财政资金支付技术员培训费时：

借：专项应付款 35 000
　贷：银行存款 35 000

③ 使用财政资金购买设备时：

借：固定资产 58 000
　贷：银行存款 58 000

同时：

借：专项应付款 58 000
　贷：专项基金 58 000

④ 接受捐赠的设备时：

借：固定资产 280 000
　　银行存款 80 000
　贷：专项基金 360 000

9

## 思考与实训

### 一、思考题

1. 农业企业会计有何特点?
2. 生物资产包括哪些内容?生物资产核算需要设置哪些会计科目?
3. 村集体组织会计有何特点?
4. 如何核算村集体组织的应收款业务?
5. 村集体组织的一事一议资金核算哪些内容?
6. 村集体组织的公积公益金如何核算?
7. 农民专业合作社是一个什么性质的组织?
8. 农民专业合作社盈余分配的主要依据是什么?
9. 农民专业合作社的“专项应付款”和“专项基金”有什么联系?
10. 农民专业合作社的“应付工资”和“应付劳务费”有什么不同?

### 二、实训题

#### 实 训 一

**【目的】**实训生产性生物资产的核算。

**【资料】**江城农业科技有限公司专门从事生猪养殖业,发生业务如下:

(1)2022年1月初购入总价值80 000元的种猪和育肥仔猪,其中,种猪价值30 000元,育肥仔猪价值50 000元,以银行存款支付价款70 000元,余款下月支付。

(2)本年领用饲料价值15 000元,应付饲养人员工资22 000元,支付水电费7 000元。假定按生猪的购入成本进行比例分摊各项费用。



(3)年末,育肥仔猪出栏70%,出售收入53 000元存入银行。

(4)年末,种猪全部达到预定生产经营目的,转入成熟生产性生物资产。

(5)2023年发生种猪管护、饲养费用等后续支出18 000元,其中饲料价值4 000元,应付饲养人员工资13 200元,支付水电费800元。

(6)种猪成本按5年进行摊销,本年摊销五分之一价值。

(7)2023年发生育肥猪管护、饲养费用等后续支出8 000元,其中饲料价值2 200元,应付饲养人员工资5 000元,支付水电费800元。

(8)年末,育肥仔猪出栏30%,出售收入32 000元存入银行。

**【要求】**根据资料,逐项编制会计分录。

#### 实 训 二

**【目的】**实训村集体组织主要经济业务的核算。

**【资料】**大浦乡村主要从事水果生产和销售业务。本年发生业务如下:

(1)年初购入梨树苗一批,总价款35 000元,款项以银行存款支付。

(2)当年投入培植费用18 000元(人工成本和材料各占一半)。

（3）前年投入的树苗投产成林，预计可正常产果 10 年，成本 60 000 元，按 5% 的预计净残值率计提折旧。

（4）产成林当年发生管护费用 4 000 元，属于应付社员工资。

（5）该批果树当年产出梨子 55 000 元，全部出售存入银行。

（6）准备新建一套灌溉系统，解决果园自动灌溉问题。经项目论证，需要采取一事一议资金方式筹资 40 000 元，得到社员一致同意。3 月 8 日社员将上述款项足额缴存到指定银行账户。3 月 28 日设备和材料运抵本村，经过上门安装调试后于 4 月 18 日投产使用。

（7）根据村民大会通过的收益分配方案，从当年收益中提取公积公益金 50 000 元。

（8）接受某单位捐赠款 18 000 元和 4 架喷洒农药的无人机，无人机发票载明价格为 75 000 元。

**【要求】**根据资料，逐项编制会计分录。

## 实 训 三

**【目的】**实训农民专业合作社主要经济业务的核算。

**【资料】**金菜地合作社成立于 2020 年 1 月 8 日，现有成员 40 人，主要从事水果和蔬菜的生产和销售业务。现发生业务如下：

（1）向本社果农收购果蔬总价款 25 000 元，价款待产品出售后支付。

（2）收到社员王大林 8 000 元存款，为其采购新品樱桃树幼苗一批。

（3）为王大林采购樱桃树幼苗完毕，共支付价款 7 000 元，合作社按照协议收取采购价款的 5% 作为手续费，多余款项退回。

（4）向本社果农收购果蔬全部出售，价格为 30 000 元；扣除手续费 5% 后将价款全部支付给社员。

（5）接受社员崔丹妮的委托，为其代卖 3 000 千克的西瓜，双方约定销售价格 15 000 元。

（6）该批西瓜全部出售，取得销售收入 24 000 元，款项存入银行。扣除手续费 5% 后将价款支付给社员崔丹妮。

（7）结转本年盈余 55 000 元至“利润分配——未分配盈余”科目。

（8）合作社决议按当年可分配盈余的 10% 提取盈余公积。

（9）按当年可分配盈余的 60% 返还全体社员，按出资额比例分配剩余盈余的 15%，最后剩余的转入未分配盈余，留待以后年度分配。

（10）结转本年已分配的各项盈余。

（11）收到县政府下拨的农业补助资金 200 000 元，存入银行。

（12）合作社使用上述资金中的 40 000 元为技术人员进行培训，以银行存款支付。

（13）合作社使用上述资金中的 150 000 元购买了联合收割机，资金以银行存款支付，设备交付使用。

（14）合作社将多余的补助资金上交县财政部门。

**【要求】**根据资料，逐项编制会计分录。

## 思政园地

# 粮食安全是“国之大者”

### 关键词

中国工商银行;措施;使命职责;幸福产业

### 内容

2013 年 12 月 23 日,习近平在中央农村工作会议上的讲话中指出,“洪范八政,食为政首”。我国是个人口众多的大国,解决好吃饭问题始终是治国理政的头等大事。毛泽东同志说:“吃饭是第一件大事。”手中有粮,心中不慌。我国十三亿多张嘴要吃饭,不吃饭就不能生存,悠悠万事、吃饭为大。只要粮食不出大问题,中国的事就稳得住。这个道理大家都懂,但在实际工作中特别是在农业形势好的时候,往往容易麻痹松懈。

2020 年 12 月 28 日,习近平总书记在中央农村工作会议上的讲话中指出,不能把粮食当成一般商品,光算经济账、不算政治账,光算眼前账、不算长远账。主产区、主销区、产销平衡区都有责任保面积、保产量,饭碗要一起端、责任要一起扛。此乃国之大者!

2022 年 3 月 6 日,习近平总书记在看望参加政协会议的农业界社会福利和社会保障界委员时指出,粮食安全是“国之大者”。悠悠万事,吃饭为大。民以食为天。经过艰苦努力,我国以占世界 9% 的耕地、6% 的淡水资源,养育了世界近 1/5 的人口,从当年 4 亿人吃不饱到今天 14 亿多人吃得好,有力回答了“谁来养活中国”的问题。这一成绩来之不易,要继续巩固拓展。在粮食安全这个问题上不能有丝毫麻痹大意,不能认为进入工业化,吃饭问题就可有可无,也不要指望依靠国际市场来解决。要未雨绸缪,始终绷紧粮食安全这根弦,始终坚持以我为主、立足国内、确保产能、适度进口、科技支撑。



### 启示

习近平总书记多次强调粮食安全是“国之大者”。我们的美好生活不仅体现在吃得饱,还要体现在吃得好、吃得美。要在保护好生态环境的前提下,实现从耕地资源向整个国土资源拓展,宜粮则粮、宜经则经、宜牧则牧、宜渔则渔、宜林则林,形成同市场需求相适应、同资源环境承载力相匹配的现代农业生产结构和区域布局。向森林要食物,向江河湖海要食物,向设施农业要食物,同时要从传统农作物和畜禽资源向更丰富的生物资源拓展。积极推进农业供给侧结构性改革,全方位、多途径开发食物资源,开发丰富多样的食物品种,实现各类食物供求平衡,更好满足人民群众日益多元化的食物消费需求。

# 项目十　民间非营利组织会计核算

【知识目标】

- 熟悉非营利组织的概念。
- 熟悉民间非营利组织会计制度。
- 熟悉民间非营利组织会计典型业务核算。

【能力目标】

- 能够根据民间非营利组织会计制度正确运用会计核算一般原则。
- 能够根据民间非营利组织会计制度正确组织会计核算,提供会计信息。

【素养目标】

- 充分认识民间非营利组织在我国社会经济活动中的地位,只有做好民间非营利组织会计核算,才能有效发挥其作用,丰富人民物质文化生活,助推中国梦的实现。

## 任务一　民间非营利组织会计核算认知



### 一、民间非营利组织会计的概念

#### (一)民间非营利组织的概念

非营利组织的主要特征可归纳为:① 大部分资源来源于资财的供给者,他们不期望收回或据以取得经济上的利益;② 业务运营的主要目的不是获取利润或利润同等物而提供产品或劳务;③ 没有明确界定的所有者权益及其出售、转让或赎回以及凭借所有权在组织清算解散时分享一定份额的剩余资财。

2004 年我国《民间非营利组织会计制度》界定了民间非营利组织是“依照国家法律、行政法规登记的社会团体、基金会、民办非企业单位和寺院、宫观、清真寺、教堂等”。本制度适用于在中华人民共和国境内依法成立的各类民间非营利组织(简称非营利组织),包括社会团体、基金会和民办非企业单位。这些非营利组织应符合以下三个条件:

### （二）民间非营利组织会计的概念及特征

民间非营利组织会计是对民间非营利组织的财务收支活动进行连续、系统、综合的记录、计量和报告，以价值指标客观地反映业务活动过程，从而为业务管理为其他相关的管理工作提供信息的活动。

（1）不以营利为目的。

（2）任何单位或个人不因为出资而拥有非营利组织的所有权；收支结余不得向出资者分配；

（3）非营利组织一旦进行清算，清算后的剩余财产应按规定继续用于社会公益事业。

民间非营利组织会计的特征主要表现在：

（1）以权责发生制为会计核算基础。

（2）在采用历史成本计价的基础上，引入公允价值计量模式。

（3）其会计要素不包括所有者权益和利润，而包括净资产。

（4）不设置支出要素，而设置费用要素。

## 二、会计核算前提

非营利组织会计的基本前提包括会计主体、持续运行、会计分期和货币计量。

拓展阅读：民间非营利组织会计制度

### （一）会计主体

会计主体是指会计为之服务的特定单位或组织，它决定了会计核算和监督的空间范围，也界定了会计信息的主体范围。

### （二）持续运行

持续运行是指会计主体的经济业务活动将无限期地持续下去，是针对由于某些因素可能导致会计主体终止经济业务活动的非正常情况而言的。

### （三）会计分期

会计分期，是指将会计主体持续运行的经济业务活动，划分为一系列相互联系的间隔相等的期间，以便分期结算账目，编制会计报表，向有关方面提供会计信息。



### （四）货币计量

货币计量是指会计主体的会计核算应采用统一的货币单位作为计量标准，以便综合、全面、系统、完整地反映会计主体的经济活动。

非营利组织会计核算应当以人民币作为记账本位币。如果发生外币收支，应当按照中国人民银行当日公布的人民币外汇汇率折算为人民币。对于业务收支以外币为主的非营利组织，也可以选定某种外币作为记账本位币进行会计核算。但在编制会计报表时，应当按照编制当日的人民币外汇汇率折算为人民币予以反映。

## 三、会计核算的一般原则

为使政府与非营利组织会计管理科学化、规范化和明晰化，现行民间非营利组织会计制度专门对会计核算的一般原则集中作了规定。

**（一）真实性原则**

真实性原则是指非营利组织的会计核算应当以实际发生的经济业务为依据，如实反映其财务状况收支结余和现金流量情况。

**（二）实质重于形式原则**

实质重于形式原则是指非营利组织应当按照经济业务的经济实质进行会计核算，而不应当仅仅以它们的法律形式作为会计核算的依据。

**（三）相关性原则**

相关性原则是指非营利组织提供的会计信息应当能够真实、完整地反映其财务状况、收支结余和现金流量，以满足会计信息使用者的需要。

**（四）一贯性原则**

一贯性原则是指会计处理方法应当在前后各期保持一致，不得随意变更，如确有必要变更，应将变更的情况、原因和对单位财务收支情况及其结果的影响在会计报表附注中说明。

**（五）可比性原则**

可比性原则是指非营利组织应当按照规定的会计处理方法进行会计核算，会计指标应当口径一致、相互可比。

**（六）及时性原则**

及时性原则是指会计核算应当及时进行，不得提前或滞后。

**（七）明晰性原则**

明晰性原则是指会计记录和会计报表应当清晰明了，数字和文字说明应当一目了然，简明、清晰，以便于使用者利用。

**（八）以权责发生制为基础原则**

以权责发生制为基础是指非营利组织的会计核算一般以权责发生制为基础。凡是当期已经实现的收入和已经发生或应当负担的费用，不论款项是否收付，都应当作为当期的收入和费用；凡是不属于当期的收入和费用，即使款项已在当期收付，也不应当作为当期的收入和费用。

**（九）配比原则**

配比原则是指非营利组织在进行会计核算时，收入与其成本、费用应当相互配比，同一会计期间内的各项收入和与其相关的成本、费用，应当在该会计期间内确认。

**（十）实际成本原则**

实际成本原则是指非营利组织的各项财产在取得时应当按照实际成本计量。其后，各项财产发生减值，应当按照制度规定计提相应的减值准备。除法律、行政法规和国家统一的会计制度另有规定外，非营利组织一律不得自行调整其账面价值。

**（十一）谨慎性原则**

谨慎性原则是指非营利组织的会计核算应当遵循谨慎性原则，不得多计资产或收益，也不得少计负债或费用。

**（十二）划分费用支出与资本性支出原则**

划分费用支出与资本性支出原则是指非营利组织发生支出的效益仅与本年度相关的，应当作为收益性支出；支出的效益与几个会计年度相关的，应当作为资本性支出。

**（十三）重要性原则**

重要性原则是指在进行非营利组织的会计核算时，对资产、负债、收入和费用等有较大影响，进而影响财务会计报告使用者据以作出合理判断的重要会计事项，必须按照规定的会计方法和程序进行处理，并在财务会计报告中予以充分的披露；对于次要的会计事项，在不影响会计信息真实性和不至于误导会计信息使用者作出正确判断的前提下，可适当简化处理。

## 四、会计要素与会计等式

**（一）会计要素**

1. 资产

资产是指过去的交易或者事项形成并由民间非营利组织拥有或者控制的资源，该资源预期会给民间非营利组织带来经济利益或者服务潜力。资产应当按其流动性分为流动资产、长期投资、固定资产、无形资产和受托代理资产等。



流动资产是指预期可在1年内（含1年）变现或者耗用的资产，主要包括现金、银行存款、短期投资、应收款项、预付账款、存货、待摊费用等。

长期投资是指除短期投资以外的投资，包括长期股权投资和长期债权投资等。

固定资产是指同时具有以下特征的有形资产：为行政管理、提供服务、生产商品或者出租目的而持有的；预计使用年限超过1年；单位价值较高。

无形资产是指民间非营利组织为开展业务活动、出租给他人、或为管理目的而持有的、没有实物形态的、非货币性长期资产，包括专利权、非专利技术、商标权、著作权、土地使用权等。

受托代理资产，是指民间非营利组织因从事受托代理交易而从委托方取得的资产。

2. 负债

负债是指过去的交易或者事项形成的现时义务，履行该义务预期会导致含有经济利益或者服务潜力的资源流出民间非营利组织。负债应当按其流动性分为流动负债、长期负债和受托代理负债等。

流动负债是指将在1年内（含1年）偿还的负债，包括短期借款、应付款项、应付工资、应交税金、预收账款、预提费用和预计负债等。

长期负债是指偿还期限在1年以上（不含1年）的负债，包括长期借款、长期应付款和其他长期负债。

受托代理负债是指民间非营利组织因从事受托代理交易、接受受托代理资产而产生的负债。

3. 净资产

民间非营利组织的净资产，是指资产减去负债后的余额，包括限定性净资产和非限定性净资产。

如果资产或者资产所产生的经济利益（如资产的投资收益和利息等）的使用受到资产提供者或者国家有关法律法规所设置的时间限制或（和）用途限制，则由此形成的净资产即为限定性净资产；除此之外的其他净资产，即为非限定性净资产。

4. 收入

收入是指民间非营利组织开展业务活动取得的、导致本期净资产增加的经济利益或者服务潜力的流入，包括捐赠收入、会费收入、提供服务收入、政府补助收入、投资收益、商品销售收入等主要业务活动收入和其他收入等。

5. 费用

费用是指民间非营利组织为开展业务活动所发生的、导致本期净资产减少的经济利益或者服务潜力的流出，包括业务活动成本、管理费用、筹资费用和其他费用等。

### （二）会计等式

由于政府会计要素与民间非营利组织会计要素的唯一差别是将支出改为费用，所以其会计等式差别不大。在某一时点下，资产与负债和净资产是恒等的，即：

资产＝负债＋净资产

民间非营利组织在业务活动过程中，必然会取得一定数额的收入，同时也必然会发生一定数额的费用。收支相抵后的余额为净资产。用公式表示：

收入－费用＝净资产

同样，我们可以将上述两个公式合并为：

资产＝负债＋净资产＋（收入－费用）

10

# 任务二 民间非营利组织会计资产核算

## 一、货币资金的核算

货币资金按其存放地点和用途不同,分为现金、银行存款和其他货币资金。

民间非营利组织应当设置现金和银行存款日记账。按照业务发生顺序逐日逐笔登记。有外币现金和存款的民间非营利组织,还应当分别按人民币和外币进行明细核算。现金的核算应当做到日清月结,其账面余额必须与库存数相符;银行存款的账面余额应当与银行对账单定期核对,并与按月编制的银行存款余额调节表调节相符。

民间非营利组织每日终了结算现金收支、财产清查等发现的现金短缺或溢余,应当及时查明原因,并根据管理权限,报经批准后,在期末结账前处理完毕。如为现金短缺,属于应由责任人或保险公司赔偿的部分,借记"其他应收款"科目,贷记"现金"科目;属于无法查明的其他原因的部分,借记"管理费用"科目,贷记"现金"科目。如为现金溢余,属于应支付给有关人员或单位的部分,借记"现金"科目,贷记"其他应付款"科目;属于无法查明的其他原因的部分,借记"现金"科目,贷记"其他收入"科目。

## 二、应收及预付账款的核算

应收款项是指民间非营利组织在日常业务活动过程中发生的各项应收未收债权,包括应收票据、应收账款和其他应收款等。

应收票据是民间非营利组织因销售商品、提供服务等而收到的商业汇票,包括银行承兑汇票和商业承兑汇票。应收账款是指民间非营利组织因销售商品、提供服务等主要业务活动,应向会员、购买单位或接受服务单位等收取的、但尚未实际收到的款项。其他应收款是指除应收票据、应收账款以外的其他各项应收、暂付款项,包括应收股利、应收利息、应向职工收取的各种垫付款项、职工借款、应收保险公司赔款等。

应收款项应当按照实际发生额入账,期末应当分析应收款项的可收回性,对预计可能产生的坏账损失计提坏账准备,确认坏账损失并计入当期费用。



预付账款是指民间非营利组织预付给商品供应单位或者服务提供单位的款项。预付账款应当按照实际发生额入账,并按照往来单位或个人等设置明细账,进行明细核算。

## 三、存货的核算

存货是指非营利组织在日常业务活动过程中持有以备出售或捐赠的,或者为了出售或捐赠仍处在生产过程中的,或者将在生产、提供服务或日常管理过程中耗用的材料、物资、商品等,包括材料、库存商品、委托加工材料,以及达不到固定资产标准的工具、器具等。

### (一)取得存货的核算

1. 存货成本的确定

存货在取得时,应当以其实际成本入账。存货成本包括采购成本、加工成本和其他成本。其中,采购成本一般包括实际支付的采购价款、相关税费、运输费、装卸费、保险费以及其他可直接归属于存货采购的费用。加工成本包括直接人工以及按照合理方法分配的与存货加工有关的间接费用。其他成本是指除采购成本、加工成本以外的，使存货达到目前场所和状态所发生的其他支出。

接受捐赠的存货应当按照以下方法确定其入账价值：

（1）如果捐赠方提供了有关凭据的，应当按照凭据上标明的金额，作为入账价值。如果凭据上表明的金额与受赠资产公允价值相差较大，受赠资产应当以其公允价值作为其实际成本。

（2）如果捐赠方没有提供有关凭据，受赠资产应当依次以其公允价值作为入账价值。

（3）通过非货币性交易换入的存货，应当以换出资产的账面价值，加上应支付的相关税费，作为换入存货的入账价值。

拓展阅读：民间非营利组织会计制度——会计科目和会计报表

2. 取得存货的账务处理

非营利组织外购存货时，按照采购成本，借记“存货”科目，贷记“银行存款”“应付账款”等科目。民间非营利组织也可以根据需要在“存货”科目下设置“材料”“库存商品”等明细科目。

非营利组织自行或委托加工存货时，根据其采购成本、加工成本和其他成本，借记“存货”科目，贷记“银行存款”“应付账款”“应付工资”等科目。民间非营利组织也可以根据实际情况，在“存货”科目下设置“生产成本”等明细科目，归集相关成本。

非营利组织接受捐赠的存货，按照所确定的成本，借记“存货”科目，贷记“捐赠收入”科目。

**【工作实例10-1】** 某民间非营利组织下设一个义卖中心，专门用于出售接受捐赠的相关资产。2022年4月7日，该组织收到某企业捐赠的一批食品，该企业开具的凭证上标明的价格为10万元。账务处理如下：

借：存货　　100 000

　贷：捐赠收入　　100 000

**【小思考】** 如果上例中的捐赠企业没有提供有关凭据，应如何确定该批食品的入账价值？



### （二）发出存货的核算

存货在发出时，应当根据实际情况采用个别计价法、先进先出法、加权平均法等，确定发出存货的实际成本。

民间非营利组织领用材料用于生产产品的，应当按照所确定的发出材料的成本，将其转入产品的生产成本，借记“存货——生产成本”科目，贷记“存货——材料”科目。产品生产完工后，再由“存货——生产成本”科目转入“存货——产成品”科目。

业务活动过程中领用存货，按照确定的成本，借记“管理费用”等科目，贷记“存货”科目。

对外出售或捐赠存货，按照确定的出售存货成本，借记“业务活动成本”等科目，贷记“存货”科目。

**【工作实例10-2】** 接工作实例10-1，该组织将该批食品对外出售，销售款共计120 000元，款项已收存银行。假设不考虑相关税费。账务处理如下：

| | | |
|---|---|---|
| 借：银行存款 | 120 000 | |
| 贷：商品销售收入 | | 120 000 |
| 借：业务活动成本 | 100 000 | |
| 贷：存货 | | 100 000 |

**（三）存货清查的核算**

存货应当定期进行清查盘点，每年至少盘点一次。对于发生的盘盈、盘亏以及变质、毁损等存货，应当及时查明原因，并根据非营利组织的管理权限，经理事会、董事会或类似权力机构批准后，在期末结账前处理完毕。

如为存货盘盈，按照其公允价值，借记“存货”科目，贷记“其他收入”科目。如为存货盘亏或者毁损，按照存货账面价值扣除残料价值、可以收回的保险赔偿和过失人的赔偿等后的金额，借记“管理费用”科目，按照可以收回的保险赔偿和过失人的赔偿等，借记“现金”“银行存款”“其他应收款”等科目，按照存货的账面余额，贷记“存货”科目。

**（四）存货的期末计价**

非营利组织应当定期或者至少于每年年度终了，对存货是否发生了减值进行检查。如果存货的可变现净值低于其账面价值，按其差额，借记“管理费用”科目，贷记“存货”科目。如果存货的期末可变现净值高于其账面价值，在原已计提跌价准备的范围内借记“存货”科目，贷记“管理费用”科目。



## 四、短期投资的核算

短期投资是指民间非营利组织持有的能够随时变现并且持有时间不准备超过1年（含1年）的投资，包括股票、债券投资等。短期投资应当按照投资种类设置明细账，进行明细核算。

**（一）取得短期投资的核算**

1. 短期投资初始投资成本的确定

短期投资在取得时应当按照投资成本计量。以现金购入的短期投资，按照实际支付的全部价款，包括税金、手续费等相关税费作为其投资成本。实际支付的价款中包含的已宣告但尚未领取的现金股利或已到付息期但尚未领取的债券利息，应当作为应收款项单独核算，不构成短期投资成本。

2. 取得短期投资的账务处理

以现金购入的短期投资，按照所确定的投资成本，借记“短期投资”“其他应收款”等科目，贷记“银行存款”等科目。

接受捐赠的短期投资，按照所确定的投资成本，借记“短期投资”科目，贷记“捐赠收入”科目。

**（二）取得短期投资利息或现金股利的核算**

短期投资的利息或现金股利应当于实际收到时冲减投资的账面价值，但在购买时已计入应收款项的现金股利或者利息除外。

取得短期投资利息或现金股利的账务处理为：收到被投资单位发放的利息或现金股利，按照实际收到的金额借记“银行存款”等科目，贷记“短期投资”科目。但是，实际收到在购买时已记入“其他应收款”科目的利息或现金股利时，借记“银行存款”等科目，贷记“其他应收款”科目。

持有股票期间所获得的股票股利，不作账务处理，但应在辅助账簿中登记所增加的股份。

**（三）短期投资的期末计价**

在期末，民间非营利组织应当对短期投资是否发生了减值进行检查。如果短期投资的市价低于其账面价值，按其差额，借记“管理费用”科目，贷记“短期投资跌价准备”科目。如果以前期间已计提跌价准备的短期投资的价值在当期得以恢复，按照市价高于账面价值的差额，在原已计提跌价准备的范围内，借记“短期投资跌价准备”科目，贷记“管理费用”科目。

**（四）短期投资处置的核算**

民间非营利组织在处置短期投资时，应当将实际取得价款与短期投资账面价值的差额确认当期投资损益。

处置短期投资的账务处理为：出售短期投资或到期收回债券本息，按照实际收到的金额，借记“银行存款”科目，按照已计提的减值准备，借记“短期投资跌价准备”科目，按照所出售或收回短期投资的账面余额，贷记“短期投资”科目，按照未领取的现金股利或利息，贷记“其他应收款”科目，按照其差额，借记或贷记“投资收益”科目。



**【工作实例 10-3】** 甲非营利组织 2022 年至 2023 年发生股票投资业务如下：

（1）2022 年 4 月 1 日，用银行存款购入 A 上市公司（以下简称 A 公司）的股票 4 000 股作为短期投资，每股买入价为 18 元，其中已宣告但尚未分派的现金股利 0.5 元。另支付相关税费 360 元。

（2）2022 年 4 月 18 日，收到 A 公司分派的现金股利。

（3）2022 年 12 月 31 日，该股票的每股市价下跌至 16 元。

（4）2023 年 2 月 3 日，出售持有的 A 公司股票 3 000 股，实得价款 52 000 元。假定已售股票的跌价准备也同时结转。

（5）2023 年 4 月 15 日，A 公司宣告分派现金股利，每股派发 0.1 元。

（6）2023 年 4 月 30 日，收到派发的现金股利。

（7）2023 年 12 月 31 日，A 公司的股票市价为 17 元。

其账务处理如下：

① 2022 年 4 月 1 日：

| | | |
|---|---|---|
| 借：短期投资 | 70 360 | |
| 　其他应收款——应收股利 | 2 000 | |
| 　贷：银行存款 | | 72 360 |

② 2022 年 4 月 18 日：

| | | |
|---|---|---|
| 借：银行存款 | 2 000 | |
| 　贷：其他应收款——应收股利 | | 2 000 |

③ 2022 年 12 月 31 日：

应计提的短期投资跌价准备 =70 360－4 000×16=6 360（元）

| | | |
|---|---|---|
| 借：管理费用 | 6 360 | |
| 　贷：短期投资跌价准备 | | 6 360 |

④ 2023 年 2 月 3 日：

应冲减的短期投资成本 =70 360÷4 000×3 000=52 770（元）

应冲减的短期投资跌价准备 =6 360÷4 000×3 000=4 770（元）

| | | |
|---|---|---|
| 借：银行存款 | 52 000 | |
| 　短期投资跌价准备 | 4 770 | |
| 　贷：短期投资 | | 52 770 |
| 　　投资收益 | | 4 000 |

⑤ 2023 年 4 月 30 日：

| | | |
|---|---|---|
| 借：银行存款 | 100 | |
| 　贷：短期投资 | | 100 |

10

⑥ 2023 年 12 月 31 日：

应转回短期投资跌价准备 =17 000－[16×（4 000－3 000）－100]=1 100（元）

| | | |
|---|---|---|
| 借：短期投资跌价准备 | 1 100 | |
| 　贷：管理费用 | | 1 100 |

**【小思考】** 如果上例中的 2022 年 12 月 31 日，A 公司的股票市价为 18 元，则转回的短期投资跌价准备金额是多少？

## 五、长期股权投资的核算

长期股权投资是指非营利组织持有时间准备超过 1 年（不含 1 年）的各种股权性质的投

资，包括长期股票投资和其他长期股权投资。

### （一）取得长期股权投资的初始计量

1. 长期股权投资初始投资成本的确定

长期股权投资在取得时，应当按照取得时的实际成本作为初始投资成本。以现金购入的长期股权投资，按照实际支付的全部价款，包括税金、手续费等相关费用作为其初始投资成本。如果实际支付的价款中包含已宣告但尚未领取的现金股利，则按照实际支付的全部价款减去其中已宣告但尚未领取的现金股利后的金额作为其初始投资成本。

2. 取得长期股权投资的账务处理

以现金购入的长期股权投资，借记“长期股权投资”“其他应收款”科目，贷记“银行存款”等科目。

### （二）长期股权投资的后续计量

1. 成本法

成本法是指投资按成本计价的方法。在成本法下，长期股权投资以取得时的初始投资成本计价；其后，除非追加（或收回）投资或者发生减值，长期股权投资的账面价值一般保持不变。

在成本法下，被投资单位宣告发放现金股利或利润时，按照宣告发放的现金股利或利润中属于民间非营利组织应享有的部分，确认当期投资收益，借记“其他应收款”科目，贷记“投资收益”科目。实际收到现金股利或利润时，按照实际收到的金额，借记“银行存款”等科目，贷记“其他应收款”科目。被投资单位宣告分派的股票股利，不作账务处理，但应当设置辅助账，进行数量登记。

2. 权益法

权益法，是指长期股权投资最初以投资成本计价，以后根据被投资单位当期净损益中民间非营利组织应享有或分担的份额，以及被投资单位宣告分派的现金股利或利润中属于民间非营利组织应享有的份额进行调整的方法。

民间非营利组织对被投资单位具有控制、共同控制或重大影响时，长期股权投资应采用权益法核算。

权益法的账务处理如下：

（1）长期股权投资的账面价值应当根据被投资单位当期净损益中民间非营利组织应享有或分担的份额，以及被投资单位宣告分派的现金股利或利润中属于民间非营利组织应享有的份额进行调整。

（2）期末，民间非营利组织按照应当享有或应当分担的被投资单位当年实现的净利润或发生的净亏损的份额，调整长期股权投资账面价值，如被投资单位实现净利润，借记“长期股权投资”科目，贷记“投资收益”科目，如被投资单位发生净亏损，借记“投资收益”科目，贷记“长期股权投资”科目，但以长期股权投资账面价值减记至零为限。

（3）被投资单位宣告分派利润或现金股利时，按照宣告分派的现金股利或利润中属于民间非营利组织应享有的份额，调整长期股权投资账面价值，借记“其他应收款”科目，贷记“长期股权投资”科目。在实际收到现金股利或利润时，借记“银行存款”等科目，贷记“其他应收款”科目。

（4）被投资单位宣告分派的股票股利，不作账务处理，但应当设置辅助账，进行数量登记。

**【工作实例 10-4】** 甲民间非营利组织有长期股权投资的业务如下：2022 年 1 月 2 日以每股 10 元的价格购入乙公司股票 200 万股，另支付费用 20 万元，占乙公司发行股票的 25%，且准备长期持有。2022 年乙公司实现净利润 800 万元。2023 年 4 月 5 日乙公司宣布分派现金股利 500 万元，2023 年 5 月 15 日收到现金股利，2023 年乙公司全年亏损 200 万元。

甲民间非营利组织账务处理如下（单位为万元）：

① 2022 年 1 月 2 日：

| | 借方 | 贷方 |
|---|---|---|
| 借：长期股权投资——乙公司 | 2 020 | |
| 贷：银行存款 | | 2 020 |

② 2022 年 12 月 31 日：

| | 借方 | 贷方 |
|---|---|---|
| 借：长期股权投资——乙公司 | 200 | |
| 贷：投资收益 | | 200 |

③ 2023 年 4 月 5 日：

| | 借方 | 贷方 |
|---|---|---|
| 借：其他应收款——应收股利 | 125 | |
| 贷：长期股权投资——乙公司 | | 125 |

④ 2023 年 5 月 15 日：

| | 借方 | 贷方 |
|---|---|---|
| 借：银行存款 | 125 | |
| 贷：其他应收款——应收股利 | | 125 |

⑤ 2023 年 12 月 31 日：

| | 借方 | 贷方 |
|---|---|---|
| 借：投资收益 | 50（200×25%） | |
| 贷：长期股权投资——乙公司 | | 50 |

10

**【小思考】** 如果上例中的甲民间非营利组织所持有的股份占乙公司发行股票的 5%，且准备长期持有，则上述会计事项应如何核算？

### （三）长期股权投资的期末计价

期末，民间非营利组织应当对长期股权投资是否发生了减值进行检查。如果长期股权投资的可收回金额低于其账面价值，应当按照可收回金额低于账面价值的差额计提长期股权投资减值准备，借记“管理费用”科目，贷记“长期投资减值准备”科目。如果以前期间已计提减值准备的长期投资价值在当期得以恢复，在原计提减值准备的范围内，借记“长期投资减值准备”科目，贷记“管理费用”科目。

### （四）长期股权投资处置的核算

处置长期股权投资时，按照实际取得的价款，借记“银行存款”等科目，按照已计提的减值准备，借记“长期投资减值准备”科目，按照所处置长期股权投资的账面余额，贷记“长期股权投资”科目，按照尚未领取的已宣告发放的现金股利或利润，贷记“其他应收款”科目，按照其差额，借记或贷记“投资收益”科目。

## 六、长期债权投资的核算

长期债权投资是指民间非营利组织购入的在1年内（不含1年）不能变现或不准备随时变现的债券和其他债权投资。民间非营利组织应设置“长期债权投资”科目，并在该科目下设置“债券投资”“可转换公司债券”“其他债权投资”明细科目，在“债券投资”明细科目下设置“面值”“溢价”“折价”“应收利息”“债券费用”等三级明细科目进行核算。

### （一）取得长期债权投资的初始计量

1. 长期债权投资初始投资成本的确定

长期债权投资在取得时，应当按取得时的实际成本作为初始投资成本。以现金购入的长期债权投资，按照实际支付的全部价款，包括税金、手续费等相关费用，作为初始投资成本。如果实际支付的价款中包含的已到付息期但尚未领取的债券利息，应当作为应收款项单独核算，不构成初始投资成本。

2. 取得长期债权投资的账务处理

以现金购入的长期债权投资，借记“长期债权投资”“其他应收款”科目，贷记“银行存款”等科目。

接受捐赠的长期债权投资，按照所确定的初始投资成本，借记“长期债权投资”科目，贷记“捐赠收入”科目。

### （二）长期债权投资利息的核算

长期债权投资持有期间，应当按照票面价值与票面利率按期计算确认利息收入，如为到期一次还本付息的债券投资，借记“长期债权投资”的“债券投资（应收利息）”明细科目，贷记“投资收益”科目，如为分期付息、到期还本的债权投资，借记“其他应收款”科目，贷记“投资收益”科目。

长期债权投资的初始投资成本与债券面值之间的差额，应当在债券存续期间，按照直线法于确认相关债券利息收入时摊销，如初始投资成本高于债券面值，按照应当分摊的金额，借记“投资收益”科目，贷记“长期债权投资”的“债券投资（溢价）”明细科目，如初始投资成本低于债券面值，按照应当分摊的金额，借记“长期债权投资”科目，贷记“投资收益”的“债券投资（折价）”明细科目。

【工作实例10-5】 A民间非营利组织于2022年1月1日购入B企业2022年1月1日发行的5年期债券，票面年利率为10%，债券面值1 000元。A民间非营利组织按1 030元的价格溢价购入80张。该债券每年付息一次，最后一年还本金并付最后一次利息。假设A民间非营利组织按年计算利息。

A民间非营利组织账务处理如下：

① 2022年1月2日：

初始投资成本 =80×1 030=82 400（元）

债券面值 =80×1 000=80 000（元）

债券溢价 =82 400－80 000=2 400（元）

| | | |
|---|---|---|
| 借：长期债权投资——债券投资（面值） | 80 000 | |
| ——债券投资（溢价） | 2 400 | |
| 贷：银行存款 | | 82 400 |

② 年度终了计算利息并摊销溢价：

每年溢价摊销额 =2 400÷5=480（元）

每年应收利息 =80 000×10%=8 000（元）

每年投资收益 =8 000－480=7 520（元）

| | | |
|---|---|---|
| 借：其他应收款——应收利息 | 8 000 | |
| 贷：投资收益 | | 7 520 |
| 长期债权投资——债券投资（溢价） | | 480 |

③ 各年收到债券利息（除最后一次付息外）：

| | | |
|---|---|---|
| 借：银行存款 | 8 000 | |
| 贷：其他应收款——应收利息 | | 8 000 |

④ 到期还本并收到最后一次利息：

| | | |
|---|---|---|
| 借：银行存款 | 88 000 | |
| 贷：长期债权投资——债券投资（面值） | | 80 000 |
| 其他应收款——应收利息 | | 8 000 |



### （三）长期债权投资的期末计价

期末，民间非营利组织应当对长期债权投资是否发生了减值进行检查，其减值准备的计提、转回的处理与长期股权投资减值准备的账务处理相同。

### （四）长期债权投资处置的核算

处置长期债权投资时，按照实际取得的价款，借记“银行存款”等科目，按照已计提的减值准备，借记“长期投资减值准备”科目，按照所处置长期债权投资的账面余额，贷记“长期债权投资”科目，按照未领取的债券利息，贷记“长期债权投资”的“债券投资（应收利息）”

明细科目或“其他应收款”科目，按照其差额，借记或贷记“投资收益”科目。

## 七、固定资产的核算

固定资产是指同时具有以下特征的有形资产：① 为行政管理、提供服务、生产商品或者出租目的而持有的；② 预计使用年限超过 1 年；③ 单位价值较高。

### （一）取得固定资产的核算

1. 固定资产取得成本的确定

固定资产在取得时，应当按取得时的实际成本入账。取得时的实际成本包括买价、包装费、运输费、缴纳的有关税金等相关费用，以及为使固定资产达到预定可使用状态前所必要的支出。固定资产取得时的实际成本应当根据以下具体情况分别确定：

外购的固定资产，按照实际支付的买价、相关税费以及为使固定资产达到预定可使用状态前所发生的可直接归属于该固定资产的其他支出（如运输费、安装费、装卸费）确定其成本。如果以一笔款项购入多项没有单独标价的固定资产，按各项固定资产公允价值的比例对总成本进行分配，分别确定各项固定资产的成本。

自行建造的固定资产，按照建造该项资产达到预定可使用状态前所发生的全部必要支出确定其成本。

融资租入的固定资产，按照租赁协议或者合同确定的价款、运输费、途中保险费、安装调试费以及融资租入固定资产达到预定可使用的状态前发生的借款费用等确定其成本。

接受捐赠的固定资产以及通过非货币性交易换入的固定资产，按照前述资产计量的规定确定其成本。

2. 取得固定资产的账务处理

（1）外购固定资产的账务处理。

外购的固定资产，按照所确定的成本，借记“固定资产”科目，贷记“银行存款”“应付账款”等科目。购入需要安装的固定资产，先记入“在建工程”科目，待安装完毕达到预定可使用状态时再转入“固定资产”科目。

（2）自行建造固定资产的账务处理。

自行建造固定资产时，按照所确定的工程成本，借记“在建工程”科目，贷记“存货”“应付工资”“银行存款”等科目。

（3）融资租入固定资产的账务处理。

融资租入的固定资产，按照所确定的成本，借记“固定资产”的“融资租入固定资产”明细科目，贷记“长期应付款”科目。

（4）接受捐赠固定资产的账务处理。

接受捐赠的固定资产，按照所确定的成本，借记“固定资产”科目，贷记“捐赠收入”科目。

### （二）固定资产的折旧

1. 固定资产折旧的概念

固定资产折旧是指在固定资产预期使用寿命期内，按照确定的方法对应计折旧额进行的系统分摊。应计折旧额等于固定资产的原值减去预计残值。如果固定资产已计提减值准备，则减值准备部分也不属于应计提折旧额的范围。

2. 固定资产折旧方法

民间非营利组织应当按照固定资产所含经济利益或者服务潜力的预期实现方式选择折旧方法，可选用的折旧方法包括年限平均法、工作量法、双倍余额递减法和年数总和法。折旧方法一经确定，不得随意变更。

（1）年限平均法。

年限平均法又称直线法，是将固定资产的折旧均衡地分摊到各期的一种方法。采用这种方法计算的每期折旧额是相等的。其基本计算公式为：

年折旧率 =（1− 预计净残值率）÷ 预计使用年限 ×100%

月折旧率 = 年折旧率 ÷12

月折旧额 = 固定资产原价 × 月折旧率

**【工作实例 10-6】** 某社会团体有一台设备，原价为 200 000 元，预计可使用 5 年，预计净残值率为 4%。如采用直线法计算折旧，则折旧率和折旧额计算如下：

年折旧率 =（1−4%）÷5×100%=19.2%

月折旧率 =19.2%÷12=1.6%

月折旧额 =200 000×1.6%=3 200（元）

（2）工作量法。

工作量法是根据固定资产的应计折旧总额和预计其在使用期间的工作量来计提折旧额的一种方法。其计算公式为：

每单位工作量折旧额 = 固定资产原值 ×（1− 净残值率）÷ 预计总工作量

月折旧额 = 该项固定资产当月工作量 × 每单位工作量折旧额

10

**【工作实例 10-7】** 某社会团体有一辆运输货车，原价为 120 000 元，预计可使用 5 年，在其可使用年限内可以行驶 500 000 吨公里，预计净残值率为 5%。本月行驶 6 000 吨公里。如采用工作量法计算折旧，则月折旧额计算如下：

单位里程折旧额 =120 000×（1−5%）÷500 000=0.228（元 / 吨公里）

本月折旧额 =6 000×0.228=1 368（元）

（3）双倍余额递减法。

双倍余额递减法是在不考虑固定资产净残值的情况下，根据每期期初固定资产账面价值和双倍的直线法折旧率计算固定资产折旧的一种方法。其计算公式为：

年折旧率 =2÷ 预计的折旧年限 ×100%

月折旧率 = 年折旧率 ÷12

月折旧额 = 固定资产账面净值 × 月折旧率

实行双倍余额递减法计提折旧,并非按此法一直使用下去,也不考虑预计净残值,按现行制度的规定,实行双倍余额递减法计提折旧的固定资产,应在其固定资产折旧年限到期以前两年内,将固定资产账面净值扣除预计净残值后的余额平衡摊销。

倒数第 1、2 年的折旧额 =( 倒数第 2 年年初的固定资产净值 − 预计净残值)÷2

**【工作实例 10-8】** 某社会团体有一台设备,原价为 100 000 元,预计可使用 5 年,预计净残值率为 5%。如采用双倍余额递减法计提折旧,则折旧率和折旧额计算如下:

双倍直线折旧率 =2÷5×100%=40%

第 1 年折旧额 =100 000×40%=40 000(元)

第 2 年折旧额 =100 000×(1−40%)×40%=24 000(元)

第 3 年折旧额 =100 000×(1−40%)×(1−40%)×40%=14 400(元)

从第 4 年起改按直线法计提折旧。

第 4 年、第 5 年的年折旧 =(100 000−40 000−24 000−14 400−100 000×5%)÷2

=8 300(元)

(4)年数总和法。

年数总和法是指用固定资产的原值减去预计净残值后的净额乘以一个逐年递减的分数计算每年的折旧额。其计算公式为:

年折旧率 =( 预计使用年限 − 已使用年限)÷[ 预计使用年限 ×( 预计使用年限 +1)÷2]

月折旧率 = 年折旧率 ÷12

月折旧额 = 固定资产应计折旧额 × 月折旧率

**【工作实例 10-9】** 某社会团体 2022 年 12 月取得一项固定资产并投入使用,原值为 150 000 元,预计净残值率为 5%,可使用 5 年。如采用年数总和法计算折旧,则各年的折旧率和折旧额计算如表 10-1 所示。

表 10-1 固定资产折旧计算表

| 年份 | 原值 — 净残值 | 年折旧率 | 年折旧额 | 月折旧额 | 年累计折旧 |
|---|---|---|---|---|---|
| 1 | 142 500 | 5/15 | 47 500 | 3 958.0 | 47 500 |
| 2 | 142 500 | 4/15 | 38 000 | 3 167.0 | 85 500 |
| 3 | 142 500 | 3/15 | 28 500 | 2 375.0 | 114 000 |
| 4 | 142 500 | 2/15 | 19 000 | 1 583.0 | 133 000 |
| 5 | 142 500 | 1/15 | 9 500 | 791.7 | 142 500 |

【学中做】如果上例中的固定资产为 2022 年 6 月份投入使用，则从 2022 年至 2027 年每年应计折旧额分别是多少？

### （三）固定资产折旧的账务处理

民间非营利组织一般应当按月提取折旧，当月增加的固定资产，当月不提折旧，从下月起计提折旧；当月减少的固定资产，当月照提折旧，从下月起不提折旧。固定资产提足折旧后，无论能否继续使用，均不再提取折旧；提前报废的固定资产，也不再补提折旧。

如果固定资产是用于行政管理的，应当将所计提折旧计入管理费用，借记“管理费用”科目，贷记“累计折旧”科目；如果固定资产是用于生产存货的，应当将所计提折旧计入存货制造成本，借记“存货——生产成本”科目，贷记“累计折旧”科目。

### （四）固定资产的后续支出



固定资产在其使用过程中，往往需要对其进行必要的修理、改扩建或改良。为此发生的支出即为固定资产的后续支出。

与固定资产有关的后续支出，如果使可能流入民间非营利组织的经济利益或者服务潜力超过了原先的估计，如延长了固定资产的使用寿命，或者使服务质量有实质性的提高，或者使商品成本有实质性的降低，则应当计入固定资产账面价值，但其增计后的金额不应当超过该固定资产的可收回金额。其他后续支出，应当计入当期费用。

发生后续支出时，按照应当计入固定资产账面价值的金额，借记“在建工程”“固定资产”科目，贷记“银行存款”等科目，按照应当计入当期费用的金额，借记“管理费用”等科目，贷记“银行存款”等科目。

### （五）固定资产处置的核算

民间非营利组织在日常业务活动中，对那些不适用或不需用的固定资产，可以出售转让；

对那些由于使用而不断磨损直至最终报废，或由于技术进步等原因发生提前报废，或由于遭受自然灾害等非常损失发生毁损的固定资产，应及时进行清理。

所处置固定资产转入清理时，按照所处置固定资产的账面价值，借记“固定资产清理”科目，按照已提取的折旧，借记“累计折旧”科目，按照固定资产账面余额，贷记“固定资产”科目。清理过程中发生的费用和相关税金，按照实际发生额，借记“固定资产清理”科目，贷记“银行存款”等科目。收回所处置固定资产的价款、残料价值和变价收入等，借记“银行存款”等科目，贷记“固定资产清理”科目；应当由保险公司或过失人赔偿的损失，借记“现金”“银行存款”“其他应收款”等科目，贷记“固定资产清理”科目。固定资产清理后的净收益，列入“其他收入”科目；固定资产清理后的净损失，列入“其他费用”科目。

### （六）固定资产清查的核算

单位应当定期或者至少每年实地盘点一次固定资产。如为固定资产盘盈，按照其公允价值，借记“固定资产”科目，贷记“其他收入”科目。如为固定资产盘亏，按照固定资产账面价值扣除可以收回的保险赔偿和过失人的赔偿等后的金额，借记“管理费用”科目，按照可以收回的保险赔偿和过失人赔偿等，借记“现金”“银行存款”“其他应收款”等科目，按照已提取的累计折旧，借记“累计折旧”科目，按照固定资产的账面余额，贷记“固定资产”科目。

## 八、文物文化资产的核算

民间非营利组织用于展览、教育或研究等目的的历史文物、艺术品以及其他具有文化或者历史价值并作长期或者永久保存的典藏等，作为“文物文化资产”科目单独反映。考虑到这些资产的价值一般并不随着时间的推移而减少，所以对于文物文化资产，不必计提折旧。

### （一）取得文物文化资产的账务处理

文物文化资产在取得时，应当按照取得时的实际成本入账。取得时的实际成本包括买价、包装费、运输费、缴纳的有关税金等相关费用，以及为使文物文化资产达到预定可使用状态前所必要的支出。

外购的文物文化资产，按照所确定的成本，借记“文物文化资产”科目，贷记“银行存款”“应付账款”等科目。如果以一笔款项购入多项没有单独标价的文物文化资产，按照各项文物文化资产公允价值的比例对总成本进行分配，分别确定各项文物文化资产的入账价值。接受捐赠的文物文化资产，按照所确定的成本，借记“文物文化资产”科目，贷记“捐赠收入”科目。

### （二）处置文物文化资产的账务处理

出售文物文化资产、文物文化资产毁损或者以其他方式处置文物文化资产时，按照所处置文物文化资产的账面余额，借记“固定资产清理”科目，贷记“文物文化资产”科目。

### （三）文物文化资产清查的账务处理

民间非营利组织对文物文化资产应当定期或者至少每年实地盘点一次。对盘盈、盘亏的文物文化资产，应当及时查明原因，并根据管理权限，报经批准后，在期末前结账处理完毕：如为文物文化资产盘盈，按照其公允价值，借记“文物文化资产”科目，贷记“其他收入”科目；如为文物文化资产盘亏，按照固定资产账面余额扣除可以收回的保险赔偿和过失人的赔偿等后的金额，借记“管理费用”科目，按照可以收回的保险赔偿和过失人赔偿等，借记“现金”“银行存款”“其他应收款”等科目，按照文物文化资产的账面余额，贷记“文物文化资产”科目。

## 九、无形资产的核算

### （一）无形资产取得成本的确定

无形资产在取得时，应当按照取得时的实际成本入账。无形资产取得时的实际成本应当根据以下具体情况分别确定：

购入的无形资产，按照实际支付的价款确定其实际成本。

自行开发并按法律程序申请取得的无形资产，按依法取得时发生的注册费、聘请律师费等费用，作为无形资产的实际成本。依法取得前，在研究与开发过程中发生的材料费用、直接参与开发人员的工资及福利费、开发过程中发生的租金、借款费用等直接计入当期费用。

### （二）取得无形资产的账务处理

购入的无形资产，按照所确定的成本，借记“无形资产”科目，贷记“银行存款”等科目。

接受捐赠的无形资产，按照所确定的成本，借记“无形资产”科目，贷记“捐赠收入”科目。

10

自行开发并按法律程序申请取得的无形资产，按照所确定的成本，借记“无形资产”科目，贷记“银行存款”等科目。依法取得前，在研究与开发过程中发生的材料费用、直接参与开发人员的工资及福利费、开发过程中发生的租金、借款费用等直接计入当期费用，借记“管理费用”等科目，贷记“银行存款”等科目。

### （三）无形资产摊销的核算

无形资产应当自取得当月起在预计使用年限内分期平均摊销，计入当期费用。如预计使用年限超过了相关合同规定的受益年限或法律规定的有效年限，该无形资产的摊销年限按如下原则确定：

（1）合同规定了受益年限但法律没有规定有效年限的，摊销期不应超过合同规定的受益年限。

（2）合同没有规定受益年限但法律规定了有效年限的，摊销期不应超过法律规定的有效年限。

（3）合同规定了受益年限，法律也规定了有效年限的，摊销期不应超过受益年限和有效年限两者之中较短者。

（4）如果合同没有规定受益年限，法律也没有规定有效年限，摊销期不应超过10年。

无形资产每月摊销时，按照应提取的摊销金额，借记“管理费用”科目，贷记“无形资产”科目。

### （四）无形资产处置的核算

民间非营利组织出售或以其他方式处置无形资产，应当将实际取得的价款与该项无形资产的账面价值之间的差额，计入当期收入或者费用。按照实际取得的价款，借记“银行存款”等科目，按照该项无形资产的账面余额，贷记“无形资产”科目，按照其差额，贷记“其他收入”科目或借记“其他费用”科目。

## 十、受托代理的核算

### （一）受托代理业务的概念

所谓受托代理业务，是指民间非营利组织只是从委托方收到受托资产，并按照委托人的意愿将资产转赠给指定的其他组织或者个人，或者按照有关规定将资产转交给指定的其他组织或者个人的行为。民间非营利组织本身只是在交易过程中起中介作用，无权改变受托代理资产的用途或者受益人。

### （二）受托代理的科目设置

民间非营利组织应当对受托代理资产比照接受捐赠资产的原则进行确认和计量。但在确认一项受托代理资产时，不应当确认收入，因为受托代理交易不会增加民间非营利组织的净资产，而是应当同时确认一项受托代理负债。因此，民间非营利组织需要设置两个会计科目，即“受托代理资产”与“受托代理负债”科目，分别核算民间非营利组织接受委托方委托从事受托代理业务而收到的资产与民间非营利组织因从事受托代理业务、接受受托代理资产而产生的负债。民间非营利组织还应当设置“受托代理资产登记簿”，并根据具体情况设置明细账，进行明细核算。



### （三）受托代理的会计处理

民间非营利组织收到受托代理资产时，按照应确认的入账金额，借记“受托代理资产”科目，贷记“受托代理负债”科目。转赠或者转出受托代理资产，按照转出受托代理资产的账面余额，借记“受托代理负债”科目，贷记“受托代理资产”科目。

民间非营利组织收到的受托代理资产如果为现金、银行存款或其他货币资金，可以不通过“受托代理资产”科目核算，而在“现金”“银行存款”“其他货币资金”科目下设置“受托代理资产”明细科目进行核算。即在取得这些受托代理资产时，借记“现金——受托代理资产”“银行存款——受托代理资产”“其他货币资金——受托代理资产”科目，贷记“受托代理负债”科目；在转赠或者转出受托代理资产时，借记“受托代理负债”科目，贷记“现金——受托代理资产”“银行存款——受托代理资产”“其他货币资金——受托代理资产”科目。

【工作实例 10-10】 2023 年 6 月 16 日，甲民间非营利组织与某电脑公司签订一份捐赠协议，协议规定：该电脑公司将通过甲民间非营利组织向 5 家指定的学校捐赠电脑 100 台，每台电脑的价值为 5 000 元。2023 年 6 月 21 日，100 台电脑运抵甲民间非营利组织，该组织于 2023 年 6 月 28 日按照协议将电脑捐赠给了指定的学校。

甲民间非营利组织的账务处理如下：

① 2023 年 6 月 21 日：

借：受托代理资产——电脑　　500 000

　贷：受托代理负债　　500 000

② 2023 年 6 月 28 日：

借：受托代理负债　　500 000

　贷：受托代理资产——电脑　　500 000

# 任务三　民间非营利组织权益核算

## 一、民间非营利组织负债的核算

民间非营利组织的负债是指过去的交易或者事项形成的现时义务，履行该义务预期会导致含有经济利益或者服务潜力的资源流出民间非营利组织。

负债通常按其流动性分为流动负债、长期负债和受托代理负债等。

流动负债是指将在 1 年内（含 1 年）偿还的负债，包括短期借款、应付款项、预收账款、应付工资、应交税金和预计负债等。

### （一）短期借款的核算

10

短期借款是指民间非营利组织向银行或其他金融机构等借入的期限在 1 年以下（含 1 年）的各种借款。

民间非营利组织借入各种短期借款时，按照实际借得的金额，借记“银行存款”科目，贷记“短期借款”科目。发生短期借款利息时，借记“筹资费用”科目，贷记“预提费用”“银行存款”等科目。归还借款时，借记“短期借款”科目，贷记“银行存款”科目。

### （二）应付款项及预收账款的核算

应付款项及预收账款，是指民间非营利组织在日常业务活动过程中发生的各项债务，包括应付票据、应付账款、其他应付款和预收账款等。

应付票据是指民间非营利组织购买材料、商品和接受服务供应等而开出、承兑的商业汇票，包括银行承兑汇票和商业承兑汇票。应付账款是指民间非营利组织因购买材料、商品和接受服务供应等而应付给供应单位的款项。其他应付款是指民间非营利组织应付、暂收其他单位或个人的款项，如应付经营租入固定资产的租金。预收账款是指民间非营利组织向服务和商品购买单位预收的各种款项。

### （三）应付工资的核算

应付工资是指民间非营利组织应付未付的员工工资。民间非营利组织应当按照相关规定，根据考勤记录、工时记录、工资标准等，编制“工资单”，计算各种工资，并应当将“工资单”进行汇总，编制“工资汇总表”。

民间非营利组织支付工资时，借记“应付工资”科目，贷记“现金”“银行存款”等科目。从应付工资中扣还的各种款项（如代垫的房租、家属药费、个人所得税），借记“应付工资”科目，贷记“其他应收款”“应交税金”等科目。

在期末，民间非营利组织应当将本期应付工资进行分配，如：行政管理人员的工资，借记“管理费用”科目，贷记“应付工资”科目；应当计入各项业务活动成本的人员工资，借记“业务活动成本”“存货——生产成本”科目，贷记“应付工资”科目；应当由在建工程负担的人员工资，借记“在建工程”等科目，贷记“应付工资”科目。

### （四）应交税金的核算

应交税金是指民间非营利组织应交未交的各种税费，如营业税、增值税、所得税、房产税、个人所得税。

1. 应交增值税的核算

根据现行增值税法的规定，年应税销售额超过小规模纳税人标准的个人、非企业性单位、不经常发生应税行为的企业，视同小规模纳税人纳税。因此，民间非营利组织如果发生了增值税纳税义务，通常被认定为小规模纳税人。

小规模纳税人购进货物支付的增值税税额均不计入进项税额，不得从销项税额中抵扣，而计入货物的成本。小规模纳税人销售货物或提供应税劳务，实行简易办法计算应纳税额，其销售收入应按不含税价格计算。

**【工作实例 10-11】** 某民间非营利组织在 2023 年 5 月 9 日对外销售商品一批，共取得收入款 80 000 元。假设根据现行税法的规定，该民间非营利组织为小规模纳税人，适用的增值税税率为 3%。

该民间非营利组织有关账务处理如下：

$$不含税价格=80\ 000\div(1+3\%)=77\ 669.90(元)$$

$$应交增值税=77\ 669.90\times3\%=2\ 330.10(元)$$

借：银行存款　　80 000.00

　贷：商品销售收入　　77 669.90

　　　应交税金——应交增值税　　2 330.10

2. 应交所得税的核算

民间非营利组织如果发生了所得税纳税义务时，按照应缴纳的所得税，借记“其他费用”科目，贷记“应交税金——应交所得税”科目。缴纳所得税时，借记“应交税金——应交所得税”科目,贷记“银行存款”科目。

### (五)预计负债的核算

预计负债是指民间非营利组织对因或有事项所产生的现时义务而确认的负债。民间非营利组织比较常见的预计负债主要有因对外提供担保、商业承兑票据贴现、未决诉讼等确认的负债。

1. 预计负债的确认

或有事项是指过去的交易或者事项形成的一种状况,其结果须通过未来不确定事项的发生或不发生予以证实。如果与或有事项相关的义务同时符合以下条件,应当将其确认为负债:

(1)该义务是民间非营利组织承担的现时义务而非潜在义务。

(2)该义务的履行很可能(概率超过50%但小于或等于95%)导致含有经济利益或者服务潜力的资源流出民间非营利组织。

(3)该义务的金额能够可靠地计量。

2. 预计负债的计量

预计负债应以清偿该负债所需支出的最佳估计数予以计量:

(1)如果所需支出存在一个金额范围,则最佳估计数应按该范围的上、下限金额的平均数确定。

(2)如果所需支出不存在一个金额范围,则最佳估计数应按如下方法确定:或有事项涉及单个项目时,最佳估计数按最可能发生金额确定;或有事项涉及多个项目时,最佳估计数按各种可能发生额及其发生概率计算确定。

(3)如果清偿因或有事项而确认的负债所需支出全部或部分预期由第三方或其他方补偿,则补偿金额只能在基本确定能收到时,作为资产单独确认,且确认的补偿金额不应超过所确认负债的账面价值。

3. 预计负债的账务处理

民间非营利组织确认预计负债时,按照应确认的预计负债金额,借记“管理费用”等科目,贷记“预计负债”科目。实际偿付负债时,借记“预计负债”科目,贷记“银行存款”等科目。转回预计负债时,借记“预计负债”科目,贷记“管理费用”等科目。



### (六)长期借款的核算

长期借款是指民间非营利组织向银行或其他金融机构等借入的期限在1年以上(不含1年)的各种借款。

长期借款应当按照实际发生额入账。长期借款的借款费用应当在发生时计入当期费用。但是,为购建固定资产而发生的专门借款的借款费用在规定的允许资本化的期间内,应当按照专门借款的借款费用的实际发生额予以资本化,计入在建工程成本。

民间非营利组织借入长期借款时,按照实际借入额,借记“银行存款”等科目,贷记“长期借款”科目。发生的借款费用,借记“筹资费用”科目,贷记“长期借款”科目。如为购建固定资产而发生的专门借款的借款费用,在允许资本化的期间内,按照专门借款的借款费用的实际发生额,借记“在建工程”科目,贷记“长期借款”科目。归还长期借款时,借记“长期借款”科目,贷记“银行存款”科目。

## 二、民间非营利组织净资产的核算

### （一）民间非营利组织的净资产的内容

民间非营利组织的净资产是指资产减去负债后的余额。由于民间非营利组织一般既没有所有权属于出资者的投入资本，也没有针对出资者的分配，所以，民间非营利组织的净资产来源基本上都为其所获得的收入扣减相应的费用后的余额。

民间非营利组织的这种组织特征决定了它对于净资产的分类与列报与企业有明显不同，其净资产应当按照其是否受到限制，分为限定性净资产和非限定性净资产。

1. 限定性净资产

如果民间非营利组织的资产或者资产所产生的经济利益（如资产的投资收益和利息）的使用受到资产提供者或者国家有关法律行政法规所设置的时间限制或（和）用途限制，则由此形成的净资产即为限定性净资产；国家有关法律行政法规对净资产的使用直接设置限制的，该受限制的净资产亦为限定性净资产。

这里所称的时间限制，是指资产提供者或者国家有关法律、行政法规要求民间非营利组织在收到资产后的特定时期之内或特定日期之后使用该项资产，或者对资产的使用设置了永久限制。这里所称的用途限制，是指资产提供者或者国家有关法律、行政法规要求民间非营利组织将收到的资产用于某一特定的用途。民间非营利组织的董事会、理事会或类似机构对净资产的使用所作的限定性决策、决议或拨款限额等，属于民间非营利组织内部管理上对资产使用所作的限制，不属于本制度所界定的限定性净资产。

2. 非限定性净资产

非限定性净资产是指民间非营利组织净资产中除限定性净资产之外的其他净资产。需要说明的是，所谓非限定性净资产并不意味着这项净资产的使用没有任何约束，只是没有资产提供者和国家有关法律法规设置的时间限制或用途限制。

### （二）限定性净资产的核算

1. 期末结转限定性收入

民间非营利组织应在期末，将各收入类科目所属“限定性收入”明细科目的余额转入“限定性净资产”科目。由于民间非营利组织的限定性收入主要是限定性捐赠收入和政府补助收入，所以账务处理一般为：借记“捐赠收入——限定性收入”“政府补助收入——限定性收入”等科目，贷记“限定性净资产”科目。

2. 限定性净资产重分类

如果限定性净资产的限制已经解除，应当对限定性净资产进行重新分类，将限定性净资产转为非限定性净资产。当存在下列情况之一时，可以认为限定性净资产的限制已经解除：① 所限定净资产的限制时间已经到期；② 所限定净资产规定的用途已经实现（或者目的已经达到）；③ 资产提供者或者国家有关法律行政法规撤销了所设置的限制。

如果限定性净资产受到两项或两项以上的限制，应当在最后一项限制解除时，才能认为该项限定性净资产的限制已经解除。

如果资产提供者或者国家有关法律、行政法规要求民间非营利组织在特定时期之内或特定日期之后将限定性净资产或者相关资产用于特定用途，该限定性净资产应当在相应期间之内或相应日期之后按照实际使用的相关资产金额或者实际发生的相关费用金额转为非限定性净资产。

将限定性净资产转为非限定性净资产时，借记“限定性净资产”科目，贷记“非限定性净资产”科目。

3. 调整以前期间收入、费用项目

如果因调整以前期间收入、费用项目而涉及调整限定性净资产的，应当就需要调整的金额，借记或贷记有关科目，贷记或借记“限定性净资产”科目。

### （三）非限定性净资产的核算

1. 期末结转非限定性收入和费用

民间非营利组织应在期末，将各收入类科目所属“非限定性收入”明细科目的余额转入“非限定性净资产”科目，借记“捐赠收入——非限定性收入”“会费收入——非限定性收入”“提供服务收入——非限定性收入”“政府补助收入——非限定性收入”“商品销售收入——非限定性收入”“投资收益——非限定性收入”“其他收入——非限定性收入”科目，贷记“非限定性净资产”科目。同时，将各费用类科目的余额转入“非限定性净资产”科目，借记“非限定性净资产”科目，贷记“业务活动成本”“管理费用”“筹资费用”“其他费用”科目。

2. 调整以前期间收入、费用项目

如果因调整以前期间收入、费用项目而涉及调整非限定性净资产的，应当就需要调整的金额，借记或贷记有关科目，贷记或借记“非限定性净资产”科目。

**【工作实例 10-12】** 2022 年 6 月 3 日，甲民间非营利组织获得捐款 30 万元，捐赠人要求该款项用于资助失学女童重返校园。2022 年 6 月 28 日，甲民间非营利组织将 20 万元转赠给了第一批资助对象。2022 年 7 月 16 日，甲民间非营利组织将剩余的 10 万元转赠给了第二批资助对象。

甲民间非营利组织的账务处理如下：

① 2022 年 6 月 3 日，按照收到的捐赠金额确认捐赠收入：

| | | |
|---|---|---|
| 借：银行存款 | 300 000 | |
| 贷：捐赠收入——限定性收入 | | 300 000 |

② 2022 年 6 月 28 日，转赠捐款：

| | | |
|---|---|---|
| 借：业务活动成本 | 200 000 | |
| 贷：银行存款 | | 200 000 |

部分限定性捐赠收入在确认收入的当期得以解除，将其转为非限定性捐赠收入时：

| | | |
|---|---|---|
| 借：捐赠收入——限定性收入 | 200 000 | |
| 贷：捐赠收入——非限定性收入 | | 200 000 |

③ 2022 年 6 月 30 日，期末结转：

| | | |
|---|---|---|
| 借：捐赠收入——限定性收入 | 100 000 | |
| 贷：限定性净资产 | | 100 000 |

10

借：捐赠收入——非限定性收入　　200 000
　贷：非限定性净资产　　200 000
借：非限定性净资产　　200 000
　贷：业务活动成本　　200 000
④ 2022 年 7 月 16 日，转赠捐款：
借：业务活动成本　　100 000
　贷：银行存款　　100 000
限定性净资产的限制已经解除，应当对净资产进行重新分类：
借：限定性净资产　　100 000
　贷：非限定性净资产　　100 000

# 任务四　民间非营利组织损益核算

## 一、民间非营利组织收入的核算

### （一）收入的内容

收入是指民间非营利组织开展业务活动取得的、导致本期净资产增加的经济利益或者服务潜力的流入。按照不同的分类标准，收入可以有不同的分类。民间非营利组织的收入主要有三种分类：

1. 按照收入的来源分类

民间非营利组织的收入按照其来源不同分为捐赠收入、会费收入、提供服务收入、政府补助收入、投资收益、商品销售收入等主要业务活动收入和其他收入等。

（1）捐赠收入是指民间非营利组织接受其他单位或者个人捐赠所取得的收入。

（2）会费收入是指民间非营利组织根据章程等的规定向会员收取的会费收入。

（3）提供服务收入是指民间非营利组织根据章程等的规定向其服务对象提供服务取得的收入，包括学费收入、医疗费收入、培训收入等。

（4）政府补助收入是指民间非营利组织接受政府拨款或者政府机构给予的补助而取得的收入。

（5）商品销售收入是指民间非营利组织销售商品（如出版物、药品）等所形成的收入。

（6）投资收益是指民间非营利组织因对外投资取得的投资净损益。

（7）其他收入是指除上述主要业务活动收入以外的其他收入，如确实无法支付的应付款项、存货盘盈、固定资产盘盈、固定资产处置净收入、无形资产处置净收入。

2. 按照收入的使用是否存在限制分类

民间非营利组织的各项收入按照其使用是否存在限制分为限定性收入和非限定性收入。

如果资产提供者对资产的使用设置了时间限制或者（和）用途限制，则所确认的相关收入为限定性收入；除此之外的其他所有收入，为非限定性收入。

3. 按照收入的性质分类

民间非营利组织的各项收入按照其性质的不同分为交换交易收入和非交换交易收入。

交换交易收入是指交换交易所形成的收入。非交换交易收入是指非交换交易所形成的收入。

需要说明的是，对收入的各种分类是相互交叉的。在多数情况下，各种收入的交叉分类如表 10-2 所示。

**表 10-2　各种收入的交叉分类表**

| 按照来源分类 | 按照使用是否存在限制分类 | | 按照性质分类 | |
|---|---|---|---|---|
| | 限定性收入 | 非限定性收入 | 交换交易收入 | 非交换交易收入 |
| 捐赠收入 | √ | √ | | √ |
| 会费收入 | √ | √ | | √ |
| 提供服务收入 | | √ | √ | |
| 政府补助收入 | √ | √ | | √ |
| 投资收益 | | √ | | |
| 商品销售收入 | | √ | √ | |
| 其他收入 | | √ | √ | |

## （二）非交换交易收入的核算

1. 非交换交易收入的概念

非交换交易收入是指非交换交易所形成的收入。其中，非交换交易是指除交换交易之外的交易。在非交换交易中，某一主体取得资产、获得服务或者解除债务时，不必向交易对方支付等值或者大致等值的现金，或者提供等值或者大致等值的货物、服务等；或者某一主体在对外提供货物、服务等时，没有收到等值或者大致等值的现金、货物等。捐赠、政府补助等属于非交换交易。

2. 非交换交易收入的确认

对于因非交换交易所形成的收入，应当在同时满足下列条件时予以确认：

第一，与交易相关的经济利益或者服务潜力的资源能够流入民间非营利组织并为其所控制，或者相关的债务能够得到解除。

第二，交易能够引起净资产的增加。

第三，收入的金额能够可靠地计量。

一般情况下，对于无条件的捐赠或政府补助，应当在捐赠或政府补助收到时确认收入；对于附条件的捐赠或政府补助，应当在取得捐赠资产或政府补助资产控制权时确认收入，但当民间非营利组织存在需要偿还全部或部分捐赠资产（或者政府补助资产）或者相应金额的现时义务时，应当根据需要偿还的金额同时确认一项负债和费用。

3. 捐赠收入的核算

民间非营利组织应设置"捐赠收入"科目核算接受其他单位或者个人捐赠所取得的收入。捐赠收入应当按照是否存在限定对非限定性收入和限定性收入分别设置明细科目，进行明细核算。

接受的捐赠，按照应确认的金额，借记"现金""银行存款""短期投资""存货""长期股权投资""长期债权投资""固定资产""无形资产"等科目，贷记"捐赠收入"科目的"限定性收入"或"非限定性收入"明细科目。对于接受的附条件捐赠，如果存在需要偿还全部或部分捐赠资产或者相应金额的现时义务时（比如因无法满足捐赠所附条件而必须将部分捐赠款退还给捐赠人时），按照需要偿还的金额，借记"管理费用"科目，贷记"其他应付款"等科目。

如果限定性捐赠收入的限制在确认收入的当期得以解除，应当将其转为非限定性捐赠收入，借记"捐赠收入"科目的"限定性收入"明细科目，贷记"捐赠收入"科目的"非限定性收入"明细科目。

期末，将"捐赠收入"科目各明细科目的余额分别转入限定性净资产和非限定性净资产，借记"捐赠收入"科目的"限定性收入"明细科目，贷记"限定性净资产"科目，借记"捐赠收入"科目的"非限定性收入"明细科目，贷记"非限定性净资产"科目。

**【工作实例 10-13】** 2022 年 5 月 26 日，甲民间非营利组织与乙企业签订了一份捐赠协议，协议规定，乙企业将向甲民间非营利组织捐赠 30 万元用于资助失学女童重返校园，款项将在协议签订 10 日内汇至甲民间非营利组织银行科目。2022 年 6 月 3 日，甲民间非营利组织收到了乙企业捐赠的 30 万元。2022 年 6 月 28 日，甲民间非营利组织将 10 万元转赠给了第一批资助对象。

甲民间非营利组织的账务处理如下：

① 2022 年 5 月 26 日，不满足捐赠收入的确认条件，不做账务处理。

② 2022 年 6 月 3 日，按照收到的捐赠金额确认捐赠收入：

| | | |
|---|---|---|
| 借：银行存款 | 300 000 | |
| 　贷：捐赠收入——限定性收入 | | 300 000 |

③ 2022 年 6 月 28 日，转赠捐款：

| | | |
|---|---|---|
| 借：业务活动成本 | 100 000 | |
| 　贷：银行存款 | | 100 000 |

部分限定性捐赠收入在确认收入的当期得以解除，将其转为非限定性捐赠收入：

| | | |
|---|---|---|
| 借：捐赠收入——限定性收入 | 100 000 | |
| 　贷：捐赠收入——非限定性收入 | | 100 000 |

**【小思考】** 如果上例中的捐赠未指定用途，则应如何进行会计核算？

10

**【工作实例 10-14】** 2023 年 4 月 6 日，甲单位与乙企业签订了一份捐赠协议，协议规定，乙企业将向甲民间非营利组织捐赠 20 万元，用于甲单位开展的一项社会公众健康调研活动，款项将在协议签订 10 日内汇至甲民间非营利组织银行科目，甲单位应在款项收到 3 个月内相应提供 20 万元的配套资金。如果甲单位未能在 3 个月内足额提供配套资金，乙企业有权要求甲民间非营利组织偿还 20 万元的捐赠款项。2023 年 4 月 12 日，甲单位收到了乙企业捐赠的 20 万元。当日，甲单位认为能在 3 个月内足额提供配套资金。但截至 2023 年 7 月 12 日，甲单位因故未能按协议规定提供配套资金。

甲单位的账务处理如下：

① 2023 年 4 月 6 日，不满足捐赠收入的确认条件，不做账务处理。

② 2023 年 4 月 12 日，按照收到的捐赠金额确认捐赠收入：

| | | |
|---|---|---|
| 借：银行存款 | 200 000 | |
| 　贷：捐赠收入——限定性收入 | | 200 000 |

③ 2023 年 7 月 12 日，甲单位因无法提供配套资金而承担了偿还捐赠款的现时义务：

| | | |
|---|---|---|
| 借：管理费用 | 200 000 | |
| 　贷：其他应付款 | | 200 000 |

4. 会费收入的核算

民间非营利组织应设置“会费收入”科目核算其根据章程等的规定向会员收取的会费收入。一般情况下，民间非营利组织的会费收入为非限定性收入，该科目应当按照会费种类（如团体会费、个人会费）设置明细账，进行明细核算。

向会员收取会费，在满足收入确认条件时，借记“现金”“银行存款”“应收账款”等科目，贷记“会费收入”科目的“非限定性收入”明细科目，如果存在限定性会费收入，应当贷记“会费收入”科目的“限定性收入”明细科目。

10

期末，将“会费收入”科目的余额转入非限定性净资产，借记“会费收入”科目的“非限定性收入”明细科目，贷记“非限定性净资产”科目。如果存在限定性会费收入，则将其金额转入限定性净资产，借记“会费收入”科目的“限定性收入”明细科目，贷记“限定性净资产”科目。

5. 政府补助收入的核算

民间非营利组织接受政府补助时，按照应确认的金额，借记“现金”“银行存款”等科目，贷记“政府补助收入”科目的“限定性收入”或“非限定性收入”明细科目。对于接受的附条件政府补助，当民间非营利组织存在需要偿还全部或部分政府补助资产或者相应金额的现时义务时（比如因无法满足政府补助所附条件而必须退还部分政府补助时），按照需要偿还的金额，借记“管理费用”科目，贷记“其他应付款”等科目。

如果限定性政府补助收入的限制在确认收入的当期得以解除，应当将其转为非限定性捐赠收入，借记“政府补助收入”科目的“限定性收入”明细科目，贷记“政府补助收入”科目的“非限定性收入”明细科目。

期末,将“政府补助收入”科目各明细科目的余额分别转入限定性净资产和非限定性净资产,借记“政府补助收入”科目的“限定性收入”明细科目,贷记“限定性净资产”科目,借记“政府补助收入”科目的“非限定性收入”明细科目,贷记“非限定性净资产”科目。

### （三）交换交易收入的核算

1. 交换交易收入的概念

交换交易收入是指交换交易所形成的收入。其中,交换交易是指按照等价交换原则所从事的交易。按照等价交换原则销售商品、提供劳务等均属于交换交易。

2. 交换交易收入的确认

（1）商品销售收入的确认。

对于因交换交易所形成的商品销售收入,应当在下列条件同时满足时予以确认:① 已将商品所有权上的主要风险和报酬转移给购货方;② 既没有保留通常与所有权相联系的继续管理权,也没有对已售出的商品实施控制;③ 与交易相关的经济利益能够流入民间非营利组织;④ 相关的收入和成本能够可靠地计量。

（2）提供劳务收入的确认。

对于因交换交易所形成的提供劳务收入,应当按以下规定予以确认:① 在同一会计年度内开始并完成的劳务,应当在完成劳务时确认收入;② 如果劳务的开始和完成分属不同的会计年度,可以按完工进度或完成的工作量确认收入。

（3）让渡资产使用权收入的确认。

对于因交换交易所形成的因让渡资产使用权而发生的收入应当在下列条件同时满足时予以确认:① 与交易相关的经济利益能够流入民间非营利组织;② 收入的金额能够可靠地计量。

3. 商品销售收入的核算

一般情况下,民间非营利组织的提供服务收入为非限定性收入,除非相关资产提供者对资产的使用设置了限制。该科目应当按照商品的种类设置明细账,进行明细核算。

（1）销售商品的核算。

销售商品取得收入时,按照实际收到或应当收取的价款,借记“现金”“银行存款”“应收票据”“应收账款”等科目,按照应当确认的商品销售收入金额,贷记“商品销售收入——非限定性收入”科目或“商品销售收入——限定性收入”科目,按照预收的价款,贷记“预收账款”科目。在以后期间确认商品销售收入时,借记“预收账款”科目,贷记“商品销售收入”科目的“非限定性收入”明细科目,如果存在限定性商品销售收入,应当贷记“商品销售收入”科目的“限定性收入”明细科目。

（2）期末结转的核算。

期末将“商品销售收入”科日的余额转入非限定性净资产,借记“商品销售收入”科目,贷记“非限定性净资产”科目。如果存在限定性商品销售收入,则将其金额转入限定性净资产,借记“商品销售收入”科目,贷记“限定性净资产”科目。

【**工作实例 10-15**】 某民间非营利组织 2022 年 12 月 19 日销售商品 200 件,单价 50 元,单位成本 40 元。合同规定现金折扣条件为 2/10,1/20,n/30。2022 年 12 月 28 日买方因商品质量原因退回了 10 件商品,并支付了 190 件商品的款项。

① 2022 年 12 月 19 日销售商品时:

| | | |
|---|---|---|
| 借:应收账款 | 10 000 | |
| 贷:商品销售收入——非限定性收入 | | 10 000 |
| 借:业务活动成本——商品销售成本 | 8 000 | |
| 贷:存货 | | 8 000 |

② 2022 年 12 月 28 日,按照实际发生的销售退回,冲减退回当月的销售收入和销售成本:

| | | |
|---|---|---|
| 借:商品销售收入——非限定性收入 | 500 | |
| 贷:应收账款 | | 500 |
| 借:存货 | 400 | |
| 贷:业务活动成本——商品销售成本 | | 400 |

③ 买方按照 190 件商品价款 9 500 元的 2% 享受现金折扣时:

| | | |
|---|---|---|
| 借:银行存款 | 9 310 | |
| 筹资费用 | 190 | |
| 贷:应收账款 | | 9 500 |

4. 提供服务收入的核算

非营利组织应设置"提供服务收入"科目核算其根据章程等的规定向其服务对象提供服务取得的收入,包括学杂费收入、医疗费收入、培训收入等。一般情况下,民间非营利组织的提供服务收入为非限定性收入,除非相关资产提供者对资产的使用设置了限制。该科目应当按照提供服务的种类设置明细账,进行明细核算。

10

提供服务取得收入时,按照实际收到或应当收取的价款,借记"现金""银行存款""应收账款"等科目,按照应当确认的提供服务收入金额,贷记"提供服务收入"科目,按照预收的价款,贷记"预收账款"科目。在以后期间确认提供服务收入时,借记"预收账款"科目,贷记"提供服务收入"科目的"非限定性收入"明细科目,如果存在限定性提供服务收入,应当贷记"提供服务收入"科目的"限定性收入"明细科目。

期末,将"提供服务收入"科目的余额转入非限定性净资产,借记"提供服务收入"科目的"非限定性收入"明细科目,贷记"非限定性净资产"科目。如果存在限定性提供服务收入,则将其金额转入限定性净资产,借记"提供服务收入"科目的"限定性收入"明细科目,贷记"限定性净资产"科目。

非营利组织发生各项劳务成本时,借记"存货——劳务成本"科目,贷记"银行存款""应付工资"等科目;结转完成劳务的成本时,借记"业务活动成本——提供服务成本"科目,贷记"存货——劳务成本"科目。

【工作实例 10-16】 某民间非营利组织于 2023 年 4 月 8 日至 30 日举办培训班，培训费为每人 400 元，款项在 4 月 8 日培训现场缴纳。4 月 8 日，共有 150 人参加培训班并缴纳了培训费。4 月 30 日，该民间非营利组织支付了本次培训的场地租金及相关费用 10 000 元。

① 2023 年 4 月 8 日时：

| | | |
|---|---|---|
| 借：现金 | 60 000 | |
| 贷：预收账款 | | 60 000 |

② 2023 年 4 月 30 日时：

| | | |
|---|---|---|
| 借：预收账款 | 60 000 | |
| 贷：提供服务收入 | | 60 000 |
| 借：存货——劳务成本 | 10 000 | |
| 贷：银行存款 | | 10 000 |
| 借：业务活动成本——提供服务成本 | 10 000 | |
| 贷：存货——劳务成本 | | 10 000 |

【小思考】 如果上例中的培训时间为 2023 年 12 月 18 日至 2024 年 1 月 10 日，则应如何进行会计核算？

### （四）其他收入的核算

民间非营利组织应设置“其他收入”科目核算民间非营利组织除捐赠收入、会费收入、提供服务收入、商品销售收入、政府补助收入、投资收益等主要业务活动收入以外的其他收入，如确实无法支付的应付款项、存货盘盈、固定资产盘盈、固定资产处置净收入、无形资产处置净收入。一般情况下，民间非营利组织的其他收入为非限定性收入，除非相关资产提供者对资产的使用设置了限制。

当取得其他收入时，借记有关科目，贷记“其他收入”科目的“非限定性收入”明细科目，如果存在限定性其他收入，应当贷记“其他收入”科目的“限定性收入”明细科目。期末，将“其他收入”科目的余额转入非限定性净资产，借记“其他收入”科目，贷记“非限定性净资产”科目。如果存在限定性的其他收入，则将其金额转入限定性净资产，借记“其他收入”科目，贷记“限定性净资产”科目。

10

## 二、民间非营利组织费用的核算

### （一）费用的分类

费用是指非营利组织为开展业务活动所发生的、导致本期净资产减少的经济利益或者服务潜力的流出。民间非营利组织的费用通常按下列标准分类：

1. 按照费用的功能分类

费用按照其功能分为业务活动成本和期间费用。业务活动成本，是指民间非营利组织为了实现其业务活动目标、开展其项目活动或者提供服务所发生的费用。期间费用通常是指民间非营利组织发生的、不能合理地归属于具体项目或对象，而只能按照一定会计期间归集的费用。期间费用包括管理费用、筹资费用和其他费用等。

2. 按照费用的性质分类

非营利组织为了加强其内部管理，还可以按照费用的性质将费用分为：人员费用、物料费用、资产减值损失、日常费用、税费等。

### （二）业务活动成本的核算

1. 业务活动成本的概念

业务活动成本，是指非营利组织为了实现其业务活动目标、开展其项目活动或者提供服务所发生的费用。

非营利组织应当在“业务活动成本”项目下分别销售商品成本、提供服务成本、会员服务成本、捐赠项目成本、业务活动税金及附加、业务活动费等明细项目进行核算。

销售商品成本核算当期所出售商品的实际成本，以及与销售商品有关的其他费用。

提供服务成本核算当期所提供服务的实际成本，以及与提供服务有关的其他费用。

会员服务成本核算当期免费提供给会员的杂志等商品的实际成本、免费向会员提供的培训、咨询等服务或活动的实际成本等，以及与会员服务有关的其他费用。

捐赠项目成本核算对外捐赠款项、捐出物品的实际成本等，以及与捐赠项目有关的其他费用。

业务活动税金及附加核算业务活动应负担的城市维护建设税、教育费附加等。

业务活动费核算为业务活动发生的、无法合理分摊至某项或某类业务活动的间接费用。

2. 业务活动成本的核算

非营利组织发生的业务活动成本，借记“业务活动成本”科目，贷记“现金”“银行存款”“存货”“应付账款”等科目。期末，将“业务活动成本”科目的余额转入非限定性净资产，借记“非限定性净资产”科目，贷记“业务活动成本”科目。



### （三）期间费用的核算

1. 管理费用的核算

管理费用，是指非营利组织为组织和管理其业务活动所发生的各项费用，包括民间非营利组织董事会（或者理事会、类似权力机构）经费和行政管理人员的工资、奖金、津贴、福利费、住房公积金、住房补贴、社会保障费、离退休人员工资与补助，以及办公费、水电费、邮电费、物业管理费、差旅费、折旧费、修理费、无形资产摊销费、存货盘亏损失、资产减值损失、因预计负债所产生的损失、聘请中介机构费和应偿还的受赠资产等。

非营利组织发生的管理费用，借记“管理费用”科目，贷记有关科目。期末，将“管理费用”科目的余额转入非限定性净资产，借记“管理费用”科目，贷记“非限定性净资产”科目。

【工作实例 10-17】 2022年6月5日，某非营利组织计算本月应付职工工资16万元，其中行政管理人员工资6万元，从事项目调研人员工资10万元。

该民间非营利组织的账务处理如下：

| | | |
|---|---|---|
| 借：管理费用 | 60 000 | |
| 业务活动成本 | 100 000 | |
| 贷：应付工资 | | 160 000 |

2. 筹资费用的核算

筹资费用，是指非营利组织为筹集业务活动所需资金而发生的费用，包括非营利组织为了获得捐赠资产而发生的费用以及应当计入当期费用的借款费用、汇兑损失（减汇兑收益）等。民间非营利组织为了获得捐赠资产而发生的费用包括举办募款活动费、准备、印刷和发放募款宣传资料费以及其他与募款或者争取捐赠资产有关的费用。

非营利组织发生的筹资费用，借记“筹资费用”科目，贷记“预提费用”“银行存款”“长期借款”等科目。发生的应冲减筹资费用的利息收入、汇兑收益，借记“银行存款”“长期借款”等科目，贷记“筹资费用”科目。期末，将“筹资费用”科目的余额转入非限定性净资产，借记“非限定性净资产”科目，贷记“筹资费用”科目。

【工作实例 10-18】 4月，某民间非营利组织为募集捐赠款共发生印刷和发放募款宣传资料费1 000元。

| | | |
|---|---|---|
| 借：筹资费用 | 1 000 | |
| 贷：银行存款 | | 1 000 |

3. 其他费用的核算

其他费用，是指非营利组织发生的、无法归属到业务活动成本、管理费用或者筹资费用中的费用，包括固定资产处置净损失、无形资产处置净损失等。

非营利组织发生的固定资产处置净损失，借记“其他费用”科目，贷记“固定资产清理”科目。发生的无形资产处置净损失，按照实际取得的价款，借记“银行存款”等科目，按照该项无形资产的账面余额，贷记“无形资产”科目，按照其差额，借记“其他费用”科目。期末，将“其他费用”科目的余额转入非限定性净资产，借记“非限定性净资产”科目，贷记“其他费用”科目。



## 思考与实训

### 一、思考题

1. 什么是非营利组织，非营利组织包括哪些类型？
2. 民间非营利组织会计的会计要素有哪些，它们之间有何联系？

3. 民间非营利组织的资产有哪些特点？
4. 民间非营利组织的资产如何计量？
5. 如何核算受托代理业务？
6. 民间非营利组织的负债核算与企业会计负债的核算有何区别？
7. 预计负债在什么条件下进行确认负债？
8. 什么叫净资产，民间非营利组织的净资产如何分类？
9. 为什么要对限定性净资产、非限定性净资产进行重新分类？
10. 交换交易收入和非交换交易收入有何区别？
11. 什么叫费用，民间非营利组织的费用包括哪些内容？
12. 民间非营利组织的筹资费用包括哪些内容？

## 二、实训题

### 实 训 一

**【目的】**实训民间非营利组织流动资产的核算。

**【资料】**某民间非营利组织发生如下业务：

（1）月末突击盘点现金，溢余 50 元，无法查明原因。

（2）接受捐赠工艺挂毯一批，捐赠人提供的凭据上表明的金额为 150 000 元，捐赠当日这批挂毯的市场价格为 100 000 元。

（3）对外出售上述工艺挂毯，销售款共计 120 000 元，款项已收存银行。假设不考虑相关税费。

（4）附设的印刷部为印制一批公益宣传手册，从仓库领用一批纸张，成本为 3 000 元。

（5）用银行存款购入股票 1 000 股作为短期投资，每股买入价为 30 元，其中 1 元为已宣告但尚未分派的现金股利。另支付相关税费 300 元。

（6）年末，上述股票的市价为每股 25 元。

**【要求】**根据以上资料，逐项编制会计分录。

### 实 训 二

10

**【目的】**实训民间非营利组织长期债权投资的核算。

**【资料】**某民间非营利组织发生长期债权投资业务如下：

2022 年 1 月 2 日购入某企业 2022 年 1 月 1 日发行的三年期债券，票面年利率为 6%，债券面值 1 000 元。A 民间非营利组织按 1 030 元的价格溢价购入 100 张。该债券每年付息一次，最后一年还本付息。假设该民间非营利组织按年计算利息。

**【要求】**根据以上资料，编制该民间非营利组织购入债券、每年计息、每年收息（除最后一次付息外）、到期收回本金及最后一次利息的会计分录。

### 实 训 三

**【目的】**实训民间非营利组织固定资产的核算。

**【资料】**某民间非营利组织（属于小规模纳税人）发生如下业务：

（1）购入一台需要安装的设备，价款为 234 000 元，支付的运输费为 2 000 元，款项已支付。

（2）安装上述设备时，消耗材料 11 700 元，应付本单位员工安装劳务报酬 4 000 元。

（3）设备安装完毕，达到预定可使用状态。

（4）计提本月行政管理用固定资产折旧 5 000 元，附设印刷部的生产用固定资产折旧 4 000 元。

**【要求】**根据以上资料，逐项编制会计分录。

## 实 训 四

**【目的】**实训民间非营利组织受托代理业务的核算。

**【资料】**某基金会发生如下业务：

（1）2022 年 6 月 16 日，基金会与甲企业签订一份捐赠协议，协议规定：甲企业将通过基金会向指定的 10 家学校捐款 200 000 元。

（2）2022 年 6 月 21 日，基金会收到该笔款项。

（3）2022 年 6 月 28 日，基金会按照协议将款项汇至指定的 10 家学校的账户。

**【要求】**根据以上资料，逐项编制会计分录。

## 实 训 五

**【目的】**实训民间非营利组织流动负债的核算。

**【资料】**某民间非营利组织发生如下业务：

（1）偿还到期的短期借款本金 600 000 元，支付借款利息 21 600 元，之前已预提利息 1 800 元。

（2）本月应付员工工资 300 000 元，其中行政管理人员工资 180 000 元，附设的印刷部工人的工资 120 000 元。

（3）某企业在本单位印刷的公益宣传手册上刊登广告，本单位收取了该企业的广告费 10 000 元，并按税法的规定计算应缴纳的增值税 600 元。

（4）对外销售商品一批，共取得收入款 15 450 元，本单位为小规模纳税人，适用的增值税税率为 3%。

（5）本单位涉及一项法律诉讼，至年底法院尚未审结。预计本单位很可能败诉。如败诉，估计需要支付赔偿款 40 000 元。

**【要求】**根据以上资料，逐项编制会计分录。

## 实 训 六

**【目的】**实训民间非营利组织长期负债的核算。

**【资料】**某民间非营利组织发生如下业务：

2022 年 1 月 1 日开工修建办公楼，向银行专门借款 5 000 000 元，期限 2 年，到期一次还本付息，年利率 6%。该办公楼于 2022 年 12 月 31 日完工，并达到预定可使用状态。

**【要求】**根据以上资料，编制银行借款、2022 年按月计息、2023 年按月计息、到期还本付息的会计分录。

## 实　训　七

【目的】实训民间非营利组织净资产的核算。

【资料】某民间非营利组织发生如下业务：

（1）2023 年 8 月 6 日，本单位与乙企业签订一份捐赠协议，协议规定：乙企业将向本单位捐赠 200 000 元，用于本市贫困儿童助学。2023 年 8 月 16 日，本单位收到该笔款项。

（2）2023 年 8 月 28 日，本单位按照协议将 80 000 元转赠给了第一批受助对象。

（3）2023 年 8 月 31 日，期末结转。

（4）2023 年 9 月 15 日，本单位将剩余的 120 000 元转赠给了第二批受助对象。

【要求】根据以上资料，逐项编制会计分录。

## 实　训　八

【目的】实训民间非营利组织收入的核算。

【资料】某民间非营利组织发生如下业务：

（1）2022 年 6 月 16 日，本单位与乙企业签订一份捐赠协议，协议规定：乙企业将向本单位捐赠 200 000 元，用于本市贫困儿童助学。2022 年 6 月 21 日，本单位收到该笔款项。

（2）2022 年 8 月 28 日，本单位按照协议将 100 000 元转赠给了第一批受助对象。

（3）收到某政府部门的款项 100 000 元，用于资助某项科学研究，研究成果归本单位所有。

（4）本月举办了一次培训班，培训收入共计 30 000 元，款已收存银行。

（5）处置一台设备，账面余额 8 000 元，已提折旧 6 000 元，收到变卖设备款 3 000 元。

【要求】根据以上资料，逐项编制会计分录。

## 实　训　九

【目的】实训民间非营利组织费用的核算。

【资料】某民间非营利组织发生如下业务：

（1）结转本月销售商品的成本 26 000 元。

（2）存货盘点短缺 1 800 元，将向相关责任人收取赔偿款 1 000 元，其余由单位核销。

（3）为募集捐赠款共发生宣传资料费 1 000 元。

（4）处置一台设备，账面余额 8 000 元，已提折旧 6 000 元，收到变卖设备款 1 000 元。

【要求】根据以上资料，逐项编制会计分录。

## 思政园地

# 促进民主政治建设，助推公共道德养成

### 关键词

非营利组织；公共服务；民主政治；公共道德

### 内容

非营利组织因其组织小，运作灵活，能够对社会成员的各种需求作出迅速反应。非营利组织和政府在社会公共物品的供给上建立了一种平等的、合作又竞争的关系，扩大了社会公众获取公共物品的途径和选择机会。而且，非营利组织的特征决定了它没有财政拨款，没有行政权力，为了获得竞争优势，它必须提供令人满意的社会服务，不断开发新的公益项目，激励创新的组织运行机制，取得生存和发展的资源。这种公共服务的创新，可以在社会上产生示范效应，促进政府改革公共服务体制，提高公共服务水平。

非营利组织也承载了通过增强公民参与和建构政治文化以实现政治社会化的功能。一方面，非营利组织代表自己成员的共同利益和愿望，组织成员关系密切，在集体活动中会形成相互信任和相互依赖的关系，建立起有效的信息反馈系统，使成员能够及时有效地表达出自己的政策偏好和政策建议，既为政府决策提供参考，提升政策产品的合民意性，又对政府行为构成一定的外部制约；另一方面，把政府的政策意图和对相关问题的处理办法转达给成员，促进成员对政府政策的理解和信任。在表达民意和协调各方利益的过程中，非营利组织促进了政府与民众的合作，也推动着政府公共管理效能的提高和民主政治的发展。

在市场经济条件下，社会公共道德的建设尤为重要。非营利组织不以营利为目的，比起市场化的商业经营，其社会性服务在管理上更具人性，因而也更容易为人所接受。许多非营利组织关注社会的弱势群体和社会公共问题，其工作人员所倡导的是个人品德和社会公德，发扬的是为社会公益事业奉献的精神。非营利组织以这种言传身教的方式宣扬社会公德，不但是对公共道德建设的直接贡献，而且必然对社会产生潜移默化的示范效应，从而提高整个社会文明程度。



### 启示

政府组织、营利组织和非营利组织构成了现代社会组织结构的“三鼎足”，分别代表社会组织在政治领域、经济领域和社会领域的主要组织形式，并在整体上发挥着功能互补的作用。政府组织主要提供垄断性公共物品，营利组织主要提供私人物品。非营利组织提供非垄断性公共物品，可以满足社会某些特定群体的特殊需要。随着我国市场经济结构的转型，非营利组织在社会公共管理中发挥着越来越重要的作用。

# 主要参考文献


[1] 中华人民共和国财政部. 企业会计基本准则[M]. 北京：中国财政经济出版社，1993.
[2] 财政部会计资格评价中心. 初级会计实务[M]. 北京：经济科学出版社，2022.
[3] 财政部会计资格评价中心. 中级会计实务[M]. 北京：经济科学出版社，2022.
[4] 中国注册会计师协会. 会计[M]. 北京：中国财政经济出版社，2022.
[5] 傅胜. 行业会计比较[M]. 7 版. 大连：东北财经大学出版社，2019.
[6] 卢德湖，陈德洪. 商品流通企业会计实务[M]. 大连：东北财经大学出版社，2011.
[7] 董惠良. 连锁企业会计核算[M]. 2 版. 上海：立信会计出版社，2007.
[8] 孙秀梅，王华，白玉翠. 行业会计比较[M]. 北京：中国人民大学出版社，2020.
[9] 黄丽，董淑芳. 行业会计比较[M]. 北京：中国人民大学出版社，2018.
[10] 李洪民. 行业会计比较[M]. 大连：东北财经大学出版社，2000.
[11] 黄启国. 行业会计比较[M]. 6 版. 北京：高等教育出版社，2019.
[12] 耿建新. 行业会计比较[M]. 2 版. 大连：东北财经大学出版社，2012.
[13] 张流柱. 行业会计比较[M]. 3 版. 北京：高等教育出版社，2018.
[14] 王翊，王彦，杨贵凌. 行业会计比较[M]. 苏州：江苏工业大学出版社，2017.
[15] 孔晓玲，孙秀娅. 行业会计比较项目化教程[M]. 北京：教育科学出版社，2016.

高等教育出版社

# 教学资源服务指南

仅限教师索取

感谢您使用本书。为方便教学，我社为教师提供资源下载、样书申请等服务，如贵校已选用本书，您只要关注微信公众号“高职财经教学研究”，或加入下列教师交流QQ群即可免费获得相关服务。

“高职财经教学研究”公众号

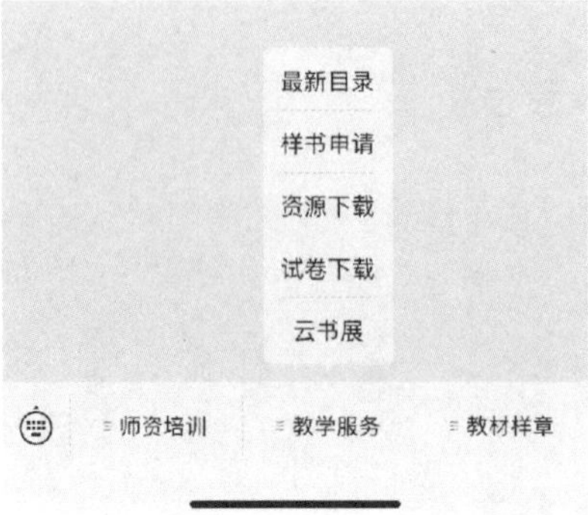


**资源下载**：点击“**教学服务**”—“**资源下载**”，或直接在浏览器中输入网址（http://101.35.126.6/），注册登录后可搜索相应的资源并下载。（建议用电脑浏览器操作）

**样书申请**：点击“**教学服务**”—“**样书申请**”，填写相关信息即可申请样书。

**试卷下载**：点击“**教学服务**”—“**试卷下载**”，填写相关信息即可下载试卷。

**样章下载**：点击“**教材样章**”，即可下载在供教材的前言、目录和样章。

**师资培训**：点击“**师资培训**”，获取最新会议信息、直播回放和往期师资培训视频。

## 联系方式

会计QQ3群：473802328　　会计QQ2群：370279388　　会计QQ1群：554729666

（以上3个会计QQ群，加入任何一个即可获取教学服务，请勿重复加入）

联系电话：（021）56961310　　电子邮箱：3076198581@qq.com

## 在线试题库及组卷系统

我们研发有10余门课程试题库：“基础会计”“财务会计”“成本计算与管理”“财务管理”“管理会计”“税务会计”“税法”“审计基础与实务”等，平均每个题库近3000题，知识点全覆盖，题型丰富，可自动组卷与批改。如贵校选用了高教社沪版相关课程教材，我们可免费提供给教师每个题库生成的各6套试卷及答案（Word格式难中易三档，索取方式见上述“试卷下载”），教师也可与我们联系咨询更多试题库详情。